*As Constituições
Imperiais como Fonte
do Direito Romano*

Dados Internacionais de Catalogação na Publicação (CIP)
(Câmara Brasileira do Livro, SP, Brasil)

Lima Filho, Acacio Vaz de
  As constituições imperiais como fonte do direito romano / Acacio Vaz de Lima Filho. — São Paulo : Ícone, 2006.

  Bibliografia.
  ISBN 85-274-0867-8

  1. Constituições 2. Direito - História 3. Direito romano - História 4. Roma - Direito constitucional 5. Roma - História - Império, 30 A.C.-284 I. Título.

06-3438   CDU-342.4(37)(091)

Índices para catálogo sistemático:

1. Constituições imperiais : Roma : Direito romano : História   342.4(37)(091)

Acacio Vaz de Lima Filho

As Constituições Imperiais como Fonte do Direito Romano

ícone
editora

© Copyright 2006
Ícone Editora Ltda.

Capa e Diagramação
Andréa Magalhães da Silva

Revisão
Rosa Maria Cury Cardoso

Proibida a reprodução total ou parcial desta obra,
de qualquer forma ou meio eletrônico, mecânico,
inclusive através de processos xerográficos,
sem permissão do editor
(Lei nº 9.610/98).

Todos os direitos reservados pela
ÍCONE EDITORA LTDA.
Rua Anhanguera, 56 – Barra Funda
CEP 01135-000 – São Paulo – SP
Fone/Fax: (11) 3392-7771
www.iconelivraria.com.br
e-mail: editora@editoraicone.com.br
iconevendas@yahoo.com.br

Dedico este livro à memória de meu pai Acacio Vaz de Lima (29–2–1919 - 26–7–1996), comerciante e pequeno agricultor, e de minha mãe, Ilka Ferreira Vaz de Lima (27– 10–1923 -28–11–1978), professora de História e de Francês do "Colégio Santo André" de São João da Boa Vista, modelos de harmonia conjugal, probidade, religiosidade e amor ao trabalho.

"A hesitação era tanto menos possível quanto era certo que, face à diversidade e à barbárie dos costumes locais, um direito se oferecia ao estudo e à admiração de todos, tanto professores como estudantes. Este direito era o direito romano. Direito fácil de conhecer: as compilações de Justiniano expunham o seu conteúdo, na língua que a igreja tinha conservado e vulgarizado e que era a de todas as chancelarias e de todos os sábios: o latim. O direito romano fora o de uma civilização brilhante, que se estendera do Mediterrâneo até o Mar do Norte, de Bizâncio à Bretanha, e que evocava no espírito dos contemporâneos, com nostalgia, a unidade perdida da Cristandade." (René David, "Os Grandes Sistemas do Direito Contemporâneo", página 33).

Índice

Prefácio da Obra pelo Professor José Rogério Cruz e Tucci, 13

Introdução: Como Nasceu Este Livro, 17

Primeira Parte:
O Problema das Fontes do Direito, à Época do Principado, 23

Capítulo I
Algumas Considerações Introdutórias Sobre o Principado Romano. A Provável Origem do Principado, 25

Capítulo II
Breve Síntese das Principais Teorias Relativas à Natureza Jurídica do Principado, 37

Capítulo III
A Dimensão Mística e Religiosa do Principado, 55

Segunda Parte:
O Poder Ordenador Do "Princeps", 69

Capítulo IV
Os Liames Históricos e Jurídicos Existentes Entre o Segundo Triunvirato e o Principado, 71
IV.a – O Primeiro Triunvirato — Caio Júlio César, Cneu Pompeu e Marco Licínio Crasso, 72

IV.b – O Assassinato de César e a Guerra Civil, 76
IV.c – O Segundo Triunvirato — Otávio, Marco Antonio e Lépido, 83
IV.d – O Segundo Triunvirato, Preparando o Advento do Principado. Otávio e o Poder de um Só Homem, 86

Capítulo V
O Principado, Uma Realidade em Contínua Evolução, ao Longo de Três Séculos, 95

Capítulo VI
A Assunção, por Otaviano, do "Imperium Proconsulare" e da "Tribunicia Potestas", 117

Capítulo VII
A Progressiva Assunção de Funções Legislativas e Judiciais Pelo "Princeps", 129
VII.a.1 - A Situação e os Poderes do Senado, no Principado, 131
VII.a.2 - A Situação e os Poderes do Povo, no Principado, 149
VII.b – As Prerrogativas do "Princeps", 158
VII.c – A Interferência do "Princeps" na Criação do Direito, 167
VII.d – A Constituição Romana e a Falta de Um Órgão Legislativo, 182

Capítulo VIII
A "Lex Regia De Imperio", 189
VIII.a – O Problema da Existência Histórica da "Lex Regia de Imperio", 190
VIII.b – Anterioridade da "Lex Regia de Imperio", Relativamente ao Principado, 193
VIII.c – Foi Graças à "Lex Regia de Imperio" que o Imperador Pode Produzir as "Constitutiones Principis", 197

Capitulo IX
As "Constitutiones Principum", 207
IX.a – Generalidades, 207
IX.b – Em que Consistiam as Constituições Imperiais?, 209
IX.c – Os Diversos Tipos de Constuições Imperiais, 231
IX.d – Importância das Constituições Imperiais para a História do Direito Romano, 256

IX.e – A Função Desempenhada pela "Constitutio Principis" na Evolução do Processo Civil Romano, 277

Capítulo X
A Exegese das Máximas "Princeps Legibus Solutus Est" e "Quod Placuit Principi Legis Habet Vigorem", 319

Considerações Finais:
As "Constitutiones Principum" resultavam, de fato, do poder pessoal do "Princeps", ainda que, formalmente, resultassem de uma Delegação do "Populus", 347

Bibliografia, 369

À Guisa de Prefácio

Foi realmente com enorme satisfação que recebi o convite do Advogado e Professor Acacio Vaz de Lima Filho para elaborar a apresentação, em tiragem comercial, de sua tese de doutorado, aprovada com distinção, na Faculdade de Direito do Largo de São Francisco, por banca examinadora que tive a honra de integrar.

A tese, como o título evidencia, versa sobre *As Constituições Imperiais como fonte do direito romano*.

Dentre as fontes primárias e autênticas pré-justinianéias que retratam os rumos do direito romano clássico – *Tituli Ulpiani, Pauli sententiae* e *Vaticana fragmenta* – destacam-se, assim, pela indubitável importância, as *Instituições* de Gaio; um manual, claro e didático, escrito em quatro livros, para servir de compêndio objetivando o estudo do direito no primeiro ano das escolas, em Roma e, particularmente, nas províncias.

Escrevendo em meados do século II d.C., Gaio procura traçar, no início de sua obra, o rol das fontes de produção do direito àquela época, expressando-se então do seguinte modo: "2... os direitos do povo romano constam das leis, plebiscitos, senatusconsultos, *constituições imperiais*, editos dos que têm o direito de expedi-los, respostas dos prudentes... 5. *A constituição imperial é o que o imperador ordena mediante um decreto, edito ou epístola. Nem mais se duvidou tenha força de lei, pois é em virtude da lei que o imperador assume o governo...*" (Gaio, 1.2 e 5: "*Constant autem iura populi Romani ex legibus, plebiscitis,*

13

senatusconsultis, constitutionibus principum, edictis eorum, qui ius edicendi habent, responsis prudentium... 5. Constitutio principis est quod imperator decreto vel edicto vel epistula constituit; nec umquam dubitatum est, quim id legis vicem optineat, cum ipse imperator per legem imperium accipiat").

É muito provável que a expressão *"leges vicem optinere"* (tem força de lei), empregada pelo jurista clássico aos decretos e às epístolas (e, ainda, com toda certeza aos rescritos), não alvitrasse projetar eficácia alguma destes além dos limites da natural força vinculante atinente à hipótese concreta.

Isso não obstante, Ulpiano refere-se às constituições imperiais, fazendo uma importante distinção entre aquelas que são pessoais (*e. g.*: indulgência em razão dos méritos do interessado ou cominação de pena) e outras, que poderiam ser invocadas como *exemplum* (D. 1.4.1.2 - *l. 1 institutionum*).

E, por essa razão, atribui-se valor aos *decreta*, aos *rescripta* e às *espistolae* como *precedentes judiciais*, porque fundados na *auctoritas* do órgão que as proferia, sendo certo que, em tal período, cunha-se a famosa máxima: *"quod placuit principi legis habet vigorem"*.

Apenas por essa singela observação, já se observa a relevância do tema central da presente obra.

O Autor, estribado em abalizada e minuciosa bibliografia, divide o trabalho em dez capítulos muito bem estruturados, que examinam a evolução das fontes do direito à época do Principado (caps. I a III), o poder e a função legislativa do *princeps* (caps. IV a VIII) e, em arremate, a essência das constituições imperiais (cap. IX) e a interpretação das famosas máximas: *princeps legibus solutus est* e *quod placuit principi legis habet vigorem*.

Saliente-se que todo esse temário vem examinado de modo absolutamente original, visto que o Autor demonstra profundo conhecimento das importantes vicissitudes políticas que demarcaram o Alto Império romano.

Aquele trabalho submetido à comissão examinadora, revisto e aperfeiçoado, vem agora a lume. Trata-se, como facilmente se observa, de uma verdadeira contribuição à história do direito, em particular, da história do direito romano da época do Principado.

Em suma: pela sua abrangência e atualidade, não tenho dúvida em recomendar a consulta da obra a todos aqueles que se interessam pelos estudos jurídicos de cunho histórico.

Uma última palavra à Editora Ícone, que não vacilou em prestigiar o Doutor Acácio Vaz de Lima Filho, reafirmando, destarte, a sua tradição de não editar apenas trabalhos que têm interesse comercial imediato.

José Rogério Cruz e Tucci
- Regente da disciplina Direito Processual Civil
nos Cursos de Graduação e Pós-Graduação
da Faculdade de Direito
da Universidade de São Paulo.

Introdução:
Como Nasceu Este Livro

Em nosso doutoramento, quisemos continuar a explorar o Direito Público Romano, como o fizéramos na Dissertação de Mestrado. A nossa escolha recaiu nas Constituições Imperiais, o que equivalia a escrever sobre o Principado, sistema em que elas surgiram. A riquíssima personalidade de Otaviano contribuiu para a escolha do tema da nossa tese: — Foi Otávio um dos varões mais extraordinários da Antigüidade, escrevendo Ivar Lissner, "verbis":

> "Pensam os historiadores modernos que é extremamente difícil explicar o caráter e a personalidade tão complexos de Augusto. Dos setenta e sete anos de sua existência, viveu cinqüenta e sete à plena luz da vida pública e, contudo, bem parece que haja dissimulado seus projetos e seus móveis mais ocultos sob um véu espesso de silêncio. Se nos curvamos sobre esse grande personagem, não é assim tão misterioso como parece à primeira vista. No ano de 40, antes de J. C., é ainda apenas um tirano, frio e intratável, exercendo antes de tudo a vingança. Que se pense em Perusa, no sangue que fez correr diante do altar de Júlio César, no aniversário da morte do ditador nos idos de março: *Moriendum est!* (Agora é preciso morrer!) Mais tarde, do ano de 30 antes

de J. C. ao ano de 14, isto é, durante quarenta e quatro anos, esse mesmo Augusto foi o soberano mais sábio, mais justo e mais venerado de que se hajam beneficiado Roma e o Império, habituados às efusões de sangue. Jamais haviam os romanos gozado de paz tão sólida e benéfica, dum bem-estar tão maravilhoso e duma prosperidade tão extensa como na época em que Augusto exercia o poder absoluto".[1]

Com o sistema político criado por Otaviano, houve o surgimento de uma nova fonte do Direito. O "Princeps" passou a criar o Direito Novo, fazendo-o por meio das "constitutiones". E, ao empreender o estudo das constituições imperiais, atraiu-nos a seguinte questão: — Em seu surgimento, as "Constitutiones Principum" derivaram de uma outorga de poderes ao Imperador, por parte do "Populus" e do "Senatus"? Ao produzir este "Jus Novum", o "Princeps" o fazia exercitando um poder próprio, seu, original e originário, ou obrava graças a uma outorga de poderes, a ele conferidos pelo Povo e pelo Senado? Neste caso, quem lhe passava poderes para a criação do Direito? O Povo?... O Senado?... Ambos?... como se formalizou — se é que existiu — tal outorga de poderes?...Um motivo existia, de cunho universalista, para que nos voltássemos para Roma. O Ocidente, segundo Reale, é uma síntese do "Logos" da Filosofia Grega, da "Voluntas" do Direito Romano, e da "Caritas" do Cristianismo...[2] seguia-se que uma tese alusiva a um tema da História do Direito Romano, tendia ao Universal. O fascínio exercido por Roma foi bem captado por Afonso Arinos de Melo Franco, que escreve:

"Para os latinos e cristãos, Roma é a fonte primeira do nosso ser mental e espiritual, desta nossa caminhada que, há dois mil anos, conflui da baixada do Forum para a colina do Vaticano. Ninguém, no mundo não-latino e não-cristão, pode ter a sua outra Roma. A nossa se situa além e acima de Meca ou de Moscou, de Paris, de Londres ou de Nova Iorque. Além e acima das formas setoriais da vida religiosa, política, econômica e cultural.

---
[1] V. "Os Césares", tradução brasileira de Oscar Mendes, Belo Horizonte, Editora Itatiaia Limitada, 1959, páginas 96 e 97 — negrito no original – Original em alemão.
[2] Citamos de memória.

Acima dos impérios antigos e recentes, das revoluções alcançadas ou malogradas, das conquistas da força, da arte e da ciência. Sobre esse universo descontínuo e fragmentário, feito de êxitos e fracassos, de rumores e silêncios, de tumulto e imobilidade, de raro esplendor e freqüente decepção, Roma reina na mudez das vozes que agitaram o mundo, sob o manto dourado da sua grandeza extinta".[3]

Roma não fascina, apenas, os latinos e cristãos. O seu encanto existe sobre todos os homens, em todas as épocas. E uma prova disto é o fato de os "bárbaros" germânicos, antes da sua conversão ao Cristianismo, sentirem-se atraídos por Roma, e por tudo o que era romano. O surgimento do "Sacro Império Românico Germânico", atesta o fascínio de Roma sobre os "bárbaros", convertidos ao Evangelho. Este fascínio vem até o século XX. Em Berlim e em Viena, até 1918, havia um "Kaiser". E, em São Petersburgo governava um "Czar e Autócrata de todas as Rússias". Tais sobrevivências refletem o atemporal fascínio de Roma, e também a grande atração exercida pelo Principado. Se todo o Ocidente é legatário de Roma, vínculos mais estreitos nos ligam à matriz romana. Nosso idioma em grande medida é o Latim transformado, fato que não escapou a Camões:

> "Sustentava contra elle Venus bella,
> Affeiçoada à gente Lusitana,
> Por quantas qualidades via nella,
> Da antiga, tão amada sua, Romana,
> Nos fortes corações, na grande estrella,
> Que mostrárão na Terra Tingitana:
> *E na lingoa, na qual quando imagina,*
> *Com pouca corrupção crê que he a Latina".*[4]

Portugal é uma reserva de romanicidade. E o Brasil não poderia deixar de ser "romano", em maior ou em menor medida. Assim,

---
[3] V. "Amor A Roma", Rio de Janeiro, Editora Nova Fronteira S/A, 1982, página 23.
[4] V. "Os Lusíadas", Edição Escolar comentada pelo Professor Otoniel Mota, São Paulo, Edições Melhoramentos, 10ª edição, 1.956, páginas 20 e 21 — grifos nossos.

compreender Roma e as suas instituições é compreender a nós mesmos, luso-brasileiros. O espírito político ostentado pela Gente do Lácio, era uma manifestação do seu senso prático. Este senso, revelaram-no os romanos em diversos setores da sua atuação, e sobretudo na Jurisprudência. Ao cotejar os helenos com os romanos, escreve Reale que uma diferença essencial existe entre o gênio grego e o romano, o primeiro, orientado mais no sentido da especulação, do saber pelo saber, e o segundo, dominado pelos problemas da vida prática, como se os dois grandes ramos da família ariana traduzissem duas tendências básicas do espírito, de acordo com o primado reconhecido ao uso especulativo ou ao uso prático da razão.[5] O Direito teria que ser um corolário, inevitável, de tal senso prático, aduzindo o autor:

> "De maneira geral, podemos dizer que os helenos teorizaram mais sobre o Direito e o Justo do que se preocuparam com a elaboração técnica e a compreensão específica das leis diretoras da vida social. Os romanos, homens práticos por excelência, atingiram, ao contrário, pela primeira vez, a noção do Direito como *voluntas*, sob forma imperativa de regra, sendo levados a discriminar cuidadosamente as esferas de atividade permitidas ou proibidas nos limites da utilidade comum, antes de indagarem da razão última da obediência aos preceitos jurídicos. O Direito, como conjunto de regras imperativas, apresentou-se, desde os primórdios, como algo de conatural ao gênio romano, razão pela qual já se disse que era essa a *vocação natural* ou a *missão histórica* da gente do Lácio".[6]

Se a Ciência do Direito foi a "vocação natural" ou a "missão histórica" dos romanos, dúvidas não cabem no sentido de que o senso prático por eles ostentado, revela-se inclusive, *no modo de construir o seu Direito*. O Direito Romano não foi o fruto de elucubrações de homens de gabinete, desvinculados da realidade. Ele foi um "Direito de casos concretos", eminentemente jurisprudencial, e

---

[5] V. "Horizontes do Direito e da História", São Paulo, Saraiva S/A – Livreiros Editores, 2ª edição revista e aumentada, 1.977, página 55.
[6] Op. e loc. cit. – itálico no original.

nascido das necessidades da vida quotidiana. Aliás, na sua formação e evolução, o Direito Romano, apenas muito tardiamente codificado, está mais próximo do "Common Law", do que dos ordenamentos "romanistas". Esta é a lição de René David, para quem a tradição jurídica da Inglaterra faz com que o Direito Inglês se apresente como "possuidor de um caráter eminentemente contencioso", e como que "dominado, em sua própria concepção, pelo processo".[7] A unidade política ostentada por Roma seria impossível sem o Direito, como o reconhece Reale.[8] Sem o Direito, seria inalcançável a própria noção de "Res Publica", escrevendo este autor:

> "É essa plena consciência da organização em razão e nos limites do Direito *(juris consensu)* que distingue, até certo ponto, a *urbs* da *polis*. Se a esta não foi estranha a idéia do justo, ou seja, um ideal de justiça reclamado como Têmis ou Dikê, a sua ordenação jamais atingiu o sentido orgânico de um sistema de delimitações recíprocas de vontade tendo em vista os valores eminentes da comunidade *(utilitatis communione)*, a idéia de lei, como liame traçado pela vontade; a *lex* como regra diretora do justo e do injusto, ponto de partida natural do Direito *(a lege ducendum est juris exordium) (De Legibus*, I, VI)".[9]

Há considerar, ainda, o *valor paradigmático* de Roma e das suas instituições. Este valor avulta em importância no período que ora vivemos. Se é verdade que, como o sustentava Ataliba Nogueira, o "Estado", como hoje o concebemos, é uma criação posterior ao Tratado de Westfália,[10] não menos verdade é que o Estado existente a partir do final da Guerra dos Trinta Anos seria impensável, sem o contributo de elementos jurídicos tirados do "Estado" Romano. *E o Estado, presentemente, se encontra em crise*. Não faltam os que anunciam o seu desaparecimento... assim, é oportuno refletir sobre ele, a partir das suas matrizes romanas. E a tanto se prestam os estudos de His-

---

[7] V. "O Direito Inglês", tradução brasileira de Eduardo Brandão, São Paulo, Martins Fontes, 1997, página VIII da "Introdução" – Original em francês.
[8] V. "Horizontes do Direito e da História" cit., páginas 29 e 30.
[9] V. "Horizontes..." cit., página 31 – itálico no original.
[10] Citamos de memória.

21

tória do Direito. Esta volta às origens, é salutar para a compreensão do presente. E ela teve também um papel de destaque, para a nossa escolha. É positivo para nós, angustiados homens do início deste milênio, repensar o nosso "Estado axiologicamente neutro", à luz da cosmovisão de um povo para o qual os valores éticos e os políticos eram incindíveis, e cujo patriotismo está presente na assertiva de Cícero: — "Salus populi suprema lex esto".

Por que estudar as constituições imperiais? Sem dúvida, existe a indagação que fizemos, no sentido de saber se o "Princeps", ao dar à luz as "constitutiones", atuava no exercício de um poder próprio, ou se, ao revés, atuava ele em função de uma autorização do "Populus", ou do "Senatus", ou de ambos. Entretanto, há um outro dado, que tem que ser posto em realce. Falamos do "Estado", e da circunstância de ele se encontrar em crise. Falamos, mais, da conveniência de repensar o Estado, a partir das suas matrizes romanas. Pois bem, em termos de História do Direito Romano, parece-nos fora de dúvida que o primeiro "direito estatal" foi o corporificado nas "Constitutiones Principum". O "Princeps", ao editar as constituições, dava nascimento a um "Jus Novum" que era a manifestação por excelência, no terreno da produção jurídica, da centralização política. A partir de Augusto, o "Princeps" passa a ser uma fonte do Direito. E esta fonte irá, progressiva e inexoravelmente, estancando todas as demais. Ora, este Direito nitidamente estatal e de cunho centralizador, corporificado nas constituições imperiais, é merecedor de cuidadosa reflexão, na hora presente. O nosso escopo foi o de lançar um pouco de luz sobre as "Constitutiones Principum", tema que sempre nos atraiu, na História do Direito em geral, e na História do Direito Romano em particular.

A tese de doutoramento foi aprovada pela douta banca examinadora, que recomendou a sua publicação. Com as necessárias adaptações, ela agora vem a lume.

PRIMEIRA PARTE:

O Problema das Fontes do Direito, à Época do Principado

Capítulo I

Algumas Considerações Introdutórias Sobre o Principado Romano. A Provável Origem do Principado

A data oficial do surgimento do Principado é o dia 13 de janeiro de 27 a. C., ocasião em que, de acordo com Moreira Alves, Otaviano, perante o Senado, depôs os seus poderes extraordinários, declarando que retornava à condição de um singelo cidadão. Diante da sua atitude, rogou-lhe a assembléia que voltasse atrás, nisto acedendo o herdeiro de César, que, no entanto, impôs duas limitações ao seu próprio poder: – em primeiro lugar, que as províncias romanas fossem repartidas entre o Senado ("Províncias Senatoriais"), e ele mesmo ("Províncias Imperiais"). Em segundo lugar, desejou Otaviano que o exercício das suas funções extraordinárias, tivesse a duração máxima de dez anos.[11] Sucede que não poderíamos nos contentar com o enunciado de uma simples data oficial para a fundação do Principado, prescindindo dos antecedentes de uma tal fundação. Tais antecedentes foram políticos e militares, podendo ser resumidos na luta pelo mando, travada entre os remanescentes do Segundo Triunvirato, Otaviano e Marco Antonio. Em 2 de setembro de 31 a. C., Antonio foi vencido em Actium, o que possibilitou, a

---
[11] V. "Direito Romano", Rio de Janeiro, Forense, 2ª edição revista e aumentada, 1972, volume I, página 46.

Otaviano, o se tornar o detentor único do poder. É preciso que tenhamos em conta, no entanto, que a vitória em Actium foi o coroamento de um processo de obtenção de prerrogativas, que vinha sendo conduzido por Otaviano, desde alguns anos. Como o assinala Moreira Alves, em 36 a. C., obtivera Otaviano a "Tribunicia Potestas", confirmada em 30 a. C., ano em que um plebiscito lhe reconhecera o direito de administrar a Justiça. Em 29 a. C., o Senado confirmou, para Otaviano, o título de "Imperator", o qual lhe conferia a posição de herdeiro de César, e – o que reputamos particularmente importante – *era um título transmissível aos seus herdeiros*. Por derradeiro, em 28 a. C. foi atribuído, ao vencedor de Actium, o título de "Princeps Senatus".[12] Parece-nos evidente que o fato de o título de "Imperator", outrora outorgado ao general vitorioso, passar a ser transmissível aos herdeiros de Otaviano, prenunciava a "Nova Ordem" que se aproximava, uma vez que as instituições republicanas mostravam-se acanhadas para as dimensões de um império em expansão. De resto, as lutas civis que marcaram os estertores da República, provam a inadequação das antigas instituições aos novos tempos. Embora, para fins didáticos, possamos fixar a instauração do Principado no dia 13 de janeiro de 27 a. C., em realidade, o novel sistema foi sendo implantado paulatinamente. Salientemos que Otaviano, provavelmente alertado pelo precedente de César, atuou de maneira cautelosa para atingir o mando, tendo evitado ferir as suscetibilidades dos partidários da República. É digno de nota que tenha sido o Senado, o tradicional depositário da "Auctoritas", o órgão da República que outorgou, a Otaviano, o título de "Augustus", alguns dias após a sessão de 13 de janeiro de 27 a. C. Em 23 a. C., segundo Moreira Alves, Augusto renunciou ao Consulado, que por ele vinha sendo exercido, sem interrupção, desde 31 a . C. Mercê desta renúncia, recebeu o Proconsulado, havendo em seu Proconsulado a seguinte peculiaridade, básica, do ponto de vista jurídico-constitucional: – tratava-se de um Proconsulado despido das limitações que, na República, assinalavam esta magistratura. Assim, Augusto passa a exercer o Proconsulado, *em toda a extensão do território romano*. E desta maneira, consolidava a sua posição de "Princeps", porquanto o Proconsulado implicava no comando geral dos exércitos, ao passo que a "Tribunicia Potestas" lhe garantia a inviolabilidade pessoal, e bem assim, o poder de vetar as decisões dos magistrados republicanos.[13]

---

[12] V. "Direito...", vol. e loc. cit.

[13] V. "Direito...", vol. e loc. cit.

Ao consolidar o seu crescente poder, Augusto buscou não ferir as suscetibilidades republicanas dos romanos, que ele parece, aliás, ter conhecido profundamente. Isto, de resto, é o que nos transmitiu Otaviano, nas "Res Gestae Divi Augusti",[14] que podem ser consideradas um genuíno testamento político do instaurador do Principado. Assim, cremos ser útil reproduzir o seu intróito:

"Cópia dos feitos do divino Augusto, mediante os quais submeteu o mundo inteiro ao domínio do povo romano, e dos dispêndios que fez em prol do Estado e do mesmo povo, gravados em duas colunas de bronze erguidas em Roma".[15] É significativo que, no texto das "Res Gestae", Augusto – o instaurador do Principado – se apresente como o defensor da República, o que demonstra, cabalmente, a sua habilidade política:

"1. Aos dezenove anos de idade, por iniciativa pessoal e à própria custa, reuni um exército por meio do qual libertei o Estado de uma facção que o oprimia. A este título, no consulado de Gaio Pansa e Aulo Hércio, o Senado, com decretos honrosos, admitiu-me à sua ordem, dando-me assento consular com direito a voto e conferindo-me o comando militar. Ordenou que, na qualidade de propretor, eu tomasse providências, junto com os cônsules, para que a República nada sofresse. No mesmo ano, porém, o povo nomeou-me cônsul, por ambos os cônsules haverem sido mortos em combate, nomeando-me também triúnviro, com a missão de reordenar o Estado".[16]

Não é significativo, apenas, o fato de Augusto, o instaurador da "Nova Ordem" que extinguiu a República, se apresentar como o paladino desta: – Importa aqui, a deferência por ele demonstrada para com o "Senatus" e para com o "Populus", as duas pedras angulares da Constituição Republicana. Em palavras tocantes, Otaviano relata que nada mais fez do que obedecer às determinações do Senado e do Povo. Do ponto de vista constitucional, este dado importa aos nossos fins: – Augusto, segundo as "Res Gestae", teria recebido a "Auctoritas" do Senado, e a "Potestas" do Povo. Como assinala Hannah Arendt, o étimo "Auctoritas" deriva do verbo "augere", em vernáculo, "aumentar", e o que a Autoridade ou os dela inves-

---

[14] V. "Res Gestae Divi Augusti", tradução de João Pedro Mendes, "in" "Historiadores Latinos – Antologia Bilíngüe", organizada por Maria da Gloria Novak "et alii", São Paulo, Martins Fontes, 1999.

[15] V. "Res Gestae..." cit., página 127.

[16] V. "Res Gestae...", loc. cit. – Os grifos são nossos.

tidos "aumentam", sem cessar, é o ato da fundação da "Urbs". Ora, em Roma, os homens dotados da "Auctoritas" eram os anciãos, os integrantes do Senado ou os "Patres", varões que a obtinham por descendência e transmissão (tradição), dos que haviam lançado as fundações de todas as coisas futuras, vale dizer, *os antepassados, os "maiores"*. Aduz a pensadora que a "Auctoritas" dos vivos dependia, como o realça Plínio, da "Autoridade" dos fundadores, que não mais estavam entre os vivos. E conclui que a "Auctoritas", em contraposição ao poder (potestas), deitava raízes no passado, sucedendo entretanto – o que, para nós, era uma particularidade da "alma romana" – *que este passado não estava menos presente na vida da "Urbs", do que o poder e a força dos vivos*. De acordo com Ênio, "Moribus antiquis res stat Romana virisque".[17] Ao receber do Senado a "Auctoritas", Augusto se associava ao ato, *santificado*, da fundação da "Urbs", o que, além de constituir mais um rasgo da sua habilidade política, aumentando o seu prestígio, contribuía para conferir, ao Principado, a sua "dimensão mística e religiosa", que examinaremos adiante (V., "infra", o Capítulo III).

Refere-se Augusto ao fato de o Povo o haver nomeado Cônsul. Dissemos, com respaldo em Hannah Arendt, que o Senado havia sido, durante a República, o depositário da "Auctoritas". É preciso que deixemos claro, com base na lição da autora, que ... "A característica mais proeminente dos que detêm autoridade, é não possuir poder."[18] Neste sentido, invocando Cícero, em "De Legibus", 3, 12, 38, Hannah Arendt escreve: – "Enquanto o poder reside no povo, a autoridade repousa no Senado".[19]

A identificação, feita por Otaviano, entre os seus atos políticos, e a defesa dos interesses da República, é uma constante, que surge amiúde nas "Res Gestae":

"2. Aos que mataram meu pai mandei-os para o exílio, punindo seu crime com processo legal; tendo eles, posteriormente, movido guerra à República, venci-os por duas vezes em combate".[20]

---

[17] V. "Entre o Passado e o Futuro", tradução brasileira de Mauro W. Barbosa de Almeida – São Paulo, Editora Perspectiva S. A, 3ª edição, 1992, páginas 163 e 164 – Original em inglês.

[18] V. "Entre o Passado..." cit., página 164.

[19] V. "Entre o Passado..", cit., páginas 164 e 165.

[20] V. "Res Gestae...", loc. cit.

Observamos que Augusto tem o cuidado de se referir a um "processo legal", para mencionar a punição que fez recair sobre os assassinos de César. E significativo é que ele faça uma identificação entre os *seus adversários* e os da República... aí vislumbramos uma dupla – e hábil – propaganda política, do Principado por ele criado, e da sua magnanimidade. Esta habilidade política, revelou-a Otaviano na luta contra o seu antigo colega de Triunvirato: – A guerra contra Marco Antonio foi apresentada, aos romanos, como uma ação militar contra uma potência estrangeira – o Egito – que cumpria vencer, por se opor a Roma. As "Res Gestae" constituem um precioso repositório para o estudioso do Principado, porquanto, independentemente do seu cunho propagandístico, refletem o pensamento de Otaviano, sobre a sua criação. A deferência pelo Senado, e o respeito pelas instituições republicanas, são uma constante, no relato feito pelo instaurador do Principado. O Principado surgiu das lutas civis que assinalaram o final da República, sendo que elas, por seu turno, resultaram da inadequação das instituições republicanas às novas realidades, decorrentes da administração de um vasto império. J. M. Roberts assinala que, em linhas gerais, o fim da República decorreu de dois processos principais. Um deles foi de decadência: – De modo gradual, as instituições republicanas deixaram de funcionar. De fato, tais instituições não podiam, por mais tempo, conter as realidades políticas e sociais. Por fim, e simultaneamente, as novas realidades sociais e políticas, destruíram as velhas instituições republicanas, ainda que os seus nomes tivessem sobrevivido. O outro processo foi a progressiva extensão do domínio romano, de início, para além dos limites da "Urbs", e, ao depois, para além da Itália. Ambos os processos, por aproximadamente dois séculos, evoluíram com certa lentidão.[21] Razão assiste a J. M. Roberts. É verdade que a decadência da República se arrastou por muito tempo, sendo que alguns espíritos mais lúcidos já haviam percebido que o "Governo de um só homem", acabaria por ser inevitável. Cícero, um republicano convicto, chegou a preconizar o governo de um "Princeps". A respeito, escreve Paul Petit que o orador aconselhou, em meio às perturbações do seu tempo, o recurso a uma espécie de "Princeps", com mandato da Assembléia dos "Patres", e inspirado pela tradição aristocrática.[22]

---

[21] V. "History Of The World", New York, Oxford University Press, 1993, página 182.
[22] V. "História Antiga", tradução brasileira de Pedro Moacyr Campos, São Paulo, Editora da Universidade de São Paulo – Difusão Européia do Livro, 1964, página 254 – Original em francês.

Havia, no final da República, sintomas de que o regime agonizava. É ainda Petit quem afirma que o regime senatorial revelava-se incapaz de distinguir com clareza, e de solucionar, os problemas originados das conquistas, do excesso de riquezas, e do egoísmo da classe dirigente. Os anos de transformações que assinalam o renascimento do imperialismo, de 149 (revolta da Acaia) até 146 (ruína de Cartago e de Corinto) e 133 (tomada de Numância, anexação da Ásia), terminam, em 133 também, com a primeira grande revolta servil, na Sicília, e o tribunato "revolucionário" de Tibério Graco.[23] A instauração de uma ordem nova, que surgisse dos destroços da República, correspondia a uma aspiração popular. É o que afirma Burdese, que diz que a consciência do povo via, como uma "exigência imprescindível", a instauração desta nova ordem, como único meio existente para colocar um fim ao caos da luta civil, ante a mais do que demonstrada incapacidade da Constituição Republicana para restaurar a paz, e fornecer soluções adequadas para os problemas políticos decorrentes do governo de um vasto império.[24] Houve, no fim do período republicano, algumas experiências do "governo de um só."

Como observa Jacques Herman, após o assassinato dos Graco, Sila enfeixou em suas mãos o poder, e inaugurou uma ditadura, sob a aparência de uma monarquia, porém, não tendo condições de conter a oposição da Aristocracia, acabou por deixar o mando, em 79 a. C.[25] O singelo enunciado desta data – 79 a. C. – demonstra o quão longevo foi o processo de decadência das antigas instituições, o que corrobora a opinião de Roberts, que examinamos há pouco. Acrescentamos que o exemplo de Sila não é isolado. Matos Peixoto lobriga, na guerra dirigida por Pompeu contra os piratas e contra Mitridates, um "primeiro ensaio" da "realização leal" do Principado.[26] Finda a sua missão, Pompeu licenciou o exército, e se despiu de todos os poderes extraordinários; tudo isto, em 62 a. C. No ano subseqüente ao seu consulado de 55 a. C., Pompeu foi nomeado Procônsul da Espanha por cinco anos, com o poder de recrutar tropas, de fazer a paz e de declarar a guerra, *o que, de acordo com a Constituição*

---

[23] V. "História..." cit., página 229.
[24] V. "Manual de Derecho Publico Romano", tradução espanhola de Ángel Martínez Sarrión – Barcelona, Bosch, Casa Editorial, 1972, página 195 – Original em italiano.
[25] V. "Guia de História Universal" – Tradução portuguesa de António Martinho Baptista, Lisboa, Edições 70, 1981, página 52.
[26] V. "Curso de Direito Romano – Tomo I – Parte Introdutória e Geral", Rio de Janeiro, Livraria Editora Renovar Ltda., 4ª edição, 1997, página 88.

Republicana, competia ao Povo e ao Senado. Além disto, designando dois delegados para o representar na Espanha, Pompeu, *contrariando as leis da República*, exercia o "imperium" proconsular na "Urbs". Segundo Matos Peixoto, aí se configuravam, novamente, e de maneira embrionária, os poderes de um "Princeps". Em 52 a.C., diante da anarquia reinante, o Senado votou o "Senatusconsultum ultimum", suspendendo, em Roma, as garantias constitucionais, encarregou Pompeu de restaurar a ordem, concedendo-lhe poderes excepcionais, e o designou para ser eleito "Cônsul Sem Colega", *caso até então inédito na História da República*. Ora, argumenta Matos Peixoto, esta era a fórmula de realização do Principado: – O "Princeps" detinha o poder supremo, e o exercia por consentimento dos órgãos constitucionais da República.[27] Entendemos que se o poder exercitado por Pompeu foi um "ensaio" da realização do Principado, *não, entretanto, o primeiro*, outro tanto pode ser dito, com pequenas variações, do que chamamos de "ditadura atípica" de César.[28]

Nos últimos tempos da República, a Constituição Republicana, em larga medida, teve uma existência apenas nominal, porquanto várias vezes foi ultrapassada pelos fatos, que demonstravam a sua inadequação às novas realidades. É neste contexto que temos que valorar a atuação de Otaviano. Com uma sagacidade ostentada por pouquíssimos homens públicos ao longo da História, ele soube manipular e canalizar, em proveito do seu poder pessoal, as tradições republicanas, e as aspirações inerentes aos novos tempos. Norberto Bobbio "et alii" registram:

> "Tratou-se, na realidade, disto; o compromisso de Augusto entre o partido democrático vencedor e o Senado depositário dos valores tradicionais do Estado romano continha já *in nuce* todo o desenvolvimento imperial e absolutista posterior. Aliás, Augusto assumira já para si e sobre si um claro título majestático, através da simples e fascinante fórmula de *Imperator Caesar Augustus*, que devia conter todos os progressos e as aspirações a serem definidas no futuro".[29]

---

[27] V. "Curso de...", tomo I, loc. cit.

[28] V. de Acacio Vaz de Lima Filho, "O Poder na Antiguidade – Aspectos Históricos e Jurídicos", São Paulo, Ícone Editora, 1999, página 315.

[29] V. "Dicionário de Política" – Tradução de Carmen C. Varriale, Gaetano Lo Mônaco, João Ferreira, Luís Guerreiro Pinto Cacais e Renzo Dini – Brasília, Editora Universidade de Brasília, 4ª edição, 1992, volume 1, página 623 – Grifos no original – Original em italiano.

A expressão "partido democrático" *não pode ser entendida em sua acepção atual*, sob pena de incorrermos em um equívoco: – Para bem compreendermos as instituições da Antigüidade, é mister que utilizemos a mundividência da Antigüidade. Podemos dizer, na esteira de Bobbio "et alii", que a genialidade do herdeiro de César residiu, fundamentalmente, na habilidade com que soube, ao instaurar o Principado, conciliar o que era "Antigo" com o que era "Moderno". Como assinalam Bobbio "et alii", Augusto, respeitoso da "Civilitas" romana, nela, *de fato*, inseriu novos elementos: – O "Senatus" e o "Populus Romanus" foram "largamente assumidos no novo modelo principesco". Este modelo, graças à ultra-sagaz contaminação entre o velho e o novo, ao respeito ostentado pelos poderes que ele, Augusto, estava esvaziando, e mercê, ainda, do senso de tranqüilidade e de segurança que difundiu entre cultores do novo e representantes da tradição, *constituiu sem sombra de dúvida uma ação política perfeita*, e uma base mais do que sólida para os futuros endurecimentos do sistema.[30] Para o triunfo de Otaviano sobre Antonio, contribuiu o seu prestígio pessoal, incindível da sua adoção por César. Segundo Burdese, após o assassinato de César, Antonio, colocando-se em conflito com a assembléia dos "Patres", pretendia assegurar para si a sucessão do seu antigo comandante. Enquanto isto, os inimigos de César, atemorizados, já se haviam distanciado de Roma, tratando de se justificar com encargos que, legalmente, a eles haviam sido confiados. No ínterim, havia chegado a Roma o sobrinho de César, Otávio, de dezenove anos de idade, designado herdeiro e adotado no testamento de seu tio-avô. Ante o Pretor, Otávio declarou aceitar a herança, e obteve uma confirmação legal da sua adoção por César, em forma de "Adrogatio", na presença de trinta litores, representantes das antigas trinta cúrias. Antonio, no entanto, negouse a colocar, à disposição de Otávio, o patrimonio de César. E Otaviano, *lançando mão dos seus próprios bens*, atendeu ao cumprimento das liberalidades de César a favor da Plebe. Com esta atitude, *cativou a boa-vontade das massas e dos veteranos*. Concomitantemente com esta corte ao populacho, ia Otaviano se inclinando pelo partido senatorial dirigido por Cícero, que gostava de o empregar como instrumento da sua política, destinada a se opor a Antonio.[31] Assinala Matos Peixoto que disse Tácito que, *no interesse da paz*, era necessário entregar

---

[30] V. "Dicionário De ...", vol. e loc. cit.
[31] Vide "Manual De..." cit, páginas 184 e 185.

o poder a um só homem. A monarquia havia se tornado uma necessidade. Otaviano, herdeiro de César, senhor e árbitro da situação, disto estava convencido. Qual, entretanto, das duas modalidades de monarquia teria a sua preferência? O Principado ou o Dominato? Ao levar em conta a experiência dos derradeiros vinte anos, Otaviano, um homem realista, *e fino psicólogo*, sentiu que a República ainda não estava morta de todo, e assim, tanto por motivos políticos, como por motivos de prudência, *achou conveniente respeitar as aparências*, e cobrir com o manto constitucional a nudez da realidade. Destarte, rompendo com o sistema de César, *conseguiu implantar o regime pessoal, sob o disfarce do Principado*.[32] Razão assiste a Matos Peixoto. Se nos debruçarmos sobre a evolução do Principado, após a morte do seu fundador, veremos que todos os imperadores da Dinastia Júlio-Cláudia viam, no Senado, um foco em potencial de resistência, *republicana*, ao novo regime. Recordemos a desconfiança de Tibério, movendo inúmeros processos de lesa-majestade, contra membros da aristocracia senatorial...

O caminho de Otaviano, no rumo do poder supremo, foi facilitado pelo comportamento, pessoal e político, de Antonio. É o que inferimos da lição de Burdese. Otávio, que se encontrava em Roma desde 36 a. C., recebia o "Jus Tribunicium" e outras honrarias. Enquanto isto, Antonio se achava no Oriente. As notícias que até nós chegaram, a respeito da vida amoral e desenfreada que levava o general, *parecem ter sido influenciadas pela propaganda adversa de Otaviano*. Seja como for, é fora de dúvida que Antonio se deixava influenciar pelas idéias político-religiosas próprias do Mundo Helenístico. Com isto, permitia o ingresso da concepção oriental, *estranha à tradição romana*, da monarquia divina. Isto o conduziu a reestruturar o Oriente, se bem que sob a dominação romana, em um sistema de reinos, entre eles o Egito, governado por Cleópatra, associada a Cesárion (filho de César). O Egito podia, ainda, ser governado por três filhos, ainda meninos, de Cleópatra e Antonio, sob a tutela da mãe. Roma ficava com o controle de tais reinos, por intermédio de Antonio. Este quadro *era incompreensível para a mentalidade romana*, e contrário aos interesses dos cidadãos, *que viam as províncias do Império transformadas em reinos autônomos*. Assim, ficou fácil, para a propaganda de Otaviano, apresentar Antonio como um louco, cego pelas paixões, e mostrar aos romanos o conflito que se aproximava, *como uma guerra*

---

[32] V. op., vol. e loc. cit.

nacional, conduzida por Roma e pelo Ocidente Romano, contra a potência estrangeira do Egito, que se estendia, de maneira ameaçadora para os interesses de Roma, pelo Oriente afora. Atuando em Roma com habilidade, Otaviano conseguiu que Antonio fosse considerado um traidor, sem que houvesse a necessidade de o declarar "hostis rei publicae". Bastou, a Otaviano, *insistir no caráter internacional da guerra contra Cleópatra.* Contra esta, Otaviano declarou a guerra da forma tradicional, com a participação dos Feciais. A vitória de Actium, em 31 a. C., sancionou a reunificação do Oriente e do Ocidente, *sob o domínio unitário de Otaviano.*[33]

A nova ordem não surgiu "ex abrupto", nem decorreu de um único ato. Resultou de um trabalho persistente, executado por um homem que pensava e planejava a médio e a longo prazos. Bobbio "et alii" assinalam que, após 27 a. C., tendeu Augusto a consolidar o novo regime, chegando sem riscos, em 23 a. C., a uma nova e definitiva ordem constitucional. Tendo Otaviano renunciado ao Consulado, a ele foi atribuída uma "Tribunicia Potestas" em caráter vitalício, e um "Imperium Proconsulare Maius Et Infinitum", também vitalício, que lhe dava preeminência, inclusive, sobre os governadores das províncias senatoriais. O Principado quedou definido em suas formas jurídicas. A esta soma de poderes, devem ser acrescentados os cargos religiosos, como o de "Pontifex Maximus". E deve ser lembrado o culto ao "Genius" de Augusto, embora Otaviano tenha sempre buscado evitar a sua divinização, enquanto vivo.[34] Concluem Bobbio "et alii" que, se desejássemos oferecer uma imagem conclusiva do Principado de Augusto, teríamos que dizer que a nova constituição se formou lentamente, o que não exclui momentos de "ruptura" e êxitos finais de marcante relevo; mas o desígnio político estava traçado havia tempo.[35]

Assinala Rostovtzeff que a tarefa de Augusto pode assim ser resumida: – Combinar o poder militar recebido dos seus antecessores, é fundamental à restauração da paz, da ordem e do bom governo, com o desejo dos cidadãos romanos e da Itália, de manter a sua posição privilegiada, senão em termos políticos, ao menos, nas relações econômicas e sociais. Sob esta condição encontrava-se, a Itália, disposta à aceitação de um governante militar, mesmo sendo ele

---

[33] Vide "Curso de..." cit., tomo I, páginas 91 e 92.
[34] V. "Manual De Derecho..." cit., páginas 187 e 188.
[35] V. de Norberto Bobbio "et alii", o "Dicionário De Política" cit., vol. 2, página 993.

"quase um autócrata". E as províncias estavam prontas ao reconhecimento de qualquer autoridade, *desde que ela lhes garantisse a paz e a ordem*.[36] Assim Otaviano, ao implantar o Principado, contou com um consenso dos cidadãos romanos, dos italianos e dos habitantes das províncias, fartos do caos das guerras civis. Tudo considerado, e nas pegadas de Malet, concluímos que o Principado foi benéfico para o Império, como um todo. Consolidada a autoridade imperial, as províncias já não eram entregues à cupidez da aristocracia senatorial. Embora as províncias senatoriais continuassem a ser administradas pelo Senado, e as imperiais o fossem pelo "Princeps", *os governadores de todas eram funcionários civis, que tinham vencimentos fixos*. O Exército dependia do Imperador, e era remunerado por meio de uma caixa especial. Assim, as províncias deixaram de arcar com o pagamento das legiões. Passou a reinar a paz nos territórios dominados por Roma, pois o novo regime acabara com as lutas civis. O Exército, nas fronteiras, estava preparado para o combate, protegendo os habitantes das províncias contra os bárbaros. Com a segurança, floresceram a agricultura e o comércio. A máxima dos imperadores, era a de que *a ordem devia reinar até os confins do Império*, e, por este motivo, cuidaram eles no sentido de que este fosse governado, não em benefício de uma camarilha, *porém, tendo em vista o interesse geral*. Este dado explica, segundo Malet, que a cidadania romana fosse se estendendo, paulatinamente, a todos os habitantes das províncias, e que Roma, contrariamente a ser uma cidade senhora do Mundo, tivesse se convertido *na Capital do Império Romano*.[37]

---

[36] V. "História De Roma" – Tradução brasileira de Waltensir Dutra – Rio de Janeiro, Zahar Editores, 3ª edição, 1973, páginas 162 e 163 – Original em inglês.
[37] V. "Roma" – Tradução argentina – Buenos Aires, Libreria Hachette S.A., 1942, página 157 – Original em francês.

Capítulo II

Breve Síntese das Principais Teorias Relativas à Natureza Jurídica do Principado

Este é um problema árduo, tanto mais difícil, quando levamos em conta que os romanos eram avessos às teorizações. Na abordagem deste assunto, de plano consignamos, acompanhando Moreira Alves, que, instaurado o novo sistema, subsistiram as instituições da República, porém, com as suas atribuições cada vez mais reduzidas, em vista de se tratar, o Principado, de um regime de transição para a monarquia absoluta. Esta última é... "incompatível com essas instituições nos moldes em que existiram na república".[38] Escreve o romanista que, dadas as peculiaridades que apresenta o regime, existe controvérsia entre os autores modernos, a respeito da sua natureza. Mommsen vislumbra, no Principado uma "Diarquia", em que há, de um lado o "Princeps", e de outro, o "Senatus." Para Arangio-Ruiz e outros, como Lauria, o Principado é um protetorado, em que o Imperador é o protetor, e o Estado Romano o protegido. De Francisci nele enxerga a superposição de um novo órgão – o "Princeps" – às instituições da República.[39] O problema de determinar a natureza jurídica do Principado esbarra, inclusive, nesta dificuldade, aparente-

---

[38] V. "Direito Romano" cit., vol. I, página 47.
[39] V. "Direito...", vol. e loc. cit.

mente insuperável: – a de termos que aplicar a nossa hodierna terminologia a uma realidade histórica, cultural *e jurídica*, totalmente distinta da realidade atual. Isto foi percebido por Biondo Biondi, o qual, ao tratar da Constituição Romana, pondera ser correta a observação de que os romanos são o povo do Direito, não o povo da lei. Na Constituição Romana, falta um órgão legislativo e uma lei, no sentido moderno. As "leges" comiciais têm caráter particularíssimo; em todo o caso, representam apenas algo secundário, e o melhor do Direito Romano não está "nesse milhar de leis, perdidas em sua maior parte". A legislação imperial, ajunta, afeta uma vez ou outra, com intensidade, o Ordenamento Jurídico, porém, durante toda a época clássica, é casuística: – não parte de premissas teóricas, nem chega a formular leis gerais, exceto que busca sempre ajustar o velho ordenamento às novas exigências que pouco a pouco se vão manifestando.[40] Diante de tais dificuldades, devemos nos "transportar" da melhor maneira possível para o passado, e olhar para o Principado com a mundividência dos seus contemporâneos, tão diversa da nossa. Devemos procurar penetrar no "espírito do Principado", para depois, *com cautela*, procurarmos definir a sua natureza jurídica, à luz da hodierna Dogmática, e fazendo uso do atual vocabulário jurídico. Falamos da mundividência dos antigos romanos, tão diversa da nossa. Apenas para ilustrar a assertiva, lembramos que a Gente do Lácio era politeísta, e que a nossa época é monoteísta; possuímos uma concepção linear do tempo, ao passo que os romanos dele tinham uma concepção cíclica, e assim por diante. Estas dificuldades foram percebidas por Engel e Palanque, os quais, ao abordarem as nossas discussões contemporâneas sobre as bases jurídicas do Principado, realçam que a ausência de uma constituição escrita, o costume dos mandamentos extraordinários e, bem assim, a "flexibilidade realista dos romanos", tornam em larga medida vãs as discussões contemporâneas sobre as bases jurídicas do regime. O que importava para Augusto não era estabelecer uma definição jurídica da sua autoridade, mas sim, fazê-la aceitar sem ferir uma opinião presa a um ideal político impreciso. O apoio do Exército, da Plebe e das províncias, o sentimento de gratidão diante da paz reconquistada, a boa administração, a prosperidade e a segurança falavam a favor dele, e, depois de cinqüenta e sete anos de governo, "quantos homens restavam ainda que se

---

[40] V. "Arte y Ciencia del Derecho" – Tradução espanhola de Angel Latorre, Barcelona, Ediciones Ariel, 1953, página 52 – Original em italiano.

recordavam da República?"[41] Os autores mencionados distinguem o Principado do Dominato. E afirmam que o Principado do chamado "Alto Império" era, indubitavelmente, uma monarquia de fato, porém, ficções "republicanas" haviam sido mantidas, em função das quais, a soberania pertencia sempre ao Povo, ou, mais exatamente, *ao Senado e ao Povo*: – em particular, se o "Princeps" devia a sua designação ao seu predecessor ou aos soldados – à hereditariedade ou à força militar – o poder não lhe era outorgado, *de direito*, senão por um voto do Senado. Tal investidura, que nunca foi recusada quando o Imperador morava em Roma, cessou, de acordo com Aurélio Vitor, com a entronização de Caro em 282 d. C., não tendo sido restabelecida por Diocleciano.[42] É lapidar a lição de Kunkel, para quem a posição do "Princeps" tinha, desde o princípio, o seu "centro de gravidade" *fora da ordem republicana tradicional, em uma ideologia não compreensível com conceitos jurídicos*. Desta ordem de idéias, provém o sobrenome de "Augustus", concedido pelo Senado a Otaviano, o título de "Pater Patriae", a elevação do Imperador, após o seu falecimento, a honras divinas e, por derradeiro, a própria denominação de "Princeps".[43] Concordamos com a opinião de Kunkel: Acreditamos que a posição ocupada pelo "Princeps", *não é compreensível com conceitos jurídicos*. Para a compreensão do Principado, é preciso que o estudioso lance mão, inclusive, de conceitos metajurídicos.

Ao tratar do problema, Londres da Nóbrega afirma que esta é uma questão "bastante controvertida". De acordo com Wolf, Schiller, De Francisci e outros autores, o sistema criado por Augusto é uma "autocracia verdadeira", embora privada do caráter de hereditariedade. Schultz e Beseler, continua, explicam o Principado como sendo uma continuação da República, ou melhor, uma evolução da República, no sentido aristocrático. Já Arangio-Ruiz pensa que a República continuou a subsistir, porém, o novo "instituto constitucional" do Príncipe vem a assumir *uma posição jurídica de protetor*.[44] Se admitirmos, com Goffredo Telles Junior, que toda ordem nova, pelo simples fato de diferir da anterior, é "revolucionária",[45] teremos que

---

[41] V. "O Império Romano" – Tradução brasileira de Niko Zuzek, São Paulo, Editora Atlas S. A., 1978, página 12 – Original em francês.

[42] V. "O Império..." cit., página 120.

[43] V. "Historia Del Derecho..." cit., página 61.

[44] V. "História e Sistema do Direito Privado Romano", Rio de Janeiro – São Paulo, Livraria Freitas Bastos S/A, 2ª edição, 1959, página 83.

[45] Citamos de memória.

o Principado foi "revolucionário", não importando que muitas das exteriorizações da República fossem mantidas. Deste entendimento não discrepa Rascón García, para quem, com Augusto, teve início uma "ordem nova", na qual o "Princeps" *assumiu uma posição política e jurídica superior*, e se transformou no órgão que encarnava os poderes do Estado. Foi Augusto quem, a partir de 30 a. C., começou a retirar, às instituições republicanas, os seus poderes, ocorrendo conseguintemente uma acumulação de poderes em sua pessoa, que se exteriorizava em seus títulos de "Caesar", "Imperator", "Augustus", "Princeps Senatus", "Pater Patriae", e "Pontifex Maximus".[46]

O que há de muitíssimo interessante a respeito dos títulos de Otaviano, é que, sem embargo de ele usar os títulos "novos", ligados ao sistema por ele inaugurado, não desdenhou de usar os antigos títulos republicanos, nem de desempenhar as magistraturas republicanas. Esta é uma demonstração da sua habilidade política, no sentido de conciliar o que era antigo com o que era novo; o que integrava a herança da República, com o que era inerente ao Principado, *fazendo isto, sistematicamente, em benefício do fortalecimento do seu poder pessoal, e da concretização do seu projeto político*. Ora, cremos que a motivação de Otaviano, ao respeitar as aparências republicanas, e ao prestigiar as magistraturas da República, *transcende os limites da habilidade política:* – ao nos defrontarmos com Augusto, estamos diante de *um estadista*, e não de um simples "político". Em suas atitudes, temos que perquirir motivos mais profundos que os da mera habilidade política. Temos para nós que Otaviano tinha consciência da precariedade da sua posição, que, em última análise, derivava da vitória sobre Antonio, e ansiava pela legitimidade. Deste nosso entendimento, não se distancia Burdese, que, referindo-se às "Res Gestae", menciona que Otaviano havia recebido, da Itália e das províncias ocidentais, uma espécie de juramento plebiscitário de fidelidade, possivelmente obtido graças a uma ativa propaganda, apoiada na força das armas. Tratava-se da "Conjuratio Italiae et provinciarum". Para Burdese, deflui do relato de Augusto que *ele desejou dar uma aparência de legalidade à sua posição, totalmente anticonstitucional*. Ele próprio, depois – ainda nas "Res Gestae" – acrescenta haver sido proclamado senhor de todas as coisas pelo consentimento de todos. Parece ser inegável que existe, aqui, a clara manifestação do convencimento de Otaviano, de que, sem embargo de que havia

---

[46] V. "Manual de Derecho Romano", Madrid, Editorial Tecnos, S. A., 1992, página 135.

ele sido posto à frente da "Res Publica", *com o desconhecimento das regras constitucionais*, e mediante um ato de força, estava, porém, moral e politicamente falando, *fundado na aprovação universal*, sendo, a "Conjuratio", a expressão desta aprovação.[47] Um motivo nos leva a crer que Otaviano teve a preocupação de demonstrar que era legítimo o seu poder, e legítima a posição por ele ocupada. Em primeiro lugar, ele tratou deste assunto nas "Res Gestae", que são uma biografia oficial e um testamento político. Em segundo lugar, todos os seus atos políticos, apontam para o fato de que pretendeu, ele, realizar uma obra duradoura. Ora, tal seria impossível se Augusto não legitimasse o seu poder, e se não legitimasse, "a priori", o poder dos seus sucessores. E o exercício das magistraturas republicanas, também serviu a este desígnio do "Princeps". Ainda segundo Burdese, depois de Actium, Otávio mostrou desejos de querer voltar às formas da normalidade constitucional, *se bem que conservando os poderes extraordinários que lhe garantiam o comando do Exército e o domínio das províncias*. Neste retorno, ainda que apenas aparente, à normalidade constitucional, Augusto, desde 31 a. C., passou a assumir, anualmente, o cargo de Cônsul (e lembramos que o Consulado fora a magistratura máxima da República). O Consulado conferia, a Otaviano, *uma investidura constitucional normal* para o exercício do seu poder em Roma e na Itália. Desde 30 a. C., Otaviano se atribuiu o governo do Egito. Já nos referimos à fundamental sessão do Senado, de 13 de janeiro de 27 a. C. Assinalemos que Otávio se encontrava, então, no início do seu sétimo consulado. Perante os "Patres" reunidos, declarou a sua vontade de restituir, *ao Senado e ao Povo*, o governo da "Res Publica". As ponderações de Burdese, que endossamos, devem aqui ser reproduzidas: – Em primeiro lugar, tanto o "Senatus" quanto o "Populus" *eram órgãos desprovidos de competência para a atribuição, a Otávio, de poderes extraordinários*. Em segundo lugar, o discurso solene de Otaviano implicava na renúncia, da sua parte, aos poderes extraordinários nascidos da "Conjuratio", e consolidados pelo geral "consensus", após a sua vitória sobre Antonio. Salienta Burdese que tal renúncia não implicava, como Otávio queria fazer crer, na restauração da Constituição Republicana, uma vez que ele, além de conservar o Consulado, recebeu de um Senado açodado o título de "Augustus" e outros sinais honoríficos, e, além disto, um "imperium", confirmado mediante uma lei, para reger as províncias ainda não pacificadas, e carecedoras da presença de tropas.[48]

---

[47] V. "Manual de...", cit., página 189.
[48] V. "Manual De...", cit., páginas 189 e 190.

O que acabamos de ver tem uma crucial importância, para a determinação da natureza jurídica do Principado. Atenhamo-nos ao detalhe, posto a nu por Burdese: – Nem o Senado, nem o Povo, tinham competência para outorgar, a Otaviano, os poderes extraordinários de que este desfrutava, até a sessão de 13 de janeiro de 27 a. C. Ora, se o "Senatus" não tinha competência para a outorga de tais poderes, *não tinha, tampouco, a competência para os receber de volta*. O que ora afirmamos, é dito com cautela: – O discurso proferido por Otaviano perante o Senado, em 13 de janeiro de 27 a. C., e a sua renúncia aos poderes extraordinários, *não passaram de um golpe genial de demagogia*, por meio do qual, ganhou Otaviano em prestígio e em legitimidade. Isto é compreensível, quando recordamos que, após a renúncia, o Senado – literalmente – implorou que o renunciante voltasse atrás. O que até aqui foi examinado, nos basta para que afirmemos, desde já, que o Principado era uma monarquia. Esta, basicamente, era a sua natureza jurídica. É verdade que se tratava de uma monarquia que apresentava diversas peculiaridades. Mas elas não elidem o fato de que o regime era monárquico. Esta é a nossa opinião, que emitimos após termos refletido sobre as principais teorias que buscam explicar a natureza jurídica do Principado, das quais faremos uma sucinta exposição, acompanhada de críticas. Não devemos nos iludir com algumas exteriorizações republicanas, toleradas, e não raro estimuladas, por Augusto. A despeito delas, a essência do sistema era monárquica. Aqui, quando afirmamos que o Principado tinha a natureza jurídica de uma monarquia, adotamos a definição de "regime político" formulada por Maurice Duverger:

> "No sentido amplo, chama-se regime político a forma que, num dado grupo social, assume a distinção geral entre governantes e governados. Numa acepção mais restrita, o termo "regime político" aplica-se tão-somente à estrutura governamental de tipo particular de sociedade humana: a nação".[49]

É interessante a opinião de Moreira Alves: O Principado apresenta "dupla faceta". Ao passo que, em Roma, é ele uma monarquia mitigada (o "Princeps" não passa do "primeiro cidadão",

---

[49] V. "Os Regimes Políticos"- Tradução brasileira de Geraldo Gerson de Souza – São Paulo, Difusão Européia do Livro, 1962, página 9 – Original em francês.

que respeita as instituições vindas da República), nas províncias imperiais ele é ... "verdadeira monarquia absoluta", porquanto tem o "Princeps", nelas, *poderes discricionários*. Concordamos com o autor, apenas parcialmente: – Em Roma, o "Princeps" respeita, *na aparência*, as instituições vindas da República. Considera Moreira Alves, ainda, que o Principado é um ... "regime de transição", da República para a monarquia absoluta, como tal se encaminhando, paulatinamente, para o absolutismo. Concordamos com o autor, sendo que, no momento apropriado (V., "infra", o Capítulo V), veremos que o Principado foi *uma realidade em constante evolução*.[50] Quando perquirimos da natureza jurídica do Principado, não podemos nos ater apenas aos seus aspectos jurídico-formais. Foi este o principal equívoco dos escritores do século XIX e inícios do século XX. Adverte Burdese que o problema da individualização dos caracteres do Principado, é "difícil e controvertido". Para definir o novo regime político-constitucional, *é mister que não nos limitemos a uma valoração meramente formal da nova ordem, mas que tenhamos em conta, precisamente, o seu substrato político, ideológico e social*. É preciso saber separar o que é apenas propaganda, no comportamento de Augusto, dirigido a fazer crer em uma restauração republicana, *do valor que, objetivamente, representam os seus atos*. Este problema, conclui Burdese, encontrou, entre os autores antigos e entre os modernos, diversas soluções, que oscilam, com uma infinita gama de variedades, entre dois extremos opostos, o da fórmula radical da restauração republicana, e o da pura e simples instauração da monarquia.[51] No trato da matéria, é mister que tenhamos em conta, segundo Burdese, a especial e singular figura do "Princeps": – Apesar do aspecto propagandístico que reveste o assunto, mercê da renúncia, por parte de Otávio, dos poderes extraordinários, e sem embargo de ele se haver recusado a assumir magistraturas e títulos, contrários à tradição republicana, *foi, o Principado, uma ordem constitucional nova*. Esta ordem nova, que, aliás, se delineia *gradualmente*, adere às condições daquele momento histórico, embora não rompendo com o passado, e conservando, além disto, o tradicional equilíbrio das forças sociais da antiga Constituição. Sucede que a Constituição Republicana chegou certamente ao seu fim, *ao ficar estavelmente configurado o "Princeps"*. Nele, estão encarnadas, ainda que formalmente atribuídas aos antigos órgãos constitucionais, e como

---

[50] V. "Direito Romano" cit., vol. I, páginas 46 e 47.
[51] V. "Manual de Derecho Publico..." cit., páginas 194 e 195.

derivadas dos poderes tradicionais da antiga magistratura republicana, *todas as faculdades que constituem o princípio monárquico, ainda que de uma forma "sui generis"*.[52]

A lição de Burdese é rica em inferências para a nossa temática. Em primeiro lugar, o fato de a ordem constitucional nova ter aderido às condições ambientais daquele momento histórico, significa que o Principado correspondeu, do ponto de vista institucional, às exigências dos novos tempos, decorrentes da expansão de Roma. Estando inadequadas e anacrônicas as antigas instituições, a nova ordem era *exigida pelos fatos*. Mas não existe apenas esta inferência. Com efeito, a instauração do Principado demonstra a extraordinária capacidade dos romanos, no sentido de se adaptarem, e de adaptarem o seu Direito, às novas realidades, *permanecendo no entanto fiéis à tradição*, e mantendo, o seu Direito, uma impressionante unidade interna, uma coerência monolítica. Por derradeiro, a lição de Burdese nos traz à mente a ensinança de Wendell Holmes, no sentido de que a vida do Direito não foi a Lógica; foi a experiência.[53] A estas ponderações, aduzimos outra: – O sistema instaurado por Otaviano seria ininteligível, para o estudioso que não atentasse *para o carisma pessoal de Augusto*, e para *a dimensão mística e religiosa do Principado*. Para este carisma do fundador do Principado contribuiu o fato de ele ser *um profundo conhecedor da alma romana*, e dos valores prezados pela Gente do Lácio. O fato inconteste é que a definição da natureza do Principado tem que partir do dado de que a figura do "Princeps" é o centro nevrálgico do problema. E esta figura, enfatizamos, *é a do chefe de uma monarquia*, não importando que se tratasse de uma monarquia "sui generis".

Gozou de grande prestígio, no passado, a teoria de Mommsen, para quem o Principado seria uma "Diarquia", nele havendo uma divisão de poderes entre o Imperador e o Senado. A doutrina não mais pode ser aceita. Para Burdese, esta fórmula *não satisfaz*. Os dois órgãos não estão ubicados no mesmo plano, *havendo uma indiscutível proeminência do Príncipe*. Ao passo que o Imperador não está sujeito às interferências do Senado, nos campos da sua exclusiva competência, *tem ele o direito de se imiscuir na esfera de competência do "Senatus"*,

---

[52] V. "Manual de Derecho..." cit. página 198.

[53] V. "O Direito Comum – As Origens Do Direito Anglo-Americano" – Tradução brasileira de J. L. Melo, Rio de Janeiro, Edições O Cruzeiro, 1967, página 29 – Original em inglês.

graças ao exercício da intercessão tribunícia a propósito das deliberações senatoriais, e a um controle das províncias senatoriais.[54] Cremos existir uma outra objeção à Teoria da Diarquia. Mommsen divide o poder entre o Príncipe e o Senado, fazendo "tabula rasa" do dado de que *o "Princeps" era um órgão completamente novo na experiência política e jurídica dos romanos,* e pois, não passível de ser analisado e valorado, como o Senado, à luz dos critérios válidos para as instituições republicanas. Órgão novo, o Imperador não pode ser mensurado à luz de tais critérios. Por derradeiro, Mommsen, um autor do século XIX, não fugiu às influências dominantes na Ciência do seu tempo. E esta Ciência pecava pelo excesso de formalismo, aliado ao reducionismo. É conhecida a Teoria do Protetorado, de Arangio-Ruiz: – O "Princeps" exerceria, sobre a "Res Publica", *um protetorado,* análogo aos exercidos por Roma, ou por um rei grego, ou por um príncipe, sobre cidades que, conservando a sua estrutura, haviam ingressado na esfera de dominação política de Roma. Assim como tais cidades conservavam a sua estrutura, a "Res Publica" conservaria os seus órgãos. Para Burdese, esta teoria não é satisfatória. E a grande objeção formulada por ele, é a de que Augusto não era, relativamente à "Res Publica", *nem um Estado, nem um monarca estrangeiro, nem uma autoridade estranha, mas, ele próprio, um cidadão, transformado em órgão do Estado Romano, que era uno.*[55] Acrescentaríamos que a Teoria do Protetorado nos parece um tanto cerebrina. E os romanos não foram tão imaginosos quanto parece supô-los Arangio–Ruiz. Logo, a Teoria do Protetorado destoa, inclusive, da "alma romana", muito mais voltada para as realizações práticas do que para as especulações teóricas. Voltados para a "praxis" da existência, os homens do Lácio *aceitaram o novo sistema instaurado por Otaviano; sistema que resultava das vicissitudes históricas, e que atendia às necessidades do momento,* sem adentrarem em profundas cogitações sobre ele. Aliás, mal andaria o estudioso da História do Direito Romano que procurasse encontrar, no objeto do seu estudo, soluções cartesianas, de todo desvinculadas da realidade empírica.

Ao se manifestar contra o uso das fórmulas esquemáticas, para explicar a natureza jurídica do Principado, Burdese afirma que o emprego delas acaba por falsear a *realidade viva da nova ordem político-constitucional de Augusto.* Esta "nova ordem" se apresenta como um

---

[54] V. "Manual de Derecho..." cit., página 201.
[55] V. "Manual de..." cit., página 201.

regime misto, no qual os elementos monárquicos já são relevantes, e estão fadados a, com o tempo, prevalecer sobre os republicanos. A inserção do novo órgão – o "Princeps" – nos antigos órgãos republicanos, *permite a sobrevivência da concepção tradicional do Estado-cidade.* Mas tanto os órgãos republicanos, quanto a tradicional concepção do Estado-cidade, estão destinados a desaparecer, com a acentuação dos poderes monárquicos *e com o cunho religioso assumido por esses poderes.* Graças ao fenômeno por último apontado, se não há uma transformação total do regime, há, com o Dominato, o surgimento do caráter de uma monarquia absoluta, de tipo oriental.[56]

A opinião de Espasandín confirma a importância do "Princeps", e a prevalência do elemento monárquico, no que tange à natureza do Principado. Para o autor, a partir de 27 a. C., Roma esteve sob a direção de um poder dual, o do Senado e o do Imperador. Porém, *o poder efetivo estava nas mãos do "Princeps",* uma vez que lhe davam respaldo as legiões. Limitava-se o Senado, na maioria dos casos, a dar um caráter legal às situações de fato criadas pelo Imperador, apoiado nas suas hostes.[57] Para nós, o autor dá uma importância excessiva à força militar como elemento de respaldo do poder do Imperador. Esta importância existia, sem dúvida. Sucede que a estabilidade do regime repousava, também, no consenso dos governados, e em elementos místicos e religiosos.

Cancelli afirma que, para compreender plenamente a essência e a natureza do Principado, seria preciso fazer o espírito recuar *até o primeiro momento da crise republicana,* em ordem a acompanhar todos os movimentos revolucionários e reformistas, nos quais é perceptível, com clareza, *a inadequação da estrutura constitucional de Roma,* dominante na Civilização Grega, da Cidade-Estado. Toda reforma, toda "restauração" constitucional que se seguiu ao período dos Gracos, *é uma tentativa de obviar as deficiências do organismo antigo com uma ordem nova.* Todas estas tentativas, para ser evitadas ou para ser retomadas, ao menos em alguns aspectos positivos, *encontram-se presentes na Constituição de Augusto.* Mais próxima desta é, sem dúvida, a posição de primazia e predomínio pessoal de Pompeu, em harmonia com o Senado. Como quer que seja, é certo que *o Estado de Augusto não é, senão, o derradeiro ordenamento constitucional ligado, do ponto de vista*

---

[56] V. "Manual de Derecho..." cit., páginas 201 e 202.
[57] V. "Roma – La Republica Y El Imperio", Buenos Aires, Editorial Atlantida, S. A., segunda edición, 1949, páginas 159 e 160

histórico, a todos os precedentes movimentos de reforma.[58] Concordamos com o que afirma Cancelli, no que tange à inadequação da estrutura constitucional da Roma Republicana aos novos tempos. Esta inadequação diz respeito à transformação da "Urbs" primitiva, *em um vasto e poderoso império*. As instituições, que haviam provado bem ao tempo em que Roma dominava um pequeno território ao redor do "Pomerium", *haviam-se tornado obsoletas, com o surgimento e o crescimento do império.* Acrescentamos que, impregnados do senso do jurídico, neles indissociável do senso político, os romanos foram capazes de erigir um vasto império, *conservado muito mais graças ao Direito e ao consenso dos povos, do que à força das armas*. Por último, o autor afirma, "mutatis mutandis", o que havíamos dito, no sentido de que a Constituição de Augusto foi "revolucionária": – Ela o foi, na medida em que instaurou uma "nova ordem", distinta da anterior. Há um ponto em que discordamos de Cancelli. Não nos parece cientificamente aconselhável traçar qualquer paralelo entre a "Pólis" e a "Urbs". A "Pólis" sempre se trancou no particularismo, ao passo que a "Urbs" sempre tendeu para o universal.

Para De Francisci, o tema da Constituição de Augusto é, no campo do Direito Público Romano, um daqueles que parecem sempre esgotados, e que, pelo contrário, de tempos em tempos voltam à discussão. Assevera o autor que, aos que têm em mente a vasta literatura a respeito das origens, da índole e das bases jurídicas do Principado, poderá talvez parecer inútil, e até mesmo temerário, voltar ao assunto. Mas é peculiar a estes problemas mais debatidos, porquanto dotados de importância essencial, que todo estudioso sinta, da maneira mais profunda, a necessidade de renovar a tentativa de solução, senão por outro motivo, para fundamentar de maneira mais sólida as suas próprias convicções.[59] Ao tratar da insuficiência de certas abordagens do tema, De Francisci afirma que o derradeiro ensaio respeitante a este assunto, é o de Schönbauer, o qual, ao invés de se avizinhar da solução do problema, dela se distancia. E isto porque afirmar que o Principado não é outra coisa, senão a transformação de uma constituição sob a ação do uso, não basta, por certo, para definir a sua estrutura jurídica.[60] Concordamos com a crítica formu-

---

[58] V. o verbete "Principato", "in" "Novissimo Digesto Italiano", Torino, Unione Tipografico – Editrice Torinese, volume XIII, página 874.

[59] V. "La Costituzione Augustea", "in" "Studi In Onore Di Pietro Bonfante Nel XL Anno D'Insegnamento", Milano, Fratelli Treves Editore, 1930, volume I, páginas 13 e 14.

[60] V. "La Costituzione..." cit., vol. I, página 14.

lada a Schönbauer. Mas salientamos que o artigo sobre a Constituição de Augusto, foi publicado em 1930. Ao prosseguir, argumenta De Francisci no seguinte sentido: – Schönbauer assevera que o Principado não é outra coisa, senão a transformação de uma constituição, *sob a ação do costume*. Se esta afirmação fosse exata ela descuraria, sempre, o ponto essencial, ou seja, *a determinação dos princípios que, em um momento certo, regulam uma forma constitucional*. Acrescenta que a transformação da Constituição Republicana não aconteceu, propriamente, sob a ação do costume, *mas por meio de uma série de atos e de deliberações que tiveram a colaboração do Senado e dos Comícios*.[61] Concordamos com De Francisci. Se é verdade que o ambiente político gerado pelas crises do final da República, facilitou o surgimento do Principado e da Constituição de Augusto, de outra banda, não podemos acreditar em uma transformação "natural", "orgânica", da República no Principado. Acrescentamos que a habilidade de Augusto, que manteve as aparências republicanas, *pode levar o observador precipitado a incidir neste equívoco*. Consignamos uma outra observação: – Admitindo-se, para argumentar, que a participação do Senado e dos Comícios, para a instauração do novo regime, *tenha sido apenas formal*, remanesce o dado de que ela existiu. De Francisci critica a opinião de Schönbauer, também de um ponto de vista cronológico. Para ele, cometeu Schönbauer o erro de fixar a atenção, apenas, nos acontecimentos de 27 a. C., *descuidando os de 23 a. C.*, dos quais, *tira a sua origem a estrutura definitiva do Principado*. Isto não exclui que muitas das observações dirigidas por Schönbauer contra os seus antecessores, sejam acertadas; porém a solução para o assunto parece, ao romanista, que seja a de investigar na velha direção, a saber, de um lado, considerando, como o fizeram até aqui os escritores, a natureza dos poderes isolados concedidos a Augusto, e de outro, procurando analisar o pensamento inspirador, *com freqüência oculto sob aparências enganadoras*, da Constituição de Augusto.[62] Assiste razão a De Francisci. Houve, sem dúvida, um "pensamento inspirador" na base da instauração do Principado. Este só poderia partir de um gênio político da estatura de Otaviano, que realizava em sua pessoa a síntese, raríssima, do homem de pensamento e homem de ação.

    O problema da natureza jurídica do Principado é antigo, havendo desacordo sobre a matéria, entre os próprios autores contem-

---

[61] V. "La Costituzione Augustea", vol. e loc. cit.
[62] V. "La Costituzione...", vol. cit., páginas 14 e 15.

porâneos do regime. Segundo De Francisci, ao passo que Veleio Patércolo, quiçá tendo em mente, em especial, os acontecimentos de 27 a. C., e o aspecto formal do ordenamento, escreve ... "prisca illa et antiqua rei publicae forma revocata", Estrabão, e outros escritores, mais tarde, e tendo em mente o lado substancial do assunto, falam, ao revés, de um regime monárquico.[63] Seria errôneo, diz De Francisci, deduzir que o problema da natureza jurídica do Principado radique em uma escolha diante da alternativa "República" ou "Monarquia". O próprio Mommsen não colocou o problema nesta fórmula de uma simples escolha entre a Monarquia e a República. Para Mommsen, a solução estaria na fórmula "nem República nem Monarquia", e isto porquanto o Principado seria uma "Diarquia", um regime no qual contribuem, juntos, o "Princeps" e o "Senatus".[64] Consideramos que seria simplista reduzir o problema à singela escolha entre a "Monarquia" e a "República", porquanto a questão é bastante difícil, e mais sutil do que pode parecer "prima facies". Uma vez que consideramos insustentável a teoria da Diarquia, pensamos que o Principado foi um regime político "sui generis", monárquico na essência, com algumas aparências republicanas, e no qual o mando pertencia, com exclusividade, ao "Princeps". Segundo De Francisci, a formulação de Mommsen não encontrou uma grande aceitação entre os autores modernos. Alguns deles puseram-se a sustentar que a Constituição de Augusto outra coisa não é, senão uma restauração da República. Afirma De Francisci que os elementos republicanos do Principado eram postos em realce, também, por Puchta. E acrescenta, como de adeptos da tese de que o Principado foi uma restauração da República, os nomes de Guglielmo Ferrero, de E. Meyer e de Schulz. Outros autores, prossegue, seguindo a tendência oposta, punham em destaque o lado monárquico dos ordenamentos de Augusto.[65] Pensamos que, para esta oposição radical entre as duas correntes, *deve ter concorrido o dado de os seus adeptos transporem os hodiernos conceitos de "República" e de "Monarquia" para a Antigüidade,* o que os desviaria do Principado, que foi uma monarquia "sui generis", não enquadrável nos modernos padrões distintivos entre monarquia e república. Para ficarmos apenas com um dado, nas modernas monarquias,

---

[63] V. "La Costituzione...", vol. I, página 15 – A citação de Veleio Patércolo está em itálico, no original.
[64] V. "La Costituzione...", vol. e loc. cit.
[65] V. "La Costituzione...", vol. cit., páginas 15 e 16.

é fundamental o "Princípio da Legitimidade Dinástica", segundo o qual, o soberano *é filho daquele que o antecedeu*. Ora, no Principado, nem sempre a sucessão obedeceu a critérios hereditários, biológicos: – muitas vezes, o "Princeps" reinante, ainda em vida, escolhia o seu sucessor, *fora da sua família*, recorrendo ao instituto da adoção.

No trato da natureza jurídica do Principado, temos que enfatizar *o espírito prático dos romanos, avessos às teorizações*. Ao tratar da inexistência, entre o Povo do Lácio, de uma "teoria da política imperial", escreve Reale ser curioso observar que os romanos, que souberam fundar a Jurisprudência e o Império, não nos deixaram teorias sobre uma e o outro: – No Mundo Romano, procurar-se-á em vão uma "teoria da política imperial", assim como não se configura, de maneira explícita, a "teoria geral do Direito" dos romanos.[66] Esta característica do espírito romano, também dificulta o trabalho do investigador. Este se vê diante de *uma realidade empírica*, que é preciso explicar, à luz dos conceitos atuais, e com o recurso à atual terminologia jurídica. Um problema que se põe é o seguinte: – Tratou-se, o sistema instaurado por Otaviano, de *uma instituição*, ou de um simples *poder pessoal*?... para Bobbio "et alii", as duas respostas parecem ser, num certo sentido, corretas: – Se se leva em conta a continuidade histórica do Principado, ele se configura, de preferência, como uma instituição. Se, ao revés, for levado em conta o modo de formação do novo regime, e alguns dos seus aspectos exteriores, ganham maior ênfase os elementos pessoais.[67] Esta opinião dificulta o nosso estudo, ao invés de o facilitar. Cremos, entretanto, *que o Principado foi uma instituição*, e aliás, uma instituição sólida e estável, sem embargo dos momentos de crise pelos quais passou. A singela duração do regime o qualifica como "instituição", na qual, reconhecemos este dado, o poder pessoal do "Princeps" possuía um papel de relevo.

Segundo Guarino, a análise dos poderes do "Princeps" conduz a defini-lo como *um funcionário extraordinário e vitalício*, em geral monocrático, da "Res Publica". O fato de o Príncipe ser um funcionário da "Respublica", é algo que resulta da sua qualidade de "civis Romanus optimo jure", e do fato de que os poderes de que ele dispõe, lhe são atribuídos pelos organismos republicanos. Mas, continua, o "Princeps" *não era um "magistratus populi Romani"*, em sentido próprio. As suas funções eram concorrentes com as dos magistrados, e

---

[66] V. "Horizontes do Direito e da História" cit., página 65.
[67] V. o "Dicionário de Política" cit., vol. 2, página 993.

ele podia ser também, *ao mesmo tempo, um magistrado*. Não era ele, tampouco, um magistrado extraordinário. O Imperador foi, portanto, *um funcionário "extra ordinem"*, estranho ao "ordo" tradicional da "Res Publica". Como "extra ordinem", foram qualificados os seus atos, e os dos seus delegados.[68] Não concordamos com a opinião de Guarino. Nela há uma contradição: – Como poderia o "Princeps" ser *um funcionário da "Res Publica", se – de acordo com o próprio autor – era ele estranho ao "ordo" tradicional da "Res Publica"?*... ele, "Princeps", poderia ser um "funcionário extra ordinem", se houvesse, na Constituição da República, uma previsão neste sentido, consagrada por precedentes históricos e jurídicos. E esta previsão não existia. Houve na República, é certo, magistrados extraordinários – e o Ditador foi um deles – sucedendo, no entanto, que as magistraturas extraordinárias estavam previstas na Constituição Republicana. O "Princeps" não era, jamais foi, um "funcionário". *Ele era, ao revés, um órgão novo, de índole monárquica, e ubicado fora e acima da antiga Constituição Republicana*. A nossa opinião é corroborada por De Francisci, o qual afirma que o problema histórico-jurídico alusivo ao Principado é, no fundo, mais simples, *na medida em que não esteja preso às discussões dos escritores*. Aduz que, nem sempre, os problemas que se põem com simplicidade, são os de solução mais fácil. Entretanto, da própria tradição e da sucessão dos fatos, emergem dados suficientes para se estabelecer que a Constituição de Augusto, tal como se apresenta em 23 a. C., *consiste essencialmente na sobreposição, às magistraturas republicanas, de um órgão novo – o "Princeps"*. Esta sobreposição tira a sua base jurídica de uma outorga de poderes por parte do "Senatus" e do "Populus", e possui uma justificação de fato (o que é um dado importantíssimo) *no prestígio de que usufrui Augusto junto ao corpo de cidadãos*. Esta Constituição de Augusto, a despeito da intervenção do Senado e do Povo, *não mais é a Constituição Republicana*, não apenas em função da criação daquele "órgão novo", *mas também pela concepção nova que constitui o seu espírito*, isto é, a concepção de que o "Imperium" e a "Tribunicia Potestas" podem ser compreendidos como, normalmente, *destacados das magistraturas*, e passíveis de atribuição a pessoa diversa dos magistrados ou dos tribunos, *e colocada acima deles*.[69]

É correta a análise de De Francisci, a qual não incorre na tentação de transpor, para a Antigüidade, a mundividência do presente.

---

[68] V. "Storia Del Diritto Romano", Napoli, Editore Jovene Napoli, quinta edizione, 1975, página 385.
[69] V. "La Costituzione Augustea" cit., vol. I, página 19.

O jurista trabalha com os conceitos, *romanos por excelência,* do "Imperium" e da "Tribunicia Potestas", e busca explicar a Constituição de Augusto, *à luz da realidade política da época.* Cremos que o simples fato de o "órgão novo" haver se sobreposto às magistraturas republicanas, *elide a tese da Diarquia,* ainda que se leve em conta que a sobreposição em pauta, derivasse de uma outorga de poderes ao "Princeps", por parte do "Senatus" e do "Populus". E isto porquanto esta outorga de poderes por parte do Senado e do Povo, *derivaria, de fato, do prestígio pessoal de Augusto junto aos cidadãos.* Ora, este ponto nos parece significativo: – Uma situação de fato (o prestígio pessoal de Augusto), *a gerar uma situação jurídica,* ou seja, a outorga de poderes ao Imperador, por parte do Senado e do Povo. Este dado nos leva a uma conclusão básica: – A de que a legitimidade do Principado, *repousava, inclusive, no carisma pessoal de Augusto.* Nesta ordem de idéias, a outorga de poderes ao Príncipe, por parte do Senado e do Povo, *não passaria de uma formalidade,* como não passava de uma formalidade a assunção do "Imperium" pelo magistrado, ante o "Populus", e mediante a "Lex Curiata de Imperio", ao tempo da República. Ainda segundo De Francisci, para a assunção do "Imperium" pelo magistrado republicano, por meio da "Lex Curiata de Imperio", *era indiferente o consenso ou o dissenso do Povo, porquanto se tratava de um ato unilateral.*[70] Anota De Francisci que o Principado seria uma síntese da República e da Monarquia. Com efeito, a oposição entre as duas correntes (O "Principado República" e o "Principado Monarquia"), acabou em uma *solução conciliatória,* em ordem a eliminar a antítese *República ou Monarquia,* mediante *uma síntese:* – Afirmou-se que o Principado é juntamente República e Monarquia. O autor evoca a opinião de Betti, para quem o Principado é uma "constituição híbrida", que apresenta dois lados; um voltado para o passado, República, e o outro voltado para o futuro, Monarquia. O primeiro lado (República), no desenvolvimento ulterior do sistema, estava *destinado a ser superado pelo segundo.* Cremos que a construção de Betti, embora próxima da realidade histórica, não é de todo satisfatória. Ela retrata a evolução do regime, a partir de Augusto, que foi, sem dúvida, *monárquica.* Sucede que tal construção, conquanto engenhosa, *não esgota o problema,* mas apenas o contorna. Rostovtzeff traz para a discussão do assunto elementos de grande interesse. É "inútil", diz, buscar uma fórmula constitucional única para definir os resultados

---

[70] V. "Síntesis Histórica Del Derecho Romano" – tradução espanhola – Madrid, Revista de Derecho Privado, 1954, página 90 – Original em italiano.

efetivamente obtidos por Augusto. Permanece sem solução o problema alusivo a definir *a forma* de governo que ele criou. Uma monarquia? Uma diarquia constituída pelo "Princeps" e pelo "Senatus"? Uma restauração da República? Há longos anos, esta questão terminológica vem sendo discutida, infrutiferamente, pelos doutos. *Pois sucede que a tarefa primordial, à qual se entregou Augusto, foi a de apagar, graças a um esforço minucioso e perseverante, as velhas distinções entre "Monarquia" e "República", e "arredondar os ângulos agudos".* É por este motivo que a Constituição de Augusto *é passível de ser descrita, mas não de ser definida numa única frase,* ou numa fórmula breve. Augusto queria ser considerado o restaurador da antiga Constituição, e isto exsurge do relato de suas atividades, publicado por Tibério. Porém Tácito, ajunta Rostovtzeff, um século depois da morte de Augusto, sabia que tal explicação não satisfazia. Aliás, mesmo os contemporâneos de Augusto sabiam que tal explicação não era satisfatória. Como os historiadores modernos, Tácito e os contemporâneos de Augusto tenderam a simplificar o problema, afirmando que houve a criação de uma monarquia. Para Rostovtzeff, *ambas as assertivas estão certas e erradas ao mesmo tempo.* Não é possível classificar o tipo de Constituição criado por Augusto, *nos limites de uma única fórmula.* Tentar classificá-la assim, equivaleria a fazer "tabula rasa" de sua natureza essencial, *que descende, historicamente, de vários elementos.*[71]

Sem embargo das ponderações de Rostovtzeff, continuamos a afirmar que o Principado foi uma monarquia, ainda que "sui generis".

---

[71] V. "História de Roma" cit., páginas 165 e 166.

Capítulo III

A Dimensão Mística e Religiosa do Principado

Ninguém ignora a importância do religioso no Direito Romano. Esta presença do sagrado foi notada, na literatura nacional, por Ulhoa Cintra.[72] Existe o sagrado no Direito Romano, sendo que, ao instaurar o novo regime, Augusto *se aproveitou, habilmente, dos elementos místicos e religiosos*. Segundo Crippa, a história de todos os povos, e a de todas as culturas, começa sempre com um capítulo voltado para os primórdios, em que se trata da gênese do que aconteceu, e do que irá acontecer. Na gênese de todas as trajetórias históricas, encontramos o relato de acontecimentos singulares e únicos, em que os deuses, semideuses, heróis e homens especiais, participam de acontecimentos transcendentais e decisivos, *que modelam e determinam os acontecimentos posteriores*.[73] A História de Roma possui este "capítulo dedicado aos primórdios". A respeito, basta que lembremos os começos lendários da "Urbs", com a história dos gêmeos Rômulo e Remo, filhos de uma virgem Vestal e de Marte, amamentados por uma loba e, "a posteriori", fundando a cidade, *depois de tomar os auspícios*; a divinização de Rômulo após a sua morte; o episódio de Mucio Scevola, e tantos outros. O elemento místico não aparece apenas na

---

[72] V. "De Actione Sacramento", São Paulo, edição do autor, 1960, página 101.
[73] V. "Mito e Cultura", São Paulo, Editora Convívio, 1.975, página 12.

história lendária da fundação; o mito recua para um período muito anterior; para narrar as peripécias de Enéias, o legendário antepassado dos romanos. E é altamente significativo que as aventuras, as privações e as andanças do herói de Tróia tenham sido narradas... *por um poeta da época de Augusto*, vale dizer, por Vergílio. Baldado seria tentar compreender Roma e os próprios romanos, e parcial seria o nosso conhecimento do Direito Romano, se não buscássemos conhecer num "prius", a Mitologia de Roma. O mito possibilita o contato com as origens, como o explica Crippa: – Com os mitos e os mitologemas, entramos em contato com as origens. E a compreensão da cultura não pode estar desligada das origens. Os mitos, *revivendo o grande tempo dos inícios*, propõem e preservam a identidade dos estilos culturais. Os mitos, ao conservarem os poderosos ideais propostos nos momentos arcaicos de um projeto cultural, *fecundam a realidade dos acontecimentos históricos.*[74] Há então uma "penetração da realidade pelos mitos", como inferimos da lição de Crippa. Mencionamos "retro" o episódio de Mucio Scevola, ligado aos primórdios de Roma. O herói, que teria queimado a mão direita, para se punir pela prática de um erro, é o arquétipo do varão romano, dotado a um tempo do senso do dever, do civismo e do espírito de sacrifício. Pois bem, como relatam os historiadores, Aníbal, que se encontrava na Itália, e pronto a cair sobre Roma, contava com uma rebelião na Sicília, para facilitar os seus planos, por não dispor a República de recursos para pagar as legiões destinadas a sufocar a rebelião. E então, aconteceu o que o chefe cartaginês não poderia prever: – Os legionários encarregados da expedição à Sicília, desistiram do recebimento do soldo, enquanto durasse a campanha. Aqui, indagamos: – Neste espírito de sacrifício, não haveria um lampejo do exemplo do sacrifício lendário de Mucio Scevola?... esta interpenetração entre a realidade e o mito existe. E tanto isto é verdade que, ao se referir aos "mitos poderosos", escreve Crippa que poderosos mitos, geram grandes culturas.[75] Se os mitos possuem tamanha importância para a Cultura, não é demais lembrar que os mitos de um determinado povo, antecipam as realizações históricas deste povo, como o observa Crippa.[76] O elemento mítico está presente na fundação da "Urbs", e nas vicissitudes de Enéias, cantadas na "Eneida". E não resta dúvida

---

[74] V. "Mito e..." cit., página 13.
[75] V. "Mito e...", loc. cit.
[76] V. "Mito e...." cit., página 26.

de que o místico e o religioso se encontram, também, *no Principado*. À luz das nossas pesquisas, não temos a menor dúvida de que é acertado, sim, falar de uma "dimensão mística do Principado".

Florencio Hubeñák, ao tratar da figura do "Princeps", escreve que sabemos, pelos documentos da época, que ele era o fiador da eternidade de Roma, e que toda conspiração era entendida *como um atentado contra a eternidade do próprio Império*.[77] Falávamos do fenômeno de os mitos de um povo, condicionarem e anteciparem as suas realizações históricas. Ao tratar do imperialismo romano, escreve Hubeñák que a duração passou a se confundir com a eternidade, e os conceitos de *"Dea Roma"* e de *"Roma aeterna"* ficaram ligados, do ponto de vista histórico, como símbolos de uma só idéia, e o imperialismo romano adquiriu indiscutidas características de predestinação, divindade e eternidade.[78] Hubeñák denomina a expansão romana uma "gesta divina".[79] Acrescentamos que o período do grande imperialismo de Roma, coincidiu com o sistema implantado por Augusto, o que é também reconhecido pelo autor platino.[80]

Ao curarmos da dimensão mística do Principado, teremos que abordar a divinização do "Princeps". Este fenômeno *não ocorreu* de maneira uniforme em todo o Império. A divinização do Imperador foi mais intensa nas províncias orientais, do que no Ocidente. Hubeñák afirma que os êxitos militares contribuíram para a divinização do "Princeps", e que os antecedentes da divinização estariam no Mundo Helenístico.[81] Otaviano era dotado de invulgar gênio político, e colocou a religião a serviço dos seus desígnios. O autor argentino escreve que a reforma religiosa levada a cabo por Augusto, *deve ser entendida no contexto da sua época,* e de acordo com o esquema divisório da teologia que Varrão atribui ao Pontífice Mucio Scevola, que assinala a existência de três classes de religiões (ou teologias): – do poeta, do filósofo, e do homem político. A esta última, pertence a reforma religiosa de Augusto. Assim, a nova religião – ou a religião restaurada pelo "Princeps" – *segundo a prática de modificar, sob a impressão de*

---

[77] V. "Roma – El Mito Politico", Buenos Aires, Ediciones Ciudad Argentina, 1997, página 177.
[78] V. "Roma – El Mito..." cit., pagina 153.
[79] V. "Roma – El Mito..." cit., página 154.
[80] V. "Roma – El Mito...", loc. cit.
[81] V. "Roma – El Mito...", loc. cit.

restaurar, "sanciona com práticas religiosas a obediência ao Chefe de Estado, e surge, antes de tudo, como um meio de governo".[82]

Se o religioso e o sagrado existiram *no Principado*, não surgiram eles "ex nihil", deitando raízes, pelo contrário, *na História anterior de Roma*, e na fundação da "Urbs". Augusto aproveitou todo um acervo místico e religioso preexistente ao Principado, canalizando-o para *a concreção do seu projeto político*. E, ao fazê-lo, contribuiu, conscientemente, para cercar a sua pessoa de uma aura de misticismo. Fustel De Coulanges percebeu a penetração do elemento místico e religioso, nas instituições da Antigüidade.[83] Mais adiante, abordaremos as lições deste autor, indispensáveis à compreensão da dimensão mística e religiosa do Principado. Por ora nos fixaremos no *caráter sagrado* que a fundação da "Urbs" tinha para os romanos. Hannah Arendt afirma que no centro da política romana, desde os primórdios da República até o final do período imperial, *encontra-se a convicção do caráter sagrado da fundação*, no sentido de que, uma vez que alguma coisa tenha sido fundada, permanece obrigatória para as gerações vindouras. Ter participação na Política queria dizer, antes de mais nada, *preservar a fundação da cidade de Roma*. Esta foi a razão pela qual os romanos não foram capazes de repetir a fundação da sua primeira cidade na instalação de colônias, *porém lograram ampliar a fundação original*, até que a Itália inteira, e, por fim, todo o Mundo Ocidental, estivesse *unido e administrado por Roma*.[84] Como nos parece evidente, o cunho sacral da fundação, aliado à consciência, que tinham os romanos, de que tal ato era irrepetível, foi uma das causas da unidade política de Roma, em contraste com a fragmentação da Grécia. Ao tratar da fundação da Cidade como um ato não passível de ser repetido, a autora afirma que a fundação de novos organismos políticos, "quase um lugar comum na experiência dos gregos", tornou-se, para os romanos, "um acontecimento único". E lembra que *as divindades mais genuinamente romanas eram Jano, o deus do princípio, com o qual ainda iniciamos o nosso ano, e Minerva, a deusa da recordação*.[85] Razão assiste à autora. Os helenos fundaram colônias, em várias regiões. E cada uma das "Póleis" novas, tinha vínculos muito tênues

---

[82] V. "Roma – El Mito..." cit., página 161.

[83] V. "A Cidade Antiga" – Tradução portuguesa de Fernando de Aguiar, Lisboa, Livraria Clássica Editora, 10ª edição, 1971 – Original em francês.

[84] V. "Entre o Passado e o Futuro" cit., página 162.

[85] V. "Entre o Passado...", loc. cit..

com as antigas metrópoles. Diversa foi a expansão de Roma: – Graças ao fato de a fundação ser um ato sagrado, e não passível de repetição, a história da expansão romana é a história *da crescente influência política e militar de Roma, de início, sobre os povos vizinhos, depois, sobre a Itália, e depois, sobre o mundo conhecido.* Hannah Arendt se refere ao "conteúdo profundamente político da religião romana":

> "A fundação de Roma – *tanta molis erat Romanam condere gentem* ("tão grande foi o esforço e a labuta para fundar o povo romano"), como Virgílio resume o tema constante da *Eneida*, que todo o sofrimento e vaguear atinge seu final e objetivo *dum condere urbem* ("que ele pode fundar a cidade") –, essa fundação e a experiência igualmente não-grega da santidade da casa e do coração, como se, homericamente falando, o espírito de Heitor houvesse sobrevivido à queda de Tróia e ressurgido no solo italiano, formam o conteúdo profundamente político da religião romana".[86]

A dimensão mística e religiosa do Principado teria sido impossível, se não houvesse precedentes do místico, do religioso, do sacral, em toda a História de Roma, *e principalmente, na sua fundação*. E a fundação de Roma foi, sem dúvida, *um ato sagrado*.

Em passagem clássica, escreve Fustel De Coulanges:

> "Não é raro encontrarem-se, entre os antigos, factos que nos espantam: será isso motivo para se dizer serem fábulas, sobretudo quando esses factos, embora afastando-se em muito das idéias modernas, se revelam em absoluto acordo com as dos antigos? Já vimos, na vida privada destes povos, uma religião reguladora de todos os seus actos, e notamos, em seguida, como esta religião os constituíra em sociedade: depois disto, que há de espantoso em que a fundação da cidade *tenha sido também acto sagrado e que o próprio Rómulo tenha cumprido ritos então observados por toda a parte?*"[87]

---

[86] V. "Entre O Passado..." cit., páginas 162 e 163 – Itálico no original.
[87] V. "A Cidade..." cit., páginas 161 e 162 – Os grifos são nossos.

Elucida Fustel De Coulanges um detalhe que dá a medida da penetração da Religião em todos os demais assuntos, entre os antigos: – No mundo antigo, "Cidade" e "Urbe" *não eram termos sinônimos*. Ao passo que a "Cidade" era a associação religiosa e política das famílias e das tribos, por "Urbe" se entendia o local de reunião, o *domicílio*, e, acima de tudo, *o santuário de tal sociedade*.[88] Se havia uma diferença entre a "Cidade" e a "Urbe", surge a questão: – Qual delas surgia primeiro?... entre os antigos, prossegue Fustel De Coulanges, a "Urbe" não se constituía com o decurso do tempo, e mercê do lento crescimento do número de homens e de construções. A "Urbe" *era fundada de uma só vez, em um único dia*. Era necessário que a "Cidade" já estivesse formada, para que a "Urbe" pudesse ser fundada. Quando as famílias, as fratrias e as tribos decidiam se unir e ter o mesmo culto comum, *era de imediato fundada a "Urbe", que representava o santuário desse culto comum*. Segue-se que a fundação da "Urbe" *era, sempre, um ato religioso*.[89] A fundação de Roma demonstra o afirmado pelo autor. A propósito da fundação da "Urbs", concordamos com Fustel De Coulanges, quando este afirma que, se desejarmos conhecer a Antigüidade, a primeira regra "deve estar em sustermo-nos nos testemunhos herdados dessa idade".[90] A Antigüidade, aduz, é rica em ensinamentos, a respeito da forma pela qual a "Urbs" foi fundada. Consignamos que inexistiria este acervo de testemunhos dos antigos sobre a fundação de Roma, se, de acordo com os adeptos de certa historiografia, os começos tradicionais da "Urbs" não passassem de lendas e de fantasias poéticas. A escolha do lugar da nova cidade, era, também, *um assunto religioso, e regido por normas religiosas*. Segundo Fustel De Coulanges, a preocupação primeira do fundador, radica em escolher o local da cidade. É um assunto grave; dele, vai depender o destino do povo. Destarte, *é um assunto entregue, sempre, à decisão dos deuses*. Rômulo pediu, aos deuses, que lhe revelassem a sua vontade, por meio do vôo das aves. E os deuses designaram o Palatino.[91] O cerimonial seguido por Rômulo, para a fundação da "Urbs", foi *eminentemente religioso*. Tamanho foi o rigor observado, tão severo o formalismo, que sugerimos o uso da expressão "liturgia da fundação", para descrever o acontecido. Fustel De Coulanges

---

[88] V. "A Cidade..." cit., página 159.
[89] V. "A Cidade..." cit., página 160.
[90] V. "A Cidade...", loc. cit..
[91] V. "A Cidade..." cit., página 162.

ensina que, no dia aprazado, *o primeiro ato de Rômulo foi o de oferecer o sacrifício. Seus companheiros acenderam o fogo de silvas, e cada homem saltou através das chamas, buscando a purificação:* – segundo os antigos, o salto por cima das chamas sagradas, purificava. Depois, Rômulo cavou um pequeno fosso em forma de círculo. Dentro dele, lançou o torrão de terra, que trouxera da Urbe de Alba. Os seus companheiros imitaram-no. Este rito, "notável" segundo Fustel De Coulanges, revela um pensamento que é importantíssimo colocar em relevo: – Antes de chegarem ao Palatino, Rômulo e os seus companheiros haviam habitado Alba, ou outra das urbes vizinhas. Lá estava o seu lar, lá os seus pais tinham vivido, e estavam sepultados. *A Religião vedava deixar a terra em que se tinha fixado o lar, e onde repousavam os antepassados divinos.* Para que os fundadores de Roma estivessem livres da impiedade, era mister que usassem da ficção descrita, e consigo trouxessem, sob o símbolo do torrão de terra, *o solo sagrado em que os antepassados estavam enterrados, e ligados aos seus manes.* Só cumprido este rito, o homem que havia adotado um novo lugar podia dizer: – "Esta é "terra patrum", "patria"; aqui fica a minha pátria, porque aqui estão os manes de minha família". O pequeno fosso em que cada um lançou o seu pouco de terra, recebeu o nome de "mundus". Por esta palavra era designada, em especial na antiga terminologia religiosa, *a religião dos manes.* Rômulo e os seus companheiros, depondo no fosso o punhado de terra da antiga pátria, *julgavam para ali trazer as almas dos antepassados.* Tais almas iriam receber o culto perpétuo, e velar pelos seus descendentes. No mesmo local, Rômulo instalou o altar, e acendeu o fogo, *que era o fogo da cidade.* Em torno do lar, devia erguer-se a urbe, da mesma maneira pela qual a casa se levantara em torno do lar doméstico. Rômulo traçou um sulco, assinalando o recinto. Todos estes pormenores, diz Fustel De Coulanges, se achavam *prescritos no ritual.* Rômulo serviu-se de uma charrua, puxada por um touro e uma vaca, *ambos brancos.* A parte do arado que penetrava na terra, era de cobre. Então o fundador, com a cabeça coberta, e revestindo as roupas sacerdotais, segurou o cabo do arado e o dirigiu, *cantando orações.* Os companheiros caminhavam atrás dele, *conservando silêncio religioso.* Ao mesmo tempo em que o arado erguia torrões de terra, os homens, com cuidado, os iam lançando para o interior do recinto, *para que, do lado do estrangeiro, não quedasse parcela alguma da terra sagrada.* O recinto, traçado pela Religião, *é inviolável.* Ninguém tem o direito de o transpor. Saltar por cima deste sulco, *é ato de impiedade,* que Remo pagou com a vida. Os intervalos do sulco, deixados por Rômulo quando erguia o arado, *eram as portas da urbe.* Sobre o sulco sagrado, ou um pouco atrás, foram erguidas, depois, *as muralhas sagradas*. Sem a licença dos pontífices, ninguém podia tocar nelas, ainda que para repará-las. De ambos os lados da muralha, ficava destinado à Religião um espaço, o "Pomoerium". Nele, não era permitido passar o arado, nem erguer construções. Esta foi, de acordo com inúmeros testemunhos antigos, a cerimônia da fundação de Roma. Tal cerimônia todos os anos era recordada ao povo, com a festa do "dia natal de Roma". Ainda hoje, o povo romano comemora esta data no dia 21 de abril. Não é razoável supor que tais ritos da fundação tenham sido inventados por Rômulo. Pelo contrário, está provado, segundo Fustel De Coulanges, que outras urbes, antes de Roma, foram fundadas pelo mesmo modo.[92]

A lição de Fustel De Coulanges exige alguns comentários. Lembramos que, nos tempos mais recuados de Roma, a Religião e o Direito estavam de tal modo imbricados, que seria sumamente difícil distinguir uma do outro. Foi apenas com o tempo, que o "Fas" se diferenciou do "Jus". Ora, o rigor da Religião tradicional dos romanos, impregnou o Direito Romano dos tempos primitivos, o qual era, como a Religião, *rígido e formalista*... indo além, o vetusto "Jus Civile" era privativo dos cidadãos, a ele não tendo acesso os estrangeiros. Não estaria aí um reflexo da Religião?... lembremos o detalhe de que nenhuma porção do solo sagrado, contido dentro do sulco traçado por Rômulo, devia ficar do lado do estrangeiro... *exclusivismo religioso-exclusivismo jurídico e político*. Uma outra observação é a de que os romanos davam tanta importância ao ato *sacral* da fundação, que o faziam remontar aos "protofundadores", quais sejam, os habitantes de Alba. Para o tema da dimensão mística e religiosa do Principado, este detalhe é importante, surgindo na preocupação de César, de demonstrar *a origem divina da "Gens Julia"*, assim lhe conferindo um prestígio religioso que se comunicou a Augusto, um integrante da "Gens Julia", *e fundador do Principado*. O que importa é que Augusto soube utilizar os elementos religiosos, em prol dos seus planos políticos. Segundo Rostovtzeff, se Augusto considerava-se a encarnação da divindade, se acreditava na proteção de Apolo, é coisa que não sabemos, e provavelmente nunca saberemos. Mas é certo que tinha ciência dessa corrente de opinião, evidente na sociedade de sua época, e conscientemente a canalizou. O templo de Apolo, no Palatino, ao lado de sua residência; o templo de *"Venus Genetrix"* no

---

[92] V. "A Cidade..." cit., páginas 163, 164 e 165.

"forum" de César, lembrando a origem divina da *"Gens Julia"*; o templo de Marte, o Vingador, no *"forum"* de Augusto, e cuja história se ligava à da origem de Roma e aos anais dos Júlios, a cerimônia dos Jogos Seculares, que simbolizava o fim da confusão e o início de uma nova era; ós altares da Paz e da Fortuna Propiciatória no Campo de Marte – *tudo isso se adequava às idéias e esperanças de Roma e da Itália na Idade de Augusto*.[93]

Hernâni Donato, ao tratar de César, escreve que este havia crescido ouvindo repetir a história de que os Júlios haviam tido, como antepassado, Iulo ou Ascânio, filho de Enéias, o primeiro civilizador da Itália e, por seu turno, filho de Vênus, que tivera como genitor o próprio Júpiter.[94] É significativo o fato de que Augusto teve a preocupação de restaurar as velhas crenças dos romanos, numa época em que as elites primavam pelo ceticismo e pela descrença. Tendo em mira as classes populares, ele objetivou *o uso político da religião*. Isto explicaria que Augusto tivesse fortalecido o elemento místico-religioso, no sistema político que instaurava. Sobre as classes superiores da época, escreve Rostovtzeff que o período das guerras civis, marcara profundamente os romanos. Os varões das classes superiores, haviam deixado de se interessar pela Política, que havia sido a sua primeira preocupação, durante séculos.[95] E De Cicco ensina que Augusto e os demais imperadores da Dinastia Júlia, apresentaram-se como *restauradores das tradições antigas*, perdidas em função da influência grega e do Oriente Próximo. Não é por acaso, aduz, que no tempo de Augusto, Vergílio tivesse escrito a "Eneida", que Tito Lívio tivesse produzido a história dos anais de Roma, e que tivesse começado a ganhar força o culto à "deusa Roma", ou seja, *um culto à cidade como emanação divina*.[96] Para o espírito romano, os antepassados *representavam o exemplo de grandeza*, a ser seguido pelas gerações seguintes; eles são os "maiores", sendo que, do ponto de vista político, a autoridade assume um cunho educacional, como o reconhece Hannah Arendt.[97] Tendo em conta tais peculiaridades da alma romana, a autora, ao cotejar a religião de Roma com a da Grécia,

---

[93] V. "História de Roma", cit., página 187.
[94] V. "Os Guerreiros", São Paulo, Editora Cultrix, 1960, páginas 113 e 114.
[95] V. "História de..." cit., página 183.
[96] V. "Direito: Tradição e Modernidade", São Paulo, Ícone Editora Ltda., 1993, páginas 33 e 34.
[97] V. "Entre o Passado..." cit., página 161.

registra que, em contraste com a Hélade, onde a piedade dependia da presença imediatamente revelada dos deuses, em Roma a religião *significava, literalmente, "re-ligare"*, ou seja, estar o homem ligado ao passado, e obrigado para com o "enorme, quase sobre–humano e por conseguinte lendário esforço de lançar as fundações, de erigir a pedra angular, de fundar para a eternidade[28]". Nesta ordem de idéias, ser religioso significava *ligar-se ao passado.*[98] Segundo Hannah Arendt, a força coerciva da autoridade, entre os romanos, estava ligada aos "auspices". Ao contrário do oráculo grego, os "auspices" não sugerem o curso dos eventos futuros, porém, *revelam a aprovação ou a desaprovação divina, a respeito das decisões tomadas pelos homens*. Na concepção romana, os deuses *têm autoridade entre, mais do que poder sobre, os homens*. Os deuses "aumentam" e corroboram as ações humanas, *mas não as guiam*. E, justamente como a origem dos auspices remonta ao "grande sinal" por meio do qual *os deuses conferiram a Rômulo a autoridade para fundar a cidade*, assim também *toda autoridade deriva dessa fundação*, o que remete cada ato ao início, sagrado, da História Romana. A cada momento singular é somado o peso do passado. O traço mais saliente do caráter romano passa a ser a "Gravitas", *a capacidade de arcar com esse peso*.[99] Neste contexto fundamentalmente político, o passado era santificado por meio da tradição. A tradição preservava o passado, legando, de uma geração para a outra, *o testemunho dos antepassados que, inicialmente, presenciaram e criaram a sagrada fundação*, e a engrandeceram por sua autoridade, pelos séculos afora. Enquanto tal tradição fosse ininterrupta, *a autoridade estaria intacta*. Era inconcebível, para os romanos, *agir sem autoridade e tradição*, sem obedecer aos padrões e modelos aceitos e consagrados pelo tempo, e sem o auxílio da sabedoria dos pais fundadores.[100] Não causa estranheza que, ao instaurar o Principado, tenha Augusto procurado reforçar as crenças populares, em ordem a lhe conferir uma dimensão mística. Não causa estranheza, tampouco, que tenha ele procurado se aproximar do ato da fundação, por meio da divulgação das origens divinas da "Gens Julia", que remontava a Rômulo, e pois, a Enéias e aos deuses. Este reforço da dimensão mística e religiosa do Principado, beneficiava a autoridade de Augusto, e robustecia o novo sistema político. Elucidamos, no entanto, que isto só foi possível, graças

---

[98] V. "Entre o Passado..." cit., página 163.
[99] V. "Entre o Passado e o Futuro" cit., páginas 165 e 166.
[100] V. "Entre o Passado e..." cit., página 166.

ao fato de *a Política e a Religião estarem mútua e profundamente entrelaçadas, em Roma*.

Para a compreensão deste tema, façamos menção àquilo que Hannah Arendt denomina a "tríade romana": – *Religião, Autoridade e Tradição*. A força de tal tríade se apóia na eficácia coerciva de um início autoritário ao qual liames "religiosos" reatam os homens através da tradição. A trindade romana sobreviveu à transformação da República em Império, e penetrou onde quer que a "Pax Romana" tenha criado a civilização ocidental sobre os alicerces romanos.[101] Augusto, ao fundar o Principado, beneficiou-se da existência desta "tríade romana", sendo que também os seus sucessores dela se beneficiaram. E ousamos dizer que, à "tríade romana", pode ser atribuída a grande longevidade do Principado. Aliás, para bem compreendermos a dimensão mística e religiosa do Principado, é preciso que tenhamos em mente o "momento sagrado" (da fundação da "Urbs"), e o "espaço sagrado" (O sulco traçado por Rômulo). Crippa registrou este dado, ao escrever que Roma surgiu de um momento sagrado, determinado num espaço também sagrado. Prestes a enfrentar os Sabinos, Rômulo eleva as armas para o alto e exclama: "Júpiter, é sobre a fé em teus auspícios que lancei aqui sobre o Palatino os primeiros fundamentos de Roma... Tu, pai dos deuses e dos homens, afasta daqui pelo menos os inimigos... Neste lugar prometo erigir-te um templo, ó Júpiter Stator, para lembrar à posteridade que teu auxílio tutelar salvou Roma". Roma e a romanidade, aduz Crippa, surgem num espaço sagrado, a partir de um lugar com-sagrado à divindade, que preside ao destino dos deuses e dos homens, que determina o triunfo e a derrota.[102] Otaviano era, segundo a tradição, um descendente de Rômulo, e pois, *de Marte*. E soube "transportar" a sacralidade da fundação de Roma, para a fundação do Principado, imprimindo, ao sistema, a dimensão mística e religiosa que *bafejou toda a História de Roma, desde os seus primórdios*. Com isto, o "Princeps" se transformou *no grande senhor das transformações*. Em um livro da sua juventude, Reale captou este dado, ao escrever que forma-se uma consciência imperial profunda, adquirindo o Mundo um ponto de referência, o Imperador, intérprete e guia das aspirações comuns. Desde as fronteiras, até o coração da "Urbs", estende-se o manto

---

[101] V. "Entre o Passado e..." cit., página 167.
[102] V. "Mito e Cultura" cit., página 134.

dos Príncipes, indicando a permanência da autoridade, e o sentido da razão moral, quase divina, do Estado.[103]

Hubeñák afirma que o papel fundamental na "estruturação definitiva do mito de Roma", foi desempenhado por Otaviano, que, consagrado "Augustus", dedicou-se *a assentar as bases místicas para o seu projeto,* pelo qual pretendia pacificar Roma, esgotada pelas guerras civis ("Pax Augustea"), e restabelecer a ordem republicana tradicional (Res Publica restituta), para, em seguida, projetar a mencionada missão "Urbi et Orbi" em uma "Roma Aeterna", *identificando o culto privado dos antepassados com o novo culto estatizado, ao "Imperator" e à Roma por ele representada.*[104] Não concordamos com o autor, no sentido de que Otaviano pretendia "restabelecer a ordem republicana tradicional." Otaviano pretendia instaurar *uma ordem constitucional nova.* A divinização do "Princeps", após a morte, integrava a dimensão mística e religiosa do Principado, sendo um elemento dotado de uma *imensa importância política.* Malet afirma que o Imperador, falecido, foi considerado como um deus. Foram instituídas cerimônias em sua honra, e fundado *um colégio de sacerdotes especiais para celebrá-las.* Este culto tinha o nome de "Apoteosis". Todos os magistrados, todos os comandantes de exércitos, e todas as assembléias, *tiveram que render este culto à memória dos imperadores.* Tratou-se de um *juramento de fidelidade ao regime imperial,* e de um vínculo moral que *uniu todas as partes do Império,* nada tendo a ver com as religiões particulares. A fundação deste culto foi *um ato eminentemente político.*[105] Percebemos que este culto ao Imperador, divinizado "post mortem", funcionou como um elemento da unidade política do Império Romano.

Rostovtzeff afirma que, na pessoa de Augusto, a Religião e o Estado estavam combinados. Em Roma e nas províncias, os cidadãos estavam habituados a cultuar *o poder divino do Estado,* sob a forma da *deusa Roma,* que na arte era representada como semelhante à Palas Atenéia dos helenos. Ao lado da deusa Roma, vinha a "misteriosa e vaga forma de Vesta", que simbolizava a lareira da grande "casa romana", e o fogo imortal desta lareira. A tais representações divinas, foi acrescentado mais um símbolo e fonte de grandeza de Roma, o "Genius", vale dizer, *o poder criador divino ("Numen"), de que era detentor*

---

[103] V. "Formação da Politica Burgueza (Introducção ao Estado Moderno)", Rio de Janeiro, Livraria José Olympio – Editora, 1934, página 17.
[104] V. "Roma – El Mito..." cit., página 160.
[105] V. "Roma" cit., página 129.

Augusto, o chefe incontesto da grande família romana. Esta concepção estava em harmonia com as concepções de Religião do cidadão romano, que era fiel à crença primitiva da sua raça, às crenças nos deuses lares, no "Genius" da casa, nos "Genii" dos grandes agrupados em sociedades religiosas, e no "Genius" *da grande família vitoriosa do Estado Romano.*[106] Não temos a menor dúvida, no sentido de que o Principado teve, sim, uma dimensão mística e religiosa, e que esta faceta do sistema teve uma importância, *inclusive política e jurídica,* muito maior do que nós, homens do dealbar do século XXI, podemos imaginar. Segundo Tácito, à época de Cláudio, este discursou, no Senado, sobre a instituição *de um colégio de arúspices,* para que não se perdesse uma doutrina tão antiga na Itália. Em função disto, foi promulgado um senatusconsulto, pelo qual era recomendado, aos pontífices, que verificassem o que devia ser conservado, da arte dos arúspices.[107] A Mitologia Romana fornecia um "substractum" para esta dimensão mística do Principado: – De acordo com a tradição, Rômulo e Remo eram filhos de Marte, e de Réa Sílvia.

    Roberto G. Wolf, a respeito de Marte, escreve que se tratava do deus romano da guerra, de origem etrusca, identificado com Ares. Dizia-se ser filho de Juno *e pai de Rômulo.* As cerimônias do culto pareciam festas militares, e os seus sacerdotes, os sálios, eram armados. Marte era o patrono dos guerreiros, e dos agricultores.[108] Os primitivos romanos eram um povo de *soldados e agricultores,* sendo que, de conseguinte, o culto mavórtico não era uma coincidência. Neste passo, evocamos Crippa: – Os mitos prefiguram e antecipam as realizações históricas de um povo. É interessante anotar que Rômulo *foi divinizado após a morte.* Isto iria acontecer, depois, *com os Imperadores Romanos.* Sobre a divinização de Rômulo, escreve Wolf que as "Quirinais" eram festas em honra de Rômulo, que, em Roma, passou a ser confundido com "Quirino", o deus da guerra dos sabinos, semelhante a Marte.[109] Se o "Princeps", após a morte, era alvo da divinização, enquanto vivo, o Imperador motivava as súplicas à deusa Salus, que personificava a saúde e a prosperidade. A ela eram dirigidas súplicas, quando das epidemias, e no aniversário do Imperador.[110]

---

[106] V. "História de Roma" cit., páginas 187 e 188.
[107] V. "Anais", Livro XI – Tradução brasileira de Leopoldo Pereira, Rio de Janeiro, Tecnoprint Gráfica S.A., 1967, página 260 – Original em latim.
[108] V. "Mitologia Greco-Romana", São Paulo, Editora Paumape S.A., 1ª edição, 1995, página 63.
[109] V. "Mitologia..." cit., página 82.
[110] V. "Mitologia..." cit., página 85.

Para encerrarmos este capítulo, são suficientes umas poucas considerações sobre o título de "Augustus", que foi conferido a Otaviano pelo Senado, em 27 a. C. Segundo Burdese, o nome honorífico de "Augusto" "tinha um marcado cunho religioso", tanto em função da referência que fazia ao "augurium augustum" – revelação da vontade divina, a confiar a Rômulo o destino da "Urbs"– como em razão da sua etimologia grega, uma vez que o termo "Σεβαστος", quer dizer "o venerado". Otaviano, aduz Burdese, era correntemente chamado de "Imperator Caesar Augustus", expressão que, *graças ao seu fundo político-religioso,* tendia a se transformar *em nome oficial do monarca.* Como nos parece evidente, esta expressão – "Imperator Caesar Augustus"– facilitava, aplicada aos sucessores de Otaviano, a progressiva implantação da monarquia.[111] Aduziríamos que o Principado Romano não foi a única experiência, na História do Direito, da dimensão mística e religiosa do poder político. Ao tratar do Czarismo, escreve Mohamed Essad– Bey que o poder do Czar, além de governar a Rússia, mantinha e alimentava a ordem monárquica e a autocracia, *impostas por Deus a todo o Mundo.*[112]

---

[111] V. "Manual De..." cit., página 193.

[112] V. "Nicolau II – O Prisioneiro da Púrpura" – Tradução brasileira de Marques Rebello, Porto Alegre, Edição da Livraria do Globo, 2ª edição, 1940, página 52 – Original em alemão.

SEGUNDA PARTE:

O Poder Ordenador do "Princeps"

Capítulo IV

Os Liames Históricos e Jurídicos Existentes Entre o Segundo Triunvirato e o Principado

O novo regime não surgiu do nada, tendo os seus antecedentes nas crises dos últimos tempos da República. As antigas instituições *tinham se tornado anacrônicas para a administração de um vasto império.* Impunha-se o "governo de um só homem", como uma exigência, inclusive, da paz interna. Para a compreensão do que foi o Principado, e para o entendimento das "Constitutiones Principum", é mister que façamos um estudo, propedêutico, do período imediatamente anterior, e que preparou o advento do sistema. Apenas o conhecimento das lutas civis do final da República, permite penetrar *no estado de espírito dos cidadãos romanos da época,* e também dos habitantes das províncias, que *ansiavam pela paz,* que as antigas instituições já não podiam – por inadequadas às realidades emergentes – oferecer. Trataremos, de início, do Primeiro Triunvirato. Em seguida, abordaremos o assassinato de César e a Guerra Civil. Depois disto, abordaremos o Segundo Triunvirato, a preparar a instauração do Principado. Nesta parte, trataremos, especificamente, de Otaviano e da assunção do poder por um só homem.

IV.a – O Primeiro Triunvirato – Caio Júlio César, Cneu Pompeu e Marco Licínio Crasso

Os derradeiros tempos da República assinalaram a expansão militar, política e econômica de Roma, com o corolário do aumento do território, do afluxo de riquezas, do cosmopolitismo, e do choque entre a tradicional moral do Povo do Lácio, agrária e aristocrática, e a nova moral, imposta pelo incremento do comércio com outros povos. Reale bem captou o fenômeno em pauta, escrevendo que os últimos tempos da República, além dos contrastes sociais produzidos pela vitória do mercantilismo sobre a civilização agrária e patriarcal, vivem o drama decisivo da passagem da política exclusiva da cidade para a política de ampla organização territorial, já vislumbrada por César.[113] Era uma época propícia para os homens ousados, que almejavam o poder. E as instituições da República já não dispunham de condições para frear as ambições dos chefes militares, que contavam com *tropas e prestígio*. Pompeu formou, com César e Crasso, o Primeiro Triunvirato, para governar a "Res Publica". Salientemos que Pompeu era um general competente, que César foi um dos gênios mais polimorfos da Humanidade, e que Crasso era o homem mais opulento de Roma. Como assinala Jacques Herman, morto Crasso, travou-se uma "renhida luta" pelo poder, entre César e Pompeu.[114] Sendo Pompeu vencido em Farsália, em 49 a. C., tornou-se César o virtual Ditador do Mundo Romano, tendo desbaratado os remanescentes das forças fiéis a Pompeu, em Tapsos, em 47 a. C. Os filhos de Pompeu ainda tentaram organizar, na Espanha, um exército para enfrentar César. Porém, em Munda, em 45 a. C., os sobreviventes das forças senatoriais foram vencidos. Segundo Rostovtzeff, após a Batalha de Munda, César "ficou só, sem rival, e com um novo Senado por ele escolhido, *inteiramente subserviente,* e com um exército admiravelmente treinado *e absolutamente dedicado ao seu chefe*".[115] Na história das lutas civis que iriam desembocar no Principado, tenhamos em mente que estamos diante de um *processo longo e complexo*, sob pena de chegarmos a soluções simplistas, e distanciadas da realidade. Advertimos que o primeiro e o segundo triunviratos, nada mais foram do que os *episódios finais* deste processo.

---

[113] V. "Formação da Politica Burgueza" cit., página 15.
[114] V. "Guia de História Universal", cit., páginas 52 e 53.
[115] V. "História de..." cit., página 133 – Grifos nossos.

Ao tratar da crise da República, Kunkel ensina que as lutas que levariam à quebra da soberania do Senado e à instauração do Principado, começaram com a "ampla legislação de reformas sociais" com que os Graco tentaram restaurar, entre 133 e 121 a. C., *a base rural do Estado*. Assinala Kunkel que, na revolução dos Gracos, pela vez primeira, apareceu *a contraposição entre os chefes da aristocracia (os optimates), que apoiavam a primazia do Senado, e alguns personagens políticos isolados,* que buscavam atingir os seus objetivos, com o auxílio das grandes massas do povo (os populares). Para Kunkel, *tal contraposição foi o elemento dominante da evolução ulterior.* Logo, já não se tratou mais de reformas políticas e sociais, ou, pelo menos, *isto já não era o fundamental.* Tratava-se, ao revés, *do Poder no Estado.* Um dado é posto em realce por Kunkel: – *Não havia uma "luta de classes" neste período, porém, lutas pelo Poder, no seio da Aristocracia:* Nenhum dos políticos "populares" procedia das camadas humildes, e os elementos mais representativos, como os Graco e César, *eram descendentes das primeiras famílias da nobreza senatorial.* O próprio Mário, mostrado como um chefe "saído das massas", era da classe dos cavaleiros. Nas lutas políticas de então, não havia "partidos", no sentido hodierno da palavra. *A fina flor da Aristocracia Romana, pereceu nestas lutas.* Nelas delineia-se, cada vez mais claramente, *a Monarquia,* cuja instauração, em verdade, foi uma necessidade. Mas o caminho para a monarquia passaria, necessariamente, pelo ponto em que a soberania estaria concentrada na pessoa do mais forte. Este estágio prévio foi alcançado, primeiro, com Sila, e, depois, com César. Mas, estava reservada a Otaviano a criação, efetiva, da Monarquia Romana.[116] Da lição de Kunkel, inferimos que o período das lutas civis do final da República foi *longo e desgastante*, sendo que os diversos chefes que, apoiados nas legiões, disputaram o Poder Político, eram movidos, não pelo escopo de salvar a República, mas pelo intuito de, sozinhos, empunharem o mando. E a prova do afirmado, está no fato de que, *tanto no Primeiro Triunvirato, quanto no Segundo, os triúnviros entraram em luta entre si, buscando cada qual suplantar, quando não suprimir, os demais.* É neste contexto que devemos entender o Primeiro Triunvirato. Morto Crasso, e derrotado Pompeu, César se transformou no Ditador de Roma, até que foi assassinado por adeptos da República, nos Idos de março de 44 a. C. Esperavam os conspiradores que, com a morte de César, *o poder passaria, automaticamente, para o Senado,* o que,

---

[116] V. "Historia del Derecho Romano" cit., páginas 53 a 55.

entretanto, não aconteceu. Marco Antonio, que ocupava o Consulado, e Lépido, o Comandante da Cavalaria, dispunham de forças disciplinadas, e puderam suprimir qualquer ameaça do Senado. Como assinala Rostovtzeff, os conspiradores que mataram César, possuíam o apoio da maioria do Senado, *porém não encontraram, para o seu ato, a aprovação que esperavam, por parte do povo de Roma, do Exército, e da população da Itália.*[117] A sua posição tornou-se incômoda, ficando evidente que *a população da Capital lhes era hostil*. Pelo testamento de César, o ditador legara, aos pobres, grandes somas em dinheiro.[118] Rostovteff diz que ... "a ralé foi *comprada*"[119] pelas doações de César. Discordamos do autor, recordando que César era sobrinho de Mário, o chefe do "Partido Popular", e que tivera que se ocultar, para fugir às perseguições de Sila. Lembramos, ainda, que César, *um aristocrata*, integrara o partido dos "populares", *e que sempre cortejara o populacho, com as suas liberalidades, quando vivo*. Assim, o afeto das camadas mais humildes da população por César *existira desde sempre*. Aqui, evocamos o fato de que César era um representante do "Poder Absoluto", do qual a Plebe sempre foi aliada. Neste sentido, leciona Bertrand De Jouvenel:

> "Se o Poder tende naturalmente a crescer, e se ele não pode estender a sua autoridade, aumentar os seus meios, senão às expensas dos poderosos, *a plebe deve ser a sua eterna aliada*. A paixão do absolutismo deve necessariamente conspirar com a paixão da igualdade".[120]

Não deixa de ser irônico que os conjurados de Março, que pretendiam restaurar a República, tivessem aberto o caminho, em termos mediatos, para a ascenção de Otaviano e para a instauração da Monarquia, pela qual nutriam ojeriza. A rigor, não havia mais condições para uma restauração da ordem constitucional republicana, em seus moldes clássicos. *Utópica* era a pretensão dos conjurados, *representantes de escol da antiga Aristocracia Senatorial*, e cidadãos movidos pelo patriotismo. É difícil saber se pretendera César criar uma monarquia.

---

[117] V. "História de Roma" cit., página 140.
[118] V. "História de...", loc. cit..
[119] V. "História de...", loc. cit. – grifo nosso.
[120] V. "Du Pouvoir – Histoire naturelle de sa croissance", Paris, Librairie Hachette, 1972, página 289 – grifos nossos.

Houve algumas exteriorizações, neste sentido. O que está fora de dúvida, é que ele exerceu o mando de maneira incontrastável. Se, do ponto de vista jurídico, não era um monarca, em termos de fato, o foi. Não pode ser ignorado, outrossim, que o procedimento de César possuía precedentes na História Constitucional de Roma. Sem que falemos de Mário, de Sila, e de Pompeu, há o exemplo de Cipião, O Africano. Segundo Paul Petit, a vitória sobre Cartago, e o início da conquista do Oriente, tiveram para os romanos as suas conseqüências políticas. Cipião, cercado pela adulação das massas, deixou de se comportar como *o magistrado tradicional da República,* e desejou ser o chefe, *insubstituível e predestinado.* Talvez, pondera Petit, Cipião tivesse sido *o primeiro a compreender a necessidade de um imperialismo inovador,* inspirado em Alexandre e no ideário helenístico, porém, *para prefigurar César, ele chegava cedo em demasia,* pois não dispunha, como César mais tarde, de um exército devotado a ele, pessoalmente, tendo ainda que enfrentar um Senado que estava na plenitude das suas forças e que se defrontar com a oposição de Catão, O Antigo.[121] Concordamos com Petit, no sentido de ser possível que o "homem providencial" tenha prefigurado o "Princeps". Se César teve a percepção das grandes mudanças estruturais que se aproximavam, e que *eram inevitáveis,* tal não acontecia com muitos dos seus contemporâneos. Como o registra Paul Petit, César, ao acumular magistraturas justapostas e contínuas, que prenunciavam um "regime novo ainda mal definido", fazia algo que, se era aceito pelo povo, *escandalizava e irritava os partidários da tradição,* vale dizer, os senadores, e todos os que, passando a se intitular "republicanos", reuniram-se sob a bandeira de Pompeu e dos sucessores deste, os "Pompeanos".[122] Aduz Petit que, a exemplo de Sila, César desejou *ser rei*; ostentava todos os poderes de um monarca, e almejou ter as prerrogativas e o título. Depois de Tapsos, recebeu o direito de celebrar a paz e de fazer a guerra, e uma estátua sua foi erigida no Capitólio; após Munda, foi agraciado com um trono de ouro, e com jogos dedicados à "Victoria Caesaris". Recebeu, ainda, o título de "Parens Patriae", um frontão no pórtico da sua casa, e o nome de "Divus".[123] Qual era a verdadeira índole do poder de César?... Petit afirma que se tratava de um poder "abertamente de origem e comportamento militares", obtido

---

[121] V. "História Antiga" cit., página 227.
[122] V. "História..." cit., página 245.
[123] V. "História Antiga" cit., página 247.

e mantido pela força entre os anos de 49 e 45 a. C., com base na fidelidade de trinta e nove legiões em armas, *o que nunca fora visto antes em Roma*. Nas moedas, César acrescentou, à púrpura e ao laurel de triunfador, o título de "Imperator", que, ulteriormente, será usado pelos "Principes". Além de dispor da força militar, César acumulava magistraturas civis, *tornando-as perpétuas*. O seu poder era completado por *prerrogativas extraordinárias*, como o direito da paz e da guerra, o juramento exigido aos senadores e magistrados, no sentido de acatar as suas decisões, pelo poder tribunício, que o tornava "sacrossanto", e por outros poderes, sendo que, e isto é altamente revelador, *as magistraturas superiores apenas podiam ser providas de titulares, ante a sua presença*.[124] O assassinato de César nos reduz a tecer conjecturas a propósito de quais seriam os seus planos para o futuro. Assim, e segundo Petit, ao divinizar a "Gens Julia", não sabemos se César desejava consolidar a sua ditadura com sanção religiosa, *ou assentar a realeza na divinização da sua estirpe*. A segunda hipótese nos parece a mais provável, porquanto consentânea com os seus demais atos. E não é demais que lembremos que Otaviano, o filho adotivo de César, *e o seu herdeiro político*, iria dar uma ênfase especial a esta raiz divina da "Gens Julia". Fossem quais fossem os planos de César, não descurou ele os aspectos místicos e religiosos da sua atuação política. O que nos importa é que o Primeiro Triunvirato, do qual emergiu a ditadura vitalícia de César, foi um dos antecedentes do Principado, por demonstrar, uma vez mais, a inadequação das instituições republicanas às novas realidades, e por culminar no "poder de um só homem", que foi a ditadura de César.

IV.b – O assassinato de César e a Guerra Civil

O assassinato de César foi um ato impopular, graças à estima de que gozava o ditador, nas camadas mais humildes da sociedade. Este descompasso entre o que pensava e sentia a aristocracia senatorial, e o que pensavam e sentiam os homens do povo, relativamente ao ditador morto, é algo bastante comum, na História. Muitas vezes, as elites pensantes execram um governante amado, de maneira até anímica, pelas classes populares. Dar exemplos do fenômeno, esca-

---

[124] V. "História Antiga" cit, páginas 247 e 248.

paria aos nossos objetivos. Limitamo-nos a registrar que, no caso de César, *havia uma discordância* entre a aristocracia senatorial e o povo. Indagamos: – Acaso este descompasso entre o Senado e o Povo, não representaria um "sinal dos tempos", e não seria *um dos sintomas da crise pela qual passava a "Res Publica"?*... Importa dizer que, durante a sua ditadura, César já fizera modificações radicais na Constituição Republicana. É preciso que reconheçamos, ademais, que, quando da morte de César, a mentalidade do romano médio, por efeito das conquistas militares, mudara bastante, comparativamente a tal mentalidade, no fastígio da República. Isto não escapou a Alexandre A. de C. Corrêa, que ensina que, na guerra contra Cartago, o romano havia sentido, pela vez primeira, os valores da sua cultura a transpor os familiares limites da "Urbs", e afirmar-se diante de um Estado opulento e poderoso. A vitória sobre Cartago teve o condão de excitar o gosto da Gente do Lácio pelas conquistas. Com a dilatação das fronteiras, as velhas idéias morais, os "mores majorum", revelaram a sua estreiteza, "traindo as origens modestas dum povo destinado a ter por pátria o universo".[125] Em uma palavra, o ideal nacional, patriótico, foi ofuscado pela tendência individualista, *com o seu corolário, o cosmopolitismo.* A liberdade de movimentos exigida pela nova realidade econômica, sentia-se tolhida pela "Bauernmoral", pela "moral de camponeses" que fora a dominante, nos tempos áureos do sistema republicano.[126] Se o processo lobrigado pelo romanista *remontava ao final da última Guerra Púnica,* os conspiradores que mataram César eram visionários, em seus planos de reimplantação da República, o que é confirmado por Burdese, para quem a conspiração para eliminar César, *partira da Aristocracia Senatorial.* Esta aspirava a uma restauração do antigo regime, *como garantia dos seus privilégios.* Sucede que esta Aristocracia, morto César, não encontrou as condições *que permitissem um retorno ao passado,* nem unidade de ação política, nem o apoio da Ordem Eqüestre, nem o das massas populares, seja na Itália, seja no Exército. Todas essas forças *eram mais facilmente favoráveis à tendência anti-aristocrática personificada por César,* e, após a morte do ditador, pelos seus capitães. Entre estes, estava destinado a prevalecer o que melhor soubesse interpretar as aspirações das forças nomeadas, atraindo o seu apoio.[127] Morto César, segundo Bur-

---

[125] V. "O Estoicismo no Direito Romano", São Paulo, edição do autor, 1950, página 14.
[126] V. "O Estoicismo no Direito...", loc. cit..
[127] V. "Manual de Derecho Publico Romano" cit., páginas 183 e 184.

dese, *houve uma aparente volta à normalidade republicana, com Antonio*. Com efeito, depois dos Idos de Março, e *aparentemente*, a vida constitucional havia retornado à normalidade, com o funcionamento dos magistrados ordinários. De acordo com a tradição, à frente de tais magistrados ordinários, estavam os dois cônsules. Ora, um dos cônsules era Antonio, o antigo loco-tenente do ditador. De início, comportou-se ele com prudência, relativamente ao Senado, prestando-lhe contas e, inclusive, solicitando o seu conselho. Isto ficou bem claro em um senatusconsulto com o qual era abolida a magistratura extraordinária da Ditadura. Mas Antonio, rapidamente, *tornou-se mais audaz, apresentando ao Senado uma série de propostas legislativas*.[128] Embora houvesse dois cônsules, no estilo republicano, *a tendência para o "poder de um só homem"* era inexorável, o que é patenteado pela preeminência de Antonio. Quanto à abolição oficial da Ditadura, devemos deixar claro que esta, em seu feitio clássico, não existira mais, desde a Segunda Guerra Púnica, sendo que a "Ditadura" de César, deve ser enquadrada entre as que denominamos "Ditaduras atípicas do final da República".[129]

Ao abordar o assassinato de César, Pacchioni traz à baila elementos muito importantes. Segundo o autor, acreditaram os conspiradores que, eliminado César, a República podia ser restaurada, sem delongas. Mas, bastou que eles se encontrassem diante do cadáver do ditador, *e tomada a Cidade pela grande depressão produzida pelo magnicídio*, perceberam que a República, após o assassinato, *e em virtude dele*, era algo mais incerto e vacilante do que nunca... ao invés da restauração automática da República, esperada pelos conjurados, *viram-se eles isolados*, e, *diante da indignação popular*, foram forçados a se refugiar no Capitólio. Só ousaram sair depois de dois dias, após gestões com Antonio e os amigos de César. Só assim foi possível chegar a um compromisso, que garantia a normalização da vida pública.[130] Qual foi este "compromisso", ao qual o Senado chegou com os conjurados? Para Pacchioni, os seus termos eram os seguintes: – O cadáver de César seria sepultado em cerimônia pública e solene. Todos os atos realizados pelo ditador, ou por ele decididos ou previs-

---

[128] V. "Manual de Derecho Publico..." cit., página 184.
[129] V., de Acacio Vaz de Lima Filho, "O Poder na..." cit., páginas 212 e seguintes.
[130] V. "Breve Historia del Imperio Romano – Narrada Por Un Jurista" – Tradução espanhola – Madrid, Editorial Revista de Derecho Privado, 1944, páginas 149 e 150 – Original em italiano.

tos, *seriam ratificados ou cumpridos*. Mas, ficava assegurada para os conspiradores *a impunidade*, e bem assim, o exercício dos cargos que lhes tinham sido dados antes do delito, *como se o crime não tivesse se consumado contra o homem,* mas sim, contra as suas idéias, *e cometido por um ideal político*. Foi dada, a Antonio, autorização para discursar nos funerais, e a logo executar, como Cônsul, a vontade do falecido, manifestada em documentos deixados por César, e entregues pela viúva deste ao lugar-tenente do ditador, juntamente com os seus bens.[131] Um problema, político e jurídico, surgido após o assassinato de César, foi este: – Quem seria o *herdeiro político do ditador?* Segundo Pacchioni, Antonio fora *amigo e colaborador de César*, e era natural que pensasse ser o escolhido. Porém, em seu testamento, *César adotara como filho,* instituindo-o seu herdeiro, *Otávio*, filho de Júlia, sua irmã. Otávio, que se encontrava em Apolônia, assim que teve conhecimento do assassinato, e do testamento a seu favor, *partiu para Roma*, ignorando os rogos dos que tentaram dissuadi-lo de aceitar a herança. Esta herança, de acordo com o conceito romano, não se tratava, exclusiva e nem mesmo principalmente, *da sucessão nos bens do falecido*, sendo, pelo contrário, um "universum jus", ou seja, *uma sucessão na personalidade social e política do autor da herança*. Tornou-se evidente, em seguida, que o assassinato de César, muito mais do que conduzir à restauração da República de cunho oligárquico, ia *desencadear uma guerra de sucessão, cujos contendores seriam Antonio e Otávio*.[132] E uma guerra de sucessão era, acrescentamos, o que deveria ser esperado após a morte de César, cuja ditadura era uma Monarquia, como o reconhece Rostovtzeff.[133] Otávio, segundo Pacchioni, desembarcou em Brindisi, tendo adotado o nome de "César Otaviano". A caminho de Roma, *entrou em contato com os partidários de César*, que haviam ido ao seu encontro. Tendo prosseguido em seu trajeto, recebia, com prazer, as provas de afeto que lhe eram prodigalizadas pelos veteranos de César, *sem entretanto se comprometer, e sem revelar, se é que já os tinha,* os seus propósitos, em matéria de Política. Em Roma, onde surgiu o conflito com Antonio, porquanto o último o rechaçava, *e se recusava a lhe entregar a herança de César*, soube Otávio conservar o sangue frio, mantendo-se nos limites da mais estrita legalidade. Cumpriu de imediato os legados determinados no testamento de

---

[131] V. "Breve Historia del Imperio..." cit., página 150.
[132] V. "Breve Historia del Imperio..." cit., páginas 150 e 151.
[133] V. "História de Roma" cit., página 136.

César, e que beneficiavam o povo, conquistando a gratidão e o apoio do povo romano.[134] Se levarmos em conta a pouca idade de Otaviano, *ficaremos impressionados com a sua prudência*. Quanto a propósitos políticos, cremos que Otaviano os alimentava, *no mínimo*, desde o momento em que aceitou a herança de César. Ainda segundo Pacchioni, em face dos senadores, e em especial, de Cícero, Otávio se portou de maneira submissa e modesta, desta forma, obtendo a ajuda de varões ilustres do partido senatorial, e inclusive, *a de Cícero*. Este, mesmo tendo a compreensão de que não era avisado concentrar grandes esperanças em um moço, tinha a ilusão de poder utilizar o prestígio que já cercava Otaviano, para combater os excessos de Antonio, *e efetivar o seu programa de paz republicana*.[135] Uma observação se impõe, relativa ao relacionamento do jovem Otávio com Cícero, que com a sua inteligência, com a sua experiência – de advogado e de político – e com a sua argúcia, *não teve, à época, a exata percepção do momento histórico vivido por Roma*: – ele não apenas subestimou um homem – Otaviano – que a História demonstrou que não podia ser subestimado, cometendo, destarte, um primeiro erro de julgamento, como também, *ainda acreditava na restauração da Constituição Republicana*. Dos dois erros de julgamento, o segundo, do ponto de vista da História do Direito, *é o mais grave, pois a República estava sepultada para sempre*, e, vencesse quem vencesse em Actium, o "governo de um só homem" estaria implantado. Registra Pacchioni que Otávio, depois de se haver beneficiado da proteção de Cícero, para conseguir que Antonio lhe fizesse a entrega do patrimônio do seu pai, e para obter do Senado a autorização para, com um exército seu, marchar contra Antonio, que foi derrotado junto a Módena, pretendia continuar no comando do exército, para prosseguir na campanha. Mas o Senado tinha em mente, a conselho de Cícero, *isolar razoavelmente o herdeiro de César dos acontecimentos*, sendo confiado o comando do exército que deveria combater Antonio, a Décimo Bruto. Foi então que Otaviano, "com uma daquelas atitudes fulminantes que apenas os políticos geniais sabem adotar no momento oportuno", teve a audácia de *marchar sobre Roma*, para, na "Urbs", *impor a sua vontade a um Senado inerme*, demonstrando, de fato, que a nobre ficção da assembléia dos "Patres", *havia chegado ao fim*. Desta maneira, retomava o caminho iniciado por César, e interrompido pelo magnicídio dos Idos de

---

[134] V. "Breve Historia del..." cit., página 151.
[135] V. "Breve Historia del..." cit., páginas 151 e 152.

Março de 44 a. C.[136] Observamos que a marcha sobre Roma, e a imposição da vontade de Otaviano ao Senado, constituíram um "Requiem" para a República. Por fim, o propósito de Cícero, no sentido de isolar politicamente Otávio, aparentemente, colide com a sua antevisão do Principado, que já examinamos. Sucede que esta contradição é apenas aparente, pois o orador concebia o "poder de um só", *sob a supervisão do Senado*. O "Princeps" teria um mandato do Senado. Para Pacchioni, após haver submetido o Senado, Otaviano adotou uma série de medidas, tendentes ao fortalecimento do seu *poder pessoal*. Em primeiro lugar, fez-se *nomear Cônsul*, tendo como colega Q. Pédio, *criou um tribunal especial para castigar os assassinos do seu pai*, e, depois de tomar providências para a manutenção da ordem em Roma e na Itália, de novo partiu, na vanguarda dos seus homens, *não "contra"*, mas, melhor dizendo, *"ao encontro"* de Antonio e de Lépido, *com os quais já havia mantido entendimentos secretos*, para chegar a um acordo.[137]

É significativo que Otaviano, após humilhar o Senado, dando aos "Patres" a demonstração do que seria a sua "Nova Ordem", tenha providenciado a sua nomeação como Cônsul, *com um colega*, no estilo da melhor tradição republicana. À evidência, este Consulado foi um rasgo político de Otávio. O Consulado gozava de um grande e antigo prestígio. E, ademais, os romanos eram eminentemente tradicionalistas. Ao assumir a dignidade consular, Otaviano, concomitantemente, prestigiava uma antiga magistratura da República, cobria-se com uma "legitimidade republicana", e ... *continuava a executar o seu projeto político*. Pensamos que, ao se dirigir para um encontro com Antonio e Lépido, Otaviano *contemporizava*, porquanto desde o início o seu desígnio era o de, *sozinho, empolgar o poder*. Esta é a nossa opinião, dado que, desde o momento em que aceitou a herança de César, *todos os atos de Otaviano foram encadeados, e voltados para um fim muito bem determinado*. É de interesse assinalar que, nas "Res Gestae", Augusto tenha dito que os assassinos do seu pai foram submetidos ao "processo legal". Ora, na verdade, e segundo Pacchioni, *Otávio criou um tribunal de exceção*, para julgar os conjurados. Entretanto, como verificamos, em função do compromisso a que chegara o Senado com os conspiradores, *estes já não seriam passíveis de qualquer julgamento*. Assim, o nome correto deste "tribunal especial" seria o de "Juízo de Retaliação", o que depõe contra a memória do Estadista

---

[136] V. "Breve Historia del..." cit., página 152.
[137] V. "Breve Historia del..." , loc. cit..

que foi Augusto. O encontro entre Otaviano, Antonio e Lépido, de acordo com Pacchioni, aconteceu perto de Bolonha. Concordaram os participantes em fazerem-se nomear "tresviri rei publicae constituendae causae", por cinco anos, *com poderes ilimitados e solidários*. Para vencer qualquer oposição do Senado, "recorreram em vastíssima escala ao atroz expediente das proscrições". Exigiu Antonio que Cícero fosse um dos proscritos, sendo que, em vão, Otaviano intercedeu por ele.[138] Como já vimos, o processo de desintegração das instituições republicanas *foi lento e gradual*. E, durante ele, houve diversos ensaios do "poder de um só", sendo que um deles foi a "Ditadura Atípica" de Sila. Ora, Sila *fez um uso amplo das proscrições, colocando fora da lei os partidários de Mário*. O que queremos deixar claro é que, quanto ao uso das proscrições dos adversários, o Segundo Triunvirato em nada inovou. A respeito da proscrição de Cícero, há um ponto significativo: – Antonio, ao pedir a morte do orador, obedecia a *motivações pessoais*. Otaviano, ao revés, ao interceder por Cícero era movido, tudo o indica, *por considerações políticas, próprias do Estadista que ele era*: – Cícero, vivo, já não constituía um perigo para a instauração da "Nova Ordem", que se avizinhava. Decretadas as proscrições, prossegue Pacchioni, os chefes do Partido Senatorial deixaram Roma e se dirigiram para o Oriente, onde o Senado aglutinou *as suas derradeiras possibilidades militares*, para lutar contra os triúnviros. Eram oitenta as famílias senatoriais que haviam participado da conspiração contra César. Às riquezas, ao poder e à influência dessas famílias, somavam-se *os interesses dos que desejavam a continuação do regime oligárquico*, e os recursos em soldados e em numerário das províncias orientais, convertidas na base dos republicanos. Foi das províncias orientais que Cássio e Bruto extraíram o exército para enfrentar os membros do Segundo Triunvirato. Vencidos em duas batalhas em Filipos, Cássio e Bruto recorreram ao suicídio.[139]

Cremos que, ainda que Bruto e Cássio tivessem vencido, do ponto de vista militar, as tropas do Segundo Triunvirato, qualquer restauração republicana, *do ponto de vista político*, ou seria impossível, ou teria uma existência efêmera, porquanto as instituições republicanas se haviam tornado anacrônicas. Além disto, as populações de Roma, da Itália e das províncias, queriam a *paz*, a *tranqüilidade* e a *ordem*, depois das efusões de sangue do final da República. Observe-

---

[138] V. "Breve Historia del..." cit., páginas 152 e 153.
[139] V. "Breve Historia del..." cit., páginas 153 e 154.

mos que Pacchioni fala dos interesses dos que desejavam a sobrevivência do regime oligárquico. Anda com acerto o autor, porquanto, no final da República, *era inacreditável o grau de corrupção a que chegara a administração das províncias*. E havia os que tiravam vantagens da corrupção, que seria, na prática, *erradicada pelo Principado*. Após as vitórias dos triúnviros em Filipos, passaram eles à condição de *senhores de todo o Império Romano*. Mas, o equilíbrio assim alcançado, era precário.

IV.c – O Segundo Triunvirato – Otávio, Marco Antonio e Lépido

O primeiro ponto que deve ficar claro, no estudo do Segundo Triunvirato, é o seguinte: – Embora ele tivesse a exteriorização de *um entendimento* entre Otávio, Antonio e Lépido, na verdade, não passava de uma paz armada entre os triúnviros, porquanto dois deles pelo menos, Otaviano e Antonio, almejavam o poder supremo, com a exclusão dos demais. Otaviano aguardava a sua oportunidade. É fundamental que tenhamos em conta ainda, no exame do Segundo Triunvirato, que primeiro houve o fato, e depois a sua regulamentação jurídica, o que é sintomático. Com efeito, referimo-nos, "retro", *ao surgimento do Segundo Triunvirato*, durante o encontro mantido entre Otaviano, Antonio e Lépido. Pois bem, segundo Burdese, os acordos ali celebrados, foram *ratificados* por uma "Lex Titia", de 43 a. C., proposta por um Tribuno da Plebe. A "Lex Titia" estabeleceu, *por ordem de antigüidade consular,* Lépido, Antonio e Otaviano, como "triunviri rei publicae constituendae". Apesar de primeiro ter havido o acordo entre os três partícipes, para, *depois,* ser ele juridicamente ratificado, anota Burdese que, à diferença do Primeiro Triunvirato este *foi o primeiro a ser configurado legalmente, como genuína e própria magistratura extraordinária, colegial, e de cinco anos de duração.*[140] Senhores do Império Romano, ainda segundo Burdese, os triúnviros chegaram a um acordo, respeitante à *divisão do Exército e das províncias*. Antonio ficou com as províncias orientais e com a Gália (com a exclusão da Gália Cisalpina, unida à Itália); a Otávio coube o restante do Ocidente, e Lépido ficou com a África. Dissemos que o Segundo Triunvirato consagrou uma paz armada. Como assinala Burdese, a

---

[140] V. "Manual de Derecho Publico..." cit., página 186.

destinação de terras itálicas aos veteranos, dirigida por Otaviano, originou para este hostilidades, das quais se aproveitou Lúcio Antonio (irmão de Antonio, e Cônsul em 41 a. C.). Lúcio Antonio promoveu uma revolta na Itália, que foi debelada por Otávio. Otávio e Antonio, prestes a chegar a um rompimento, *tiveram conversações em Brindisi*, em 40 a. C., renovando os acordos. Antonio, a troco do direito de recrutar soldados na Itália, renunciou às Gálias. E Lépido conservou a África.[141] Algumas observações revelam a *verdadeira índole* do Triunvirato. Segundo a "Lex Titia", pela ordem da antigüidade consular, Lépido tinha precedência sobre Antonio, o qual tinha precedência sobre Otaviano. Ora, na divisão das províncias, tal ordem de precedências não foi observada. Lépido, o mais antigo Cônsul, ficava com a África, dela excluído *o rico Egito*. E Otávio ficava *com todo o Ocidente*. Isto nos leva à conclusão de que no Segundo Triunvirato, não existia nem mesmo uma paridade entre os seus integrantes. O que contava era o prestígio militar de cada um dos triúnviros, e os recursos militares de cada qual. O desenvolvimento do Colegiado, corrobora o que dissemos. O qüinqüênio dos triúnviros expirou em 38 a. C. Em 37 a. C., chegou-se a uma renovação formal do Triunvirato. Tal renovação por mais um qüinqüênio, *foi formalizada por um plebiscito*. Em 36 a. C., Lépido *foi expulso do Triunvirato*, conservando o cargo de "Pontifex Maximus". A expulsão de Lépido colocou Otávio e Antonio um diante do outro.[142] É interessante o que Pacchioni diz a respeito da personalidade dos dois homens, em conexão com a divisão das províncias: – Esta correspondia ao caráter dos dois membros do Triunvirato. Antonio, amigo do luxo, fátuo, propenso ao ócio e à sensualidade, *parecia estar destinado ao Oriente*. Otaviano, austero, um raciocinador e calculista frio, era o homem talhado para se dedicar à solução dos mais intrincados problemas de governo. Ao passo que Otaviano buscava consolidar o seu domínio no Ocidente, vencendo *uma insurreição contra ele provocada por Lúcio*, Antonio, no Egito, deixava-se levar pela paixão por Cleópatra, "desgovernava o Oriente", *e perdia o seu prestígio de general*, em uma guerra infeliz contra os partos, e em uma campanha inútil contra a Armênia. *Na verdade, estava o General escravizado a Cleópatra*.[143] Observamos que as qualidades atribuídas por Pacchioni a Otaviano, caberiam num

---

[141] V. "Manual de Derecho Publico...", loc. cit..
[142] V. "Manual de Derecho..." cit., páginas 186 e 187.
[143] V. "Breve Historia del..." cit., páginas 154 e 155.

Camilo ou num Cincinato. Aliás, cremos que o programa de regeneração moral da sociedade romana, posto em prática por Otaviano, tinha propósitos políticos, e era, ao mesmo tempo, *uma projeção do caráter do próprio Augusto*. Assinala Pacchioni que o procedimento de Antonio no Egito, mais próprio de um aventureiro do que de *um homem público romano*, causava desgosto nos círculos sociais de Otaviano, *contribuía para distanciar os dois homens*, e concorria para que muitas pessoas encarassem o Oriente, *não como uma parte do Império, mas como um Império diverso, e hostil a Roma*.[144] Este dado era favorável aos planos de Otaviano, e acrescentamos às considerações de Pacchioni que o herdeiro de César, um sagaz propagandista, pode ter feito com que as notícias que a Roma chegavam de Antonio, fossem exageradas. Foi fácil para Otávio aproveitar a situação, para acusar Antonio de *instrumento maleável* de Cleópatra, sendo que esta, sobre se acreditar "Imperatriz do Oriente", opunha, a Otaviano, o seu filho Cesárion, nascido dos seus amores com César, *como sendo o único herdeiro legítimo do ditador assassinado*.[145] Ainda antes de instaurado o Principado, argumentos típicos da questão da "legitimidade dinástica" já eram brandidos pelos interessados na sucessão de César. E isto demonstra o quão distanciados da percepção da realidade histórica estavam os derradeiros defensores da República.

Tudo o que estava acontecendo, favorecia os projetos de Otaviano. Em Roma, as notícias do comportamento de Antonio, e as pretensões sucessórias que Cleópatra alimentava a respeito do seu filho, *faziam crescer a indignação pública*. E esta indignação chegou ao ápice, quando ficou conhecido o testamento de Antonio, o qual, após repudiar Otávia, irmã de Otaviano, *instituía seus herdeiros os filhos que tivera com Cleópatra*. O testamento, lido no Senado e no Forum, provocou "uma tempestade de indignação". Otaviano soube aproveitar o estado da opinião pública. Propôs, ao Senado, a deposição de Antonio, e a declaração da guerra, *contra Cleópatra*.[146] Façamos algumas ponderações. Observamos que Otávio apontou, ao Senado, *o seu rival na obtenção do poder, como um inimigo de Roma*. Além disto, foi Otávio hábil, *não declarando guerra a Antonio, um general romano ilustre*, mas a Cleópatra, uma estrangeira. É possível que, também aqui, a experiência de César tenha orientado a ação de Otaviano: –

---

[144] V. "Breve Historia del..." cit., página 155.
[145] V. "Breve Historia del...", loc. cit..
[146] V. "Breve Historia del..." cit., páginas 155 e 156.

Nas lutas que se seguiram ao Primeiro Triunvirato, não fora bem visto o triunfo celebrado por César, após vencer os filhos de Pompeu, porquanto se tratara da vitória contra os filhos de um ínclito romano.[147] Otaviano teve a sagacidade de *transformar uma luta pessoal pelo poder,* em uma guerra contra um inimigo estrangeiro, o Egito de Cleópatra, que desafiava a supremacia de Roma. No confronto final entre Otávio e Antonio, que o primeiro mascarou como uma guerra contra estrangeiros, mais uma vez, no dizer de Pacchioni, se somaram os recursos do Ocidente, *ainda semibárbaro,* contra a grande força naval e o exército, poderoso, da Rainha do Egito. Estas forças do Oriente, eram comandadas por Antonio. Em Actium, como antes em Farsália, *a vitória de Otávio sobre Antonio, significou o triunfo do Ocidente sobre o Oriente.* A vitória de Otávio teve conseqüências importantíssimas, para Roma e para a ulterior evolução da Humanidade. Ela retardou, em três séculos, o deslocamento do centro do Império Romano para Bizâncio, *sendo assim salvos os valores italianos,* e consolidando-se a cultura européia ocidental, que ainda hoje domina o Mundo. De outra banda, a vitória de Otaviano foi a alvorada daquela Era de Paz, à qual aspirava o Império, após *sessenta anos de lutas civis.*[148] Aduzimos que esta vitória de Otávio, em termos fáticos, foi o prenúncio da instauração do Principado, sistema político e jurídico sob o qual surgiram, no Direito Romano, as "Constitutiones Principum".

IV.d – O Segundo Triunvirato, preparando o advento do Principado. Otávio e o poder de um só homem

Para o bom entendimento da instauração do Principado, é conveniente que rememoremos os passos de Otaviano, após Actium. Segundo Pacchioni, imediatamente depois da vitória, transferiu-se Otaviano para a Ásia, tendo entrado na posse das suas províncias, *e nelas confirmado, com espírito de conciliação,* uma grande parte das medidas de Antonio. Reservou-se, porém, a faculdade de conceder a essas províncias, no futuro, um ordenamento definitivo. Em seguida, foi para o Egito, onde Cleópatra resistia. Tomou Pelusium, e conquistou Alexandria. Antonio suicidou-se. Restava Cleópatra,

---

[147] V., de Acacio Vaz de Lima Filho, "O Poder na..." cit., página 227.
[148] V. "Breve Historia del..." cit., página 156.

vigiada por Otávio, que pretendia exibi-la em Roma, no triunfo. Ao saber do que lhe estava reservado, também ela suicidou-se. O Egito foi anexado ao Império, simbolizando este fato a passagem, para Roma, *do cetro de Alexandre, O Grande*. Otaviano, fiel a esta simbologia, fez gravar em seu anel a efígie de Alexandre, tendo também fundado, perto de Alexandria, uma cidade, comemorativa da sua vitória.[149] Duas observações aqui fazemos. Em primeiro lugar, a de que o Egito, embora passasse a integrar o Império Romano, sempre usufruiu de um estatuto especial. Em segundo lugar, temos para nós que Otaviano teve a percepção do que representava, para a dimensão mística e religiosa do Principado que ele iria fundar, *a conquista do Egito*: Além de possuir o seu próprio misticismo, este país fora, outrora, conquistado por Alexandre, o qual, como os integrantes da "Gens Julia", se considerava um descendente de deuses. Lembremos que Suetônio registra a ascendência divina da "Gens Julia".[150] A consciência da ascendência divina da "Gens Julia", foi determinante na carreira de Otaviano, e inclusive na implantação do Principado, na medida em que ele se sentia um predestinado. Ensina Espasandín que, com a vitória de Otávio, cessaram as lutas civis que solapavam a "Res Publica". Ao retornar do Oriente, Otaviano foi recebido "com um entusiasmo sem precedentes" pelos romanos. Todos vislumbravam, nele, *o homem adequado para governar, e para assegurar a ordem em territórios tão extensos*.[151] O Segundo Triunvirato preparou o advento do Principado, na medida em que conduziu, *de fato*, ao "poder de um só homem", dotado de carisma, de prestígio pessoal, *e detentor da força militar*. Este último dado é fundamental. As lutas que ensanguentaram os derradeiros sessenta anos da República, haviam demonstrado *que um só homem deveria deter o poder militar*, aliás, para a segurança dos demais.

Segundo Rostovtzeff, findas as guerras civis, Otaviano se consagrou, por dois anos, à aprovação de medidas indispensáveis para o sucesso de outras medidas, *mais drásticas*, que deveriam ser tomadas depois. Como Chefe do Estado, o seu direito de administrá-lo não era contestado. Mas ele *não tencionava seguir os passos de César*.

---

[149] V. "Breve Historia del..." cit., páginas 156 e 157.

[150] V. Suetônio, "Duodecim Caesares – Divus Iulivs e Divus Augustus", tradução de João Pedro Mendes, "in" "Historiadores Latinos – Antologia Bilingüe" cit., página 209.

[151] V. "Roma – La Republica y El Imperio..." cit., página 158.

Assim, as suas primeiras providências objetivaram *o restabelecimento das fileiras mais altas da sociedade* e do corpo de cidadãos, dedicando-se, ainda, à restauração da Cidade de Roma.[152] Um primeiro problema de Otávio, era o do seu relacionamento com o Senado. Em 29 a. C., reexaminou a lista dos senadores, e *expulsou 190 membros da assembléia*, em parte admitidos por César. Para Rostovtzeff, tais varões saíram do Senado voluntariamente, mas isto lhes havia sido sugerido por Otaviano, que os considerava indignos. Estes homens haviam sido elevados das legiões ao Senado, graças a César, sendo que *não eram integrantes da classe senatorial*, e muitos, apenas recentemente, haviam alcançado a cidadania romana. Com estas medidas de Otávio, *voltou o Senado a representar, e a ter nos seus quadros, a mais elevada nobreza romana*.[153] Pensamos que estas medidas seletivas de Otaviano, objetivando o Senado, revelam o Estadista. Embora herdeiro de César, e sem embargo de integrar o Partido Popular, percebeu Otávio *que nenhuma sociedade se mantém hígida, sem elites tradicionais*. Mas, não há só isto. O Senado era o depositário da "Auctoritas". E indagamos: – ao restaurar, ainda que apenas do ponto de vista nominal, a sua grandeza, não cederia Otaviano ao apelo *da Tradição*, tão importante na mundividência romana quanto a Religião e a Autoridade?... Haveria uma outra explicação, para esta aparente devolução, ao Senado, da sua importância. Esta explicação é de Burdese: – Otávio, nas "Res Gestae", refere que havia recebido da Itália e das províncias ocidentais, uma "juratio", em razão da guerra contra Antonio. Com esta "conjuratio Italiae et provinciarum", *espécie de juramento plebiscitário de fidelidade*, talvez obtido mediante a propaganda, apoiada na força militar, parece natural sustentar que Otaviano tenha querido dar *uma aparência de legalidade para a sua posição totalmente anticonstitucional*. Assim obtinha uma justificação, pelo menos política, para o que fazia, embora ela não se acomodasse aos esquemas da legalidade republicana.[154] Formulamos uma hipótese: – Não teria a "conjuratio Italiae et provinciarum" o escopo de tranqüilizar o Senado?... na República, a assembléia dos "Patres", em momentos de grande comoção, recorria ao "Senatusconsultum ultimum".[155] Embora por

---

[152] V. "História de..." cit., página 163.
[153] V. "História de...", loc. cit..
[154] V. "Manual de Derecho Publico..." cit., páginas 188 e 189.
[155] V., de Faustino Gutiérrez Alviz, "Diccionario de Derecho Romano", Madrid, Instituto Editorial Reus, 1948, página 554.

vias transversas, e sem se dirigir diretamente ao Senado, Otaviano, de uma certa forma, cercava-se de legitimidade, em uma situação de guerra civil. Segundo Burdese, por meio da "Conjuratio", Otávio obtivera poderes extraordinários *semelhantes aos dos triúnviros*, havendo a diferença de que tais poderes *eram atribuídos a um só homem*, e não a um colegiado. Por meio da "conjuratio", alcançara Otaviano um *"imperium majus" superior ao dos magistrados republicanos*, e destinado à direção da guerra. É importante assinalar que, após Actium, Otávio *conservou o "imperium majus"*, justificado, em matéria de princípios, pelo consentimento generalizado, até se tornar universal, graças à eliminação de todos os seus adversários.[156]

O senso de oportunidade de Otaviano em sua propaganda política, antes do processo de instauração do Principado, e durante ele, é perceptível, inclusive, nos diversos nomes por ele utilizados. É Suetônio quem escreve que, mais tarde, tomou ele o sobrenome de Caio César, e, por último, o de Augusto: um, deixado em testamento por seu tio; outro, a conselho de Munácio Planco. Muitos eram de opinião que devia Otaviano ser chamado "Rômulo", como se fosse um dos fundadores da Cidade. Prevaleceu o nome de Augusto, porque era não somente um sobrenome novo, mas, também, mais considerável.[157] Acrescentaríamos que Otávio era possuidor do *senso do ridículo*, que faltaria a Calígula e a Nero. Isto o tornava invulnerável à lisonja, contribuindo para os seus êxitos políticos e para os seus extraordinários dotes de organizador e de administrador. Burdese resume o que se passou após a morte de César, escrevendo que, a ela, se seguiu uma série de acontecimentos políticos, *apenas formalmente enquadráveis na constituição republicana*, que conduziram, depois da batalha de Ácio, *à concentração de todos os poderes em mãos de seu sobrinho Otávio*, e em conseqüência a se consolidar, sobre as ruínas da República, *uma nova forma constitucional*, que se costuma denominar principado augusteu, destinada a durar cerca de três séculos.[158] Não pairam dúvidas de que, após Actium, ocorreu o descrito por Burdese. Sucede que o principal protagonista das mudanças procedeu com uma invulgar cautela, e até com dissimulação, para chegar aos resultados que almejava. Burdese consigna que, de volta a Roma em 36 a. C., depois da vitória contra Sexto Pompeu, *Otávio deu contas*

---

[156] V. "Manual de Derecho Publico..." cit., página 189.
[157] V. "As Vidas dos Doze..." cit., página 66.
[158] V. "Manual de Derecho Publico Romano" cit., página 183.

ao Senado da sua administração, restabeleceu as magistraturas anuais, *e fez anunciar que, acabada a guerra que Antonio sustentava contra os partas,* haveria *o imediato retorno à normalidade da constituição republicana,* que seria seguida da renúncia, pelos triúnviros, dos seus poderes extraordinários.[159] Ora, parece-nos que tais promessas nada mais eram do que propaganda. Burdese fala da "sutil propaganda política" levada a cabo por Otávio. A confiança que inspirava a sua promessa de restauração da ordem republicana, possibilitou-lhe a obtenção vitalícia de um "jus tribunicium", que compreendia a inviolabilidade tribunícia e o direito de comparecer ao Senado *como Tribuno,* sendo-lhe reconhecidas, inclusive, *honras de cunho religioso* para inserir-se na tradição romana, como o direito de usar a coroa de louros, a ereção de uma estátua no Forum, o direito de habitar uma casa apoiada ao Templo de Apolo, como se fosse "contubernalis" do deus, e a veneração divina, em todas as cidades italianas, do seu "Genius".[160] Paul Petit não tem dúvidas quanto ao sistema que Otaviano estava a implantar: – uma monarquia militar. Ensina que, desde o tempo de Sila, era sabido que o Mundo Romano teria um rei, e desde César, que a monarquia era impossível, dado que os romanos, ou, ao menos, a sua elite política, tinham *horror ao nome real,* já ao tempo dos Tarquínios, e ojeriza à monarquia helenística, desde o tempo da conquista do Oriente. Se o poder repousasse, necessariamente, na força das armas, *era-lhe exigida a legitimação por magistraturas civis,* de acordo com as tradições republicanas, difíceis de conciliar com o poder de um só. Destes "requisitos contraditórios" nasceu, mercê das lições do passado, *e da maleabilidade de Otávio,* o Principado, que nada mais era do que *uma monarquia militar, habilmente disfarçada.*[161] De uma forma ou de outra, elucida Burdese, Otávio estava ubicado *fora das regras constitucionais republicanas.* Com efeito, o "imperium" a ele conferido pelo Senado por dez anos, para governar as províncias não pacificadas, foi por ele exercitado de maneira contínua, dado que o seu titular foi reeleito anualmente para o Consulado, até 23 a. C. Este "imperium" *era desvinculado dos limites da colegialidade e da anualidade.* Por fim, em 23 a. C., Augusto renunciou ao Consulado. Com o consentimento do Senado, houve uma reforma da posição constitucional por ele ocupada, *o que significou a entrada, definitiva, no regime novo.*[162]

---

[159] V. "Manual de..." cit., página 187
[160] V. "Manual de...", loc. cit..
[161] V. "História Antiga" cit., página 259.
[162] V. "Manual de Derecho Publico Romano" cit., página 190.

Uma das singularidades políticas de Augusto, reveladora da sua habilidade, foi a utilização das magistraturas republicanas, porém exercitando, na prática, muito mais poder do que o outrora usufruído pelos seus titulares. No processo de implantação do Principado, ele assim atuou. Em 23 a. C. foi concedido, a Augusto, o "imperium proconsulare" em caráter vitalício, não limitado do ponto de vista cronológico, nem do territorial. Segundo Burdese, este "imperium" constituiu a projeção do "imperium" que já lhe fora atribuído em 27 a. C., mas com uma diferença essencial: – *O "imperium" conferido em 27 a. C. era exercitado, por Otávio, em função da sua qualidade de Cônsul*. Em 23 a. C., não estando mais o seu titular investido do Consulado, o "imperium" assumia a qualidade de "proconsular". Graças a este "imperium proconsulare", Augusto *foi confirmado no governo direto das províncias que já lhe haviam sido confiadas em 27 a. C.*. Além do mais, o "imperium proconsulare" era "infinitum"; *não conhecia o limite territorial representado pelo pomério citadino*; ele se estendia a Roma e à Itália. Além disto, era ele "majus", ou seja, *superior ao dos procônsules das restantes províncias*. Assim, sobre estas províncias senatoriais, estendia-se o poder de controle de Augusto, sem que o "Princeps" tivesse a necessidade de possuir o seu governo direto. A conseqüência, conclui Burdese, era a de que, ponto de vista militar, Augusto *ficava com o comando dos exércitos estacionados, inclusive, nas "Províncias Senatoriais"*.[163] Este fato fazia com que, na prática, fosse irrelevante a divisão das províncias em "Imperiais" e "Senatoriais". E isto reforça a nossa opinião, quanto à natureza jurídica do Principado: – Era uma monarquia, com tudo o que daí deflui. Segundo Burdese, o fundamento da nova posição constitucional de Augusto, a partir de 23 a. C., foi a atribuição a ele feita, simultânea e vitalícia, da "tribunicia potestas" e do "imperium proconsulare". Esta nova posição *era estranha aos esquemas republicanos*. Na República, sempre tinha havido *uma intrínseca autonomia entre ambos os poderes*. Agora, estavam eles reunidos em um só homem, o "Princeps", e eram vitalícios. A tais poderes se seguiu o reconhecimento, a Augusto, de outros, sendo ele cumulado com títulos e honrarias. Em 23 a. C., foi-lhe atribuído, de maneira expressa, o direito de remeter questões, a qualquer momento, ao Senado, bem como a faculdade de o convocar, à sua vontade. Adverte Burdese que não parece que se tenha reconhecido, a Augusto, uma "cura legum et morum", como poder

---

[163] V. "Manual de Derecho Publico..." cit., página 191.

jurídico "per se" de fazer a renovação da legislação, e de prover à moralidade dos costumes. Parece mais provável que Augusto atendesse a distintas "lectiones senatus", e a operações individuais do censo, com base na momentânea assunção de uma "potestas censoria" ou de um "imperium consulare", que já lhe havia sido oferecido. Em 19 a . C. foi conferida, a Augusto, uma "maxima potestas" para atender à reestruturação das leis e dos costumes. De acordo com as "Res Gestae", ele não desejou aceitar esta "maxima potestas", *porém, de fato, a exercia*, apresentando aos comícios, propostas de leis restauradoras dos costumes, e vigiando a sua execução, com lastro nas faculdades que lhe cabiam pela "tribunicia potestas". A partir de 19 a. C., Augusto exerceu também, em caráter excepcional, *o poder de nomear o cônsul vacante*. De maneira normal, exerceu a "commendatio", isto é, o direito de indicar à assembléia popular os candidatos para as magistraturas. Também lhe competia a "nominatio", ou seja, o poder de controle sobre os requisitos exigidos aos candidatos às magistraturas. Por derradeiro, foi conferido a Augusto o "jus belli ac pacis", acompanhado do direito de firmar tratados, ficando ele com *a total direção da política exterior e da diplomacia*. Burdese assevera que a ordem instaurada por Otávio era uma ordem político-constitucional nova, com relação aos esquemas republicanos, ainda que inserida na antiga ordem, *e preparada pelos acontecimentos do precedente período de crise*. Foi ela ademais, *uma ordem chamada a se manter*, na medida em que respondia às exigências dos novos tempos. Aliás, ela se manteve durante quase três séculos, *se bem que realizando um processo evolutivo no rumo da ulterior forma de governo, vale dizer, o Dominato*.[164] Otávio buscou, segundo Burdese, o apoio da plebe e dos veteranos, no desenvolvimento da sua política, dirigida à *centralização do poder*. No esquema da nova Constituição se repristinou, por um lado, ao menos formalmente, a estrutura e a função das assembléias populares. Por outro, Otaviano manteve o comando dos exércitos, e reservou, para os altos oficiais, posições de prestígio e de poder, na *administração burocrática imperial*. A política de Augusto deitava as suas raízes na tradição romana, acrescentando-lhe algumas modificações.[165] O autor menciona a "administração burocrática imperial". Com o Principado, surgiu a burocracia. Os magistrados republicanos, não remunerados, e cujos cargos eram "honores", foram substituí-

---

[164] V. "Manual de..." cit., página 195.
[165] V. "Manual de..." cit., página 197.

dos por *funcionários profissionais*, pagos pelo Imperador, e responsáveis perante ele. Esta burocracia era um corolário da centralização, posta em prática por Augusto, e incrementada pelos seus sucessores. Algo incipiente sob Augusto, ela se tornou cada vez mais numerosa, sofisticada *e influente*, até que, com Adriano, atingiu o seu apogeu.

Cabem aqui algumas considerações pertinentes à natureza não unitária dos poderes de Augusto. Segundo Burdese, mediante a atribuição formal de poderes ao "Princeps", feita pelos órgãos republicanos, a ele se reconheceu, *não um poder único, porém, uma soma de poderes vários,* entre os quais se destacavam a "tribunicia potestas" e o "imperium proconsulare". Tais poderes, em seu nome e natureza, procediam das magistraturas republicanas. Diferiam, no entanto, dos poderes próprios das antigas magistraturas, em primeiro lugar, porque eles *se separavam das magistraturas individualizadas,* para se assentar no "Princeps", do qual dimanavam. Em segundo lugar, na pessoa do "Princeps", *tais poderes surgiam sem os limites que lhes eram conaturais* – a colegialidade e a duração limitada no tempo. Deve ser ainda salientado que, na República, os poderes em pauta *eram tradicionalmente antinômicos, refletidos no poder tribunício e no "imperium".* Com o surgimento do Príncipe, houve uma "separação total" das categorias tradicionais. Por derradeiro, é mister colocar em relevo que o "Princeps", ainda que inserido em uma ordem jurídica constitucional, que é a que lhe atribui os poderes, não é convertido, por esta ordem jurídica constitucional, em um "magistrado", pelo menos, não no sentido republicano da palavra.[166] Em nossa opinião, o "Princeps" não era, de modo algum, um "magistrado"; nem mesmo um "magistrado extraordinário vitalício". Era ele um monarca, embora fosse um monarca "sui generis".

---

[166] V. "Manual de..." cit., página 199.

Capítulo V

O Principado, Uma Realidade em Contínua Evolução, ao Longo de Três Séculos

Uma vez fundado por Otaviano, o Principado não se manteve inalterado. Foi ele *uma realidade política, jurídica e institucional em constante evolução...* assim, e v. g., o Principado do tempo de Trajano, diferia bastante desse mesmo Principado ao tempo de Augusto, *embora as linhas gerais tenham permanecido as mesmas*, o que nos autoriza a falar de um regime que durou três séculos.

A evolução do Principado obedeceu, basicamente, às três tendências seguintes: – 1ª) Crescente fortalecimento do poder pessoal do "Princeps"; 2ª) Incremento incessante da centralização administrativa, por parte do Imperador, e 3ª) Surgimento, ainda sob Augusto, de uma burocracia imperial, que não cessou de crescer, tornando-se cada vez mais numerosa, sofisticada, e poderosa. Estas três tendências se imbricam e se interpenetram mutuamente. E o resultado final da atuação delas foi, sem desprezarmos o fator externo da pressão dos bárbaros, o surgimento do Dominato. Assim como as crises do final da República, anunciaram o advento do Principado, assim também, a evolução interna do Principado, preparou o surgimento do Dominato. Os elementos externos não podem ser ignorados, na evolução do Principado. Destes, o mais importante, mas não o único, foi a crescente pressão dos bárbaros nas fronteiras. Ela obrigava os

"Principes" a enormes dispêndios com a manutenção permanente de tropas. Um outro fator que atrapalhou o novo regime foi a questão sucessória, que pode ser chamada de "o calcanhar de Aquiles" do sistema. A falha que havia no sistema de Augusto, relativamente à sucessão do "Princeps", deu azo a que, algumas vezes, o cetro imperial fosse objeto de lutas *entre exércitos romanos,* comandados por chefes rivais, e que todos aspiravam ao poder. Isto sucedeu, pela vez primeira, após a morte de Nero. De um modo geral, entanto, podemos afirmar que o Principado correspondeu às expectativas do seu fundador, sendo que ele foi capaz de dotar o povo romano de uma *consciência imperial* que, nas palavras de Reale, desafia os séculos.[167] Na "Introdução" deste livro, abordamos a atração exercida pelo Principado sobre todos os homens, em todos os tempos. O próprio Dante não ficou imune a esta atração pela Roma Imperial, escrevendo Jayme Mason, "verbis":

> "A bela imagem da Águia Romana caracteriza a antiga supremacia de Roma, ordenada por Deus para garantir a paz e a unidade do mundo antigo.
>
> Que o símbolo da Águia acabe por tomar forma e emergir das luzes dos Justos indica a gradual compreensão de Dante do papel do Império na garantia dos padrões de Justiça Divina.
>
> Implica também o reconhecimento, por parte de Dante, de que os princípios da legislação romana forneceram os padrões que moldaram as leis italianas.
>
> É o símbolo da Águia que passa a emitir, em uníssono, os esclarecimentos às dúvidas que Dante tem em sua mente a respeito da Justiça Divina".[168]

Umas poucas observações se impõem. Lembramos, com Hannah Arendt, que a Igreja Católica recolheu o legado de Roma, consubstanciado na trilogia Religião– Autoridade–Tradição, e substituiu o conceito de "fundação" (da "Urbs"), pelo da *morte e ressurreição de Cristo.*[169] Mas, a crença em uma *predestinação política de Roma,*

---

[167] V. "Formação da Politica Burgueza" cit., páginas 17 e 18.

[168] V. "Dante e a Divina Comédia – Uma Crônica Didática", Rio de Janeiro, Editora Nova Fronteira S. A., 1987, páginas 143 e 144.

[169] V. "Entre o Passado e o Futuro" cit., páginas 167 e 168.

indissociável da Religião, *é anterior ao Cristianismo*, como o revela a "Eneida": – No Livro Duodécimo Júpiter fala, a Juno, do alto destino que está reservado aos romanos; *um destino sagrado...* [170] Voltemos, entretanto, a Dante. Para Mason, o fato de que, na "Divina Comédia", Dante tenha colocado uma figura de tão pequena envergadura histórica – Henrique VII – como o homem que haveria de se sentar no trono colocado no centro da rosa mística, "bem demonstra o exagero a que podia ser levado, por sua crença obsessiva, *no papel da unidade imperial*, como braço secular da Igreja, na *implantação final da ordem e da justiça sobre a terra*".[171] É compreensível esta "crença obsessiva de Dante" na unidade imperial: – Ele viveu no conturbado "Trecento" italiano, tendo sofrido as agruras do exílio. Não é por acaso que Dante tenha escolhido, para guiá-lo em sua viagem ao Além, Vergílio, *o poeta do Império Romano*, o bardo das origens do Povo do Lacio.[172] De acordo com Mason, após Vergílio haver se identificado,

> *"Poeta fui, e cantai di quel giusto*
> *figliuol d'Anchise che venne da Troia*
> *poi chel'superbo Ilion fu combusto" (I, 73 – 75),*

Dante exultou com esta revelação. E lembramos que o poeta, *um Guelfo,* e pois, partidário da restauração imperial, era necessariamente um cultor de Vergílio, *o poeta nacional dos romanos*. A tanto chega o "valor paradigmático do Principado".

O sistema inaugurado por Augusto era uma monarquia, embora com algumas características especialíssimas. E é de interesse saber como os romanos do último século da República encaravam o governo monárquico. Segundo Matos Peixoto, aos romanos desta época, a Realeza apresentava-se *sob duas modalidades*. A primeira consistia em *um regime de transição*, no qual os assuntos externos, a guerra e a ordem pública, ficariam debaixo da direção do "Primeiro Cidadão", e a administração interna continuaria nas mãos dos órgãos tradicionais (Comícios, Magistraturas e Senado). Tal regime teria, como pressuposto, *a investidura do "Princeps" pelos órgãos normais do*

---

[170] V. "Eneida" – Tradução brasileira de Tassilo Orpheu Spalding, São Paulo, Editora Cultrix Ltda., página 265 – Original em latim.

[171] V. "Dante e a Divina..." cit., página 155 – Os grifos são nossos.

[172] V. "Dante e a Divina..." cit., páginas 75 e 76.

Estado, sendo reduzida, a reforma (da Constituição Republicana), ao mínimo necessário. A segunda modalidade consistia em *uma transformação radical*, que fazia "tabula rasa" do regime republicano, construindo *o poder pessoal, em toda a extensão da expressão*. Como percebemos, a primeira modalidade seria o Principado, ao passo que a segunda, seria o Dominato. Na agonia da República, ambos os sistemas foram ensaiados; o Principado, por Pompeu, e o Dominato, por César.[173] Faríamos duas observações à lição de Matos Peixoto. A primeira, diz respeito à investidura do "Primeiro Cidadão" pelos "órgãos normais do Estado". Acreditamos que, por "órgãos normais do Estado", queira o autor se referir ao Senado. Como já o dissemos, a questão da sucessão do "Princeps" falecido sempre foi o ponto nevrálgico do sistema. E o Senado, salvo em ocasiões excepcionais, não tinha influência na questão sucessória. Esta, muitas vezes, ficou entregue aos caprichos dos legionários e da Guarda Pretoriana, sendo que *a adoção* do sucessor, pelo Imperador reinante, em especial, ao tempo dos Antoninos, produziu excelentes resultados. A segunda observação que fazemos, é no sentido de que o Dominato era, sem dúvida, uma monarquia absoluta, do tipo heleno-asiático. Salientamos que embora Otaviano tenha optado, ao criar o seu sistema, pela "primeira modalidade" enunciada, forçoso é reconhecer que, *nas províncias orientais do Império*, impregnadas pela cultura helenística, o culto religioso ao Imperador tinha laivos do que seria tal culto, ulteriormente, sob o Dominato. Temos mencionado as "Res Gestae", consignando que, embora sejam um escrito de propaganda do regime, constituem uma boa fonte para o estudo do Principado, na medida em que são, inclusive, uma espécie de testamento político do seu autor. Para Burdese, as "Res Gestae" são "uma espécie de autobiografia política de Augusto".[174] Destinavam-se a ser gravadas no seu mausoléu, e divulgadas por todo o Império, depois do falecimento do "Princeps". Esta "espécie de autobiografia política" chegou até nós, quase completa, no texto bilíngüe, em latim e em grego, do "Monumentum Ancyranum". Nas "Res Gestae", Augusto se refere à "Conjuratio Italiae et provinciarum", que mencionamos antes. Vimos que a "Conjuratio", era *uma espécie de juramento plebiscitário de fidelidade*, com o qual, ao que parece, pretendeu Otaviano dar uma aparência de legalidade à sua posição, *totalmente inconstitucional*.[175]

---

[173] V. "Curso de Direito Romano" cit., tomo I, página 87.
[174] V. "Manual de..." cit., páginas 188 e 189.
[175] V. "Manual de...", loc. cit..

Pois bem, embora, segundo algumas aparências, tenha Otaviano dado um "golpe de Estado branco", o que temos que reter, em termos da ulterior evolução do Principado, é que Augusto, e, de um modo geral, todos os seus sucessores, procuraram sempre o amparo desta aparência de legalidade, buscando estar em bons termos com o Senado. Houve exceções, como Calígula e Domiciano, que no entanto, não elidem a regra. Aliás, os Imperadores mais inteligentes, mais hábeis, *e mais centralizadores,* foram sempre os que mantiveram, com o Senado, as relações mais cordiais e harmoniosas. É interessante ler o que Augusto, nas "Res Gestae", diz a propósito da sua própria magnanimidade, enfatizando que, nas guerras civis, poupou os cidadãos que pediram perdão. Aduz que preferiu conservar a destruir os povos estrangeiros, quando era isto possível. E afirma ter distribuído campos ou dinheiro, aos cidadãos que cumpriram o serviço militar. Desce à minúcia de relatar quantos navios capturou.[176]

Não compreenderíamos a evolução do Principado, a partir dos sucessores de Augusto, se não tivéssemos em conta as *profundas transformações* sofridas pela sociedade romana, nos últimos tempos da República. Elas iriam se refletir na ulterior evolução do sistema. Assinala Rascón García que, no derradeiro período da República, houve *uma série de transformações sociais,* devendo ser destacado o desaparecimento da antiga "nobilitas", e a consolidação de uma *aristocracia decadente,* de origem senatorial. Com o Principado, alterou-se a composição do Senado, ao ponto de ser permitido o ingresso, nele, de membros do "Ordo Equester", *que haviam galgado as magistraturas.* Assim, ao tempo do Principado, os senadores já não representavam a velha nobreza. Inclusive, o número dos senadores foi ampliado, com o ingresso, na Cúria, de homens procedentes dos municípios, das colônias e das províncias – no início, das províncias do Ocidente, e, depois, de todo o Império.[177] As assertivas de Rascón García alusivas ao Senado do início do Principado, parecem colidir com as de Rostovtzeff. Entretanto, a antinomia é mais aparente do que real, porquanto nos foi dado verificar, com lastro em Rostovtzeff, *que Augusto realizou, no Senado, uma verdadeira depuração.* É preciso que reconheçamos que o "Ordo Equester" *foi a classe em que, basicamente, se apoiou o novo regime.* Ela foi a elite do Principado, assim como a classe senatorial constituíra a elite da República. Aqui, é perceptível o tato

---

[176] V. "Res Gestae Divi Augusti" cit., páginas 127 e 129.
[177] V. "Manual de Derecho Romano" cit., página 133.

de Augusto: – Sem a tradição do mando político e a nobreza de sangue dos patrícios, os membros do "Ordo Equester", *cheios de ambição, e desejosos de ascenção social, eram mais devotados ao novo regime, e mais confiáveis aos olhos do "Princeps"*. Um problema de Augusto, herdado pelos seus sucessores, que Rostovtzeff chama de "problema fundamental", e para o qual, Otaviano não encontrou uma solução satisfatória, foi o do *relacionamento do "Princeps" com os militares*. O "Exército de Cidadãos" da República, havia cedido o passo para um *exército profissional*. Este ameaçava tornar-se uma casta, *distinta do resto da população*, e pela qual os civis não nutriam simpatia. A capacidade combativa de um tal exército, *era reduzida por considerações políticas*; era impossível garantir a neutralidade do Exército na Política. Os pretorianos podiam exercer forte influência política, e mesmo os exércitos provinciais acabariam percebendo que os portadores da púrpura *dependiam deles, para a força e permanência da sua autoridade*.[178] O problema era dos mais graves. Entendemos que, no sistema de Otaviano, faltou um contrapeso, institucional, para a força militar. Assim, o equilíbrio político entre o "Princeps" e o Exército, dependia do carisma e da habilidade do Imperador que estivesse no poder. Não deixa de constituir uma das freqüentes ironias da História, que um dos magnos problemas de uma monarquia militar na sua origem, passasse a ser, justamente, o do seu relacionamento com os militares.

Augusto faleceu em 14 d. C., tendo governado o Império *por mais de quarenta anos, em paz*. Segundo Rostovtzeff, ele encarava o Principado, não como uma solução temporária, *mas como uma instituição permanente*, tencionando tornar hereditário o seu poder. Com a saúde débil, Augusto teve a cautela, durante o seu reinado, de conservar ao seu lado *alguém a quem tratava como herdeiro*, admitindo participar, tal pessoa, do seu poder consular, e investindo-a, ainda, da inviolabilidade tribunícia.[179] Um Estadista consumado, Otaviano tinha consciência de que a sua obra era duradoura. Ademais, a intenção de tornar hereditário o seu poder, *afasta qualquer dúvida quanto à natureza do Principado*, confirma que este era uma monarquia, e torna inviável a aceitação da tese da Diarquia. Há um outro ponto, revelador do tirocínio político de Augusto: – ao associar alguém ao seu poder, ele, de uma certa forma, já antecipava o sistema da co-regência entre o Imperador reinante e o seu futuro sucessor. Nos cem anos

---

[178] V. "História de Roma" cit., página 171.
[179] V. "História de..." cit, página 193.

que separam Vespasiano de Augusto, ensina Rostovtzeff, *o Principado manteve inalteradas as suas linhas essenciais*. Uma exceção foi a tentativa de Calígula, de transformar o regime em uma monarquia absoluta. Afora esta exceção, os demais Imperadores – Tibério, Cláudio e Nero – *conservaram-se fiéis à política de Augusto*, nos assuntos internos e externos. Tibério transferiu a eleição dos magistrados, da assembléia popular para o Senado. Ao fazer isto, deu continuidade ao processo, já quase concluído por Augusto, *de retirar à assembléia do "Populus" toda a importância política*. Sob Cláudio, o serviço público era constituído por libertos. A crescente importância desses funcionários imperiais, *era o corolário, inevitável, do controle exercido pelo "Princeps" sobre os assuntos públicos*. A influência pessoal do Imperador sobre os referidos assuntos, tendia à concentração da administração das finanças nas mãos do "Princeps", ou nas mãos dos seus funcionários. Porém, *o controle pessoal do "Princeps" foi aos poucos desaparecendo, fundido na máquina do governo*. A distinção entre os bens particulares do Imperador e a propriedade da "Res Publica", ficou cada vez mais imprecisa.[180] Quando faleceu, deixou Augusto o regime consolidado, sendo que, como o anota Malet, o império passou para Tibério, sem transtorno. O povo e as províncias tinham se acostumado ao novo sistema, garantidor da paz. É verdade que os senadores *lamentavam as suas antigas prerrogativas*. Mas, encontravam-se corrompidos em excesso, para sacudir o jugo imperial. Tibério *tinha a seu favor o exército que comandara na Germânia*. Aproximava-se dos cinqüenta e seis anos de idade, e segundo Malet, pareceu assumir o poder "com desagrado". Desdenhou títulos e honrarias, não desejando ser mais do que o "Princeps". O Senado foi associado ao seu governo, tendo que ratificar todas as suas decisões. Os governadores das províncias *foram nomeados de acordo com os seus méritos, e vigiados com rigor*.[181] Com o Principado, aliás, melhorou a sorte das províncias, que, ao tempo da República, eram freqüentemente vitimadas por governadores desonestos. A propósito, as "Verrinas", de Cícero, são altamente explicativas.

Vamos agora nos ocupar dos quatro primeiros sucessores de Augusto. Segundo Rostovtzeff, a atmosfera que cercava estes homens, "estava carregada de culpas e crimes".[182] Para o autor,

---

[180] V. "História de Roma" cit., página 200.
[181] V. "Roma" cit., páginas 129 e 130.
[182] V. "História de..." cit., páginas 196 "usque" 199.

Tibério foi o melhor, como governante. Várias pessoas que haviam tido cargos de destaque sob Augusto, e muitos membros da Aristocracia, *recusavam-se a reconhecer o seu direito ao governo*. A vida se lhe tornou insuportável em Roma, indo Tibério habitar Capri. A sua história se repetiu com Calígula, *permanentemente receoso de conspirações*, e que pereceu assassinado. O mesmo clima de intrigas palacianas envolveu Cláudio, que foi um joguete de sua primeira esposa, Messalina. Morta esta, foi Cláudio "um títere nas mãos de outra mulher imperiosa", Agripina. Nos derradeiros tempos de Tibério, e também sob Calígula, o Principado fora "cruel e terrível", o que se repetiu com Cláudio. Nero iniciou o seu reinado com a eliminação de Britânico, o *herdeiro do trono*. Teve que fazer face à oposição das classes dirigentes, tendo se instaurado, então, um "reinado de terror". A esta altura o Principado, se bem que "formidável", provocava "repulsa e horror". O desagrado provocado pela frivolidade da Corte, robusteceu a oposição. As legiões estavam descontentes com o "Princeps", *que jamais as inspecionara*, e a oposição se aproveitou disto. Os exércitos receberam informações sobre a conduta de Nero, *e sobre as violações da tradição romana*. As legiões foram informadas da paixão do Imperador pelo teatro, *e da sua preferência pelos gregos, em detrimento dos romanos*. Irrompeu uma rebelião na Gália. Desejavam os rebeldes colocar, no trono, qualquer pessoa que seguisse os passos de Augusto, preservasse a Constituição por ele idealizada, e atuasse dentro dos seus limites. O novo governante *teria que ser constitucional, porquanto deveria gerir a "Res Publica", em conjunto com o Senado*. A rebelião iniciada na Gália, foi esmagada pelas legiões da Germânia. Mas, tampouco estas queriam que Nero continuasse a reinar, e o Imperador cometeu suicídio.[183] Este ponto é fundamental: As legiões rebeladas queriam um governante *que seguisse as pegadas de Augusto*. Isto significa que, "post mortem", o "Divus Augustus" continuou a ser um paradigma de bom governante. E isto integra a sua mística. Outro ponto lapidar é este: – Sem embargo da desconfiança de Tibério nos derradeiros anos do seu reinado; apesar de Calígula, com o seu projeto de monarquia absoluta; a despeito de Cláudio haver sido um joguete das suas sucessivas esposas e dos libertos; e, finalmente, apesar das excentricidades de Nero, *o regime se manteve, o que demonstra a sua higidez, e o fato de Augusto haver lançado as bases de uma obra política e jurídica duradoura*. A morte de Nero evidenciou a delica-

---

[183] V. "História de Roma", loc. cit..

deza do problema sucessório, e abriu o precedente da interferência dos militares na sucessão. Para Rostovtzeff, morto Nero, surgiu o problema: – Quem deveria sucedê-lo, um Imperador escolhido pelos pretorianos, ou o comandante de um exército da província? O segundo alvitre prevaleceu. Galba, Oto e Vitélio, sucederam-se com rapidez no poder, até que este foi tomado por Vespasiano, apoiado pelas legiões do Oriente e do Danúbio. O ano de 69 da Era Cristã foi conhecido como "o ano dos quatro imperadores". Uma vez em Roma, Vespasiano fundou uma dinastia que teve uma razoável duração. Houve *o triunfo do Principado, como instituição viva e como idéia*. Ficou claro, no entanto, que o "Princeps" deveria ser constitucional, e que a época não era, ainda, propícia ao despotismo militar sem disfarce.[184] Assinala Rostovtzeff que o triunfo do Principado como instituição, expressou-se em uma lei proposta por Vespasiano, e aprovada pelo Senado. Tratou-se da "Lex de Imperio Vespasiani", *a lei que definia os poderes de Vespasiano*. Na realidade, ela era mais geral do que o seu nome sugeria. Constituiu uma tentativa primeira de definir as relações entre o "Princeps" e o Estado. A rigor, ela nada continha de novo. Nela, o Imperador *deu forma escrita ao que havia sido feito na prática, por mais de um século*. Vespasiano *relacionou os direitos e deveres do governante, em que Augusto havia baseado a sua supremacia*, e que haviam sido alterados pelos sucessores imediatos de Augusto. Assim, "o ano dos quatro imperadores", ao invés de conduzir Roma a uma tirania militar, *levou ao restabelecimento e à consolidação do Principado, qual o concebera Augusto*.[185]

É preciso fazer justiça aos quatro primeiros sucessores de Augusto – Tibério, Calígula, Cláudio e Nero – elucidando, com Rostovtzeff, que eles não temiam, apenas, os seus rivais, mas também as tentativas do Senado, de se reafirmar. O Senado, sob os quatro sucessores imediatos de Otaviano, *ainda era uma instituição atuante*, e alguns senadores alimentavam a esperança de recuperar a sua posição. Isto sem embargo o Senado, em seu conjunto, não tomou qualquer medida, tendente a recuperar o antigo prestígio. Apesar desta inércia, os Imperadores acima mencionados *estavam de tal modo inseguros*, que o menor indício de oposição da assembléia, *era tremendamente exagerado*. Além disto, qualquer conspiração, real ou imaginária, era causa de autênticos massacres dos integrantes mais ilustres

---

[184] V. "História de..." cit., página 199.
[185] V. "História de..." cit., páginas 199 e 200.

da Aristocracia. Desta maneira, as famílias mais nobres foram desaparecendo, *com elas desaparecendo os sonhos de restauração da antiga Constituição,* em que o Senado desempenharia o papel de chefia.[186] Aduzimos algumas ponderações à lição de Rostovtzeff. Ao passo que o Principado era uma *instituição nova,* o Senado tinha por ele *a tradição,* pois, de acordo com os relatos mais antigos, *fora instituído por Rômulo.* Além do mais, era ele o depositário da "Auctoritas", uma noção eminentemente romana. Há, acreditamos, um derradeiro motivo, mais prático, talvez até mais prosaico, *e seja como for, mais humano,* para explicar a desconfiança que Tibério, Calígula, Cláudio e Nero, experimentavam, relativamente ao Senado: – Estes "Principes" eram membros *da Família Júlio-Cláudia.* E a memória do seu antepassado, César, crivado de punhaladas, *desferidas por senadores, no recinto do Senado,* era algo muito vívido e recente.

Sobre a questão sucessória, assinala Rascón García que um dos aspectos mais problemáticos do regime foi o da sua continuidade, *uma vez que não se encontravam previstas constitucionalmente, nem a sucessão, nem a substituição do Príncipe.* O Príncipe, de fato, designava aquele que o iria suceder, mas tal procedimento era "complexo e inseguro". Tinha início no Senado, e findava com a aclamação, pelo Povo. Mas, por não ser a sucessão rigorosamente "hereditária", o expediente utilizado para controlá-la foi o de o reinante adotar quem iria sucedê-lo, associando-o à titularidade dos poderes. Entretanto, era a força das armas que decidia quem havia de ocupar o poder.[187] Discordamos do autor. Nos trezentos anos do Principado, a imposição, pura e simples, de um nome, por parte da Guarda Pretoriana ou das legiões, foi, apesar de tudo, uma exceção. Mas o assunto abre uma questão que temos que examinar. *Augusto tencionava tornar hereditário o seu poder.* E, no entanto, não disciplinou legalmente a sucessão, com medidas do hoje denominado "Direito Dinástico". Por qual motivo não o teria feito? Só nos restam as conjecturas, e ora aventamos uma: – *É possível que, no seu zelo por conservar, no Principado, as aparências republicanas, Otaviano se abstivesse de regulamentar a sucessão, ao estilo das monarquias comuns.* A fragilidade da questão sucessória é abordada por Rostovtzeff. Para ele, os sucessores de Augusto não viviam em segurança, pois sabiam que governavam, *não pelas suas qualidades, ou pelos serviços prestados à "Res Publica",* mas na qualidade

---

[186] V. "História de..." cit., página 196.
[187] V. "Manual de Derecho Romano" cit., página 136.

de herdeiros *da popularidade, da autoridade e da divindade de Augusto.* Nenhum dos quatro primeiros sucessores era dotado de gênio político, ou de encanto pessoal. A sua ligação com Augusto, *era a única justificativa para a posição que ocupavam.* Tibério era um general competente; não possuía, entretanto, a energia criadora de Augusto, nem a capacidade deste de bem se entender com as pessoas, *e de escolher os homens melhor dotados para colaboradores.* Calígula reinou de 37 a 41 d. C. Filho de Germânico, crescera *temendo pela própria vida,* e associando-se a jovens príncipes helênicos corrompidos, que moravam em Roma como reféns, ou como pretendentes a alguma coroa oriental. Quando da morte de Tibério, era ele o único membro vivo da Família Juliana. Em seu reinado, Calígula "deu prova cabal de insanidade mental". Cláudio *foi proclamado Imperador pelos Pretorianos,* tendo governado de 41 a 54 d. C.. Tinha a dedicação e o patriotismo da Família Cláudia. Era, porém, débil de corpo e de espírito, tendo sido um instrumento de Messalina e Agripina, e dos seus libertos. Nero foi o derradeiro imperador ligado a Augusto, tendo reinado de 54 a 68 d. C.. Segundo Rostovtzeff, este Príncipe possuía "grandes dotes naturais e um caráter estranhamente complexo". A sua subida ao trono foi irregular. Sua mãe envenenara Cláudio. Nero, para conservar o poder, "foi obrigado a saltar sobre os cadáveres de seu meio-irmão e de sua mãe". Salientemos que nenhum dos sucessores de Augusto tinha convicção de seu direito à coroa. E todos "viviam na luz agonizante do fundador da linha". Assim, a principal preocupação dos quatro primeiros sucessores de Augusto, e de todos os imperadores do primeiro século da Era Cristã, *foi a de firmar a sua posição.* Todos temiam os rivais, cujo direito era igual ou superior ao deles próprios, *e temiam o avantesma do poder, eventualmente restaurado, do Senado.*[188] Razão assiste ao autor. A aclamação de Cláudio pelos pretorianos, antecede a sucessão de Nero, que foi obra das legiões revoltadas. E o clima de permanente insegurança em que viveram Tibério, Calígula, Cláudio e Nero, evidencia uma verdade que parece não ter sido percebida por Augusto: – *O carisma pessoal é intransferível.*

    Vespasiano consolidou o Principado e restaurou o seu prestígio, retomando o labor de Augusto. Segundo Espasandín, proclamado Imperador pelos seus soldados, *foi Vespasiano logo confirmado pelo Senado.* Tendo fundado a Dinastia Flávia, deu início a *outro século de paz,* no qual o Império Romano atingiu o ápice do seu esplendor.

---

[188] V. "História de..." cit., páginas 194 a 196.

Havia escaramuças nas fronteiras, mas elas não afetavam o Império, como um todo.[189] Vespasiano e os seus sucessores tiveram uma dupla preocupação: – Garantir as fronteiras do Império ao Norte e ao Leste, que estavam *permanentemente ameaçadas,* e corrigir os defeitos da administração, especialmente nas províncias. Vespasiano faleceu em 79 d. C.. Deixou saneada a economia, e um governo probo, tanto nas províncias, quanto na metrópole.[190] A respeito de Vespasiano, é fundamental a "Lex de Imperio" que leva o seu nome, porquanto representou, nos limites da época, um "pacto de governo", entre o "Princeps" e os governados. Vespasiano foi sucedido por Tito, que, segundo Espasandín, era "uma síntese de doçura e laboriosidade". Reinou Tito dois anos, sendo sucedido por Domiciano. Este cuidou de fixar as fronteiras do Império, *de acordo com o plano de Augusto,* erguendo muralhas e fortalezas. O esforço foi eficaz ao longo do Reno e do curso superior do Danúbio, porém, na parte inferior do Danúbio, o Império ficou vulnerável ao Reino da Dácia.[191] Domiciano revelou, segundo Engel e Palanque, pendores para o absolutismo. Tentou fazer o Principado evoluir para a monarquia absoluta. Assumiu o Consulado dezessete vezes, e "administrou com desdém". A partir de 84 d. C., assumiu a Censura, vitaliciamente, alcançando a faculdade de fazer ingressar no Senado, e dele sair, quem lhe aprouvesse. A Aristocracia quedou em suas mãos. Arrogava-se a fiscalização dos costumes públicos, em especial, quanto à conduta das grandes personalidades. Fez-se chamar de "senhor" e "deus". *O governo foi se concentrando progressivamente nas suas mãos, excluindo-se a participação do Senado.* O Conselho Imperial, no qual havia muitos membros do "Ordo Equester", foi sendo substituído pela assembléia tradicional, vale dizer, o Senado. Porém, *o Senado ficou reduzido à discussão de questões insignificantes.* As repartições públicas tornaram-se tão numerosas, que foi necessário escolher para seus chefes pessoas importantes, da classe dos cavaleiros.[192] Domiciano se afastou da tradição augusteana do Principado, restaurada por Vespasiano e Tito. Como verificamos da lição de De Jouvenel, *a plebe é a aliada natural do poder absoluto.* Se o absolutismo de Domiciano oprimia a Aristocracia, *procurava o apoio do Exército e do Povo.* Foi aumentado o soldo

---

[189] V. "Roma – La Republica y El..." cit., páginas 209 e 210.
[190] V. "Roma – La Republica y El..." cit., páginas 210 e 211.
[191] V. "Roma – La Republica y El..." cit., páginas 211 e 212.
[192] V. "O Império Romano" cit., páginas 64 e 65.

dos legionários, e o dos pretorianos. O Povo recebeu dinheiro, e assistiu a espetáculos, audições musicais, competições atléticas, representações, e assim por diante.[193] Domiciano – escreve Espasandín – foi assassinado em 96 d.C.. Desta feita, o Senado interferiu na sucessão, porque os "Patres" escolheram Nerva como seu sucessor. Nerva, um jurisconsulto, não possuía os dotes militares para enfrentar a situação do Danúbio inferior. Estabeleceu a praxe de os imperadores serem designados *por adoção*.[194] Com Nerva, teve início a *Dinastia dos Antoninos*, sob a qual o sistema inaugurado por Augusto chegou ao seu fastígio. Segundo Rostovtzeff, um dos primeiros atos de Nerva foi adotar Trajano, *um general hábil e experiente*, e um defensor da teoria estóica de governo. Com Nerva e Trajano, teve início um outro capítulo da História do Principado, *caracterizado pela harmonia entre a autoridade suprema e a comunidade*. Esta passou a reconhecer a indispensabilidade do regime, prontificando-se a servi-lo. Em contrapartida, o "Princeps" *passou a aceitar a teoria estóica do poder*, comprometendo-se, de maneira tácita, a respeitar os sentimentos da classe dominante, mantendo os seus privilégios. O Imperador se comprometia, também, a *respeitar as antigas formas constitucionais*, e a proceder, pelo menos na aparência, não como um monarca, dotado de poder ilimitado, mas como o primeiro e o melhor dos cidadãos, "como tal livremente reconhecido pelo Estado".[195] Com Nerva e Trajano, houve um retorno à linha traçada por Vespasiano, com uma diferença: – Vespasiano fundou uma dinastia, no sentido estrito do termo, ao passo que Nerva consagrou, para a "dinastia" dos Antoninos, o sistema da adoção. Da aceitação da teoria estóica do poder, não resultou nenhuma modificação essencial do Principado. *Pelo contrário, o poder do "Princeps" aumentou*, em função da sua reconciliação com a comunidade, *tornando-se menos limitado e mais autocrático*. Os Senadores, conservando os seus privilégios, e a sua posição no Estado, *achavam-se prontos à submissão*, tornando-se o Senado, apenas, *um órgão consultivo do Imperador*. Mas, estava o "Princeps" moralmente comprometido a aceitar a teoria estóica do dever do governante, bem como a conformar, à doutrina do Pórtico, *o seu comportamento pessoal*. Houve a renúncia à idéia de um império hereditário. *A adoção substituiu a herança*, e os Imperadores tentavam escolher os melhores homens

---

[193] V. "Roma – La Republica y El Imperio" cit., página 65.
[194] V. "Roma – La Republica y El..." cit., página 212.
[195] V. "História de Roma", cit., páginas 207 e 208.

para seus sucessores. Segundo Rostovtzeff, *o sistema da adoção produziu ótimos resultados*. Os governantes dos primeiros setenta e cinco anos do século II d. C., foram os melhores que Roma conheceu. Os Imperadores do período, embora diversos uns dos outros em caráter, temperamento e origem, puseram em prática o mesmo princípio, *colocando acima de tudo o dever de trabalhar pela "Res Publica", pelo Império, e em prol do bem-estar dos seus súditos*.[196]

Os pregadores da moralidade estóica, segundo Rostovtzeff, formularam uma teoria, pela qual, o poder era confiado ao homem superior, do ponto de vista moral e intelectual, ao restante da comunidade, sendo, o seu correto exercício, *um dever imposto por Deus, uma pesada obrigação pessoal*. O governante não era um "senhor", porém um servo da Humanidade, devendo trabalhar para o bem de todos.[197] A teoria não era nova. Formulada pelos cínicos, passara aos estóicos. Os seus defensores acabaram por impô-la à consideração dos governantes. Conforme Rostovtzeff, os acontecimentos posteriores à morte de Nero, demonstraram que a monarquia era inevitável, *e que apenas ela era reconhecida como sistema de governo*, pela massa do povo e pelo Exército. Com Vespasiano, esperavam os homens que o Principado, regenerado, desse ao Mundo um exemplo do poder nas mãos "do melhor". Tal esperança não foi frustrada por Vespasiano e Tito. Frustrou-a Domiciano, que rejeitou a teoria do "melhor homem", e que "acentuou em todos os seus atos a natureza absoluta de seu poder e a condição sagrada de sua pessoa".[198] Trajano faleceu em 117 d. C.. Fora um soberbo soldado, e é reputado *um dos melhores governantes do Império*. Percorrera todas as províncias, e soubera dilatar as fronteiras, graças aos seus dotes de chefia, ao seu espírito de justiça, à sua moderação e à sua fortaleza. Foi sucedido por Adriano, homem possuidor de formação artística e de qualidades de Estadista, *que não elidiam o seu prestígio militar*. Adriano pode dar, aos romanos, *a paz que tanto desejavam*. Devemos salientar, nas pegadas de Espasandín, que o exército que defendia as lindes do Império Romano, ao tempo de Trajano e de Adriano, *era a instituição militar mais eficiente vista, até então, pela Humanidade*. Viajante incansável, e dotado de uma curiosidade ilimitada, Adriano fazia-se acompanhar por arquitetos e técnicos, utilizados no planejamento e na restauração de obras

---

[196] V. "História de..." cit., páginas 208 e 209.
[197] V. "História de..." cit., página 205.
[198] V. "História de..." cit., páginas 205 e 206.

de interesse. Atenas foi de tal modo favorecida pelo "Princeps", que foi chamada "a cidade de Adriano". Entretanto, o traço mais importante da personalidade de Adriano, *era a sua invulgar capacidade de organizador*. Ela foi a responsável pelo *fortalecimento do poder pessoal do "Princeps"*, em seu tempo. É possível afirmar que, até Adriano, faltou ao Império Romano *uma unidade efetiva*, porque não existia uma subordinação de funcionários e funções às conveniências de todos. Adriano hierarquizou a Administração, *compilou os editos dos Pretores no "Edito Perpétuo", e combateu os abusos dos coletores de impostos*. A partir de Adriano, o Imperador deixou de ser "o primeiro dos cidadãos", o "Príncipe", que governava mercê de uma delegação do Senado, para se transformar, graças à extensão dos seus poderes e à organização de seus domínios, *em um monarca absoluto*, muito parecido, exceto quanto ao aspecto religioso, com os antigos Faraós do Egito.[199]

Façamos umas poucas observações. Em primeiro lugar, Adriano, que aperfeiçoou a burocracia imperial, *não foi o seu criador*. Ela existia desde Augusto. Em segundo lugar, Adriano, com o "Edito Perpétuo", estancou uma fonte tradicional do Direito Romano, vale dizer, o Edito dos magistrados, *fortalecendo a posição do "Princeps" como fonte do Direito*. Espasandín toca em um ponto básico: – Segundo ele, até Adriano, o "Princeps" governava "ex-vi" de uma delegação do Senado, sendo que, a partir do sucessor de Trajano, o fazia baseado apenas em sua vontade. Temos alguns reparos à opinião do autor. Pensamos que desde Augusto, o Príncipe, na qualidade de um *órgão novo*, ubicado fora e acima da Constituição Republicana, *governava graças a um poder próprio, seu, original e originário*, sendo que qualquer delegação do Senado, jamais passou de mera formalidade. É verdade que o poder pessoal do Imperador foi crescendo cada vez mais. Mas isto não elide que, desde Augusto, este poder imperial *independesse do Senado*. Não concordamos com a assertiva de que o poder do "Princeps", a partir de Adriano, foi "absoluto". Tal poder, sem dúvida, *tendia para o absolutismo*. Mas ainda não era "absoluto". Lembramos que, com Vespasiano, houve um pacto entre o governante e os governados. Com a exceção de Domiciano, os demais "Principes" seguiram tal pacto, sendo que, sob os Antoninos, ele foi observado, até o final do reinado de Marco Aurélio. Tendo se distanciado deste "pacto de bem governar", Cômodo foi morto, em 192 d. C.. A burocracia foi

---

[199] V. "Roma – La Republica y El..." cit., páginas 214, 215 e 216.

aperfeiçoada por Adriano, sucedido por Antonino Pio, que reinou de 138 a 161 d. C.. Sobre esta burocracia, Rostovtzeff é claro: – Todos os fios da administração estavam nas mãos do Imperador, e nas de um "Escritório Central" ligado ao "Princeps". Neste Escritório Central, os chefes dos diversos departamentos assumiam, mais e mais, *o caráter de ministros,* ajustando-se, a cada caso particular, todos os princípios de administração, justiça e finanças. Este Escritório Central apresenta um particular interesse para nós: – Segundo Rostovtzeff, do Escritório Central saíam *as missivas do "Princeps", vale dizer, seus editos ("edicta"), as suas instruções para os altos funcionários ("mandata") as suas cartas ("epistulae") ou respostas ("rescripta").* Chegando aos destinatários, esta vasta gama de documentos era divulgada, ou, conforme o caso, conservada nos arquivos. No arquivo central, em Roma, ficavam guardadas cópias dos documentos enviados, *que passavam a ser os precedentes, aptos a orientar os imperadores seguintes.* Por esta burocracia, era atribuída uma grande importância às decisões dos tribunais de justiça, presididos pelo Imperador, que, em geral, *funcionava como juiz de apelação.* De tais apelações, ficava encarregado um departamento especial da administração imperial.[200] Cômodo assinalou o fim do "despotismo esclarecido", tendo iniciado um "novo período de sangue e miséria", *cuja principal característica foi o controle do poder pelo Exército.* Cômodo lembrava "os piores governantes" da Dinastia Júlio-Cláudia. Passou a vida em orgias, e ocupado com os gladiadores. Descurou os assuntos administrativos e militares. Confiando na Guarda Pretoriana, mantinha pouco contato com os exércitos nas províncias, *tendo surgido uma forte oposição ao "Princeps".* A sua causa foi a paz com os germânicos, tida como "traiçoeira" e "vergonhosa" pelas classes superiores. Cômodo respondeu com medidas violentas, condenando à morte senadores, e confiscando os seus bens. A violência do "Princeps" conduziu ao seu assassinato.[201] Não concordamos com a expressão "despotismo esclarecido", aplicada ao intervalo de tempo que medeia entre Vespasiano e Marco Aurélio, com a exceção do reinado de Domiciano. Ela já foi consagrada para designar *os governantes efetivamente "absolutos" da Idade Moderna.* Além do mais, não cremos que os "Principes" romanos deste período tenham sido "déspotas", no preciso sentido deste étimo. Se sob Vespasiano houve um pacto entre o Imperador e os

---

[200] V. "História de..." cit., páginas 228 e 229.
[201] V. "História de..." cit., páginas 253 e 254.

seus súditos, não cabe falar em "despotismo". O assassinato de Cômodo deu início a uma fase de anarquia. Segundo Rostovtzeff, eclodiu a guerra civil. Os exércitos das províncias elevaram os seus candidatos ao poder. O Senado elegeu Pertinax para o trono, dele se esperando que restaurasse a tradição dos Antoninos. Pertinax foi assassinado pelos pretorianos, *corrompidos pelas liberalidades de Cômodo*, que venderam a sucessão a Dídio Juliano. Os exércitos provinciais recusaram-se a aceitar a escolha dos pretorianos, e Septímio Severo marchou sobre Roma, adiantando-se a Clódio Albino e Pescênio Níger. Septímio Severo venceu a Guarda Pretoriana, e entrou em Roma. Demitiu quase todos os pretorianos, substituindo-os *por homens de lealdade comprovada do seu exército*. Enfrentou Severo dificuldades para lidar com Albino e Níger. Enganou Albino, prometendo-lhe que seria o seu herdeiro, e soube se aproveitar dos erros militares de Pescênio. Ato contínuo, fez um acerto de contas com todos os que se lhe opunham. Condenou os opositores à morte, e confiscou as suas propriedades. Tornou-se o senhor do Império Romano. Observa o autor que Septímio Severo *não pretendia restaurar as tradições da época de Augusto*. Ele se proclamava *um Antonino, e sucessor dos Antoninos*. Mas, a sua política foi diversa da dos Antoninos. *Seu poder se baseava na dedicação dos soldados*. Toda a sua atenção se voltou para o Exército. Nutria desconfiança com relação à Aristocracia, e dela se isolava. Não procedeu a nenhuma alteração do sistema de governo, mas em seus atos, lançou as bases da política pela qual, *a classe senatorial seria alijada dos comandos militares e do governo das províncias, funções que seriam desempenhadas pelos oficiais do Exército*. Apesar da política que privilegiava o Exército, Severo foi um chefe de Estado consciente, que, ao lidar com as províncias, *foi fiel às tradições dos Antoninos*. Os efeitos da política de Severo, de se basear apenas no Exército para governar, evidenciaram-se *ainda durante o seu reinado*, e, mais intensamente, após a sua morte. Mesmo sob o seu comando, *o Exército não foi um instrumento obediente*. Os soldados pouco se interessavam pelas campanhas. Assim, Severo não logrou inflingir, aos partos, nenhuma derrota decisiva. Morreu na Grã–Bretanha, em 211 d. C.. Seu filho, Caracala, livrou-se do irmão, Geta, com quem dividia o mando, mas morreu assim que tentou usar as legiões para uma nova luta contra os partos, em 216 d. C.. O Exército proclamou Macrino seu sucessor, mas o traiu, tão logo descobriu que ele pretendia acabar com as ações militares, e reduzir os ganhos dos soldados. As mulheres que habitavam o Palácio Imperial *eram sírias*, aparentadas com a esposa de Severo, *e integrantes da família dos reis sacerdotes de Émeso*. Aproveitaram-se do descontentamento dos soldados, conquistaram o apoio de uma parte do exército sírio, que derrotou Macrino, e colocou no trono Vário Avito, que assumiu o nome de "Elagábalo", o de um deus-sol adorado em Émeso. O reinado dos parentes sírios de Severo iniciou, segundo Rostovtzeff, "um dos capítulos mais tristes da história do império". Elagábalo, chamado pelos romanos de "Heliogábalo", *era um fanático religioso,* e introduziu em Roma a sua teocracia síria. Isto revoltou as classes superior e média da sociedade, e Heliogábalo foi assassinado. Mais uma vez, as princesas sírias conseguiram impor um pretendente, Alexiano, de idéias mais moderadas e hábitos asiáticos, que adotou o nome de Marco Aurélio Severo Alexandre, mais conhecido como "Alexandre Severo". Este Príncipe e a sua mãe fizeram uma tentativa, *no sentido de reconciliar a nobreza com o governo militar*. O Senado foi, novamente, convocado a participar dos negócios públicos. *Mas, o Exército era mais forte do que o Imperador.* Em uma campanha contra os germanos, Alexandre Severo foi morto pelos seus soldados, em 235 d. C.. Morto Alexandre Severo, o Império se transformou em "joguete de soldados". Entre 235 e 285 d. C.., *houve vinte e seis imperadores*, muitos deles, movidos por *um sincero desejo de trabalhar pelo bem do Estado*. Mas, o seu caminho era cerceado pelos motins militares. Os bárbaros tornaram-se um inimigo excessivamente forte, *para a combalida Roma*. O ponto extremo da decadência foi atingido com Valeriano e Galieno, que envergaram a púrpura de 253 a 268 d. C. Valeriano foi feito prisioneiro pelos persas. Sob Galieno, a Gália e a cidade de Palmira *organizaram-se como reinos independentes*. Na medida em que o Império se debilitava, *aumentava a pressão dos bárbaros*. Concomitantemente, crescia entre o povo a consciência de que era preciso *defender a civilização romana, salvar as cidades do Império da destruição, e restaurar a unidade do Estado*. Até os soldados começaram a mostrar mais fibra na luta contra os bárbaros, e mais apego à disciplina. Tal estado de espírito é atestado pela relação de imperadores "fortes e capazes", que ocuparam o poder, na segunda metade do século III d. C.. O primeiro foi Cláudio, O Gótico, que governou de 268 a 270 d. C., tendo imposto, aos godos, uma derrota decisiva. Aureliano, que o sucedeu, reinou cinco anos. Defendeu as províncias do Danúbio e a Itália contra os germanos, e *restaurou a unidade do Império, trazendo a Gália e a Síria a fazerem parte, de novo, do Império Romano*. Os seus sucessores, Probo (276 a 282 d. C.), Caro e o seu filho, Carino, lutaram vitoriosamente nas fronteiras. Caro, como Probo, foi assassinado pelos seus soldados. E o Exército, em 284 d. C., proclamou Imperador Diocleciano. Após uma breve luta contra

Carino, tornou-se Diocleciano o indiscutido chefe do Império, "e o Estado exausto pôde descansar das lutas internas".[202] Com ele, teve início o Dominato.

Feito este bosquejo da evolução do Principado, algumas observações se impõem. Em primeiro lugar, temos que nos referir *à longevidade* do sistema. Ele durou de 13 de janeiro de 27 a . C., até 284 d. C.. O sistema foi bastante longevo, *mesmo se levarmos em conta que, no decurso do tempo, foi ele se transformando*. Uma segunda observação diz respeito aos dois "pontos nevrálgicos" do Principado: – A questão sucessória, e a do relacionamento do "Princeps" com o Exército. Verificamos, quanto ao primeiro, que Augusto, que pretendia ter feito uma obra duradoura, nada proveu, a este respeito, sendo que este fato contribuiu para alguns dos momentos difíceis por que passou a instituição. Aliás, contribuiu para a prática da imposição do "Princeps" pela Guarda Pretoriana, em primeiro lugar, e depois, pelos diversos exércitos. Em resumo, o "Divus Augustus" deixou a sua criação órfã de uma regulamentação jurídica, *no que tange ao problema sucessório*. É verdade que o sistema da adoção, posto em prática pelos Antoninos, produziu excelentes resultados. Mas, mesmo entre os Antoninos, Marco Aurélio não deferiu a sucessão a um homem bem qualificado, mas ao seu filho, que foi a antítese de um bom governante. Passemos ao problema do relacionamento do "Princeps" com o Exército, que, aliás, se imbrica com a questão sucessória. Antes de Septímio Severo, com a sua monarquia *nitidamente militar,* os militares interferiram na sucessão esporadicamente, *e em momentos de crise*. Com Septímio Severo, a monarquia é, sem disfarces, *militar por excelência*. Mas este Imperador já prenuncia o Dominato. As instituições do Principado, à época de Diocleciano, já não eram adequadas às novas realidades do Império Romano.

Bobbio "et alii" ensinam que, ao longo da existência do Principado, houve a sucessão de ideologias políticas diversas, bem como transformações jurídicas e sociais. Tais transformações estão ubicadas na época compreendida entre Augusto e a morte de Alexandre Severo, em 235 d. C.. Em termos bem sintéticos, a tendência evolutiva é a da transição de uma monarquia que tenta salvaguardar, ao menos em parte, e num plano preponderantemente formal, as instituições republicanas, para uma monarquia absoluta. O governo de Tibério está ainda muito próximo do modelo de Augusto; o reinado de Calí-

---

[202] V. "História de..." cit., páginas 254 a 258.

gula já é assinalado pela acentuação do caráter religioso do poder imperial, e, simultaneamente, por uma importância maior do estamento militar, nos momentos decisivos da indicação do novo "Princeps". Segundo estes autores, em linhas gerais, a época Júlio-Cláudia representa um passo de enorme importância, na transformação do Principado em poder absoluto. Este fato confirma, é óbvio, o "difícil equilíbrio" em que se apoiava a Constituição de Augusto. Na época dos Flávios, persiste a tendência para o poder absoluto. Tal processo sofreu uma pausa, na época dos que os autores denominam "príncipes iluminados", ou "humanistas", dando o exemplo de Marco Aurélio. Nesta fase, vai ficando clara *a idéia de um império universal, isento de diferenças nacionais,* e de desigualdades ante a lei, começando o "Princeps" a ser visto *como um pai e um benfeitor,* e não mais como um deus. O período é caracterizado por *paz e prosperidade,* que acarretam, com o tempo, a crença de que as idéias filosóficas e políticas, *podem influir no exercício do Poder.* Os autores chamam, à época, "período feliz". A época dos Severos, subseqüente, conhece "aflições e dificuldades". Ajuntam que, sem embargo de a interpretação da época dos Severos ser controvetida, é possível afirmar que o poder imperial luta, com decisão, contra a "velha classe dirigente", buscando simultaneamente favorecer as camadas inferiores, particularmente as do campo, segundo alguns estudiosos. Ora, o Exército, neste período, é constituído *por indivíduos egressos dessas classes inferiores,* circunstância que incrementa, de maneira considerável, *as características militares do Poder Imperial.* Não há certeza, sobre esta política resultar de um plano global (para poder ser tida como "democrática" em sentido amplo), ou derivar de opções ocasionais. Há alguns fatos indiscutíveis, como a crise econômica, e o alargamento da cidadania romana, mercê da "Constitutio Antoniniana", de 212 d. C.. Outros fatos, e em especial, o de subsistir em mãos do Senado o poder de conferir o "imperium" ao "Princeps", *não permitem que, por enquanto, esta monarquia seja considerada de todo análoga à do tipo oriental.* O falecimento de Alexandre Severo, e o período de anarquia militar compreendido do reinado de Maximiano a Galiano, em 268 d. C., caracterizam, sob vários aspectos, o fim do Principado, enquanto experiência política.[203] Não subscrevemos todas as conclusões de Bobbio "et alii", embora concordemos com algumas. O uso da expressão "ideologias políticas" para a Antigüidade, é perigoso, podendo levar a conclusões precipitadas. Melhor seria falar de "doutrinas do Poder",

---

[203] V. "Dicionário de Política", cit., volume 2, páginas 995 e 996.

ou de "doutrinas de governo". Aduzimos que, sem dúvida, houve ao longo do Principado "transformações jurídicas e sociais". Só que pensamos que a referência cronológica principal para tais transformações, deva ser *o reinado de Adriano, e não a morte de Alexandre Severo*. Expliquemo-nos. Com Adriano, a centralização imperial chegou ao seu ápice. Ainda com ele, foi dado o passo decisivo para que o "Princeps", com as suas "Constitutiones", *passasse a monopolizar as fontes do Direito*. Discordamos dos autores, outrossim, quanto ao reinado de Calígula ter correspondido a uma "acentuação do caráter religioso do poder imperial". Este cunho religioso do Poder Imperial, *existiu o tempo todo*. Com Calígula houve, sim, uma tentativa de imposição de uma monarquia absoluta, de tipo helenístico, *que fugia às tradições romanas, retomadas por Cláudio*. De outra banda, é preciso que reconheçamos que a interferência dos militares na sucessão de Calígula, não correspondeu a uma "importância maior do estamento militar", para a escolha do novo Imperador. Tratou-se daquela interferência esporádica, à qual nos referimos antes. O passo decisivo para a transformação do Principado em uma monarquia absoluta, *não foi dado na época da Dinastia Júlio-Cláudia, mas sim, na época dos Antoninos*, quando se acentuou, em especial com o "Divus Hadrianus", *a centralização imperial*. Cremos não ser correto afirmar que, na época dos Flávios, "persiste a tendência para o poder absoluto". A assertiva é válida, *apenas, para Domiciano, que foi um dos Flávios*. Recordemos que Vespasiano *retomou a melhor tradição de Augusto*, fez redigir a "Lex de Imperio Vespasiani", e passou a observar o "ideal do bom governante", que tinha um "pacto" com os governados. Pensamos, ainda, que o nome de "Príncipes iluminados" não deva ser aplicado aos Antoninos, da mesma forma que discordamos da designação de "déspotas esclarecidos", a eles aplicada. Tais designações podem redundar em confusões históricas, e em equívocos conceituais. Aduzimos que é verdadeira, apenas em parte, a assertiva de que o período dos Antoninos foi de "paz e prosperidade". Tratou-se, sim, do apogeu do Império Romano. Mas, Trajano teve que combater os Dácios do curso inferior do Danúbio. Adriano teve que abandonar algumas das províncias. Durante todo o período dos Antoninos, a pressão dos bárbaros não cessou de aumentar, sendo que Marco Aurélio *passou boa parte da sua vida a combater nas fronteiras do Danúbio*. E morreu em Vindobona (Viena), aos 17 de março de 180 d. C., de acordo com Lissner.[204] Quanto à idéia de um "Império Universal", concordamos com os autores.

---

[204] V. "Os Césares" cit., página 252.

Tratava-se de um ideal estóico, levado ao poder já por Trajano. No que diz respeito à política dos Severos, de favorecimento das classes inferiores da sociedade, resultar de um plano global, para poder ser considerada "democrática", em sentido amplo, só podemos dizer que os romanos não conheceram uma "Soberania do Povo", não sendo, destarte, aconselhável falar em "Democracia" em Roma, como o fazemos para a Hélade, e, em particular, para Atenas... aliás, segundo Paul Petit, *o espírito romano não era compatível com a Democracia*.[205] Equivocam-se os autores comentados, ainda, quando afirmam ter subsistido nas mãos do Senado, durante o Principado, o poder de conferir o "imperium" ao "Princeps". Uma simples formalidade, não é o exercício de um poder. Para concluir, trazemos à baila o testemunho de Tácito, que, pensamos, bem captou a "ratio essendi" da instauração do sistema, e a causa da sua extraordinária longevidade. Escreve ele, "verbis":

> "1. A princípio foram reis os que governaram a cidade de Roma. L. Bruto instituiu o consulado e a liberdade. As ditaduras eram temporárias; e o poder dos decênviros não durou mais de dois anos, nem por muito tempo o dos tribunos militares. Foi curta a dominação Cina (sic), como também a de Sila; e o poder pessoal de Pompeu e Crasso passou logo para César, como também as armas de Lépido e Antônio foram suplantadas pelas de Augusto, que, *tomando o título de príncipe (1) assumiu o govêrno da república já cansada das discórdias civis*".[206]

---

[205] V. "História Antiga" cit., página 242.
[206] V. "Anais" cit., página 21 – Grifos no original.

Capítulo VI

A Assunção, por Otaviano, do "Imperium Proconsulare" e da "Tribunicia Potestas"

Se o Principado teve uma data de fundação oficial – 13 de janeiro de 27 a. C. – na verdade, o sistema foi se implantando paulatinamente, à medida em que Otaviano consolidava os seus poderes. Consoante Rostovtzeff, aos 13 de janeiro de 27 a. C., Otaviano, ante o Senado, *abriu mão dos poderes especiais que detinha, e, formalmente, proclamou restaurada a antiga Constituição Republicana.* Sucede que, na mesma sessão, os "Patres" insistiram no sentido de que ele aceitasse *novos poderes,* de cunho militar e administrativo. É importantíssimo que assinalemos que tais novos poderes redundaram, para Otávio, na posição de Chefe do Senado e Primeiro Cidadão, ou "Princeps". Destarte, o nascimento oficial do Principado deve ser ubicado nesta sessão do Senado, de 13 de janeiro de 27 a. C..[207] Cremos que a súplica do Senado, para que Otaviano aceitasse os novos poderes, era motivada, em parte, pela recordação da guerra civil, que demonstrara que o "poder de um só homem" era inevitável. Mas acreditamos, também, que a propaganda política de Otávio, não era estranha às instâncias dos senadores. Segundo Matos Peixoto, até 23 a. C., a base normal do poder de Augusto, *foi o Consulado.* Neste ano, houve uma

---

[207] V. "História..." cit., páginas 164 e 165.

alteração brusca: – Otaviano renunciou ao Consulado (magistratura que, segundo a reforma de Sila, prendia o seu titular a Roma), e recebeu, em compensação, *o Proconsulado, em toda a extensão do Império, sem a antiga limitação territorial e temporal desta magistratura.* Em termos fáticos, o Proconsulado de Augusto abrangia, também, a Itália e Roma, *sem embargo da ficção que submetia, legalmente, a Itália e a "Urbs" aos magistrados anuais.* Também em 23 a. C., obteve Augusto a "Potestas" tribunícia. Esta "potestas", diferentemente do que sucedia com os tribunos, *era ilimitada no espaço e no tempo.* O Proconsulado dava, a Augusto, o poder de comandar todas as tropas. A "potestas" tribunícia, protegia a sua pessoa com uma *inviolabilidade perpétua,* e lhe atribuía *o direito de veto às deliberações dos magistrados.* Afirma Matos Peixoto que o Proconsulado e a "Potestas" tribunícia, foram os dois fundamentos do poder do "Princeps", colocando-o acima de todos os magistrados.[208] Segundo De Francisci, o novo poder assumido por Augusto, a partir de julho de 23 a. C., é um poder ao qual não pode corresponder nenhum título formal de magistrado, *porquanto se trata de um poder unitário e ilimitado, e em tudo contrário à tradição republicana,* inclusive porque ele constitui a negação do conceito de "província", que vai sendo substituído pela idéia da unidade do governo de todo o território do Império.[209] A lição de De Francisci nos induz a algumas reflexões. Em primeiro lugar, o fato de ser, o poder de Augusto, "unitário e ilimitado", *constitui um outro argumento contra a Teoria da Diarquia:* – Um poder ilimitado elide a existência de qualquer outro poder... ora, se o poder de Augusto era ilimitado, não poderia, por definição, estar dividido com o Senado. Como é evidente, o ensinamento de De Francisci reveste-se de uma importância capital para a "magna quaestio" versada neste livro: – Se, a partir de julho de 23 a. C. o poder de Augusto é "unitário e ilimitado", segue-se que ele pode prescindir do "Senatus" e do "Populus", para produzir as "Constitutiones Principum", ainda que, do ponto de vista meramente formal, pudesse haver o concurso do Senado e do Povo, para este fim. Adverte De Francisci que, à primeira vista, a nova posição de Augusto parece mais modesta do que a precedente, parecendo outrossim, os seus poderes, mais reduzidos em conteúdo, tanto assim que, quanto às faculdades que faltavam, recorreu-se ao expediente de supri-las com cláusulas especiais extensivas. Mas, *se*

---

[208] V. "Curso de..." cit., tomo I, páginas 93 e 94.
[209] V. "La Costituzione Augustea" cit., vol. I, páginas 32 e 33.

bem se examina a questão, é exatamente em julho de 23 a. C. que é criada a nova forma constitucional, que se substitui aos institutos republicanos, forçando-os a perecer por esgotamento.[210]

Percebemos que o Principado não foi implantado por meio de um só ato: – Ele foi se implantando, de acordo com as vicissitudes históricas, e com as necessidades do momento. E isto nos leva a uma derradeira observação. O Direito Romano, em sua formação, dominantemente doutrinária e jurisprudencial, *aproxima-se muito mais do "Common Law" do que dos Direitos integrantes da "Família Romanística"*, estes, de evolução predominantemente legislativa. Pois bem: – Partindo do pressuposto de que o Principado foi uma monarquia, é possível fazer o seguinte paralelo com o Direito Público Britânico: – Enquanto em Roma se partiu, na República, do predomínio do "Senatus" e do "Populus", este, presente nos Comícios, e se passou, no Principado, para o "governo de um só homem", preparatório do advento do absolutismo que foi o Dominato, *na Inglaterra podemos observar um fenômeno inverso:* – Na Idade Média, o poder real se fortalece, crescendo com a idéia do Estado Nacional, e atinge, na Idade Moderna, *o seu fastígio com o absolutismo dos Stuart*. Depois disto, o Parlamento começa a ganhar robustez, em detrimento do poder do monarca, até que se chega à atual fórmula, pela qual "O Rei reina, mas não governa". Em ambos os casos, no romano e no britânico, foram as vicissitudes históricas que ditaram a formação e a evolução das instituições, *e não as elucubrações de teóricos de gabinete, freqüentemente lógicas e brilhantes, mas de todo desvinculadas da realidade social.* A propósito do assunto, ensina René David:

> "Os ingleses não têm Constituição escrita formal; isso não é um acaso; eles consideram as Constituições escritas uma coisa ruim, na medida em que tendem a introduzir o rigor do direito numa matéria em que tudo deve ser resolvido por métodos flexíveis, na busca de uma harmonia. A vida política do povo britânico é governada por práticas, por "convenções", em vez de o ser por regras: há o que se faz e o que não se faz, e admite-se que tanto uma coisa como outra podem mudar um dia em função de novas circunstâncias, num meio que não será mais o mesmo".[211]

---

[210] V. "La Costituzione..." cit., volume I, página 29.
[211] V. "O Direito Inglês" cit., páginas 74 e 75.

Entre 23 e 18 a. C., continua De Francisci, a posição de Augusto ficou determinada com precisão, quedando estabelecidas *as linhas definitivas da nova Constituição:* – Ao "Princeps", que acumulava o poder proconsular sem limites, e o poder tribunício com as mais amplas faculdades, foi enfim reconhecida a possibilidade de assumir qualquer dos poderes das diversas magistraturas republicanas, *e mesmo poderes que as magistraturas da República jamais haviam tido.*[212] O Principado foi uma realidade em constante evolução, enquanto existiu. E, da lição de De Francisci, concluímos que tal evolução não existiu apenas de um Imperador para o outro, ou apenas de uma época para a outra, *mas inclusive, por vezes, no âmbito de um só reinado*. Isto é verdadeiro, ao menos, para o reinado de Augusto. A "Tribunicia Potestas" remontava ao Tribuno da Plebe, que, nas letras jurídicas nacionais, mereceu um excelente estudo de Figueiredo Ferraz.[213] O "Tribunus Plebis" *era inviolável*.[214] Era também "sacrosanctus", e a sua pessoa intocável. Escreve Figueiredo Ferraz que, no início, os tribunos eram meros representantes dos plebeus, não usavam qualquer traje que os identificasse, e apenas um arauto anunciava a sua presença. Os que desrespeitavam a sua presença tornavam-se "sacer esto", correndo o risco de terem os bens confiscados, em benefício do templo de Ceres.[215] O "Tribunus Plebis" era "sacrosanctus", ensinando Figueiredo Ferraz que a palavra "sacer" originou "uma série de idéias e termos extremamente importantes na vida religiosa de Roma". Existia "sacrare", "consagrar", bem como o composto "consecrare", que tinha o mesmo significado. "Excrare" significava "profanar", "amaldiçoar", ao passo que "obsecrare" tinha o significado de "pedir em nome dos deuses". "Sacrificare" derivou de "sacrum facere", tendo tido, no início, o significado de "realizar uma cerimônia", e, depois, o de "sacrificar". De "sacrare", derivaram muitos termos-chave *da Religião e do Direito Romanos*. O "sacramentum" era o depósito de uma soma em dinheiro, *feito aos deuses,* como garantia da boa-fé ou da justiça da causa de uma pessoa. Como tal depósito era acompanhado de um juramento, a palavra "sacramentum" recebeu o significado de "di sacramento". O "sacerdos" era o homem que levava a cabo cerimônias sagradas, ou em vernáculo, o "sacer-

---

[212] V. "La Costituzione..." cit., volume I, página 37.
[213] V. "Do Tribunado da Plebe", São Paulo, Editora da Universidade de São Paulo, 1989.
[214] V. "Do Tribunado..." cit, página 96.
[215] V. "Do Tribunado..." cit., página 85.

dote"; "sacrilegus" era aquele que roubava objetos sagrados. O adjetivo "sanctus" derivou de "sancire", e, como pertencia à mesma raiz de "sacer", significava, ao pé da letra, "tornado sagrado, inviolável". "Sanctus" é um étimo que "viria a ter um sucesso nunca visto no latim e línguas romanas da era cristã".[216] Importantíssimo foi o papel do "Tribunus Plebis" durante a República, e embora a sua proeminência tivesse diminuído ao tempo de Sila, *restou, na lembrança dos romanos, o eco da glória da "Tribunicia Potestas"*. Isto torna inteligível que Augusto e os seus sucessores, tenham assumido as honras tribunícias. A assunção, inicialmente por Augusto, e posteriormente, pelos outros Imperadores, da "Potestas Tribunicia", constituía um eficaz instrumento de propaganda para cortejar as camadas humildes da população, um instrumento político para tornar a pessoa do "Princeps" inviolável, *e também um meio de aproximar o Imperador da divindade*. Nas "Considerações finais" da sua monografia, escreve Figueiredo Ferraz que o atributo de "sacrossanto" "facilitava a aproximação dos ungidos pelos homens com os deuses da época".[217] Augusto gozou da "Tribunicia Potestas" durante todo o seu governo. Como não podia ser nomeado Tribuno, como ocorrera com César, *limitou-se a desfrutar das honras desta magistratura, sem as suas restrições*, em 23 a. C. Tais honras eram renovadas todos os anos, *e, em conseqüência, Augusto era "sacrosanctus", tendo o direito de "intercessio" contra o Senado e contra os magistrados*. Os seus poderes de Tribuno *ultrapassavam os limites da Cidade*, estendendo-se a todo o Império e pairando acima do poder de veto dos demais tribunos.[218]

Para Engel e Palanque, o Tribunado Da Plebe possuíra uma "força terrível", tendo sido a única magistratura capaz de enfrentar o Ditador César. Os primitivos "Tribuni Plebis" sobreviveram no novo sistema, porém, *o seu veto não possuía efeito sobre o poder tribunício imperial*. A situação toda especial da "Tribunicia Potestas" às mãos de Augusto e dos seus sucessores, conferia ao "Princeps" a "Sacrosanctitas", o direito de anular toda decisão do Senado ou dos magistrados ("Jus intercessionis"), o direito de elaborar projetos de lei, de convocar o Senado e presidi-lo, de convocar os comícios e presidi-los, *e ainda o poder de prender ou de poupar um cidadão*. Ao passo que a "Tribunicia Potestas" conferia, a Augusto,

---

[216] V. "Do Tribunado...", loc. cit., nota de rodapé de nº 14.
[217] V. "Do Tribunado..." cit., página 136.
[218] V. "Do Tribunado..." cit., páginas 128 e 129.

"o essencial dos poderes civis", o "Imperium Proconsulare" lhe dava o comando do Exército.[219]

A outra viga mestra do poder de Augusto, era o "Imperium Proconsulare", que, para Engel e Palanque, *correspondia à soberania absoluta nas províncias que administrava*, com o direito de vigilância, relativamente às Províncias Senatoriais, uma vez que tal "Imperium" era declarado "majus", ou seja, superior ao dos senadores procônsules. *Isto equivalia ao controle da quase totalidade das forças militares*, das quais o "Princeps" era o "Imperator". Além disto, podia o "Princeps" administrar este "imperium" estando em Roma, *mediante a delegação de poderes aos legados,* continuando com o direito de ser protegido por uma força militar, como os procônsules comuns nas suas províncias respectivas.[220] Augusto – assinala-o Rostovtzeff – passou a exercer um monopólio imperial sobre todos os assuntos militares, sendo esta *a principal inovação*, relativamente ao sistema republicano. Tais assuntos foram retirados da competência do Senado e da Assembléia Popular. Tampouco eram, eles, atribuídos aos magistrados anuais, *ficando reservados, exclusivamente, ao Imperador*. Aqui, entravam em cena a habilidade política e o tato de Augusto: – Teoricamente, o poder militar estava nas mãos de todos os Cônsules em Roma, e de todos os Procônsules e Propretores nas províncias. Mas, como os exércitos estavam aquartelados, quase que em sua totalidade, *nas províncias governadas por Augusto*, e como a Guarda Pretoriana defendia a sua pessoa, tinha o "Princeps", na prática, *o completo controle das forças militares*.[221] O dado nos parece de interesse: – Se o "Princeps", *desde Augusto,* não dependia nem do Senado e nem do Povo em assuntos da máxima importância como os militares, parece-nos muito pouco provável que ele dependesse, quer dos "Patres", quer das assembléias populares, para editar o "Jus Novum", consubstanciado nas "Constitutiones Principum". O título de "Augustus" constituiu um "plus", a reforçar o poder e a influência de Otaviano. Na reunião do Senado de 13 de janeiro de 27 a. C., segundo Rostovtzeff, Otaviano recebeu o "título adicional", sob o qual se tornou conhecido em termos universais, e que veio a se transformar no seu nome pessoal: – "Augustus". Antes, este título só era dado a certos deuses, servindo para assinalar que eram "aumentadores", isto é,

---

[219] V. "O Império Romano" cit., páginas 12 e 13.
[220] V. "O Império..." cit., página 12.
[221] V. "História de Roma" cit., página 170.

criadores de algo diferente e melhor. Trata-se da "mesma idéia que está na raiz da crença romana da essência religiosa do gênio individual". O título lhe foi concedido pelo Senado como sendo ele o restaurador e o "aumentador" do Estado, e ainda, *o varão investido da mais alta autoridade*. Rostovtzeff, ao mencionar a "auctoritas", afirma que a palavra deriva da mesma raiz do vocábulo "Augustus". O Estado governado por Otávio era, de há muito, denominado "Império Romano" pelos próprios romanos, para nomear aquela parte do Mundo em que a autoridade do "Populus Romanus" era a lei suprema. Após as guerras civis, o portador desta "Auctoritas" do "Populus Romanus" tornou-se "Imperator". Concluindo, diz Rostovtzeff que, depois da reunião do Senado de 13 de janeiro de 27 a. C., Otaviano passou a ser "Imperator Caesar Divi Filius Augustus".[222]

Como anota Hannah Arendt, "fundar" alguma coisa, e "aumentar" o que já está fundado, *são idéias nucleares no pensamento romano*, sendo que isto está presente em Cícero, na "República".[223] Hannah Arendt relaciona a palavra "auctoritas" com o verbo "aumentar", "augere".[224] É oportuna a menção à "Auctoritas". E isto porquanto Burdese, ao tratar do conteúdo jurídico-constitucional dos poderes do "Princeps", afirma que, tendo de lado a "Tribunicia Potestas" e o "Imperium Proconsulare", tal posição *se consolida com o conceito da "Auctoritas"*, utilizado por Augusto nas "Res Gestae", para qualificar o novo "status" por ele assumido a partir de 27 a. C.: – "Post id tempus auctoritate omnibus praestiti, potestas autem nihilo amplius habui quam ceteri qui mihi quoque in magistratu conlegae fuerunt". Para Burdese, é provável que Augusto, proclamando-se superior a todos pela "Auctoritas", ainda que igual, em "potestas", aos que haviam sido seus colegas na magistratura, tenha querido, de um modo genérico, mencionar aqueles que foram seus colegas no Consulado entre 27 e 23 a. C., *mas que não possuíam, como ele, "imperium" nas províncias e tampouco o "jus tribunicium"*, ou tenha desejado se referir aos que foram seus colegas depois de 23 a. C. na titularidade de cada um dos poderes, qual a "Tribunicia Potestas", o "Imperium" e a "Censoria Potestas", que não poderiam ser consideradas como "magistraturas", *uma vez que os poderes eram destacados da sua titularidade.*[225]

---

[222] V. "História de..." cit., página 165.
[223] V. "Entre o Passado..." cit., páginas 163 e 164.
[224] V. "Entre o Passado...", loc. cit..
[225] V. "Manual de Derecho..." cit., páginas 199 e 200.

Os romanos não desenvolveram uma "Teoria do Poder Imperial". Mas, Paul Petit chega a falar do "Princeps" e da "Ideologia Imperial", escrevendo que os poderes de Augusto foram conferidos aos que o sucederam, por um Senado dúctil, sem qualquer modificação substancial. Vespasiano *tornou tais poderes mais precisos*, com a "Lex de Imperio Vespasiani". Segundo o autor, *não é lícito afirmar que, com a "Lex de Imperio Vespasiani", os poderes do Imperador tenham sido aumentados*. No século I da Era Cristã, houve por parte dos "Principes" *a assunção mais freqüente do Consulado*, e por vezes, da Censura. A partir de Vespasiano, houve o uso maciço da "adlectio". Em especial Domiciano, abusou do emprego da Lei de Majestade.[226]

Para Kunkel, o Principado só estava firmado no Direito Constitucional da República, por meio de duas faculdades do "Princeps", a "Tribunicia Potestas" e o "Imperium Proconsulare". Elas *estavam configuradas à imitação das magistraturas republicanas, ainda que não fossem magistraturas*. O poder tribunício concedido ao "Princeps", lhe dava todos os direitos de um Tribuno da Plebe. As atribuições derivadas da "Tribunicia Potestas" permitiam, ao Imperador, *toda intervenção necessária na política da "Urbs"*; de acordo com a Constituição Republicana, tais atribuições não representavam qualquer "imperium", nenhum poder soberano. Eram elas, apenas, emanações de uma função protetora dos tribunos em favor dos cidadãos, ou, mais exatamente, em favor da Plebe. Segue-se que a transmissão vitalícia destes poderes ao "Princeps", não precisava ser considerada como um menoscabo do poder republicano do Estado. Além disto, a "Tribunicia Potestas" oferecia, ao "Princeps", *um meio para desempenhar o papel de paladino do pequeno cidadão*, exercendo ele o direito de amparo dos tribunos ("Jus Auxilii"), e desempenhando funções de juiz supremo, ao aceitar apelações contra atos dos magistrados jurisdicionais. Quanto ao "Imperium Proconsulare", ele deu, ao "Princeps", *o poder sobre as províncias e sobre o Exército*. Do "Imperium Proconsulare" derivava, na medida em que este se baseava no Direito Constitucional Republicano, *a verdadeira posição de poder do Principado*. O "Imperium Proconsulare" do "Princeps" podia ser considerado como um pressuposto indispensável para a manutenção do Império e da Paz. Como era exercido nas províncias, o cidadão da "Urbs" pouco percebia dele. As "Res Gestae" não o mencionam, e o título oficial do "Princeps" contém somente uma obscura indicação por

---

[226] V. "História..." cit., página 272.

meio do título de "Imperator", que era ostentado como nome. Este "mascaramento" do "Imperium Proconsulare" é a causa de que a essência e o conteúdo desta atribuição, não estejam completamente claros, para a moderna investigação. Kunkel elucida que Trajano foi o "Princeps" que, pela vez primeira, usou o título de "Procônsul".[227] Para a compreensão da assunção do "Imperium Proconsulare" e da "Tribunicia Potestas" por Otaviano, é mister que utilizemos os estudos mais recentes, alusivos à origem do Principado. Segundo Orestano, tais estudos tiveram o efeito de aprofundar muitas das questões que eram, ainda, objeto de debate, donde ser possível afirmar que o estágio dos nossos conhecimentos, em muitos sentidos, *progrediu de maneira notável, a respeito daqueles "pontos firmes" que Mommsen havia fixado na sua monumental obra, "Römisches Staatsrecht"*.[228] Uma observação se impõe: – Mommsen *representa a Ciência do Século XIX*, com tudo o que daí decorre. Assim, muitas das suas conclusões pecam por ser *abstratas em excesso,* e por demais formalistas. Entre tais conclusões, está a que viu, no Principado, uma "Diarquia". Para Orestano, a obra de Augusto foi o desembocar, natural, *de um longo trabalho político e espiritual.* Tratou-se, em verdade, *do início de uma época nova,* não sendo exagerada a opinião daqueles que vêm, na fundação do Império, uma "revolução benéfica", que, a um só tempo, salvou o Estado Romano e a Civilização Antiga.[229] Concordamos com Orestano, no sentido de que o Principado *foi uma revolução,* na medida em que se tratou de uma nova ordem, relativamente à antiga ordem republicana. Se o Principado foi uma "nova ordem", é correta a lição de Orestano, que afirma que julgar a posição do "Princeps" determinada, e determinável, de acordo com princípios constitucionais do Direito Público Republicano, *é impossível.* A posição do Príncipe está baseada em princípios, e é animada por um espírito, *que são antitéticos àqueles das concepções antigas.*[230] Concordamos com esta assertiva, que nos leva a algumas considerações. Em primeiro lugar, temos motivo para supor que a tendência a buscar, no Direito Público da República,

---

[227] V. "Historia del..." cit., páginas 61 e 62.

[228] V. "Il Potere Normativo Degli Imperatori E Le Costituzioni Imperiali – Contributo Alla Teoria Delle Fonti Del Diritto Nel Periodo Romano Classico", Torino, G. Giappichelli Editore, Ristampa stereotipa dell'edizione del 1937, 1962, página 3.

[229] V. "Il Potere Normativo..." cit., página 6.

[230] V. "Il Potere Normativo..." cit., página 7.

os fundamentos para a posição do "Princeps," deriva da postura dos estudiosos do século XIX, que não lograram perceber que, sob as denominações, as magistraturas e os órgãos da República, mantidos por Augusto, *começara a surgir uma realidade diversa, em sua essência, da realidade da República*. Nem Mommsen logrou escapar a esta tendência, ao atribuir ao Senado, no Principado, *um papel desmesuradamente importante, e irreal*. Em segundo lugar, o ensinamento de Orestano reforça o que temos dito, no sentido de que Augusto, e os seus sucessores, fizeram *um uso político das magistraturas republicanas*. O que houve no surgimento do Principado, foi o fato de que um novo elemento se inseriu na organização do Estado. Tratou-se do "Princeps", *um órgão novo, posto acima de todas as magistraturas*. Este novo órgão, segundo Orestano, se inspira em uma *nova concepção*, vale dizer, que os supremos poderes da "Tribunicia Potestas" e do "Imperium Proconsulare", *possam ser normalmente destacados do Tribunado e da magistratura (Proconsulado)*. O "Princeps" assume o poder relativo a cada um desses cargos, *e não o próprio cargo*. Sucede que o poder separando-se definitivamente do cargo, *configura-se de uma maneira diversa e nova*. Neste processo de se tornar abstrato, ele *se acrescenta de vigor e de atributos novos*, para os quais, o Imperador vem se desvinculando das limitações e normas inerentes aos velhos cargos.[231]

Sustenta Orestano que, na medida em que o "Princeps" estava investido apenas do poder, sem o cargo correspondente, *não era ele um magistrado*. Este ponto é "essencial", ajunta, em toda a doutrina do Principado. E trata-se de um mérito de De Francisci o havê-lo ilustrado. Para De Francisci, é esta assertiva de Mommsen que, *mais do que qualquer outra contribuiu, até o momento, para turvar a visão límpida das coisas*. Desde que fique claro este ponto – O Imperador *não é um magistrado* – caem vários obstáculos que se opõem à compreensão, correta, da posição constitucional do Príncipe. Segundo Orestano, a antiga Constituição Republicana terminou, não quanto às formas, nem quanto aos nomes, mas no espírito: – Este novo órgão, o Príncipe, *a supera, e lhe dá um caráter e um conteúdo novos*.[232] Na opinião de Orestano, está a chave para a compreensão da figura do "Princeps", e da posição por ele ocupada, relativamente aos antigos órgãos republicanos. Vamos além: – No dado de o Príncipe superar a Constituição da República, dando-lhe um caráter e um conteúdo *de todo novos*,

---

[231] V. "Il Potere Normativo..." cit., páginas 10 e 11.
[232] V. "Il Potere Normativo..." cit., página 11.

está a base da compreensão da criação do "Jus Novum", *e pois, das "Constitutiones Principum"*. Para Mommsen, o Principado é uma magistratura.[233] Segundo Orestano, a passagem da República para o Principado, e do segundo para a Monarquia Absoluta, completou-se, *de acordo com a tradição romana em todos os campos,* com o método de introduzir novos institutos, sem deitar abaixo, repentinamente, os velhos. O novo instituto se coloca junto do antigo e o corrói, e se o instituto antigo sobrevive formalmente, não é senão *uma sombra do passado,* destinada, após um certo tempo, *a desaparecer.* Desde o início o Principado é um movimento "contínuo e irresistível", *na direção do absolutismo.* Esta *é a marca da história do sistema,* sendo que este caminho já havia sido percorrido, em sua maior parte, à época dos Severos.[234] Consignamos que esta tradição romana só existiu em função do *profundo senso jurídico do Povo do Lácio.* Este senso, *em homens práticos,* como os romanos, estava ligado à concreção da existência: – O Direito fazia parte da vida diária, e não resultava das abstrações dos estudiosos de gabinete. Para nós, foi esta pertinência à realidade o fator que mais contribuiu para a vitalidade do Direito Romano, que, desafiando o tempo, continua a inspirar os Ordenamentos Jurídicos dos povos cultos, e a servir de instrumento – insubstituível – para a educação dos juristas.

---

[233] V. "Disegno del Diritto Pubblico Romano" – Tradução italiana de Pietro Bonfante, Milano, Casa Editrice Dottor Francesco Vallardi, 1904, página 222 – Original em alemão.

[234] V. "Il Potere Normativo..." cit., página 12.

Capítulo VII

A Progressiva Assunção de Funções Legislativas e Judiciais pelo "Princeps"

Na primeira parte deste capítulo, trataremos da situação e dos poderes do Senado e do Povo, no Principado. Em seguida, abordaremos as prerrogativas do "Princeps". Depois, cuidaremos da interferência do Imperador, na criação do Direito. Por fim, falaremos da Constituição Romana, e da falta, nela, de um órgão legislativo específico. Estes quatro assuntos se imbricam, como é óbvio. Antes de adentrarmos os itens declinados, trazemos à baila a lição de Biondo Biondi, respeitante à concepção que tinham, os romanos, do Direito, e que tem aplicação aos temas de Direito Público Romano, por nós versados. Ensina Biondi que os romanos não concebem o Direito como imposição ou razão abstrata, quer dizer, à luz da autoridade ou da filosofia. É ele, uma ordem ou uma "ratio", mas em função da oportunidade social e da justiça. O Direito aparece introduzido "pro utilitate hominem". De acordo com Paulo, "ius civile" é o que "omnibus aut pluribus in quaque civitate utile est"; Cícero afirma que os juristas "exercuerunt quoad populo praestare voluerunt", e que os "fundamenta iustitiae" são: "primum ut ne cui noceatur, deinde ut communi utilitati serviatur." A "utilitas" é considerada, explicitamente, base do "ius privatum"; do Direito Pretoriano se diz que foi introduzido "propter utilitatem publicam"; é afirmado que o "ius singulare" se estabelece "propter aliquam utilitatem." O Direito portanto se apresenta, não como uma verdade objetiva, mas como uma tecné (Τεχνη), dirigida à realização da "utilitas" de cada um na convivência social. Não se trata o Direito, portanto, de investigação e afirmação de verdades, porém de arte, técnica, sistema, destinados a conseguir, para os indivíduos e para a coletividade, a máxima "utilitas" compatível com a convivência humana.[235] Vimos quantas vezes o romanista usa o étimo "utilitas, atis", um substantivo feminino da terceira declinação. Também faz uso do adjetivo de segunda classe "Utilis, e".[236] Não nos alongaremos em considerações filológicas. Limitar-nos-emos a enfatizar que os romanos jamais conceberam o fenômeno "Jus", desvinculado *da utilidade* que ele pudesse proporcionar aos homens. O que dizemos, é que o Direito Romano foi uma criação de homens práticos, que tinham a necessidade de solucionar problemas do seu quotidiano, e não uma construção hermética, e cheia de sutilezas euremáticas. Nesta ordem de idéias, precisamos ter em conta que o Direito Romano, aí incluído o Direito Público, *foi um produto das vicissitudes históricas*. Tem plena aplicabilidade, aqui, a lição de Oliver Wendell Holmes:

> "O direito incorpora *a história do desenvolvimento de uma nação* no curso de muitos séculos e não pode ser tratado como se apenas contivesse axiomas e corolários de um livro de matemática. Para saber o que é o direito, *temos de saber o que foi* e o que tende a ser. Devemos consultar, alternativamente, *a história* e as teorias existentes sobre legislação".[237]

Na evolução do Direito Romano, lembramos, na esteira de De Francisci, da íntima imbricação que havia, para os romanos, *entre o Direito e a Política*. Segundo o autor, um dos elementos básicos de qualquer civilização, é o jurídico. Mas, em nenhum outro povo este fator teve um valor tão destacado, quanto na Civilização Romana. A especial posição do elemento jurídico na Civilização Romana, não pode ser compreendida em sua essência, nem valorada em todo o seu alcance, sem que tenhamos em mente *a especial hierarquia de valores* sobre a qual estava construída a Civilização Romana: – Tratava-se

---

[235] V. "Arte y Ciencia del Derecho" cit., página 50.

[236] V., de José Cretella Júnior e Geraldo de Ulhôa Cintra, "Dicionário Latino – Português", São Paulo, Companhia Editora Nacional, 7ª edição (revista), 1956, página 1308.

[237] V. "O Direito Comum" cit., página 29 – Grifos nossos, em itálico.

de uma hierarquia em que o primado estava reservado *aos valores políticos*, no sentido de que, quaisquer que fossem as manifestações tomadas em consideração, sem excluir a Ética e a Religião, *o motivo preponderante é o das relações entre os homens*, o continuado esforço está dirigido à sua regulamentação, e o fim preeminente é o da organização dessas relações entre os homens, tendo como alvo uma perfeição comum.[238] Por seu turno, Reale enfatiza que foi "especialíssima" a posição do Direito em Roma, onde ele *foi mais elemento de vida do que objeto de pura especulação*. Daí poder dizer-se que os romanos souberam "organizar a sociedade juridicamente", traçando linhas mestras que, ainda hoje, são inabaláveis para a Ciência do Direito, sem embargo de a essa criação científica não corresponder uma indagação filosófica autônoma sobre o "Jus", com idêntica profundidade e originalidade.[239] O fato de o Direito haver sido, em Roma, "mais elemento de vida do que objeto de pura especulação", facilitou as transformações políticas e jurídicas sofridas pela "Res Publica", e inclusive, a instauração do Principado. Os romanos, que não conheciam a escravidão mental e intelectual a qualquer tipo de dogmatismo, *alteravam salutarmente as suas instituições,* quando as necessidades tornavam isto aconselhável. As considerações até aqui expendidas, foram propedêuticas à abordagem da matéria deste capítulo. Sucede que somente poderemos compreender a assunção, progressiva, de funções legislativas e judiciais, por parte do Imperador, se tivermos em mente que o Direito Romano – inclusive o Direito Público – não evoluiu com base na Dogmática Jurídica, de resto, inexistente até Justiniano, *mas com lastro nas vicissitudes históricas, e nos apelos das necessidades práticas.*

VII.a.1 - A situação e os poderes do Senado, no Principado

Recordemos, com Hannah Arendt, que o Senado era em Roma, tradicionalmente, o depositário da "Auctoritas", ao passo que o "Populus" era o detentor do Poder. Para a autora, *a palavra e o conceito de "Autoridade", são de origem romana.*[240] Para sabermos que papel foi o

---

[238] V. "Síntesis Histórica del Derecho Romano" cit., página 3.
[239] V. "Horizontes do Direito..." cit., páginas 57 e 58.
[240] V. "Entre o Passado..." cit., página 142.

desempenhado pelo Senado no Principado, é mister que saibamos qual tinha sido este papel na República. Ao abordar a índole da assembléia dos "Patres Conscripti" no fastígio da República, Paul Petit ensina que era, o Senado, "o centro da vida política e dos problemas de interesse comum". Era integrado por trezentos membros inscritos pelos Censores, sendo de fato, os seus membros, antigos magistrados. O Senado *não elegia os magistrados, nem votava as leis*. Decidia, no entanto, dos comandos militares e do recrutamento de tropas, autorizando as despesas públicas, *e dirigindo a política externa* (sem ter o direito de declarar a guerra e o de fazer a paz). Além disto, preparava as leis com os cônsules, e emitia opiniões motivadas (os senatusconsultos), *além de dar a sua aprovação (auctoritas) a diversos atos*. É básico que retenhamos o que aduz Petit: – O poder do Senado não estava inscrito nos textos legais, *mas repousava nas tradições, na experiência e no valor dos seus integrantes*, além de se basear na continuidade da sua política, na coesão e na *importância econômica e social da "nobilitas"*.[241] Este era o "Senatus" do apogeu da República. Para entendermos as transformações sofridas por ele sob o Principado, recordemos que a assembléia, reduto da nobreza, e depositária da tradição, não podia ser indiferente à Nova Ordem implantada por Otaviano, e que era *uma ordem revolucionária*. Aliás, nos derradeiros tempos da República, o Senado já sofrera alguns reveses, quando dominavam os "ditadores atípicos". Se é verdade que Sila não só o respeitou, como aumentou os seus poderes, de acordo com Amirante[242], não menos verdadeiro é que César lhe assestou um duro golpe, ao tornar públicas as suas reuniões, até então secretas.[243] Não esqueçamos que César, sobrinho de Mário, tinha sido um integrante do "Partido dos Populares", e que, tornando públicas as reuniões da velha assembléia, em grande medida, *a dessacralizava*. Com o Principado, alterou-se o papel do Senado, perdendo ele em importância e em influência, a tal ponto que, hoje, ninguém poderia sustentar a Teoria da Diarquia, de Mommsen. Com a assembléia dos "Patres", aconteceu aproximadamente o que, em Atenas, sucedera com o Areópago, também ele, um reduto da aristocracia.[244] A perda de poder e

---

[241] V. "História..." cit., página 208.

[242] V. "Una Storia Giuridica di Roma – Dai Re A Cesare" – Napoli, Jovene Editore Napoli, 1987, página 304.

[243] V. o nosso "O Poder na...", cit., página 265.

[244] V. o nosso "O Poder na...", cit., página 82.

de influência política atingiu ambas as assembléias aristocráticas, o Senado Romano e o Areópago Ateniense. Apenas o rumo da evolução foi inverso. O poder do Areópago foi aluído pela Democracia, que confinou o velho Conselho a umas poucas funções. Em Roma, o poder do Senado foi substituído pelo "poder de um só homem", que, no entanto, *possuía um cunho revolucionário, relativamente à velha ordem vigente*. Sob o Principado, continuou o Senado a emitir senatusconsultos, que constituíram uma fonte do Direito Privado. Porém bem cedo os Imperadores passaram a controlar, *também*, a produção dos senatusconsultos, graças ao envio, para a assembléia, das "Orationes Principum". Além do mais, e segundo De Francisci, em virtude dos poderes assumidos em julho de 23 a. C., cabia ao "Princeps" a faculdade negativa da "intercessio", contra qualquer ato dos magistrados, *e também contra qualquer "senatus consultum"*.[245] Por outro lado, ao "Princeps" incumbe a faculdade, positiva, de dirigir ou de reformar toda a administração, mediante as suas propostas ao Senado e ao Povo. Verificamos que, sob o Principado, o Senado foi se transformando em *um instrumento da vontade imperial*. Seria o caso de indagar da razão da manutenção do Senado, quando as suas atribuições eram tão exíguas. E a resposta não é difícil, para quem sabe do espírito *conservador e tradicionalista dos romanos*. O "Senatus" foi mantido, no Principado, da mesma forma pela qual, instituída a República, foi mantido o "Rex Sacrorum", limitado aos atos religiosos. E, além disto, a assembléia dos "Patres", detentora da "Auctoritas", possuía um imenso prestígio, ligado à mística da tradição. Era, ao lado das magistraturas, um dos órgãos mais representativos da "Res Publica". Assim, convinha a Augusto e aos seus sucessores, *do ponto de vista político*, a sua conservação. Sem embargo de modesto ter sido o papel do Senado no Principado, em primeiro lugar Augusto, e, depois, muitos dos seus sucessores, fizeram um *uso político inteligente* da assembléia. E um exemplo do asseverado, é encontradiço na renúncia de Augusto aos seus poderes extraordinários, datada de 18 de janeiro de 27 a. C.: – *A histórica renúncia foi feita no recinto da Cúria, e não em outro lugar*. Em termos da mentalidade romana, este detalhe *não é uma simples coincidência*, mas um fato dotado de importância. O Senado, reduto da tradição e da "nobilitas", era o depositário da "Auctoritas". E ele se achava como que *fixado na "Urbs", no solo sagrado do ato inaugural da fundação*. Se é significativo que a renúncia de Otaviano

---

[245] V. "La Costituzione Augustea" cit., volume I, página 29.

aos seus poderes tenha sido efetivada *no Senado,* não menos significativo é o fato, referido por De Francisci, de que, após resistir aos rogos dos senadores, no sentido de reassumir os poderes que detivera até aquela data, tenha sido conferido a Otaviano, *pelo Senado,* seguido depois pelo "Populus", um "Imperium" mais limitado do que o anterior, por um período de dez anos. Não vamos nos ocupar aqui, do conteúdo e da extensão deste novo "Imperium". Basta que enfatizemos que, a despeito das limitações relativas ao anterior, era ele "vastíssimo", no dizer de De Francisci.[246]

O que nos importa é a outorga do "Imperium" *pelo Senado.* Isto significa que Otaviano se valeu da assembléia, para legitimar os seus novos poderes. Ora, se meditarmos sobre as circunstâncias em que tal "Imperium" foi conferido a Otávio, chegaremos à conclusão de que o "Outorgado" (Otaviano), estava em uma posição política de supremacia, relativamente ao "Outorgante" (o Senado). E isto é uma contradição, apenas explicável à luz da habilidade política de Augusto. O que asseveramos encontra respaldo em Iglesias, que afirma que o "Princeps" *não é um "magistratus",* e sim, um *órgão novo,* dotado de vida permanente, e investido de um "Imperium" e de uma "Tribunicia Potestas" que diferem das notas da temporariedade, da colegialidade e da responsabilidade, *definidoras da antiga magistratura republicana.*[247] Ora, se o Príncipe ostenta este atributo, não pode ele ser enquadrado nos esquemas da Constituição Republicana, não podendo, exceto formalmente, e com desígnios políticos e propagandísticos, receber a "outorga" ou a "delegação" de coisa alguma, por parte do Senado, que, do ponto de vista político, *e naquele momento histórico,* estava numa posição de inferioridade, relativamente a ele, o "Princeps". Esta é uma questão de bom senso. Segundo Moreira Alves, entre os poderes do "Princeps", estava *o de convocar o Senado,* sendo que, para tomar as decisões mais importantes, o Imperador, em geral, recorria ao "Consilium Principis", integrado por seus amigos e companheiros, e do qual costumavam fazer parte *eminentes juriconsultos.*[248] O ensinamento de Moreira Alves robustece a nossa posição: – Quem convoca alguém para alguma coisa, tem mais poder do que quem é convocado. O "Princeps" podia convocar o Senado.

---

[246] V. "La Costituzione Augustea" cit., volume I, página 23.

[247] V. "Derecho Romano – Historia e Instituciones", Barcelona, Editorial Ariel S. A., undécima edición, página 30.

[248] V. "Direito Romano" cit., vol. I, página 50.

Mas a recíproca não era verdadeira. E é significativo que, para tomar as decisões mais importantes, consultasse o Imperador o "Consilium Principis", *e não o Senado*. Isto significa que a assembléia não funcionava nem mesmo como um órgão consultivo. Ao tratarmos da situação do Senado no Principado, esclareçamos a existência de uma diferença entre as expressões "Princeps Senatus" e "Princeps Omnium", ou "Princeps Civium". Segundo Matos Peixoto, o "Princeps Senatus" era o senador *que ocupava o primeiro lugar na lista senatorial*. Até o fim do século III, este lugar coincidia com o mais antigo dos patrícios censórios, sendo que, dessa época em diante, *passou o "Princeps Senatus" a ser escolhido entre os patrícios censórios*. Tudo indica que Sila tenha abolido tal privilégio, porquanto, depois dele, não mais é encontradiça a figura do "Princeps Senatus". Varrão, citado por Matos Peixoto, refere que, no seu tempo (116 a 27 a.C.), o magistrado que presidia o Senado solicitava, *ao senador consular que lhe aprouvesse*, que manifestasse o seu voto em primeiro lugar. O "Princeps Omnium", ou "Princeps Civium", já seria *o primeiro de todos os cidadãos*.[249]

Como foi possível que uma assembléia orgulhosa como o Senado, tivesse aceitado o papel de pouco relevo, que lhe reservou o Principado? Além do consenso generalizado de que o governo de um só homem era a melhor alternativa para a ordem e para a paz; além de estarem, os romanos e os habitantes das províncias, cansados das lutas civis do final da República, houve, cremos, um outro motivo para a passividade do Senado. Ele foi captado por Tácito, o qual registra que, tendo Otaviano concentrado em sua pessoa as funções senatoriais e legislativas, não encontrou oposição, porque "os mais altivos tinham morrido nos combates e proscrições", e a nobreza preferia "a segurança do presente aos perigos das antigas convicções".[250] Da lição de Tácito, podemos inferir que a época do início do Principado era, por paradoxal que isto possa parecer, pessimista. Isto não escapou a Rostovtzeff, que ensina que, depois dos sofrimentos da guerra civil, a idéia da liberdade cívica, para os romanos, estreitamente associada à idéia do Estado, havia se tornado, no espírito da maioria dos homens, *inseparável da anarquia e confusão* de que a geração de Augusto se lembrava muito bem. A velha idéia da liberdade política não encontrou coisa alguma que a substituísse. É difícil acreditar que o evangelho pregado por Horácio nas suas odes

---

[249] V. "Curso de..." cit., tomo I, páginas 47 e 87, nota 1.
[250] V. "Anais" cit., Livro I, páginas 21 e 22.

"romanas", de submissão, silêncio e trabalho incessante para o Estado, pudesse animar os cidadãos e preencher o vazio deixado pela morte do antigo ideal. *O pensamento oficial e a submissão eram as características novas e não bem recebidas da vida quotidiana, e não era fácil delas fazer um ideal.* É compreensível, conclui Rostovtzeff, que uma sombra de pessimismo marque todo o pensamento e a produção literária da época.[251] É necessária uma extrema cautela, para se falar da "Liberdade", entre os antigos, como o faz o autor. E isto porquanto a Antigüidade não conheceu uma liberdade "contra" ou "em relação" ao Estado, da mesma forma que não fez uma distinção, nítida, entre o "público" e o "privado". Isto foi demonstrado por Reale[252], que adverte que o Estado Antigo *tinha um cunho monista*. Nele, não existia correspondência entre liberbade política e liberdade civil.[253] Aliás, Reale cita Fustel de Coulanges, para quem o caráter fundamentalmente cívico-religioso do Estado Urbano "explica a natureza de suas instituições", tornando evidente *o erro das aproximações apressadas* entre a nossa e a Democracia que os antigos realizaram.[254] É mister insistir neste ponto: – Tendo transcrito a passagem de Cícero retirada do "De Republica", I, V, na qual o orador exalta o primado absoluto dos valores da cidade sobre os interesses individuais mais caros, Reale afirma que, nela, está fixada com clareza *a preeminência do Estado*, no qual "a liberdade deve compor-se como um momento da vida do grupo", *sem que exista qualquer esfera de ação que não seja passível de interferência do Estado*. Neste sentido, a "coisa privada" era apenas o resto deixado pela "coisa pública".[255]

O estado de espírito das classes superiores ajuda a explicar o papel do Senado, sob o Principado. Segundo Rostovtzeff, "o conturbado período das guerras civis não poderia passar sem marcar profundamente os romanos". A atitude das classes superiores sofreu *uma modificação completa*. Os homens deixaram de manifestar interesse pelo Estado e pelos negócios públicos, que, durante séculos, haviam sido de grande importância para eles.[256] Recordemos que o Senado *era um reduto da antiga nobreza rural*. Durante a República, a

---

[251] V. "História de..." cit., páginas 183 e 184.
[252] V. "Horizontes do Direito e da..." cit., páginas 36 e 37.
[253] V. "Horizontes do..." , loc. cit..
[254] V. "Horizontes do..." cit., página 20.
[255] V. "Horizontes do..." cit., página 25.
[256] V. "História de..." cit., página 183.

suprema ambição dos jovens patrícios era ingressar no "Cursus Honorum", ocupando as diversas magistraturas, que eram "honores". O "Cursus Honorum" tinha, como coroamento, o ingresso no Senado. Ora, com o Principado, houve um decréscimo da importância, *quer do Senado, quer das magistraturas*. Apenas isto explicaria, em parte, o desinteresse pela Política, por parte das camadas superiores da sociedade. Acrescentemos que o Principado foi *uma nova ordem revolucionária*, que se apoiou, basicamente, no "Ordo Equester", pois olhava com desconfiança para a velha "nobilitas" senatorial. Assim como o Principado foi uma realidade em constante evolução, não é possível pensar que o relacionamento entre o "Princeps" e o "Senatus", tenha sido sempre o mesmo. Tal relacionamento variou no tempo, na dependência da personalidade do Imperador reinante, da sua habilidade, das suas tendências políticas, e assim por diante. Mas, a progressiva centralização imperial *implicou em um constante decréscimo da importância da antiga assembléia republicana*. O exemplo característico de um relacionamento harmônico entre o Senado e o Imperador, foi dado por Tibério, ao menos, nos dez primeiros anos do seu governo. Como anotam Engel e Palanque, a obra de Tibério foi "notável, considerada em conjunto, num retrospecto". Ele estava disposto a observar *os princípios políticos de Augusto*. Este respeito aos princípios de Augusto, conferiu aos primeiros dez anos do reinado de Tibério, *uma atmosfera republicana*. Tibério queria governar com o Senado. Recusava as honras excessivas, os títulos demasiado pomposos, e a deificação. Ele era um homem "voltado naturalmente para as tradições e avesso às reformas", desejava *ser severo como os antigos romanos*, e manteve as estruturas sociais recebidas de Augusto.[257] Observamos que *a autoridade pessoal de Augusto*, exercendo um efeito "post mortem", permitiu que a assunção do poder por Tibério fosse pacífica. Segundo Rostovtzeff, em função da autoridade pessoal de Augusto, e do sentimento generalizado de que o Principado era indispensável à paz e à ordem, *Tibério tomou as rédeas do governo sem luta*. O Exército o reconheceu prontamente, jurando-lhe fidelidade, e, mais tarde, *o Senado lhe conferiu todos os poderes especiais que haviam feito de Augusto o senhor do Estado*.[258]

Bobbio "et alii" atribuem uma importância excessiva à reforma de Tibério, que colocou nas mãos do Senado a eleição para as magis-

---

[257] V. "O Império..." cit., página 43.
[258] V. "História de..." cit., página 194.

traturas republicanas, e uma importância também excessiva, ao valor normativo assumido pelos senatusconsultos, em particular, em matéria de Direito Privado. Se recordarmos que o "Princeps" controlava a eleição dos magistrados, e que o senatusconsulto, com o tempo, ecoava a "Oratio Principis", veremos que o Senado estava confinado, desde o início, a um papel mesquinho. Aliás, Bobbio "et alii" reconhecem ser verdadeiro que "o controle dos imperadores sobre as atividades do Senado é muito amplo". E lembram que cabia, ao "Princeps", *a revisão anual das listas dos senadores*.[259] Este dado é decisivo, para dizer da efetiva importância do Senado, à época do Principado: – Se cabia ao Imperador, numa reedição da "potestas censoria" da República, controlar a lista dos integrantes da assembléia, então nada mais carece ser dito... Bobbio "et alii" reconhecem, ainda, que "só uma particular sensibilidade política e jurídica impele o imperador a consultar o Senado, principalmente em matéria de assuntos externos".[260] Isto poderia ser dito, de maneira mais realista, nos seguintes termos: – Os Imperadores que eram, além de governantes, *também políticos hábeis*, consultavam o Senado nas aludidas matérias, embora plenamente cientes de que a consulta seria perfeitamente inócua, tendo em mira a decisão a ser tomada. Tratamos do decréscimo da importância do Senado, no Principado. Entretanto, tal era o prestígio da instituição, que, no reinado de Tibério, e quando do motim dos legionários da Germânia, *não hesitou Germânico em invocar a autoridade do Senado, ao arengar às tropas rebeldes*. Tácito reproduz as palavras do general.[261] Iglesias confirma que a nomeação dos senadores *era feita pelo Príncipe*, podendo recair, a partir de Domiciano, inclusive em quem, antes, não ocupara qualquer magistratura. Tratava-se do procedimento denominado "adlectio".[262]

Temos que fazer uma outra referência ao "Common Law". Desde Henrique VIII, é o monarca o Chefe da Igreja, na Inglaterra. Sucede que cada soberano é coroado *pelo Arcebispo de Canterbury*, o qual *é um subordinado do Rei que coroa*. Situação parecida ocorria no Principado, onde o Imperador recebia poderes de uma assembléia, *cuja composição dependia dele*. Nos dois casos, há uma mera formalidade. Após Cláudio e Nero, e passada a anarquia militar, iniciou-

---

[259] V. o "Dicionário de Política", vol. e loc. cit..

[260] V. o "Dicionário de...", vol. e loc. cit..

[261] V. "Anais" cit., Livro I, página 47.

[262] V. "Derecho Romano..." cit., página 31.

se a Dinastia Flávia. Segundo Engel e Palanque, a instituição senatorial "subsiste porque encarna a continuidade do Estado e porque legitima o poder imperial".[263] Vespasiano, em 73 d. C., procedeu a uma regeneração do Senado, nele admitindo *italianos e habitantes das províncias que conservaram melhor o espírito da Casa*. Este Senado regenerado harmonizava-se com o Principado Flaviano, no qual o poder estava nas mãos *de uma família italiana, e não mais romana*. Mas, as relações de Vespasiano com a assembléia continuaram medíocres, mercê das provocações do estóico Helvídio Prisco, condenado à morte pelo "Princeps".[264] Morto Vespasiano, subiu ao trono Tito, louvado pelas suas qualidades. Foi sucedido por Domiciano, que teve *graves problemas com o Senado*. Sob Domiciano, as relações do Príncipe com o Senado foram tais, que houve *explosões de terror em 93 e 96 d.C.*. Domiciano foi assassinado, e o novo Imperador, Nerva, era um varão conspícuo, saído do Senado.[265] Entretanto, na época dos Flávios, o Senado já estava muito desgastado, quer do ponto de vista político, quer do psíquico. Plínio, um dos seus mais ilustres representantes registrou: – "Os nossos ânimos estão desgastados, mesmo olhando para o futuro; eles estão abatidos e deformados". O prestígio moral da antiga assembléia, foi salvo *pelos estóicos que o integravam*, e a "nobilitas" senatorial conservava as suas riquezas, *mas o Senado, como um todo, revelou-se incapaz de contrabalançar o poder imperial*, porquanto, politicamente, ele já estava morto.[266] O decréscimo da importância do Senado, não foi um efeito do acaso: – Otaviano, ao implantar o Principado, tinha em mente realizar uma obra estável, e que resistisse ao tempo. Com os poderes extraordinários que acumulou, ele deixou os seus sucessores institucionalmente preparados para fazer com que o regime não só se mantivesse, como também, *que se fortalecesse cada vez mais*... e tal é demonstrado pela ulterior evolução do Principado: – Nela atuou a "tríplice tendência" que já referimos, sendo que tal evolução se encaminharia para o advento do Dominato.

Moreira Alves não discrepa do afirmado: – Durante o Principado, o Senado se manteve, na aparência, em posição de destaque. A rigor, entretanto, *a sua atividade foi inspirada e orientada pelo Príncipe*.

---

[263] V. "O Império..." cit., página 32.
[264] V. "O Império...", loc. cit..
[265] V. "O Império...", loc. cit..
[266] V. "O Império...", loc. cit..

Os senadores eram eleitos entre os antigos magistrados, e, como a influência do Imperador era decisiva para esta eleição, *os integrantes do Senado eram homens da confiança do "Princeps"*. De outra banda, o Imperador dispunha da iniciativa para convocar a assembléia, e a ela apresentar propostas. Aduz o autor que no Principado o Senado perdeu, para o Imperador, *os poderes fundamentais que ostentava na República,* como a direção da política externa. Em contrapartida, ele *absorveu as funções eleitorais e legislativas dos comícios,* embora, também neste terreno, fosse imensa a influência exercida pelo "Princeps".[267] As funções legislativas do Senado, no dizer de Matos Peixoto, tiveram vida breve, não passando de uma "ponte" entre o poder legislativo dos comícios, que não mais se reuniam, e o poder legislativo *do Imperador,* que em breve surgiria sem quaisquer disfarces. A função legislativa do Senado pouco a pouco se esmaece, transformando-se de deliberativa em receptiva, mercê de uma evolução que metamorfoseia a adesão do Senado à proposta do "Princeps", *em alguma coisa imutável e obrigatória.*[268]

O que anota Cretella Júnior sobre o papel desempenhado pelo Imperador, na produção do senatusconsultum, dá uma amostra da maneira pela qual foi se afirmando o poder normativo do "Princeps", em detrimento do Senado. Ensina o autor que o "Senatus Consultum" é uma medida legislativa emanada do Senado; *é aquilo que o Senado ordena e constitui.* O senatusconsulto é elaborado a pedido do "Princeps", e por iniciativa deste. Trata-se da "Oratio Principis". O Senado, subserviente, *chega a votar as proposições do Imperador, sem discuti-las.* Por esta razão, a "oratio principis" e o "senatusconsultum" se identificam, confundindo-se. No início, o senatusconsulto leva o nome do Cônsul que o propõe, *porém, sendo a proposição imperial (Oratio) algo de iniciativa do "Princeps", a medida passa a tomar o nome do Imperador* (por exemplo, "Oratio Severi").[269] O relacionamento do "Princeps" com o Senado variava de acordo, inclusive, com a personalidade e as inclinações daquele que, num determinado momento, envergava a púrpura. Registramos que Domiciano morreu assassinado. Sucede que este Imperador, segundo Engel e Palanque, *tinha tendências absolutistas,* que o incompatibilizaram com o Senado. A

---

[267] V. "Direito Romano" cit., vol. I, páginas 48 e 49.
[268] V. "Curso de..." cit., tomo I, página 104.
[269] V. "Curso de Direito Romano", Rio de Janeiro, Forense, 4ª edição, 1970, páginas 50 e 51.

sua política suscitou os rancores da Aristocracia, e a tensão gerada foi aumentando, ao ponto de se tornar intolerável, *tanto para os senadores, quanto para o Imperador*.[270] Se partirmos do pressuposto de que Domiciano tenha sido inábil na sua maneira de se conduzir perante o Senado, *remanesce o dado de que, fossem hábeis ou inábeis no trato com o Senado,* todos os Imperadores seguiram a política da crescente centralização e da concentração do poder, sendo que ambas não puderam prescindir de *uma burocracia, que se tornou mais sofisticada e influente, na medida em que os negócios públicos ficavam mais complexos, aí incluída a administração da Justiça.*

Rascón García, em linhas gerais, não destoa dos demais autores, quanto às condições do Senado, no Principado. Para ele, o Senado renovou a sua influência, sob o controle do "Princeps", e as suas deliberações, os "senatusconsulta", *adqüiriram caráter normativo*. Sucede que a força normativa dessas decisões, *residia em que elas mascaravam a vontade do Imperador*. Nos primeiros tempos, os Césares sentiam algum recato ante este fato. Depois, os senatusconsultos eram chamados "orationes principum in senatu habitae". Esta denominação refletia o dado de que o Senado acatava a vontade do "Princeps".[271] Tibério seguiu a política de Augusto. Léon Homo assinala que ele participara, nos derradeiros anos de Augusto, da sua política interna. Uma vez "Princeps", *manteve-se fiel ao programa do antecessor, inexistindo qualquer solução de continuidade, entre os dois reinados.* A exemplo da de Augusto, subordinou-se a política interna de Tibério a dois pontos, *a onipotência do Imperador, e a colaboração do Senado.* Ao longo do Principado, jamais houve uma cooperação entre o Imperador e o Senado, tão autêntica, como na primeira parte do reinado de Tibério. Sobre respeitar as prerrogativas que Augusto deixara à assembléia, ele as reforçou, do ponto de vista eleitoral, legislativo e judicial. Retirou dos comícios a eleição dos magistrados, *transferindo-a para o Senado*. A função legislativa, que, de fato, havia sido retirada dos comícios, foi dividida entre o Senado (senatusconsultos) e o "Princeps" (Constituições Imperiais). Em matéria criminal, o Senado recebeu novos poderes judiciais. Foi elevado à categoria de alta Corte de Justiça, com a missão de opinar sobre os assuntos particularmente graves, como os processos relativos à segurança do Estado, e os movidos contra os integrantes da Ordem Senatorial. Tibério se propunha

---

[270] V. "O Império..." cit., página 65.
[271] V. "Manual de Derecho..." cit., páginas 137 e 138.

a fazer com que a parceria com o Senado funcionasse. Dava, à assembléia, *demonstrações de grande consideração*. Por vários anos, foi eficaz a colaboração entre o "Princeps" e o "Senatus", que prometia ser duradoura.[272] A indagação referente a se seria ou não duradoura tal colaboração, permanecerá órfã de resposta. E isto porque, nos últimos anos, desconfiado, e temendo pela sua segurança, Tibério se isolou em Capri. Tornaram-se freqüentes os processos de lesa-majestade, e, morto Tibério, o poder passou para Caio César, apelidado de "Calígula".

Para Paul Petit, o relacionamento de cada novo "Princeps" com o Senado, era um indicador do tipo de reinado que se iniciava. Seja como for, o Senado *foi a principal vítima da instauração do novo sistema*, e as atenções a ele dispensadas por Imperadores como Tito, Trajano, Antonino Pio e Marco Aurélio, que o autor, com ironia, chama de "bons", *não tiveram o condão de afastar este dado*. Segundo Petit, sem embargo de tudo isto, o Senado conferia ao Imperador a sua investidura, *e representava o povo romano*. Votava os senatusconsultos (cujo projeto, entretanto, era redigido pelo "Consilium Principis"), e prosseguiu elegendo os magistrados. O sistema, porém, sofria os vícios da "commendatio", do voto por aclamação, e da "adlectio" arbitrária. Por último, tinha o Senado o papel de "uma alta Corte de Justiça", funcionando, em especial, *para os seus integrantes*, aos quais, alguns "Principes" garantiam a segurança, mediante o juramento de que nenhum seria condenado à morte, *sem o julgamento dos seus pares*. Afirma Petit que caracterizava-se o Senado, entretanto e de maneira geral, *pelo abjeto servilismo ao "Princeps" nos períodos de terror, ou pela excessiva indulgência para com os acusados dos crimes de concussão, e ainda, pelo abuso de poder*. Quanto a este vício, o autor refere as cartas de Plínio. Em princípio, o Senado administrava Roma, o "Aerarium Saturni" e a Itália. Mas, os funcionários imperiais detinham, de fato, todos os poderes.[273] Comentemos a lição de Petit. Em primeiro lugar, enfatizamos que o "Princeps" nada podia receber do "Senatus", e, *muito menos, a sua investidura*, porquanto ele se ubicava *fora e acima da ordem constitucional republicana*, sendo superior à assembléia, *em termos de efetivo poder político*. Para nós, a "Lex de Imperio" *jamais passou de uma simples formalidade, prestigiada pela tradição, tão cara à*

---

[272] V. "El Imperio Romano", Madrid, Espasa – Calpe S.A., 2ª edição, 1961, páginas 26 e 27.
[273] V. "História Antiga" cit., páginas 272 e 273.

"alma romana." Sem embargo de não reconhecermos no Principado uma "Monarquia Absoluta", temos que nele vislumbrar o cunho de "Autocracia", *não no sentido de "governo absoluto",* mas no sentido que, aos "regimes autocráticos", dá Maurice Duverger, para quem eles têm, como característica comum, o dado de que a escolha dos governantes refoge à ação dos governados: – O governo se recruta "por si mesmo", daí a palavra "autocracia".[274] Uma outra observação que fazemos é a de que o Senado *não representava o povo romano*. Em primeiro lugar, é um assunto problemático o referente a se a Antigüidade conheceu, ou não, a Representação Política. Se a conheceu, é induvidoso que ela *não assumia as formas daquilo a que, hodiernamente, damos este nome*. Um dado é certo: – O "Senatus", em momento algum da História do Direito Público de Roma, foi o "representante" do "Populus Romanus", e isto pelo motivo de que *os dois elementos constitutivos do que os do Lácio entendiam como a "Res Publica", eram o Senado e o Povo...* aliás, o moto "S. P. Q. R.", abreviatura de "Senatus Populusque Romanus", que era ostentado como dístico à frente das legiões, e que foi mantido sob o Principado, é auto-explicativo. A noção de "Res Publica" é *compreensiva destas duas realidades, o Senado e o Povo.* Logo, o primeiro não podia "representar" o segundo. Juntavam-se. Somavam-se e integravam-se em um todo inconsútil. Não compreender isto, implica em renunciar à inteligência do Direito Público Romano. Ora trazemos à baila a opinião de Roberts, atinente ao que chama de "Teoria Constitucional da República". Escreve ele que a política interna da República visou impedir o retorno da Monarquia. A teoria constitucional da República, estava expressa no moto "S. P. Q. R.", a abreviatura das palavras que significavam "O Senado Romano E O Povo". O moto "S. P. Q. R." estava gravado nos monumentos, e era conduzido nos estandartes, *mesmo no período imperial.* Teoricamente, a soberania, em última instância, em seu grau máximo, estava nas mãos do Povo, o qual atuava por meio de um complicado conjunto de assembléias, às quais compareciam todos os cidadãos. A condução geral dos negócios era atribuição do Senado, que fazia leis, e regulava o trabalho dos magistrados eleitos. *Os mais importantes eventos políticos da História de Roma, assumiram a forma de tensões entre esses dois pólos: – o Senado e o Povo.* [275] Faríamos um reparo a Roberts: – Os romanos eram um povo prático, e pouco voltado

---

[274] V. "Os Regimes..." cit., página 14.
[275] V. "History Of..." cit., página 182.

para as teorizações. Destarte, não cremos que tenha havido uma "Teoria Constitucional da República", assim como não houve uma "Teoria Constitucional do Principado". Diríamos que, enfeixados quase todos os poderes nas mãos do Imperador, ficou o Senado com as "competências residuais". Rostovtzeff, após reconhecer que, no governo do Império, "havia pouco para o Senado fazer", enumera as faculdades que lhe restavam, a saber: – A administração dos assuntos italianos, a recomendação, ao "Princeps", de candidatos aos governos das províncias, a investigação das queixas contra os governadores, a modificação das leis relacionadas com as províncias senatoriais, e ainda o exame de questões de política externa e de governo das províncias, *desde que estes últimos dois assuntos lhe fossem encaminhados pelo Imperador.*[276]

As transformações pelas quais passou o Direito em Roma, via de regra, foram lentas, e marcadas pela organicidade, no sentido de os institutos, sob o impulso da necessidade, irem se adaptando às novas realidades. Assim, a perda de poder e de influência do Senado, durante o Principado, ocorreu de maneira paulatina, embora implacável e irreversível. Sohm anota que a forma genuína que toma a legislação no início do Principado, *não são as Constituições Imperiais,* nem tampouco as leis populares, que vão rareando no começo do regime, *mas sim os senatusconsultos.* Na República, o Senado não ia além de aplicar as leis, interpretando-as *com a sua autoridade.* No final da República, o Senado começou a dar, aos magistrados jurisdicionais, *instruções obrigatórias sobre o modo de administrar a Justiça,* o que lhe permitiu intervir autoritariamente na vida jurídica. Na época imperial, a velha assembléia, embora não sem resistência, a princípio, converteu-se em verdadeiro poder legislativo, e as normas por ela emanadas, adquiriram força civil (Gaio, I, 4). Para Sohm, *o senatusconsulto recolheu a herança dos comícios.* O "Princeps", se o desejava, presidia as reuniões do Senado, e lhe fazia propostas, por meio da "Oratio". Desde Adriano, esta prerrogativa de dirigir a "Oratio" ao Senado, *foi exercida exclusivamente pelo Imperador,* e, concomitantemente, o direito dos Senadores de votar as propostas imperiais converteu-se *em simples trâmite formal.* É por este motivo que os juristas, muitas vezes, ao invés de citar o senatusconsulto, limitam-se a citar a "Oratio Principis", que precedeu o senatusconsulto. Um exemplo é a "Oratio divi Severi", referente aos bens dos incapazes sujeitos à tutela (D. 27, 9, 1).[277]

---

[276] V. "História de..." cit., página 202.
[277] V. "Instituciones de Derecho Privado Romano – Historia y Sistema" – Tradução espanhola de W. Roces, Madrid, Biblioteca de la Revista de Derecho Privado, 17ª edição, corrigida por L. Mitteis e publicada por L. Wenger, 1928, página 98 – Original em alemão.

A despeito do afirmado por Sohm, este poder legislativo do Senado teve uma vida breve. Registra Kunkel que, ao contrário do que aconteceu com as magistraturas e com o "Populus", o Senado, sob o Principado, *passou por uma importante ampliação de sua competência, mercê das atribuições legislativas e eleitorais que passaram a ele.* Porém, em que pese o respeito com que o trataram Augusto e a maioria dos seus sucessores, e apesar das repetidas e honestas tentativas do Imperador de fazê-lo colaborar, de maneira efetiva, nos assuntos do Estado, *o Senado também perdeu, em pouco tempo, o poder de manifestar a sua opinião de modo independente.* A partir do século IV d. C., o Senado *era apenas um local de publicação dos decretos imperiais.* Nesta fase, o Imperador, em regra, já não comparecia à assembléia, *fazendo com que a lei fosse comunicada pelos seus funcionários.* O único pormenor que recordava a antiga votação do Senado, eram as aclamações de júbilo e os votos de boa sorte, com que os senadores saudavam a mensagem do Imperador. Um exemplo desta nova realidade foi o protocolo de publicação do "Codex Theodosianus", que designou a infindável série de aclamações.[278] No estudo do Senado sob o Principado, interessa-nos a sua composição, que variou no tempo. Segundo Paul Petit, durante o século I da Era Cristã, a composição do Senado evoluiu de maneira lenta, sendo que tal processo se acelerou no século II d. C. A partir de Trajano, aumentou a participação dos orientais, e, mais tarde, a dos africanos. Na época de Cômodo, apenas 55% dos integrantes do Senado eram italianos, sendo que, dos originários das províncias, havia 60% de orientais, e 31% de africanos, o que "não deixará de contribuir para a ascensão dos Severos ao poder".[279] A alteração da composição do Senado constitui um "retrato" da expansão do Império, e *da sua universalização, com a romanização de boa parte do Mundo então conhecido.* Se Roma influenciava os povos reunidos no Império, em contrapartida, os romanos eram influenciados por esses povos. Tal imbricação de culturas manifestou-se em todos os setores, sem exceção do religioso. Tudo isto se produziu no âmbito da *impressionante unidade do Império Romano.* Não hesitamos em afirmar que a unidade do Império, foi uma projeção do profundo senso jurídico do Povo do Lácio, que caminhava paralelamente com o seu senso político. E o Principado, centralizador, robusteceu tal unidade política. A corroborar a nossa assertiva, insculpe-se a lição de Rascón

---

[278] V. "Historia del..." cit., páginas 60 e 61.
[279] V. "História..." cit., página 273.

García, no sentido de que, *do ponto de vista formal,* a estrutura do Estado, neste período, correspondeu ao modelo de "Res Publica" que, até então, estivera vigente, e que algum autor definiu como *de base popular e caráter nacional. Sua pronunciada inclinação para o expansionismo universal se manifestou na tendência progressiva de conceder a cidadania a grupos cada vez maiores, o que culminou com a Constituição Antoniniana de 212 d.C.*. Quanto ao governo, *tratou-se de criar uma aparência de continuidade política republicana,* o que se refletiu na permanência das instituições mais importantes e características, isto é, *o Senado, as assembléias populares e as magistraturas.*[280] Sem embargo de despojado do seu esplendor, e confinado a umas poucas atribuições, *o Senado continuou a contribuir para o prestígio de Roma, e exerceu um papel preponderante na romanização do Mundo,* na medida em que, ao ser elevado à dignidade senatorial, o habitante das províncias, representante das elites locais, *sentia-se honrado.* E isto fortalecia os laços das províncias com Roma: – O Senado, no ocaso da sua existência, prestava a Roma um serviço relevante. Queda de pé, entretanto, o dado de que, à medida em que ocorria a centralização imperial, ficavam reduzidas as suas atribuições. Mommsen menciona uma atribuição do Senado, sob o Principado, que destoava da magnitude das faculdades de que dispunha, na República. Refere que, ao Senado, competia conceder, às cidades isoladas, a dispensa das restrições legais que existiam em matéria *de jogos de gladiadores.* É até provável, aduz, que todas as disposições de exceção, atinentes aos assuntos municipais italianos, fossem da competência da vetusta assembléia dos "Patres".[281] Em linhas gerais, Iglesias confirma o que é ensinado pelos outros autores, a propósito da progressiva perda de importância do Senado. Assinala que, instaurado o Principado, o Senado, em um primeiro momento, adquiriu vigor, logo perdendo, entretanto, a sua "velha e alta autoridade política", *absorvida pelo "Princeps".* É verdade que, no início, passou para o Senado a função eleitoral; mais tarde, entretanto, esta sofreu um golpe, porquanto o "Princeps" *passou a introduzir novos nomes nas listas,* ou, até, a recomendar candidaturas aos senadores. No mínimo, ficou o Senado sujeito a uma *colaboração obrigatória com o Imperador.*[282]

---

[280] V. "Manual de Derecho..." cit., páginas 134 e 135.
[281] V. de Mommsen, Theodor, e Marquardt, Joachim, "Manuel Des Antiquités Romaines" – Tradução para o francês sob a direção de M. Gustave Humbert – Paris, Ernest Thorin, Éditeur, 1896, tomo 5, "Le Droit Public Romain", tradução da 3ª edição alemã de Paul Frédéric Girard, página 165.
[282] V. "Derecho Romano..." cit., páginas 30 e 31.

A personalidade do Imperador tinha reflexos no Senado. Segundo Homo, sob Nero e Cláudio, fora o Senado atingido, concomitantemente, nas pessoas dos "Patres" e nas suas prerrogativas. Na assembléia, haviam ingressado indivíduos duvidosos, *em especial, filhos de libertos*. Vespasiano *depurou e reconstituiu o Senado*. Para conferir a este trabalho autoridade e prestígio, fez ressurgir *a Censura*, "a grande magistratura moral do Estado republicano", que apenas ao tempo de Cláudio, reaparecera durante o Principado. Dividindo a Censura com Tito, de 73 a 74 d. C., Vespasiano começou por excluir do Senado todos os elementos indesejáveis. A seguir, para preencher as vagas, *recorreu à Aristocracia dos Cavaleiros na Itália, e, nas províncias, à aristocracia municipal*. Estes "novos senadores", homens desprovidos de grandes idéias, eram, *porém, honrados, trabalhadores e experientes, graças à gestão de assuntos locais*. Constituíam o elemento *melhor e mais são do Império*. Eram oriundos da mesma classe social da Dinastia Flávia, e tal identidade facilitaria a colaboração entre o "Princeps" e o "Senatus".[283] Da lição de Homo, podemos retirar duas conclusões: – Ao reviver a Censura, Vespasiano fez aquilo que muitos outros Imperadores fizeram, ao longo do Principado. E referimo-nos ao fato de se valer, o "Princeps", do instrumental jurídico herdado da República, para atender às necessidades do regime. Um procedimento destes só seria possível num sistema jurídico, como o Direito Romano, de *evolução doutrinária e jurisprudencial*, em que a Codificação do Direito era desconhecida, em que inexistia um "processo legislativo", como hoje o concebemos, e em que a Constituição era, em linguagem moderna, *flexível e não-escrita*. A segunda conclusão é mais sutil, e até metajurídica. Para a ela chegarmos, teremos que responder a uma indagação crucial: – Se o "Senatus", no Principado, ficou confinado a umas poucas funções, despidas de relevo, *então qual a razão da preocupação de Vespasiano, no sentido de depurar e regenerar a assembléia?...* A pergunta repele respostas simplistas e formalistas. E isto porquanto ela transcende os limites do que é estrita e tecnicamente jurídico. Na resposta a ela, não podemos desprezar um dado de fácil inteligência, bastante prático. Após o período de anarquia militar subseqüente à morte de Nero, Vespasiano, ao galgar o poder, estava imbuído do ideal do "bom governante", difundido pelos estóicos. E a um tal Imperador interessava que houvesse um Senado composto de varões austeros, cultores das virtudes

---

[283] V. "El Imperio..." cit., páginas 46 e 47.

tradicionais dos romanos. A imagem de um Senado composto por homens idôneos refletir-se-ia sobre o próprio Imperador, além de influenciar na conduta de todas as classes sociais. E isto porquanto é necessário que lembremos, com Werner Jaeger, o papel da Aristocracia, *como paradigma da educação, e da conduta, das demais classes*.[284] Além de a classe senatorial desempenhar um papel paradigmático na sociedade, haveria um outro fator que teria levado Vespasiano a moralizar o Senado: – Os romanos eram *eminentemente conservadores e tradicionalistas*. Ora, o Senado, que fora o depositário da "Auctoritas", possuía uma memória gloriosa. A tradição o dava como instituído por Rômulo, e já verificamos que, se não compreendermos a mística da fundação da "Urbs", nada poderemos entender, com segurança, das instituições do Povo do Lácio. Sobre a instituição do Senado por Rômulo, há o depoimento de Eutrópio.[285] Di-lo Eutrópio: – Os "senadores" foram assim chamados por Rômulo, *em função da sua idade*. Ora, Nicolau Firmino dá o substantivo masculino "Senator, oris", como derivado de "Senex".[286] E, na mesma fonte, é encontradiço o adjetivo "Senex, nis", em vernáculo, "velho", "idoso", "ancião".[287] Ambas as palavras, "senador" e "velho", *em latim, possuem o mesmo radical*, o que é significativo. E mais significativa se torna esta identidade de radicais, quando levamos em conta o lugar de destaque ocupado pelas pessoas de idade, na mundividência dos romanos. Anota Hannah Arendt que os exemplos e os feitos dos antepassados, e *o costume desenvolvido a partir daí*, eram sempre coercivos. Tudo o que acontecia se transformava em um exemplo, tornando-se, a "Auctoritas Maiorum", um modelo para os padrões políticos e morais. Este o motivo pelo qual *a idade avançada continha, para os romanos o próprio clímax da vida humana*, e isto porque o homem idoso *havia crescido mais próximo aos antepassados e ao passado*.[288] Cremos ter esclarecido o empenho de Vespasiano, no sentido de expurgar o

---

[284] V. "Paidéia – A Formação do Homem Grego" – Tradução portuguesa de Artur M. Parreira – Adaptação para a edição brasileira de Mônica Stahel M. da Silva – São Paulo, Martins Fontes, 1986, página 18 – Original em alemão.

[285] V. "Alguns Capítulos de Eutrópio", "in" Napoleão Mendes de Almeida, "Noções Fundamentais da Língua Latina", São Paulo, Edição Saraiva, 9ª edição, 1959, página 366.

[286] V. "Dicionário Latino – Português", São Paulo, Edições Melhoramentos, 5ª edição revista e ampliada, s/d, página 526.

[287] V. o "Dicionário Latino..." , loc. cit..

[288] V. "Entre o Passado..." cit., página 166.

Senado dos maus elementos, depurando-o e nele colocando varões idôneos. Apenas para finalizar este detalhe, diríamos que o Senado, mercê dos atributos particularíssimos da "alma romana", *possuía uma aura de sacralidade,* que conservou ao longo do Principado, sem embargo de não mais possuir a sua antiga importância política.

VII.a.2 – A situação e os poderes do Povo, no Principado

Uma pergunta se impõe: – O que era o "Povo" na antiga Roma? Indo além, o que era este mesmo "Populus", sob o Principado? Bobbio "et alii" escrevem:

> "Uma das primeiras e mais conhecidas afirmações do conceito político de Povo está muito ligada ao Estado romano, até mesmo na fórmula que o define. De fato, o único modo conhecido de definição da *respublica romanorum* está na fórmula dominante *Senatus populusque romanus* que exprimia, nessa aproximação não disjuntiva, os dois componentes fundamentais e permanentes da *civitas* romana: o Senado, ou núcleo das famílias gentílicas originárias representadas pelos *patres*, e o Povo, ou grupo "dêmico" progressivamente integrado e urbanizado que passou a fazer parte do Estado com a queda da monarquia".[289]

Roberts faz uma interessante análise dos efeitos das lutas do final da República para o "Populus". Segundo ele, as lutas internas do período foram, comparativamente, incruentas, tendo dado, ao corpo de cidadãos como um todo, *um maior poder decisório nos assuntos da "Res Publica"*. O Senado, que concentrava a liderança política, havia chegado, por volta de 300 a. C., *a representar uma classe predominante,* que era um amálgama dos antigos patrícios dos tempos anteriores à República, e dos mais ricos integrantes da "Plebs". Os membros do Senado "constituíam uma oligarquia". Tratava-se de uma oligarquia auto-renovável, apesar de, a cada Censo, serem

---

[289] V. o "Dicionário de...", cit., vol. 2, página 986 – Itálico no original.

excluídos alguns senadores. O núcleo do Senado era *um grupo de famílias nobres* cujas origens podiam ser plebéias, mas entre cujos ancestrais havia algum que ocupara o Consulado. Afirma o autor que houve uma preponderância política do "Populus", na República tardia.[290] Não concordamos com tudo o que é afirmado por Roberts. Não endossamos a assertiva de que as lutas internas do final da República, tenham sido "comparativamente, incruentas". Elas *foram crudelíssimas*, e tiveram um alto custo para a "Res Publica". Aliás, a leitura do cerco de Marselha, narrado por César, faz ir de roldão a assertiva de Roberts.[291] Discordamos do autor, quanto aos membros do Senado constituírem "uma oligarquia". Na verdade, eles constituíam *uma aristocracia*. E isto é diferente, do ponto de vista etimológico e do conceitual, de serem "uma oligarquia". O Senado, historicamente, foi constituído pelas famílias fundadoras de Roma. E elas, no fastígio da República, eram o que de melhor havia, em civismo, em patriotismo, e em amor à coisa pública. Chamar os integrantes do Senado de "uma oligarquia" é uma inexatidão histórica. Concordamos com Roberts, entretanto, quanto à preponderância política do "Populus", na mais tardia República.

Bobbio "et alii" dão, ao "Populus" a denominação de "um dos pilares do Estado". Escrevem que o "Populus", conduzido pelos seus tribunos, *foi capaz de atingir o Consulado,* era chamado a votar por meio dos "Comitia", estava presente nas legiões, *e era titular de amplos e plenos direitos civis*. A importância do Povo se manifesta, de maneira nítida, no papel do partido que se referia ao grupo popular e o representava, o partido "democrático". Ademais, era uma aspiração permanente dos outros "populi" da Itália romana, o serem admitidos, mediante o reconhecimento da "civilitas", a fazer parte do "Populus Romanus". Os autores, depois de afirmarem que o "Populus" foi capaz de atingir o Consulado, asseveram que esta magistratura, "na sua bipolaridade representava numericamente os dois componentes básicos do Estado Romano".[292] Renovamos a advertência de que a Antigüidade não conheceu os "partidos políticos", nos moldes atuais. Assim, preferimos falar dos "populares", omitindo a palavra

---

[290] V. "History Of The..." cit., página 182.
[291] V. "Bellum Civile – A Guerra Civil" – Tradução, introdução e notas de Antonio da Silveira Mendonça, São Paulo, Editora Estação Liberdade Ltda., 1999 – Edição bilíngüe, páginas 139 e seguintes.
[292] V. o "Dicionário de...", cit., volume 2, página 986.

"partido", quando nos referirmos ao "Populus" e aos seus defensores. No máximo, caberia falar em "Partido Popular", ou "Partido dos Populares", em oposição ao "Partido Senatorial". Como o revela a História da República, ambos esses "partidos", em um determinado momento, foram representados, respectivamente, por Mário e Sila, o primeiro, cavaleiro, e o segundo, patrício. Não nos parece prudente falar em um "Partido Democrático", *mesmo porque em Roma jamais houve uma "soberania popular"*. Sob o verbete "Populus", escreve Gutiérrez Alviz que esta palavra, por ele traduzida como "Pueblo", significa "Povo", isto é, *o conjunto de cidadãos*. Em Roma, aduz, o vocábulo "Populus" *compreendia tanto os patrícios quanto os plebeus*. Organizado politicamente, o "Populus" era *um dos elementos da Constituição Política,* tanto à época da Realeza, quanto no período da República, *junto com as magistraturas e o Senado*. O autor faz remissão a Gaius, 1, 3, sendo que, ao tratar da expressão "Populus Romanus", a dá como sendo um sinônimo de "Populus". Ao finalizar o verbete, o romanista remete à palavra "Comitia".[293] Monier, ao tratar do "Populus", traduz a palavra por "Peuple", aduzindo que "Populus" é *o conjunto dos cidadãos de uma cidade*.[294] O conceito não deve nos iludir. É ele aparentemente tautológico, ao colocar em relevo o "conjunto dos cidadãos de uma cidade". Entretanto, trata-se de um conceito cientificamente correto. O autor fala em "conjunto dos cidadãos", e não em "conjunto dos habitantes", atento à cosmovisão da Antigüidade, na qual, "Servus est res". Ainda Monier trata da expressão "Populus Romanus", que traduz por "Peuple Romain", em vernáculo "Povo Romano". Aduz que se trata *da coletividade constituída pelo conjunto dos cidadãos romanos*. Acrescenta que durante a República, às vezes, costumava-se opor o "Populus Romanus" ao Senado e à Plebe. V. César da Silveira, sob o verbete "Populus", que traduz por "Povo", ensina que, do ponto de vista etimológico, "Populus" significa *o conjunto dos patrícios e plebeus,* também querendo dizer "Exército". "Populus" opõe-se a "Plebs", e também a nobreza. *É possível,* ajunta, que, primitivamente, "Populus" tivesse o sentido de "Exército", e "Plebs", o de "Multidão". Adverte o autor, e tal advertência é muitíssimo importante, do ponto de vista do Direito Público Romano, e do ponto de vista das relações de Poder, em Roma, *que não*

---

[293] V. o "Diccionario de..." cit., página 475.
[294] V. "Vocabulaire de Droit Romain", Paris, Éditions Domat Montchrestien, quatrième édition, 1948, página 242.

existe uma só passagem, nas fontes, em que "Populus" signifique, apenas, a classe dos patrícios. Ao fazer esta assertiva, César da Silveira a embasa em Padelletti-Cogliolo. A seguir, o autor reproduz o ensinamento de Von Ihering, para quem, etimologicamente, "Populus" significa "a massa dos jovens" (Kuhn). A palavra vem de "Pulus", que significa "Jovem". "Puer" e "Pubes" seriam do mesmo gênero (sic). A forma "Populus" (Po + pulus), ainda de acordo com Von Ihering, ter-se-ia formado graças a um redobramento de sílabas.[295] Prosseguindo, afirma César da Silveira que a reunião de todos os membros de uma corporação, também recebe o nome de "Populus" ou de "Ordo".[296] Para os nossos fins, importa o que o autor diz, no sentido de que o "Populus" é dividido em centúrias e subdividido em decúrias. Segundo Lavedan, cada centúria do "Populus" possui um chefe, o "Centurião", assessorado por um lugar-tenente, o "Optio", *como na Legião*. Aduz que, segundo Mommsen, *talvez* o "Populus" tenha significado, em algum tempo, apenas a comunidade dos patrícios, começando, depois, a designar o conjunto dos patrícios e plebeus.[297] Cremos que César da Silveira se equivoca, ao afirmar que "Populus", "Pulus", "Puer" e "Pubes", pertencem ao mesmo "gênero"... não nos parece que Von Ihering pudesse ter dito uma tal coisa. Com efeito, "Populus, i", é um substantivo da segunda declinação, *do gênero masculino*. "Pullus, i" (e não "Pulus", com apenas um "l"), é por igual um substantivo da segunda declinação, do gênero masculino. De maneira análoga, "Puer, i", é um substantivo *do gênero masculino*, da segunda declinação. Mas "Pubes, is", é um substantivo da terceira declinação, *do gênero feminino*.[298] Parece-nos que o autor tenha desejado dizer que se trata de palavras *possuidoras do mesmo radical*, o que é diferente. Se "Populus", segundo Von Ihering, foi uma forma resultante de um redobramento de sílaba, é possível que haja, entre "Pullus, i"; "Puer, i" e "Pubes, is", *uma identidade de radicais*. Aliás, somos inclinados a crer nisto, quando levamos em conta que "Pullus, i" significa "filhote", "cria" (de animal), "potro", "criança gordinha, robusta", "pimpolho"; que "Puer, i" quer dizer "menino", "rapazi-

---

[295] V. "Dicionário de Direito Romano", São Paulo, José Bushatsky, Editor, 1957, 2º volume, página 519.

[296] V. o "Dicionário..." em epígrafe, vol. e loc. cit..

[297] V. o "Dicionário...", por último mencionado, vol. e loc. cit..

[298] V. de Fernando de Azevedo, "Pequeno Dicionário Latino – Português", São Paulo, Companhia Editora Nacional, 1949, páginas 146 e 158.

nho", "criança", "filho" (pequeno), "jovem", "rapaz", "escravo" e "moço"; e que "Pubes, is" tem os significados de "buço", "penugem", "pêlo", "puberdade", "mocidade", *"gente apta a pegar em armas"*, "povo" e "nação".[299] César da Silveira trata em dois verbetes separados do "Populus" e do "Populus Romanus". A expressão "Populus Romanus" é traduzida por "Povo Romano." Dá ele, ainda, uma outra forma para "Populus Romanus", que é "Populus Romanus Quiritium". "Populus Romanus" *é a denominação técnica do Estado*, considerado como pessoa. Segundo Arangio-Ruiz, citado pelo autor, a alocução "Populus Romanus" expressa, com clareza, a concepção que os romanos tiveram de *um agrupamento de pessoas físicas*. A característica do "Populus Romanus" *é a Soberania*, que o extrema não só dos particulares, mas, por igual, das comunidades subordinadas, que "privatorum loco habentur" (Digesto, 50, 16, 16). O autor acrescenta que a qualificação de ente soberano é "absorvente", para os romanos. O Estado Romano possui o seu patrimônio, como qualquer pessoa jurídica; patrimônio que é de todo independente do patrimônio dos indivíduos: – Trata-se do "Aerarium Populi Romani".[300]

Façamos algumas observações. Preferimos, em se tratando do Direito Público Romano, falar de "Imperium", e não de "Soberania". E julgamos mais adequado falar da "Urbs", e da "Res Publica" ou do "Império Romano", *do que falarmos do "Estado"*. Esta denominação deve ser reservada para as entidades políticas surgidas, na Europa, após o Tratado de Westfália. O "Populus Romanus" reunia-se nos "Comitia". Assim, temos que saber em que consistiam eles. Monier traduz a palavra por "Comices", conceituando-os como *Assembléias do povo romano*, constituídas pelos cidadãos que tinham atingido a idade do serviço militar, e que eram convocadas pelo Rei, e, mais tarde, pelos magistrados republicanos.[301] César da Silveira repete, em linhas gerais, o que escreve Monier.[302] E alguma originalidade tem Gutiérrez Alviz, o qual escreve que se tratava de *assembléias do "Populus Romanus"*, convocadas por quem tinha a faculdade de o fazer, segundo a época histórica que se leve em conta, e o tipo de assembléia que se considere (por Cúrias, por Centúrias, por Tribos), sendo que tais assembléias tinham a sua competência também particularmente determinada.

---

[299] V. o "Pequeno Dicionário..." cit., página 158.
[300] V. "Dicionário..." cit., 2º volume, páginas 519 e 520.
[301] V. "Vocabulaire..." cit., página 71.
[302] V. "Dicionário..." cit., 1º volume, página 142.

O exame dos diversos tipos de "Comitia", refoge aos nossos objetivos. Basta-nos saber que eles eram assembléias do "Populus Romanus", e qual foi o seu destino, sob o Principado. Ao opinar sobre o "Populus Romanus", Londres da Nóbrega ensina que *o Estado Romano confundia-se com o Povo Romano*. O que pertencesse ao primeiro, pertenceria ao segundo: – Era uma "res publica". Na época da República, era possível distinguir dois elementos: – o tesouro público, o "Aerarium Populi Romani", e os outros bens do Estado. O "Aerarium" personificava o "Populus Romanus", *sob o ponto de vista patrimonial*. O "Populus Romanus" *usufruía de uma posição "sui generis"*, e não podia ser considerado pessoa de Direito Privado, porque esta era uma prerrogativa do cidadão romano, e o "Populus" não era "civis." O "Populus Romanus" realizava atos jurídicos com particulares, por meio de seus magistrados, *mas tais atos eram regidos pelo Direito Público, e não pelo Direito Privado*. O cidadão particular não podia usar de meios judiciais contra o Estado, devendo apelar para os meios administrativos.[303] Lembramos que a Antigüidade não conheceu uma fronteira rígida entre o "Público" e o "Particular". Além disto o "Estado" antigo *era monista*. Logo, o fato de o cidadão não poder lançar mão de meios judiciais *contra o Estado*, era um corolário, inevitável, de que, contrariamente ao que hoje sucede, na Antigüidade era inconcebível uma liberdade *"contra"* ou *"em relação ao"* Estado. A tal ponto a vida do indivíduo se imbricava com a da comunidade, que muito pouco restava para o que hoje denominamos "esfera individual". Com o Principado, houve um decréscimo da importância do Senado. *A mesma coisa ocorreu com o "Populus Romanus", em função do desaparecimento dos "Comitia"*, como o refere Rascón García: – Sob o Principado, a voz do Senado se transformou em um simples eco da "voluntas" do César, *e os comícios, trasladadas algumas das suas atribuições ao Senado, desapareceram à época de Nerva*, nas proximidades do século I d. C., sem embargo de Augusto ter recorrido a eles, para colocar em vigor diversas leis.[304] Pensamos que, além do fortalecimento do poder imperial, uma outra causa, de ordem prática, teria contribuído para o enfraquecimento e para o desaparecimento dos "Comitia". Referimo-nos ao crescimento do Império Romano, e ao crescimento da "Urbs", a qual, de uma modesta aldeia, *convertera-se na Capital de um império mundial*. Ora, os "Comitia" haviam sido orga-

---

[303] V. "História e Sistema..." cit., páginas 133 e 134.
[304] V. "Manual..." cit., página 135.

nizados, na Realeza, para atender às necessidades de uma *pequena comunidade*. Em uma cidade populosa, a sua convocação se tornava problemática. Em abono do afirmado, trazemos à baila a informação de Jacques Herman, de que o Império Romano possuía, no seu apogeu, cerca de oitenta milhões de habitantes, dos quais aproximadamente um milhão fixados na Capital.[305]

Ao tratar dos "Comitia" durante o Principado, Kunkel afirma que, ao passo que as magistraturas seguiram subsistindo até a época tardia de Roma, como pálido reflexo, cada vez mais débil, do seu passado esplendor, *o segundo fator da vida constitucional da República,* as assembléias cívicas, *desapareceu insensivelmente do campo das realidades políticas pouco depois de Augusto.* Sob Tibério, o "Populus" perdeu, em favor do Senado, a faculdade de eleger os magistrados, quando se tratava, verdadeiramente, de selecionar entre vários candidatos. O "Populus" passou a desempenhar, apenas, *o papel de comparsa*, nas solenidades estatais que tivessem que ser celebradas segundo a tradição republicana. Tal evolução não deve causar estranheza, dado que as assembléias cívicas haviam perdido, havia tempo, *o seu sentido como organização política em que participavam todos os cidadãos*, e se haviam convertido em um instrumento constitucional incômodo, e inclusive perigoso, *graças ao predomínio do proletariado da Capital*.[306] Tácito refere a atitude de Tibério, no sentido de retirar aos "Comitia", e passar para o Senado, uma atribuição que, tradicionalmente, sempre fora da assembléia do "Populus Romanus".[307] Bobbio "et alii", referem que os "Comitia", no Principado, após terem conhecido *uma breve revivescência da sua atividade legislativa no tempo de Augusto*, depressa entraram em decadência. A razão para isto, teria sido a de que eles eram *uma instituição tipicamente ligada à cidade-Estado*, que, sob o Principado, teria que subsistir em um Estado de proporções mundiais. No plano político, é claro que um órgão que sempre constituíra a expressão da vontade popular, não poderia encontrar espaço em um sistema como o Principado, o qual, consolidando-se, tendia para o poder absoluto. A decadência dos "Comitia" foi mais rápida e completa no que diz respeito às funções legislativa e judiciária (matéria penal); a função eletiva dos magistrados se manteve, ao contrário, por mais tempo, *se bem que em condições*

---

[305] V. "Guia de História..." cit., página 53.
[306] V. "História del..." cit., páginas 59 e 60.
[307] V. "Anais" cit., Livro I, página 32.

puramente formais, pois os Comícios sufragavam nomes que eram coativamente propostos pelo Imperador ou pelo Senado. Os "Principes", de resto, sentiam a necessidade de pedir ao "Populus" a confirmação formal do seu poder; é nesta perspectiva, que se explicaria a "Lex de Imperio." Referem, os autores, a "Lex de Imperio Vespasiani", elaborada nos moldes de um senatusconsulto, onde estão declinadas as competências do Imperador. Ao senatusconsulto, está unida a "sanctio" do Comício".[308] Bobbio "et alii" não destoam da opinião que externamos, no sentido de que os "Comitia", adequados às proporções de uma pequena comunidade, tornaram-se anacrônicos em um Império Universal. Aliás, *as instituições republicanas padeciam de anacronismo, relativamente às novas realidades, surgidas da necessidade de governar um império.* Não só os "Comitia" se tornaram anacrônicos: – O antigo "Exército de Cidadãos" teve que ser substituído por um *exército profissional,* apto a patrulhar e a manter as fronteiras em três continentes; as antigas magistraturas não eram eficientes como o foi *a burocracia imperial,* organizada hierarquicamente, constituída por *funcionários remunerados pelo Imperador, e perante ele responsáveis,* e assim por diante. Discordamos de Bobbio "et alii", quando afirmam que os Imperadores sentiam a necessidade de pedir ao "Populus" a confirmação formal do seu poder, sendo que nesta perspectiva é que se inseria a "Lex de Imperio". Que esta se tratava de uma formalidade, não há a menor dúvida. Sucede que os "Principes" não "sentiam a necessidade" de pedir, ao Povo, a confirmação do seu poder. Como o demonstra De Francisci, é "inaceitável" a opinião dos que levam para a época primitiva o conceito de soberania popular.[309] O "Imperium" não derivava, para o magistrado republicano, da "Lex de Imperio". Derivava-lhe da sua "Creatio" como magistrado. E tal "Creatio" existia, a partir do momento em que o magistrado havia recebido os auspícios. A partir deste ato, *religioso,* do recebimento dos auspícios, o magistrado republicano (e antes dele o Rei), *estava habilitado a tratar com o "Populus".* Postas as coisas nestes termos, a "Lex de Imperio" *não outorgava o "Imperium" a ninguém,* sendo antes *uma conseqüência de alguém ostentar, "a priori" e em função da "Creatio", o "Imperium".* E a "Lex de Imperio Vespasiani" constituiu um "pacto de governo", firmado entre o primeiro dos Flávios e os governados. Londres da Nóbrega confirma que os Comícios quase

---

[308] V. "Dicionário..." cit., volume 2, página 994.
[309] V. "Síntesis Histórica del Derecho..." cit., página 90.

não se reuniram, durante o Principado. No início da Nova Ordem, eles ainda conservavam certa competência eleitoral, "a posteriori" transferida para o Senado. Quanto à função judiciária em matéria criminal, perdera-se, desde o fim da República, com a instituição das "Quaestiones Perpetuae". Assinala o autor, no entanto, que os "Comitia" ainda tiveram função legislativa, até o final do primeiro século da Era Cristã, quando, a partir daí, perderam-na.[310]

Ao tratar da "Tribunicia Potestas" de Augusto, Londres da Nóbrega elucida que os poderes dela decorrentes, a partir de 23 a. C., *eram os mais amplos possíveis*, e compreendiam os seguintes: – a) A "Intercessio"; b) O "Jus agendi cum Populo et cum Patribus"; c) O "Jus coercitonis". Augusto, tendo a "Tribunicia Potestas", *não se tornou colega dos demais tribunos*.[311] O detalhe é pleno de interesse: – Detentor dos poderes de uma magistratura popular, Augusto pairava acima dos demais tribunos. Este dado é inteligível apenas à luz do fato de que Otaviano *destacou os poderes das magistraturas, do exercício das próprias magistraturas*. E isto, é claro, influía no relacionamento do "Princeps" com o "Populus".

Rascón García afirma que, sob Augusto e Tibério, conheceram os "Comitia" *um breve período de atividade*. Depois desta fase, eles deixaram de se reunir, *esgotando-se a "lex" votada nas assembléias populares, como fonte do Direito*. Por seu turno, o "Jus Honorarium", por força da *decadência das magistraturas dotadas do "Jus Edicendi"*, entrou em crise. O edito dos magistrados se transformou em "edictum perpetuum", quer dizer, o do antecessor era recolhido pelo novo magistrado. Por fim, o edito foi compilado por Sálvio Juliano, sob Adriano.[312] É significativo, do prisma das relações do Poder, que Adriano tenha determinado a compilação do edito dos magistrados, assim esgotando o "Jus Honorarium" como fonte do Direito. Este "Princeps" foi *essencialmente centralizador*. O estudo do progressivo decréscimo da importância dos "Comitia", tem que ser levado a cabo libertando-se, o pesquisador, da visão atual das instituições, e buscando olhar para a Antigüidade, com a mundividência dos antigos. Isto implica em nos libertarmos do excesso de formalismo jurídico que assinala a nossa época, e em nos livrarmos dos preconceitos cientificistas que, assinalando o século XIX, refletiram-se na última centúria.

---

[310] V. "História e Sistema..." cit., página 85.
[311] V. "História e Sistema..." cit., página 82.
[312] V. "Manual de Derecho..." cit., página 137.

A Ciência do século XIX foi *eminentemente reducionista e agnóstica*. E, em especial após as obras de Darwin, Spencer e Comte, tal ciência primou por ser dessacralizadora, negando, ao homem, qualquer transcendência. Ora, uma valoração das instituições da Antigüidade, feita segundo estes critérios, seria acanhada e insuficiente. Por este motivo, ao estudarmos a perda de importância do "Populus Romanus" e das suas assembléias, durante o Principado, temos que ter em conta, *não apenas a dimensão mística e religiosa do sistema instaurado por Augusto, mas também, a sua base sociológica*. Hubeñák afirma que *a base sociológica do Principado foi o próprio Otaviano*, divinizado como "patronus" de todas as classes de cidadãos da Itália e das províncias, ligados entre si pela "fides"; amalgamada *na mística político-religiosa da "Roma aeterna"*. Dion Cássio, citado pelo autor, registra: – "Foi assim que o poder do povo e do Senado passa por inteiro a Augusto, e que a partir desta época foi estabelecida uma monarquia pura".[313] Concordamos com Hubeñák, no que tange ao fato de que a base sociológica do novo sistema político e jurídico, foi o próprio Augusto.

VII.b – As prerrogativas do "Princeps"

Buscaremos fazer uma exposição, breve, das prerrogativas do Príncipe, propedêutica à sua interferência na criação do Direito e na produção das Constituições Imperiais. De plano, desejamos consignar o que enuncia Eugène Petit, a propósito das conseqüências da mudança da forma de governo – da República para a Monarquia – acarretadas para o exercício do poder legislativo. Segundo o autor, sob o Principado, o Direito continuou a evoluir até a morte de Alexandre Severo. O costume persistiu sendo uma fonte ativa do Direito não-escrito. Mas, quanto ao Direito escrito, *a mudança na forma de governo acarretou modificações no exercício do poder legislativo*.[314] Observaríamos que a expressão "função legislativa" seria preferível à expressão "poder legislativo", por ser mais consentânea com a época histórica ora em estudo.

---

[313] V. "Roma – El Mito..." cit., página 160. A citação de Dion Cássio é retirada de I, III, 17.

[314] V. "Tratado Elemental de Derecho Romano" – Tradução espanhola de José Ferrández González – Buenos Aires, Editorial Universidad S.R.L., reimpressão, 1999 (Com uma introdução de Rudolf Von Ihering), página 60 – Original em francês.

Moreira Alves menciona que o "Princeps" tinha o direito à cadeira curul, ocupava o lugar de honra entre os dois Cônsules, envergava, em geral, a "toga praetexta", usava a coroa de louros, e a sua efígie era cunhada nas moedas. A completar estas prerrogativas, acrescentamos que, uma vez falecido, o Imperador era divinizado "post mortem".[315] As insígnias do Poder utilizadas em Roma, e usadas, inclusive, pelos "Principes", ao que tudo indica, *não eram autóctones*. Gaudemet acredita na *origem etrusca* de tais exteriorizações do poder: – As insígnias de poder *dos reis etruscos*, descritas por Dionísio de Halicarnasso, foram retomadas em Roma: – a coroa de ouro, o tamborete desmontável revestido de marfim (a futura "sella curulis"), o cetro encimado pela águia, o manto e a túnica de cor púrpura, com relevos em ouro. Aduz que o rei etrusco *era acompanhado por um litor, que carregava os fasces, com o machado duplo*.[316] Esta parafernália foi usada durante a Realeza e a República, sobrevivendo no Principado. Recordemos que cada um dos Cônsules dispunha de uma escolta de doze litores, sendo que o "Dictator" era acompanhado por vinte e quatro deles.[317] Ao tratarmos das prerrogativas do "Princeps", temos que ter em mente a noção de "Imperium", que é *nuclear no Direito Público Romano*. É uma idéia central do Direito da Gente do Lácio, sem cuja compreensão as suas instituições seriam, para nós, *ininteligíveis*. De Francisci ensina que a idéia de ser necessária a autoridade de um chefe, para que o grupo social possa viver, recebeu a sua consagração constitucional *no reconhecimento do "Imperium" ao Magistrado*, sendo, ele, o "poder soberano por meio do qual se exerce a vontade do Estado".[318] Afirma De Francisci que Cícero tentou justificar esta idéia central do Direito Público Romano, com uma argumentação filosófico-teológica. Sucede que tal justificação *não era necessária* para a consciência romana: – estava tão profundamente enraizado nela o princípio do "Imperium", que ele *não apenas se manteve, como, inclusive, se aperfeiçoou*, quando cresceram em número as magistraturas, e quando a atividade do magistrado desenvolvia-se em colaboração com outros órgãos. E isto porque *o primeiro motor da vida do Estado continuou a ser, sempre, o titular do "Imperium"*, o qual represen-

---

[315] V. "Direito..." cit., vol. I, página 50.
[316] V. "Institutions de L'Antiquité", Paris, Sirey, 1967, página 258.
[317] V. de Don Faustino Gutiérrez Alviz, "Diccionario de..." cit., páginas 133 e 169.
[318] V. "Síntesis Histórica..." cit., página 7.

tava *a essência e a unidade espiritual da "civitas"*, dirigia a sua atividade e promovia o seu desenvolvimento.[319] É importantíssimo este dado: – O primeiro "motor" da vida do Estado, foi sempre o titular do "Imperium", ao tempo da Realeza, e ao tempo da República. E assim continuou a ser, no Principado. A genialidade política de Augusto consistiu, inclusive, em acumular todos os poderes das antigas magistraturas, *desvinculando tais poderes dos cargos aos quais, tradicionalmente, estavam ligados*. O que queremos dizer, é que Augusto e os seus sucessores *concentraram em si mesmos o "Imperium"*, uma vez que os funcionários por meio dos quais governavam, não passavam de delegados, de "legati" do Imperador.

O estudo das prerrogativas do "Princeps" quedaria órfão de um importante elemento, se não abordássemos o aspecto religioso da assunção do Poder por Otaviano: – O religioso permeia todos os aspectos da vida da Antigüidade. Cancelli assevera, quanto à assunção do Poder por Otaviano, que ele, por direito hereditário, graças a haver sido adotado por César, tornou-se "Divi filius", sendo que este título serviu para criar, para Otávio, *uma auréola religiosa de generalizada reverência*.[320] Lembremos que Augusto assumiu o título de "Pontifex Maximus"; que existiu o culto ao "Princeps" em vida, *ao menos nas províncias orientais*, e que houve, também, o culto ao "Genius Augusti". Foi construída a "Ara Pacis Augusti". Por derradeiro, a adoção de Otaviano por César, é a prova de que *o instituto da adoção, pleno do fator religioso entre os romanos*, desempenhou um papel de relevo também no âmbito do Direito Público, e, inclusive, na História do Principado. Um outro elemento indispensável à compreensão das prerrogativas e dos poderes do "Princeps", radica na concessão, a Augusto, do título de "Pater Patriae". Este foi, significativamente, o último título outorgado a Augusto. No passado, diz Cancelli, o título *já fora atribuído aos salvadores de Roma*, possuindo *um significado moral, político e psicológico*. Sêneca, ao tratar dos poderes e dos deveres do Imperador, irá cuidar deste atributo, *colocando-o em correlação com os poderes e os deveres do "Pater Familias"*. Ainda segundo Cancelli, autores ilustres, como Paratore e Marongiu, dão uma grande ênfase ao título em epígrafe, ao ponto de crerem que a definição

---

[319] V. "Síntesis Histórica...", loc. cit..
[320] V. o verbete "Principato", "in" "Novissimo Digesto Italiano", Diretto Da Antonio Azara e Ernesto Eula, Torino, Unione Tipografico – Editrice Torinese, terza edizione, 1957, vol. XIII, página 874.

do Principado e a identificação da sua essência, *possam ser colhidas naquele título com as suas implicações,* quase como se, justamente, tivesse se operado uma transferência da "Patria Potestas", do campo do Direito Privado, para o do Direito Público.[321] Algumas considerações devem aqui ser feitas. Lembramos, com Hannah Arendt, *que a palavra "Pátria" é romana.*[322] Recordamos, com estribo na autora, *a enorme importância que tinham os antepassados, para a mundividência da Gente do Lácio.*[323] Pensamos, outrossim, que a outorga deste título a Augusto, título que, do ponto de vista cronológico, soa contraditório, associou o seu portador ao "ato inaugural" da fundação da "Urbs". E sabemos quão básico, "único", e não passível de repetição, era o ato da fundação da Cidade. No que tange à transposição do conceito de "Patria Potestas", do campo do Direito Privado, para o do Direito Público, nós a consideramos plausível, mesmo porque confirma o ensinado por Fustel De Coulanges, no sentido de que o Direito Privado é anterior ao Direito Público.[324]

Para Cancelli, o título de "Pater Patriae" teve um significado moral, político e psicológico. Burdese o considera "de evidente conteúdo ético-político".[325] Concordamos com os dois autores. Mas acrescentaríamos que *o título de "Pater Patriae" estava impregnado também, e profundamente, do elemento religioso, falando alto à alma romana, em função do culto do passado, e da mística da fundação da "Urbs".* Temos insistido em que o Principado não era uma Monarquia Absoluta. Mas como vimos com lastro em Duverger, não lhe podemos negar o cunho de "Autocracia". Ora, segundo Duverger, e isto reforça a nossa opinião sobre o cunho, *inclusive religioso,* do título de "Pater Patriae", a autocracia, em todas as suas formas, supõe, para surgir e se manter, "uma concepção quase religiosa do poder".[326] Razão assiste ao autor: – Entre os muçulmanos, o Califa era chamado de "Guia dos Crentes", e, até a Revolução de 1917, na Rússia, o Imperador, entre outros títulos, ostentava o de "Czar Ortodoxo". A posição do Princeps, e as suas prerrogativas, colocavam-no em uma situação especialíssima. Segundo Alexandre Correia e Gaetano Sciascia, o Imperador gozava

---

[321] V. o verbete "Principato", "in" "Novíssimo Digesto...", vol. cit., página 880.
[322] V. "Entre o Passado e..." cit., página 162.
[323] V. "Entre o Passado e..." cit., página 166.
[324] V. "A Cidade...", cit., página 100.
[325] V. "Manual de Derecho..." cit., página 193.
[326] V. "Os Regimes..." cit., página 16.

de um prestígio pessoal ("Auctoritas"), *que o punha "primus inter pares"*.[327] Engel e Palanque afirmam que o Imperador era *mais do que um monarca*, porquanto ele era um patrono, ou melhor, *um "Pai"*. Em todos os quadros sociais que nos são familiares, costumes velhíssimos teciam, em Roma, *uma rede de relações pessoais*, mais de natureza moral do que jurídica, *entre patronos e clientes*. Os clientes cumpriam determinados deveres. E os patronos deviam proteger os clientes com os seus recursos, garantindo-lhes a promoção. O prestígio de um patrício, *era medido pelo tamanho da sua clientela*. Foi assim que a "fides", o respeito dos compromissos recíprocos, tornou-se *uma virtude fundamental, e posta à prova todos os dias*. O Principado, *uma ordem revolucionária*, modificou as relações sociais. Augusto privou os nobres da sua clientela, *impondo o seu patronato ao dos aristocratas*. O patronato dos patrícios passou por uma desvalorização, sendo que *a função patronal do Imperador, confundiu-se com a sua função política*, sobrecarregando esta de obrigações tácitas, *ao remodelar o conceito de Poder*. O Príncipe devia assistência a cada um e a todos; devia dar pão e diversão à plebe, gratificações ao Exército, auxílio aos senadores empobrecidos e indenização às vítimas de calamidades naturais. Devia, também, erguer monumentos e cobrir o déficit do Erário Público.[328] As prerrogativas de Augusto e dos seus sucessores, influiriam no que Bobbio "et. alii" chamam de "unicidade ínsita" na idéia de Império, que sobreviveria ao Principado. Assim como Augusto fora o único chefe e o guia único do "Orbis Romanus", assim também o "Basileus" deveria sê-lo para o mundo "civil" oriental de idioma e cultura gregos, o "Piissimus Augustus" germânico para o Sacro Império Românico-Germânico, e o Czar para o mundo eslavo-oriental. Apenas com o período napoleônico, e o definitivo fim do Mundo Medieval, entra-se "numa era de concorrência paralela e de não-unicidade também conceptual de Império, vindo este termo a designar somente um particular e relevante tipo de Estado (Império dos franceses, da Áustria, da Alemanha, de todas as Rússias, etc.".[329] Razão assiste aos autores: – Moscou era chamada "a terceira Roma".[330] É interessante o que regis-

---

[327] V. "Manual de Direito Romano", São Paulo, Edição Saraiva, 4ª edição revista e aumentada, 1961, vol. I, páginas 15 e 16.

[328] V. "O Império..." cit., páginas 10 e 11.

[329] V. o "Dicionário de..." cit., vol. 1, página 622.

[330] V. de Robert K. Massie, "Nicolau e Alexandra" – Tradução de Maria Teresa Ramos, Venda Nova – Amadora, Editorial Ibis, 1ª edição, 1969, página 5 – Original em inglês.

tram Bobbio "et alii", sobre o *esplendor* e a *dignidade* do "Imperium Populi Romani". Havia a concepção comum da grandeza e sublimidade do Império. Na época romana, o "Princeps" antes, e "a posteriori" o "Dominus", *eram cercados do esplendor e da dignidade viva e substancial do "Imperium Populi Romani"*. A justificação, antes mundana e depois religiosa dada, no Mundo Romano, *da perpetuidade do Império,* continha nela a dignidade excelsa do cargo e função daquele que era revestido desta autoridade. Tal conceito, com o decurso do tempo, não diminuiu, porém cresceu, *especialmente na concepção bizantina e na do restaurado Império Romano-Germânico*. Neste último, até a sublimidade da idéia imperial parece substituir a fragilidade substancial, a debilidade ou a semi-existência do poder real.[331] Na verdade, enfeixava Augusto *um conjunto extraordinário de poderes*. Anotam Engel e Palanque que, derrotado o último rival, *e conquistada uma onipotência de fato,* Otaviano "normalizou a sua situação excepcional", impondo pouco a pouco "consensu universorum", um conjunto extraordinário de poderes, *consentidos e legalizados, antes que regularizados*. Mesmo admitindo-se que cada um desses poderes existisse na tradição republicana, *o conjunto constituiu uma inovação, e até, uma revolução política*. Ademais, o prestígio, o patronato exercido sobre todas as pessoas, e o culto imperial, conferiram a Augusto *um poder efetivo superior à soma exata dos poderes que ele detinha*.[332] Aduzimos que, de fato, Augusto podia muito mais do que poderia "de jure", atributo que passou para os que o sucederam. Entre os diversos títulos de Augusto e dos "Principes" que se lhe seguiram, estava o de "Imperator". Segundo Sílvio Meira, o étimo vem do dialeto osco. Era um título que, no final da República, *os soldados costumavam conceder por aclamação aos seus generais*. César foi cognominado "Imperator", embora não dispusesse das atribuições e prerrogativas que, ulteriormente, foram concedidas a Augusto. No final da República, "Imperator" era o comandante supremo das forças militares. César, mercê dos poderes encerrados no título, *tinha assento no Senado, superior ao dos Cônsules, na "sela curul"*.[333] Sílvio Meira, ao tratar da palavra "Príncipe", ensina que a designação provinha de "Princeps Senatus", por ser ele o primeiro do Senado.[334] A propósito desta origem do

---

[331] V. o "Dicionário...", vol. e loc. cit..

[332] V. "O Império..." cit., páginas 11 e 12.

[333] V. "História e Fontes Do Direito Romano", São Paulo, Editora da Universidade de São Paulo – Edição Saraiva, 1966, páginas 114 e 115.

[334] V. "História e Fontes..." cit., página 115.

nome "Princeps", devemos consignar que, como verificamos, há uma diferença entre as expressões "Princeps Senatus" e "Princeps Omnium", ou "Princeps Civium". Por derradeiro, o autor cura do título de "Augustus". Segundo ele, a transferência de tantas atribuições para um só homem, cognominado "Augusto", implicou em *numerosas transformações sofridas pelas instituições políticas*. Até então, o título fora uma exclusividade *das coisas santas*. A sua concessão a Otávio, que passou a chamar-se "Augusto", "bem demonstra o alto grau atingido pelo absolutismo imperial".[335] Não concordamos com a expressão "absolutismo imperial" aplicada ao Principado. Autocrática embora, a monarquia implantada por Otaviano *não era "absoluta"*. Se o tivesse sido, não poderia ter inspirado, a Mommsen, a Teoria da Diarquia.

Insistamos no título de "Augustus", pleno de significado, inclusive *de cunho místico e religioso*. Reservado, até então, a certos deuses "aumentadores", o título *relacionava-se com a mística da fundação de Roma, aproximando Otaviano de Rômulo, e colocando em evidência a origem da "Gens Julia"*. É fácil inferir o resultado da outorga deste título a Otaviano: – ele serviu para legitimar e sacralizar o seu poder político. Kunkel afirma que a palavra "Augusto" é "intraduzível", uma vez que o seu significado oscila entre "implicações religiosas e puramente humanas". Pode significar "santo", mas igualmente "excelso" e "honorável". Segundo o autor, o nome "Augustus" foi escolhido, exatamente, por ser plurívoco.[336] Como observa Hubeñak, a sacralização do poder imperial implicava na sacralização do Estado "predestinado", que ele representava. Roma passava a ser, não apenas uma idéia, mas também *uma realidade viva*. E a mentalidade prática dos romanos, *adepta dos pactos*, considerava que este acordo entre os deuses e o Estado *seguiria existindo eternamente*, na medida em que os romanos conservassem a "fides" e a "pietas", *garantidas pela "pietas" do Imperador*. Esta concepção tem antecedentes no "Pro Murena", de Cícero. Foi adotada pelos filósofos, e, depois, adaptada por Sêneca à época, nos termos seguintes: – "O Príncipe é a alma da *res publica* e a *res publica* é o corpo do Príncipe".[337] ("De Clementia", I, 5, 1.) Aduzamos que Sêneca era um representante do Estoicismo,[338] e que esta

---

[335] V. "História e Fontes...", loc. cit..
[336] V. "Historia del...", e, especialmente, a nota de rodapé de nº 8, da página 55.
[337] V. "Roma – El Mito..." cit., página 173 – itálico no original.
[338] V. de Humberto Padovani e Luís Castagnola, "História da Filosofia", São Paulo, Edições Melhoramentos, 6ª edição, setembro de 1964, vol. 1, páginas 114 e 115.

corrente filosófica exerceu uma forte influência na vida política de Roma, por meio do ideal do "bom governante". A propósito de a mentalidade romana ser propensa aos pactos, concordamos com Hubeñák. Tal não podia ser diferente, em um povo que tinha um senso tão profundo do elemento jurídico. A transposição deste espírito para o Direito Público, e para a vida política, é algo que se nos afigura plausível. Vislumbramos outrossim, na conservação da "fides" e da "pietas", a presença da "Tríade Romana" de Hannah Arendt. Por derradeiro, há um detalhe semântico que é preciso elucidar, a saber, a "Pietas, atis" e o "Pius, a, um" da cosmovisão pagã dos romanos (até Constantino), não correspondem, com exatidão, à nossa "Piedade" e ao adjetivo "Piedoso", da revelação judaico-cristã. É este um pormenor semântico. Mas tais detalhes, não raro, se revestem de importância.

Da lição de Hubeñák, emerge *mais uma prerrogativa do "Princeps"*, que talvez seja a mais importante de todas: – Ele, com a sua "Pietas" era *o fiador da eternidade de Roma,* na medida em que garantia a continuidade do pacto celebrado entre os deuses e o Estado. Esta prerrogativa do Imperador *era personalíssima e intransferível.* E estas considerações demonstram como eram insuficientes e lacunosas as explicações, "racionais" e "lógicas", dadas para estes assuntos pela Ciência do século XIX. Consignamos, na esteira de Hubeñák, que a concepção ciceroniana da Religião, *influenciou Augusto na fundação do Principado.* Em Cícero, a religião tem um caráter político. Esta concepção do orador se distanciava do ideário estóico cosmológico, *e se inclinava para um mundo político concreto.* Ela influenciou Augusto. De fato, afirma Hubeñák, Augusto fez seu o chamamento para construir a "nova História", identificando-a com Roma. Por outro lado, tais teorias coincidiam *com o esquema político-religioso de Augusto,* o qual, baseando-se na eternidade de Roma, *justificaria a centralização do poder em sua pessoa divinizada,* para garantir o cumprimento da missão providencial que a ele estava predestinada, na nova "Idade de Ouro" que, então, tinha início.

Iglesias assevera que os poderes de Otaviano "o colocam em situação preeminente sobre os demais órgãos constitucionais".[339] E Londres da Nóbrega, fazendo remissão a De Francisci, enumera as mais importantes atribuições do "Princeps": – 1ª) O direito de fixar, mudar, regular, mediante "leges datae", os regulamentos das províncias, dos municípios, das colônias; o direito de conceder a cidadania aos latinos, a latinidade aos peregrinos, o "conubium" aos não-cida-

---

[339] V. "Derecho Romano..." cit., página 30.

dãos, a ingenuidade aos libertos, o direito de distribuir o "ager publicus" aos veteranos; 2ª) O direito de fazer a guerra e de celebrar a paz, de concluir tratados, de enviar e receber embaixadas; 3ª) O direito de convocar o Senado; 4ª) O direito de indicar os candidatos às magistraturas de origem republicana, e o direito de "commendatio"; 5ª) A repressão penal decorrente do seu "Imperium"; 6ª) A Jurisdição Civil, exercitada na forma administrativa da "Cognitio"; 7ª) O direito de cunhar moeda de ouro e de prata; 8ª) O direito de estender o limite do comércio; 9ª) O direito de expedir ordens com ofertas gerais ou particulares; 10ª) A faculdade de dispor dos recursos financeiros; 11ª) O direito de vigilância geral em matéria de Religião; 12ª) A possibilidade de assumir outros poderes, e 13ª) O direito de usar uma série de títulos, o "praenomen" de "Imperator" e o de "Caesar Augustus".[340] Tratava-se de um amplíssimo espectro de poderes e de prerrogativas. E indagamos: – À luz de tantos poderes, por que insistimos em afirmar que *o "Princeps" não era absoluto?* Há um motivo de natureza formal para tanto, consistente em que, ao menos teoricamente, continuavam a subsistir o "Senatus", o "Populus", e *os magistrados*. Há um outro motivo, mais profundo, que nos impede de considerar o Principado uma monarquia absoluta: – O "Princeps" *não era um "Senhor"*; não havia entre ele e os governados um vínculo semelhante àquele que, no Direito Privado, existia entre o "Dominus" e o "Servus". Entretanto, a principal razão que nos impede de considerar o Principado uma monarquia absoluta, *radica no fato de que havia um pacto, um "consensus", entre o Imperador e os governados*, expresso na "Lex de Imperio Vespasiani", sendo que, pensamos, ele já existia antes, em forma consuetudinária. Obrigava-se o Imperador a bem governar, zelando pelos governados. Quando o pacto foi rompido, houve reações: – Calígula, Domiciano e Cômodo foram vitimados por assassinatos, em típicos "crimes políticos". No estudo das prerrogativas do "Princeps", temos que ter em vista que o Principado foi uma realidade em permanente evolução, o que é confirmado por Palazzolo, o qual ensina que tal evolução decorreu das vicissitudes político–sociais que, "progressivamente, levaram a uma acentuação sempre maior da dignidade imperial, sobre todos os outros órgãos do Estado, *e a uma concepção autoritária do poder imperial* que, certamente, *era estranha ao sistema, à época de Augusto*".[341]

---

[340] V. "História e Sistema..." cit., páginas 82 e 83.
[341] V. "Processo Civile e Politica Giudiziaria nel Principato", Torino, G. Giappichelli – Editore, 1980, página 11 – grifos nossos.

VII.c – A interferência do "Princeps" na criação do Direito

Para iniciarmos o trato desta matéria, é mister que recordemos a íntima imbricação existente, em Roma, entre a Política e o Direito. Ao tratar deste assunto, escreve Iglesias que "Roma cria", sendo o Direito Romano, "um produto da forte virtualidade criadora do gênio político. Política e Direito trabalham em uníssono, para fazer da urbe um orbe, para cumprir uma missão de dimensão universal".[342] Kunkel nota que na prática jurídica criadora dos Imperadores, repetiu-se o processo antes concretizado com a Jurisdição dos magistrados, tendo se formado, mais uma vez, *um novo extrato de normas jurídicas*, mais livres e eqüitativas. O surgimento do Direito Imperial implicou na queda das barreiras das velhas exigências de forma, bem como na queda dos princípios tradicionais.[343] Acrescentaríamos que o Direito Imperial realizou no Direito Romano, em maiores proporções, e com um cunho mais universalista, o que, anteriormente, fora realizado, na República, pelo "Jus Honorarium".

A Jurisprudência romana teve, segundo Iglesias, o seu fastígio *durante o Principado,* no período situado entre Augusto e os Severos (de 27 a. C. a 235 d. C.).[344] Houve para um tal esplendor, cremos, um motivo prático, realçado por Cretella Júnior: – a ação dos jurisconsultos. Estes privavam com os Pretores e com o Imperador, "exercendo sobre todos ação contínua e profícua".[345] Em Roma, a Jurisprudência era, no dizer de Biondi, "essencialmente popular, como a arte". Ela *emanava do povo, dirigia-se ao povo, e o povo a compreendia plenamente.* Desde que cessou o monopólio do Direito pelos pontífices, a Jurisprudência jamais ficou restrita a uma casta ou grupo exíguo de uns poucos iniciados. Ao invés disto, *participou nela todo o povo, de que são expoentes os juristas,* portadores, para o campo do Direito, de todas as tendências, *e da mentalidade do espírito popular.* O tecnicismo era reduzido ao mínimo. E assim, as doutrinas e lições dos juristas, eram compreendidas por todos, porque a Ciência do Direito *não se esgotava em uma especulação doutrinária,* mas consistia na "prudentia", na arte de ensinar o bem obrar no campo do "Jus". Se a "Iurisprudentia" destinava-se ao povo, este, por seu turno, a conhecia e compreendia.

---

[342] V. "Derecho Romano – Historia..." cit., página 12.
[343] V. "Historia del..." cit., página 141.
[344] V. "Derecho Romano..." cit., página 55.
[345] V. "Curso de..." cit., página 54.

Poderia o povo, talvez, ignorar Platão e Aristóteles, Panécio e Sêneca, porém, compreendia e apreciava Aquilio Gallo e Sabino, Juliano e Papiniano, o Pretor e o Príncipe em sua atividade jurídica.[346] Esta lição é prenhe de conseqüências, porquanto o entusiasmo pela vida jurídica não se esvaneceu, mas ganhou em robustez, sob o Principado, refletindo-se na interferência do Imperador na criação do Direito. Com a instituição do Principado, leciona Sílvio Meira, a ciência jurídica, que havia tido insignes cultores no período republicano, continuou a desenvolver-se. Sob Augusto, floresceram duas escolas de jurisconsultos, os "proculeanos" e os "sabinianos".[347] No Principado, os jurisconsultos usufruíram de um elevado prestígio. Segundo Sílvio Meira, os seus pareceres adquiriram tal força que, ao tempo do "Divus Hadrianus", deviam ser aplicados pelos juízes, como se fossem genuínas leis.[348] Para o autor, o apogeu da Jurisprudência coincidiu, no tempo, com o Principado. Nos séculos I, II e III da Era Cristã, *surgiram grandes figuras de jurisconsultos*. Tratou-se do "Período Clássico", por excelência.[349] Este período foi aquele no qual, segundo Matos Peixoto, *mais numerosas foram as fontes do Direito*, pelo seu caráter de *período de transição*, participante das tendências opostas de duas épocas diversas. Nele, encontramos as fontes tradicionais da República. Além disto, os senatusconsultos, que na época republicana apenas se equiparavam às leis em casos especiais, *generalizaram-se como sucedâneos delas*, e, sob este aspecto, *tornaram-se uma fonte nova*. E surgiram no Principado *duas fontes*, ambas, e especialmente a primeira, dotadas de um grande interesse para o nosso tema. Foram elas as *Constituições Imperiais,* uma conseqüência inevitável do acréscimo da autoridade do "Princeps", e as *Respostas dos Jurisconsultos,* resultantes do desenvolvimento do prestígio da Jurisprudência.[350] Embora subsistindo as fontes republicanas, a influência da figura imperial a elas se impunha: – Segundo Tácito, a presença do Imperador Tibério interferia nas decisões do Pretor.[351]

Assinala Eugène Petit que os Imperadores mantiveram, durante os primeiros anos, *as exteriorizações das antigas formas republi-*

---

[346] V. "Arte y Ciencia..." cit., página 67.
[347] V. "História e...." cit., página 123.
[348] V. "História e...." cit., página 125.
[349] V. "História e...." cit., página 126.
[350] V. "Curso de..." cit., tomo I, página 101.
[351] V. "Anais" cit., Livro I, páginas 65 e 66.

canas, e faziam votar as leis nos "Comitia", após haver submetido o projeto ao Senado. Não se tratava, aqui, dos Comícios por Cúrias, que, fazia tempo, eram representados por trinta litores, e que serviam apenas para certos atos, como as adrogações. De outra banda, é duvidoso *que a divisão do "Populus" por classes e centúrias, tivesse sido mantida*. A falta de indícios não permite senão conjecturas, mas *é provável que os "Principes" fizessem uso, sobretudo, dos Comícios por Tribos*. Desta maneira, foram votadas leis importantes para o Direito Privado, sob Augusto; entre outras, as duas leis "Juliae Judiciariae" sobre processo; as leis "Fufia Caninia", "Aelia Sentia", e, talvez, a "Lex Junia Norbana", sobre manumissão. Com o poder legislativo, os "Comitia" conservaram o poder eleitoral.[352] As fontes republicanas do Direito foram se debilitando paulatinamente, em benefício da criação jurídica do Imperador, anotando Kunkel que, mesmo que a autêntica legislação quedasse, pelo menos formalmente, nas mãos dos órgãos republicanos, e fosse dirigida apenas de um modo indireto pelo "Princeps", desde o início houve diversas modalidades de legislar com as quais o Imperador, de maneira discreta, mas nem por este motivo menos eficaz, atuava, criando de maneira independente novas formas jurídicas.[353]

Rascón García afirma que as estruturas políticas da República persistiram, durante os primeiros tempos do Principado. Assim, subsistiu a produção normativa das assembléias populares, do Senado e das magistraturas dotadas do "Jus Edicendi". *Mas esta sobrevivência foi apenas formal, e efêmera*. Com efeito, escassa foi a capacidade de evolução e de adaptação dos órgãos republicanos às circunstâncias novas, o que deu oportunidade ao surgimento de *outras formas de produção de normas jurídicas, contrapostas ao "Jus Vetus", ou seja, contrapostas ao ordenamento da República*.[354] O sistema normativo do Principado estava baseado no "Princeps" e nos seus funcionários. O Imperador e os seus funcionários eram assistidos por um "Consilium", *integrado pelos juristas de maior prestígio na época*. Para integrar o "Consilium Principis", um jurisconsulto não podia constituir um obstáculo para o Imperador. Alguns jurisconsultos morreram, em função de não serem simpáticos à decisão do César reinante.[355] A concentração,

---

[352] V. "Tratado Elemental..." cit., página 60.
[353] V. "Historia del Derecho..." cit., páginas 136 e 137.
[354] V. "Manual de..." cit., página 137.
[355] V. "Manual de..." cit., página 138.

na pessoa do "Princeps", da produção de normas jurídicas, *corporificava um rompimento com o modelo republicano,* sendo que tal concentração se manifestava, em especial, nas "Constitutiones Principum". O que importa é a opinião do romanista espanhol, no sentido de que a concentração da produção normativa na pessoa do "Princeps", *foi o reflexo do controle que sempre exerceu o poder hegemônico,* em todos os governos absolutistas.[356]

Escreve Sohm que o "Novo Direito" criado pelos "Principes", afastava-se dos moldes do "Jus Civile" e do "Jus Honorarium". Não nascia de uma fonte de Direito civilmente reconhecida, nem se movia, como o Direito Pretoriano, em uma órbita de jurisdição determinada, ou dentro de um território. O Direito Imperial foi algo novo, *que rompia com as antigas tradições.* Apresentava, sem embargo, *certa semelhança com o Direito Honorário,* uma vez que se baseava, como este, em um poder jurisdicional: – O Direito Imperial *era um Direito Honorário de um novo cunho,* do qual ressaltavam já as características da Monarquia.[357] Sohm afirma que a primordial significação deste Direito não residiu tanto nas instituições concretas às quais deu vida, quanto *na transformação das idéias fundamentais que governam o mundo jurídico.* Por toda a época imperial, o Direito Romano estendeu ininterruptamente a sua vigência a novos territórios. Um detalhe importante é o de que este novo Direito, contido nos senatusconsultos e nas constituições dos Imperadores, já não distinguia, em regra geral, *entre cidadãos e não cidadãos.* Nisto seguindo, como em tantas outras coisas, os passos do Pretor, aspirou o Direito Imperial *a ser um Direito Universal, e transportou a mundos novos o Direito Romano.*[358] Sob o Principado Roma dilatou as suas fronteiras, com a incorporação de vastos territórios, habitados por diversas etnias. A necessidade de dispor de um Direito de cunho universalista, que já fora sentida, sob a República, pelo "Praetor Peregrinus", *tornou-se mais premente do que nunca.* O surgimento do Direito Imperial foi o corolário, *jurídico,* da transformação da "Urbs" em um Império. Dizemos mais: – Assim como as antigas instituições da República, haviam se tornado acanhadas para o governo de um Império Universal, o Direito herdado da República, e consubstanciado no "Jus Civile" e no "Jus Honorarium", carecia da universalidade que iria ter o Direito Imperial.

---

[356] V. "Manual de Derecho..." cit., página 138.
[357] V. "Instituciones..." cit., página 100.
[358] V. "Instituciones..." cit., página 101.

Kunkel diz que as modalidades de criação de Direito novo, trazidas pelo "Princeps", partiam, "grosso modo", *do modelo da produção jurídica dos magistrados,* porém a escala era diversa: — *O âmbito de poder quase ilimitado do Imperador e a duração vitalícia do seu mandato* conferiam, às prescrições imperiais, uma autoridade nunca possuída pelas decisões dos magistrados republicanos. Por esta razão, não deve causar estranheza que as normas emanadas do Imperador, as "Constitutiones Principis", tenham sido citadas, na redação mandada fazer por Adriano do Edito, *como fonte direta do Direito,* e que a teoria jurídica lhes emprestasse força legal, o mais tardar, desde a metade do segundo século d. C. (Gaio, "Institutas", 1, 5 ; Ulpiano, D. 1, 4, 1). Tudo isto se estribava na idéia de que o Imperador recebia o seu mando do "Populus Romanus", por meio da "Lex de Imperio", e que as suas normas eram baseadas, ao menos indiretamente, na vontade do Povo. Mas o próprio Kunkel conclui: — "Não é necessário insistir em que esta teoria se apóia em uma ficção".[359] Fazemos uma observação à lição de Kunkel. O Imperador não era um magistrado, ordinário ou extraordinário. E nem era um funcionário. Assim, falar em seu "mandato", não nos parece correto. *O Imperador era um monarca, com tudo o que daí deflui.* Assim, o seu poder (e não o seu "mandato") era vitalício.

Orestano ensina que a atividade do "Princeps" no campo do Direito, e à qual podemos chamar, provisoriamente, "atividade legislativa", *não se enquadra nos antigos esquemas* que regulavam o poder legislativo propriamente dito. Por este motivo, é possível se considerar fundada a opinião dos que negam ao "Princeps", no Período Clássico, um poder legislativo. Mas, esta opinião é acertada, apenas, *de um ponto de vista estritamente formal.* O problema assim posto é importantíssimo, e merecedor de um particular exame. É óbvio que o problema do poder legislativo *é estreitamente ligado com o da avaliação das Constituições Imperiais.*[360] Pouco antes, dissera o autor que, ao adentrarmos a "parte essencial" da nossa investigação, enfrentamos a primeira interrogação, a saber, *se existe e qual apreciação deva ser feita do assim chamado poder legislativo imperial.* Esta indagação pode ser cindida em uma série de perguntas particulares, sendo que, respondendo a elas, teremos respondido, também, à indagação nuclear. As perguntas são as seguintes: — 1ª) Os conceitos que os romanos

---

[359] V. "Historia del..." cit., página 137.
[360] V. "Il Potere Normativo Degli Imperatori..." cit., páginas 13 e 14.

tiveram acerca do poder legislativo, foram tais que servissem para legitimar um poder legislativo imperial? 2ª) Se tais conceitos não satisfaziam à pergunta anterior, é preciso negar, apenas por este motivo, a existência deste poder? 3ª) Pode-se recorrer a novos conceitos para explicá-lo?

    A respeito destes problemas, têm sido aventadas *múltiplas e discordantes opiniões*. Sucede que muitos dos estudiosos que se ocuparam do assunto, foram prejudicados pelo desejo de julgar tais problemas, ou com base em conceitos antigos, deduzidos das antigas instituições republicanas, não adaptáveis sem esforço, e sempre de maneira inadequada, a um *mundo novo* relativamente a elas, *ou* com base em *conceitos modernos,* inaplicáveis a um mundo passado, no qual, *tais conceitos modernos não encontram correspondência.*[361] Das palavras de Orestano, inferimos que não é suficiente olhar para o passado com os olhos do passado: – O estudioso do Principado tem que se libertar da ótica das instituições da República, para bem compreendê-lo. E o que nos cabe fazer, é cuidar, sem tecnicismos e formalismos incompatíveis com a época, da interferência do "Princeps" na criação do Direito.

    Paul Petit observa que o século II d. C. viu o surgimento do *Direito Romano Imperial*. Aos senatusconsultos somaram-se, cada vez mais numerosas, as "Constitutiones Principum", emanadas do "Consilium Principis". Ao mesmo tempo, sob Adriano, foi compilado o Direito Pretoriano. Foi acelerada a romanização das províncias, em particular, com Cláudio, Vespasiano e Adriano. Para Petit, cuja opinião adotamos, *a grande obra do Principado, foi a unidade romana do Mundo*.[362] Sohm faz uma análise arguta do assunto. Segundo o autor, o florescimento do Edito do Pretor coincidiu com o último século da República. O novo Estado Imperial *cerceou o desenvolvimento do Direito Pretoriano*. O "Jus Edicendi" possuía a sua origem nos poderes aristocráticos das magistraturas republicanas. O Principado, cada vez mais poderoso, *não podia tolerar que outro poder obscurecesse a sua soberania*. E assim, também aqui sucedeu o que acontecia nas outras esferas da vida política: – debaixo do respeito às formas tradicionais, *prevaleceu a idéia monárquica*. O "espírito amplo e ativo" de Adriano soube compreender e levar a cabo a reforma que se impunha, *e as suas conseqüências*. Desde época remota, era usual que os magistrados recebessem

---

[361] V. "Il Potere Normativo Degli Imperatori..." cit., páginas 12 e 13.
[362] V. "História..." cit., página 274.

instruções do Poder Soberano, para o exercício das suas atribuições. Algumas leis primeiro, e depois, principalmente no século I do Império, uma série de senatusconsultos, deram normas aos Pretores, sobre o modo de administrar a Justiça e conceder ou denegar ações, influindo assim, indiretamente, nos preceitos do Edito Pretório. Adriano *deu continuidade a esta tendência,* ditando ao Pretor, em sua totalidade, as normas do Edito. A publicação reiterada e periódica do Edito, havia-se transformado *em uma simples rotina.* A subordinação de todos os poderes ao Principado, se opunha a que o Pretor inserisse, no Edito, *reformas essenciais, sem consultar o Imperador.* Além disto, dispunha o "Princeps" de um direito de "intercessio" que o autorizava a tornar sem efeito *todas as disposições do Edito contrárias ao seu critério.* Por todos estes motivos, o Edito se estancou, perdendo a sua antiga vitalidade.[363] Como percebemos, *antes da compilação do Edito Perpétuo,* o Imperador se imiscuía na elaboração pretoriana, e interferia, indiretamente, na criação do Direito. É de interesse dar o significado da expressão "Jus Edicendi". Segundo Silvio Meira, o verbo "Edico, cis, xi, edictum, edicere", significa "ordenar". Vários magistrados republicanos, ostentavam o "Jus Edicendi". No Principado, possuíam-no os Imperadores.[364] Se o "Jus Edicendi" nos importa, para que conheçamos da interferência do "Princeps" na criação do Direito, também nos importa, como é óbvio, o "Jus Respondendi". Para Sohm, foi uma prática constante, desde Tibério, que os juristas mais eminentes recebessem do Imperador o "Jus respondendi – jus publice, populo respondendi" – ou seja, *o direito de emitir pareceres obrigatórios para o juiz,* para o "Judex Privatus" nomeado no processo, e para o magistrado. Sempre que o "responsum" exibido por uma das partes proviesse *de um jurista autorizado,* e nele se guardassem as formas de rigor – estar outorgado por escrito e selado – *o Juiz tinha que respeitá-lo na sentença,* se não lhe fosse apresentado outro de diverso teor, que reunisse idênticas condições. Esta autoridade, de que, no início, só gozavam as respostas dadas especialmente para um determinado processo, *estendeu-se em breve, por força do costume,* a quaisquer outras respostas formuladas com anterioridade, passando-se a prescindir também da forma oficial, e sendo suficiente que as opiniões fossem manifestadas em forma de doutrina. Nas coleções de "responsa", conserva-se a notícia de um rescrito de Adriano, em

---

[363] V. "Instituciones..." cit., páginas 75 e 76.
[364] V. "História e Fontes..." cit., página 134.

que este costume está expressamente confirmado. Os pareceres dos juristas privilegiados – "Responsa Prudentium"– converteram-se, assim, *em uma espécie de fonte do Direito*, e a sua virtude foi se comunicando, pouco a pouco, a toda a literatura jurídica.[365] Como nos parece evidente, o "substractum" da concessão pelo "Princeps" do "Jus Respondendi" a um jurista, era a afinidade política do Imperador com o beneficiário da honraria, o que dá razão a Reale: – O Direito pressupõe *uma estrutura de Poder*.[366] E é inquestionável que, com a instauração do Principado, criou-se em Roma *uma nova estrutura de Poder*. Este Direito criado graças à atividade dos Imperadores é chamado de "Jus Novum", em contraposição ao "Jus Vetus", corporificado no "Jus Civile" e no "Jus Honorarium", ambos, um legado da República. Rascón García enumera algumas das criações do "Jus Novum". Entre elas, estão a obrigação de alimentos, inconcebível até então na família romana, o reconhecimento do direito a honorários, derivado do exercício de algumas profissões liberais, *que não correspondia ao contrato de mandato,* os fideicomissos, a apelação das sentenças, e muitas outras. Tudo isto queria dizer *que o Direito havia adquirido uma nova orientação,* existindo várias instituições atuais que têm raízes na legislação imperial; legislação imperial que rompeu com a tradição.[367]

Fixemos este ponto: – *O Direito Imperial foi profundamente inovador.* Assim como o "Jus Honorarium" havia sido inovador, relativamente ao "Jus Civile", assim também este "Jus Novum" inovou, e muito, relativamente ao "Jus Vetus", herdado do Período Republicano. Consignamos, com Rascón García, que o setor do Ordenamento Jurídico que se elaborou com as Constituições Imperiais, foi chamado de "Jus Novum", na medida em que o poder imperial, em assuntos normativos, *apresentava-se como inovador, e independente dos esquemas tradicionais*. As novas formas jurídicas que tinham a sua raiz na autoridade imperial, quer diretamente, quer por meio dos senatusconsultos, deram lugar, no âmbito das relações individuais, *a instituições que não tinham sido conhecidas na estrutura tradicional do ordenamento romano, e que não integravam o pensamento jurídico antigo*.[368] Para nós,

---

[365] V. "Instituciones..." cit., páginas 83 e 84.
[366] V. "Lições Preliminares de Direito", São Paulo, Editora Saraiva, 16ª edição, 1988, página 71.
[367] V. "Manual de Derecho..." cit., página 138.
[368] V. "Manual de Derecho...", loc. cit..

este Direito Imperial contribuiu para a universalização do Direito Romano, que, após ser o Direito do Lácio, estava destinado a ser o Direito do Mundo. Segundo Rascón García, o "Jus Vetus" era o "Jus Ordinarium", o Direito tradicional que deu lugar a uma proteção judicial, *por meio do "Ordo Judiciorum Privatorum"*. O atributo de "extra ordinem" do "Jus Novum" refletiu-se *em sua independência a respeito do antigo procedimento civil,* ou seja em sua independência relativamente ao procedimento da ordem dos juízes privados, no sentido de que *originava uma proteção judicial que se obtinha na "Cognitio Extra Ordinem",* ou procedimento extraordinário de cognição oficial. O qualificativo de "Jus Novum", indicou o caráter formal revestido pelas normas.[369] Aduzimos que o Direito Romano foi, preponderantemente, *um Direito de evolução doutrinária e jurisprudencial,* e que, para a sua formação, *o Processo desempenhou um papel de grande relevo,* como o atestam as muitas criações jurídicas, *nitidamente "processuais,"* derivadas da "Cognitio Extra Ordinem". Sohm observa, ao tratar do Direito Romano nas mãos dos Imperadores, que ele, que começou por ser *um Direito local,* passou a abarcar um Império. A reforma de Caracala significou, na prática, *a morte de todos os outros Direitos Nacionais.* A partir dele, houve *um Imperador, um Império, e um Direito.* Conclui Sohm dizendo que o Direito Romano constituiu, nas mãos dos "Principes", *o instrumento de coesão que serviu para unificar juridicamente os imensos territórios conquistados,* lançando as bases, firmes, do poder imperial.[370] Significativa foi a participação dos jurisconsultos, na criação do "Jus Novum", quer assessorando os Imperadores, quer emitindo os seus pareceres, os quais, acabavam por interferir na produção propriamente "imperial" do Direito. Para Iglesias, o "Princeps" não conseguiu dominar a atividade livre dos juristas, sem embargo de haver tentado dominá-la, mediante o emprego de vários meios. Augusto concedeu, a alguns dos mais notáveis juristas, o "jus respondendi", o qual se traduzia, provavelmente, em uma sorte de "consagração" do jurista distinguido. Esta consagração *não autoriza a pensar na força vinculante do "responsum" para o Juiz,* do ponto de vista estrito e formal, por muito que o "responsum" tocasse na sua sensibilidade. Adriano transformou o "Consilium Principis" *em um órgão oficial,* e nele colocou os juristas de grande merecimento. Assinalamos entretanto, sempre segundo Iglesias, que a "jurisprudência oficial" não

---

[369] V. "Manual de Derecho...", loc. cit..
[370] V. "Instituciones..." cit., páginas 101 e 102.

implicou na extinção da "jurisprudência livre", sendo que esta última não perdeu, tampouco, e apesar de tudo, a sua independência. Um detalhe interessante, posto em realce por Iglesias, é o seguinte: – Os juristas clássicos eram sempre privatistas. Com efeito, os "Juris Prudentes" deixavam que outros se ocupassem daquela outra, *mais alta*, "Prudentia" que dizia respeito aos negócios públicos.[371]

Alexandre Correia e Gaetano Sciascia ensinam que as "leges", como deliberações do Povo, raramente tratavam de Direito Privado; mais freqüentes eram os plebiscitos que introduziam inovações e derrogações ao "Jus Civile". Durante a época de Augusto, houve *um fictício ressurgimento das normas votadas pelas assembléias populares*. No Principado, assumida a função legislativa pelo Senado e pelo Imperador, as determinações de ambos foram denominadas, também, "leges". A palavra "leges" assumiu um significado independente do modo de formação da norma contida na tradicional "lex".[372] Estes autores assinalam que as publicações dos juristas "veteres", com a exceção das obras de Quinto Múcio e Sérvio Sulpício, tinham um cunho exclusivamente prático, sendo constituídas por coleções de formulários e respostas. A partir dos primeiros anos do Principado, *o desenvolvimento científico do Direito tomou um grande impulso*, e a produção jurídica seguiu as vicissitudes da História, o crescimento do poderio romano, e o desenvolvimento da cultura e do comércio.[373] O Principado assinalou o apogeu de Roma, em todos os ramos da Cultura. E também o apogeu da Jurisprudência coincidiu com o regime imperial, o que dá razão a Reale, quanto ao Direito integrar o "Mundo da Cultura".[374] O labor dos jurisconsultos desempenhou um papel de destaque na evolução do Direito, no Principado. Aqui, consignamos uma curiosidade, mencionada por Correia e Sciascia, relativa aos escritos dos jurisconsultos, em conexão com a vida dos Imperadores: – Quando um "Princeps" é citado como "divus", devemos entender que o escrito do jurisconsulto *é posterior* à morte do Imperador. "Divus" era o título outorgado pelo Senado ao Imperador falecido, *desde que não houvesse a "damnatio memoriae"*. Se, no escrito, o Imperador é lembrado com frases denunciadoras de reverência e submissão, tais como "Imperator Noster", "Opti-

---

[371] V. "Derecho Romano – Historia...", página 56.
[372] V. "Manual de..." cit., vol. I, página 25.
[373] V. "Manual de..." cit., vol. I, página 430.
[374] V. "Lições Preliminares..." cit., página 9.

mus Princeps", e, mais raramente, "Augustus", é provável que estivesse vivo no momento da redação do escrito.[375]

  Se importantíssimo foi o papel dos jurisconsultos na evolução do Direito, no Principado, podemos dizer que o "Jus Respondendi" foi um corolário do prestígio dos juristas entre os romanos. Como verificamos da lição de Biondi, a Ciência do Direito, em Roma, *era popular*. Nesta ordem de idéias Correia e Sciascia observam que foi a importância assumida, durante o Principado, pelo "Jus Respondendi", o fator que explica *a formação de coleções de respostas*. Escreveram "Libri Responsorum" Sabino, Marcelo Scevola, Papiniano, Paulo, Ulpiano, Galo Áquila, e Modestino.[376] A proliferação dos "Libri Responsorum", se, de um lado, reforça o asseverado por Biondi, no sentido de que a Ciência do Direito era, em Roma, *essencialmente popular*, de outra banda demonstra a importância do Direito para os romanos; jamais igualada em nenhuma outra Civilização.

  Mommsen elucida que o poder legislativo debaixo do Principado, *ficou com os Comícios, ou com o Senado*. Em compensação, *o poder legislativo mediato*, limitado às constituições individuais, do qual os começos já haviam aparecido durante a República, *foi reconhecido ao "Princeps"*, e mesmo, acrescido. O Imperador foi autorizado, provavelmente pelas cláusulas especiais da lei que lhe dava o poder tribunício, a conceder, a indivíduos ou a corporações, determinados direitos, cuja concessão teria, regularmente, exigido uma lei.[377] Ao cuidar da iniciativa legislativa do Imperador, Mommsen afirma que, antes da instauração do Principado, e inclusive para o instaurar, Augusto, *mercê do seu poder de reorganizar a República*, promulgou as suas leis, *de um modo tão unilateral quanto Rômulo*. Entretanto, desde o restabelecimento da República, *Augusto renunciou ao poder constituinte*. Assim, o poder de legislar foi, em um primeiro momento, restabelecido, na Constituição de Augusto, tal como existira no final da República: – a iniciativa das leis pertencia a todos os magistrados superiores; o voto definitivo das leis gerais, cabia aos Comícios; e o direito de, em um caso particular, eximir alguém do cumprimento das leis, pertencia ao Senado. Sob nenhum aspecto o "Princeps" possuía, nessa situação, um papel de exceção.[378] Parece-nos que a ausência

---

[375] V. "Manual de..." cit., vol. I, páginas 431 e 432.
[376] V. "Manual de..." cit., vol. I, página 442.
[377] V. "Le Droit Public Romain" cit., tomo 5, página 166.
[378] V. "Le Droit Public..." cit., tomo 5, página 158.

do "Princeps" do processo de produção das leis, *era puramente formal*, inclusive sob Augusto. Basta pensar em seu poder pessoal, em sua influência na designação dos magistrados, no peso do Imperador nas votações feitas nos "Comitia", *e no Senado*. Os ensinamentos de Mommsen, a respeito do papel legislativo do Imperador, revelam o apego do autor à Diarquia. Ao cogitar das leis gerais, Mommsen afirma que elas resultavam do acordo do "Princeps" com o "Senatus", como de resto, resultavam do acordo com o "Populus", as leis gerais de qualquer outro magistrado. O "Princeps" não detinha, aliás, a exclusividade deste direito; tratava-se de um direito que ele possuía ao lado dos Cônsules, dos Pretores, e dos Tribunos do Povo. É até verossímil, sustenta o romanista, que o Imperador não tivesse tido a iniciativa legiferante em função de uma especial concessão, *mas sim graças à sua "Tribunicia Potestas"*. Pensamos que a postura mommseana deriva não apenas da fidelidade do autor à doutrina da Diarquia, mas também da sua visão, rígida e formalista, a propósito das magistraturas republicanas, e dos seus poderes. Mommsen busca explicar o poder de Augusto e dos seus sucessores, *à luz dos poderes tradicionalmente ligados às magistraturas republicanas*. Ora, esta visão não corresponde à realidade histórica. E isto porquanto tanto Augusto quanto os seus sucessores, *tinham um poder próprio, desvinculado do poder de cada uma das magistraturas republicanas, e maior do que o concedido por elas*. A postura de Mommsen manifesta-se, com clareza, quando o autor afirma que os Imperadores sempre fizeram um uso muito restrito da atividade legiferante que cabia, em matéria de legislação comicial, aos magistrados da República. É possível falar, aduz, de uma "rogatio" proposta por um Imperador. Tratou-se de uma lei agrária de Nerva. É claro, continua, *que este acordo do "Populus" com o "Princeps" implicava, simultaneamente, na assimilação do Imperador aos magistrados republicanos, e no reconhecimento da soberania do Povo*, com uma clareza muito viva, em ordem a se coadunar com o caráter do Principado. Segundo o romanista, esta peça do sistema de Augusto não foi completamente destruída, porém colocada fora de uso por Tibério, que arrematou a implantação da Monarquia. A partir de Tibério, afora as "rogationes" isoladas de Cláudio e de Nerva, os projetos de leis não mais foram apresentados pelos Imperadores. E, a partir da segunda metade do reinado de Tibério, eles não mais foram apresentados por qualquer magistrado, para a aprovação ou não-aprovação pelo Povo. O poder legislativo, a partir da segunda metade do governo de Tibério, passou a ser exercido dentro dos limites que lhe foram fixados pelo Senado. Ocorre que, na assembléia dos "Patres", o "Princeps" exercia influência.[379] Fala Mommsen em "projeto de lei". É necessário usar esta expressão *com cautela*, pois não é possível falar, na Antigüidade, de um "processo legislativo", com o rigor com que hoje o fazemos. Segundo Mommsen, é verossímil que o poder legiferante do "Princeps" lhe derivasse da "Tribunicia Potestas". Mas, poderia haver um outro fundamento para a atividade legislativa dos Imperadores, *diverso do poder tribunício:* – É possível que os "Principes" se tenham feito conferir, além disto, por uma cláusula especial da sua investidura, *o direito de convocar as centúrias*. Porém, esta é uma simples hipótese. Inexistem provas, a respeito.[380] Devemos consignar que Mommsen, apegado à sua Teoria da Diarquia, e ao formalismo, procura, até à exaustão, encontrar um embasamento juridicamente válido, do ponto de vista formal, para justificar a criação, pelos Imperadores, do "Jus Novum". Sucede que um tal embasamento jamais existiu, na nossa opinião. O "Jus Novum" emanado dos "Principes" foi surgindo, como o surgira o próprio Principado, das vicissitudes históricas, e das necessidades do quotidiano forense.

Ao abordar o assunto, Palazzolo chama a atenção para o que denomina "complexo e debatidíssimo problema do fundamento do poder normativo imperial". A questão que se põe, de plano, é a de se o fundamento do poder normativo do Imperador se une a *um específico poder constitucional do "Princeps"* ("Imperium Proconsulare Maius", "Tribunicia Potestas", "Lex de Imperio"), *ou antes*, se tal fundamento está na "Auctoritas Principis", entendida *como um poder de Direito*.[381] Comentemos a lição de Palazzolo. O problema é *complexo ao extremo*. Para tentar solucioná-lo, é mister que tenhamos em mente, abandonando as explicações jurídico-formais, que o poder normativo imperial não surgiu pronto e acabado, num certo momento histórico, em função deste ou daquele ato, do "Senatus", do "Populus" ou do "Princeps". Pelo contrário, *o poder normativo do Príncipe foi surgindo gradualmente*, à medida em que ia crescendo a centralização imperial, e em que ia se impondo o processo da "Cognitio Extra Ordinem". Foi a política de Adriano que permitiu a presença da centralização, e pois, da interferência do "Princeps", *também no campo jurisdicional*,

---

[379] V. "Le Droit Public..." cit., tomo 5, página 160.
[380] V. "Le Droit Public..." cit., tomo 5, páginas 159 e 160.
[381] V. "Potere Imperiale Ed Organi Giurisdizionali Nel II Secolo d. C.", Milano, Dott. A . Giuffrè Editore, 1974, página 26.

e, de conseguinte, inclusive na esfera normativa. Em abono à tese de que o poder normativo do "Princeps" foi surgindo de maneira gradual, há o dado de que, *antes de Adriano,* era o Pretor quem conferia valor legislativo aos editos e aos decretos. Cremos que o poder normativo do Príncipe, quando, enfim, se afirmou de modo definitivo e incontrastável, a partir de Adriano, *derivava de um "Imperium" que era próprio e exclusivo do "Princeps"*, ainda que, do ponto de vista estritamente formal, se apoiasse na "Lex de Imperio". Neste "Imperium" do "Princeps", portanto, segundo a nossa opinião, *tem raízes o seu poder normativo.* Preferimos não adjetivar este "Imperium"; não chamá-lo de "Imperium Proconsulare Maius" ou coisa parecida, *porque cremos que ele era "sui generis", e insuscetível de qualquer classificação, segundo a terminologia do Direito da República.* E isto porquanto o próprio Imperador não podia ser definido, nem tampouco classificado, segundo a ortodoxia dos termos que designavam as instituições republicanas. Palazzolo fala da "Auctoritas Principis", entendida como um poder de Direito. Perfilhamos a opinião de Hannah Arendt, de que o Senado era o depositário da "Auctoritas", enquanto que o "Populus" detinha o Poder.[382] No mesmo sentido, insculpe-se a opinião de Cícero.[383] Lembramos que, para Hannah Arendt, "A característica mais proeminente dos que detêm autoridade é não possuir poder".[384] Entretanto Hannah Arendt, ao se referir ao "Senatus", *cogita da assembléia no fastígio da República*. Ora, o advento do Principado tudo alterou. Não seria temerário sustentar que, com o declínio do Senado, tivesse o Imperador sido o herdeiro da "Auctoritas". Em conclusão, o poder normativo do Imperador derivava, concomitantemente, do seu "Imperium", e também da "Auctoritas Principis". Cremos que este duplo apoio do poder normativo imperial, não é contraditório.

    Segundo Palazzolo, a participação dos jurisconsultos na atividade normativa imperial, fez com que a Ciência do Direito começasse a assumir, a partir de um certo momento, *o cunho burocrático,* característico da época dos Severos, e a primeira conseqüência deste fato, foi *a diminuição dos contrastes jurisprudenciais entre os Sabinianos e os Proculeanos.*[385] Teçamos algumas considerações sobre este ponto. Diríamos que a presença dos jurisconsultos no "Consilium Principis",

---

[382] V. "Entre o Passado..." cit., página 164.

[383] V. "De Legibus", 3, 12, 38, apud. Hannah Arendt, "Entre O Passado...", página 164.

[384] V. "Entre o Passado...", loc. cit..

[385] V. "Potere Imperiale Ed Organi..." cit., página 32.

teria contribuído para *o surgimento de um Direito mais técnico do que o anterior*. A opinião de que a presença dos juristas no "Consilium Princcipis", contribuiu para a diminuição das diferenças entre as Escolas dos Sabinianos e dos Proculeanos, é defendida por Cuq. Ao contrário de Cuq, Cicogna, coerentemente com a sua tese de que o "Consilium" de Adriano, substancialmente, não diferia dos "Consilia" dos Imperadores que o precederam, *não considera que a participação dos juristas no "Consilium" tenha influído, de alguma forma, para a decadência das duas Escolas, as quais, pelo contrário, considera quase que desaparecidas, em definitivo, já ao tempo de Adriano*.[386]

Para o nosso objetivo, mais importante do que saber da diminuição, provocada pela presença dos juristas no "Consilium", das diferenças entre os Sabinianos e os Proculeanos, *é a indagação pertinente a se a presença dos juristas no "Consilium Principis" terá contribuído, ou não, para o robustecimento do poder imperial*. Inclinamo-nos por uma resposta afirmativa, por duas razões: – a) Ao participarem da elaboração das "Constitutiones Principum", os juristas, conhecedores da "Jurisprudentia," emprestavam aos Imperadores o seu saber, o que contribuía para a perfeição técnica das "Constitutiones" e para a solução justa das pendências, refletindo-se isto *no prestígio e na autoridade do "Princeps"*; b) Ao contribuírem para o aprimoramento técnico-jurídico das Constituições Imperiais, os jurisconsultos fortaleciam a figura do Imperador como fonte do Direito, e *contribuíam para o incremento do seu poder*. Segundo Palazzolo, os juristas mais autorizados transformaram-se nos intérpretes oficiais da legislação imperial; na "viva vox" do novo Direito. Os demais jurisconsultos tinham que se contentar com afazeres didáticos, ou com a atividade doutrinária, teórica. O que é digno de nota, entretanto, é que uns e outros jurisconsultos, os mais ilustres e os mais modestos, em larga medida, *tinham limitada a sua autônoma função criadora do Direito*, que fora o ponto alto da Jurisprudência anterior.[387] Palazzolo fala dos juristas "mais autorizados". Tais juristas *eram os que gozavam do favor imperial*. Assim, o critério para os considerar os mais notáveis, cremos, *era um critério político,* e não baseado na cultura jurídica ou na moralidade dos interessados. Em segundo lugar, a expressão "Novo Direito", utilizada por Palazzolo, é corretíssima, para definir um Direito que, derivando da crescente centralização imperial, *se adequa mais e mais à orientação*

---

[386] V. "Potere...", loc. cit..

[387] V. "Potere Imperiale...", loc. cit..

política do "Princeps". Por derradeiro, assinalamos que as inovações políticas e jurídicas introduzidas por Adriano, consolidaram e aceleraram uma tendência já existente no Principado desde Augusto, no sentido de que o regime preparava o advento do Dominato.

VII.d – A Constituição Romana e a falta de um órgão legislativo

Neste derradeiro subitem, redobraremos as nossas cautelas, no sentido de não cedermos à tentação de encarar a Antigüidade com a ótica, *e com os preconceitos,* do presente. Para começar, a palavra "Constituição" não pode ser empregada, aqui, com o seu sentido hodierno, de "lei fundamental do Estado", que, ao étimo, é atribuído por Galvão de Sousa "et alii".[388] Com este sentido, a palavra "constituição" começou a ser empregada após a independência das colônias britânicas da América do Norte, em 1776, e também depois da Revolução Francesa de 1789. Até então, não era usual falar em "constituição", mas sim em "leis fundamentais".[389] Recorrem, Galvão de Sousa "et alii", ao ensinamento de Carl Schmitt, relativo aos diversos sentidos que pode ter o vocábulo "constituição". Cremos que o terceiro dos sentidos aceitos por Schmitt para "constituição", é passível de ser utilizado na expressão "Constituição Romana". "Constituição" seria o "Princípio último da unidade política e do ordenamento social do Estado".[390] É neste sentido que podemos falar de uma "Constituição Romana". Incorreríamos em uma erronia crassa, se buscássemos saber o que era tal "Constituição", valendo-nos do contributo que, à Ciência Política, foi dado pelo "Enciclopedismo", mesmo porque toda a construção teórica da "Enciclopédia" *pretendia ser baseada na "Razão".*[391] Ora, como já tivemos a oportunidade de verificar, a Antigüidade *estava fortemente imbuída do elemento místico e religioso, no que tange ao Poder e às suas manifestações*. Assim, quaisquer explicações racionalistas sobre a Constituição Romana, seriam insuficientes "ab ovo."

---

[388] V. de José Pedro Galvão de Sousa, Clovis Lema Garcia e José Fraga Teixeira de Carvalho, "Dicionário de Política", São Paulo, T. A. Queiroz, Editor, 1998, página 124.
[389] V. o "Dicionário de..." cit., páginas 124 e 125.
[390] V. o "Dicionário de..." cit, página 125.
[391] V. de José Pedro Galvão De Sousa "et alii", "Dicionário de..." cit., página 199.

Se à Antigüidade, e pois ao Principado, foram estranhas as explicações racionalistas do Poder Político, a ela foi de todo estranha, por igual, *toda e qualquer noção alusiva à ainda hoje correntia "Divisão dos Poderes"*. Mas, tantas são as tentativas feitas no sentido de aplicar a "Teoria da Separação dos Poderes" a Roma, que é oportuno fazer uma ligeira exposição da mencionada doutrina, em ordem a demonstrar, em termos finais, *a sua absoluta incompatibilidade com a Constituição Romana*. Segundo Galvão de Sousa "et alii", a "Separação dos Poderes" é a "Teoria que, pela divisão do poder soberano em três outros, reciprocamente contidos, intenta frustrar-lhe o abuso, e, em conseqüência, garantir as liberdades individuais".[392] John Locke foi o seu primeiro formulador na obra "Two Treatises on Civil Government", de 1690, em que intentou combater o absolutismo monárquico. Aristóteles, no entanto, em "Política", *já se referia às "três partes do governo"*, inerentes à organização da "Pólis", e que se enquadrariam nas funções de legislar, de executar e de julgar, constitutivas do poder político. Sucede que, para o Estagirita, *o poder soberano permanecia uno*. A teoria da "Separação dos Poderes" ganhou espaço, na doutrina e na legislação, com Montesquieu, o qual, *inspirando-se em Locke*, fez a sua exposição no Livro XI da obra "De L'esprit des lois", de 1748. Montesquieu pensa "haver muitas dificuldades para evitar o abuso de poder".[393] Para que este não ocorra, é preciso que *o poder detenha o poder*. Para Montesquieu, esses poderes não podem ser exercidos, simultaneamente, pelo mesmo órgão. E não podem tampouco, *estar reunidos em um mesmo órgão*. O sistema funcionaria graças à existência de "freios e contrapesos". A teoria foi adotada pelos doutrinadores da liberal-democracia. A Assembléia Constituinte Francesa de 1789, no art. 16 da "Declaração dos Direitos do Homem e do Cidadão", insculpiu que "não tem Constituição toda sociedade na qual a garantia dos direitos não é assegurada nem a separação de poderes está determinada". Neste ponto, advertem Galvão de Sousa "et alii" que, destarte, a "Teoria da Separação dos Poderes" *transformava-se em um dogma*. E, acrescentaríamos, em um "dogma" partido, ironicamente, de um movimento de idéias que, como o Enciclopedismo, se pretendia "racionalista". A aplicação do princípio de Montesquieu, não tem trazido os resultados esperados por ele. Admitidos "três poderes", *não existirá poder soberano*. Na prática, o que tem sido

---

[392] V. de José Pedro Galvão De Sousa "et alii", "Dicionário de..." cit., página 483.
[393] V. de José Pedro Galvão De Sousa "et alii", "Dicionário de...", cit., página 484.

observado *é a tendência de um poder predominar sobre os demais*. Nos Estados Unidos, tem sido o Executivo, "que, adquirindo até feição imperial", tem se revelado o poder supremo. Na verdade, concluem os publicistas, *não há divisão "de poderes", mas sim, "de funções"*.[394]

Montesquieu aplica a sua teoria à Constituição Romana, escrevendo:

> "O govêrno de Roma foi admirável pelo fato de que desde seu nascimento sua constituição se tornou tal que, seja pelo espírito do povo, a fôrça do Senado, ou a autoridade de certos magistrados, *qualquer abuso do poder podia sempre ser corrigido*".[395]

Muitas são as tentativas feitas no sentido de transplantar, para a Antigüidade Romana, a "Teoria da Separação dos Poderes". Após havermos feito uma brevíssima exposição da teoria, procuraremos demonstrar quão incompatível é ela com a Constituição de Roma. A tentativa de transportar, para a realidade romana, a doutrina de Montesquieu, é totalmente a-científica, porquanto contraria a evidência histórica. É verdade o que afirma Baring-Gould, no sentido de que o exato processo por meio do qual o poder imperial foi erigido, *não nos foi revelado pelos historiadores contemporâneos do Principado*, os quais se interessaram mais pelas façanhas militares, ou pelos perfis individuais dos Imperadores, do que por traçar o que o autor chama de "o curso das usurpações do despotismo". Tais historiadores não se importaram com a origem dos poderes por meio dos quais a supremacia imperial dos Césares atingiu o seu apogeu.[396] Naquilo que assevera o autor está, acreditamos, não o problema, mas a sua solução. Com efeito, era compreensível a aludida atitude dos historiadores do Principado, em função do fato de que *os romanos eram um povo prático,* e avesso às elaborações teóricas. Nesta ordem de idéias, as sucessivas Constituições de Roma – a da Realeza, a da República, a do Princi-

---

[394] V. de José Pedro Galvão De Sousa "et alii", "Dicionário de...", cit., página 485.

[395] V. de Charles Louis de Secondat, Barão de La Brède e de Montesquieu, "Grandeza e Decadência dos Romanos" – Tradução brasileira de João Mendes Neto, São Paulo, Saraiva S. A. – Livreiros – Editores, 1968, página 57 – Grifos nossos – Original em francês.

[396] V. "The Tragedy Of The Caesars – A Study Of The Characters Of The Caesars Of The Julian And Claudian Houses", London, Methuen & Co. Ltd., Eighth Edition, 1923, página 643.

pado e a do Dominato – *foram o fruto das vicissitudes históricas e das necessidades práticas do povo romano*, e não o produto, "racional", de intelectuais de gabinete, distantes das realidades da vida. Cultores do Direito, e homens destinados a transformar a História, os romanos, capazes de conquistar, organizar e administrar um Império Universal, não se preocuparam em teorizar sobre ele. É neste sentido que deve ser entendido que as sucessivas Constituições de Roma, e inclusive a do Principado, *foram um produto da História, e não da Lógica*. No estudo deste assunto, devemos nos acautelar contra o que Palazzolo denomina de *o perigo do formalismo na História do Direito*. O autor faz remissão ao que chama de "ótimo ensaio" de Ajello, intitulado "Formalismo e storia del diritto moderno". Trata-se de uma crítica à postura de certa historiografia jurídica *que constrói os esquemas do ordenamento, fazendo abstração dos fatores reais que condicionam a luta jurídica e política*, e que se limita, apenas, a *"colher a morfologia das aparências"*.[397] Concordamos com Palazzolo e com Ajello: – É superficial e insuficiente, a historiografia jurídica que faz "tabula rasa" da realidade social subjacente ao surgimento e à evolução dos institutos. Haveria um outro obstáculo à transposição da "Teoria da Separação dos Poderes" para a Antigüidade Romana. Referimo-nos a uma noção nuclear do Direito Público Romano, que é a de "Imperium". Ora, cremos que *o "Imperium", por definição, é indivisível*. E a História de Roma e do seu Direito Público, demonstra tal indivisibilidade: – Na Realeza, o "Imperium" competia ao Rei; sob a República, *aos magistrados superiores*; no Principado, *ao Imperador*.[398] O fato de vários magistrados superiores da República ostentarem simultaneamente o "Imperium", *não implicava na sua divisão entre eles*. O "Imperium" remanescia uno, sem embargo de exercitado pelos titulares de diversas magistraturas "cum imperio". De maneira análoga, as delegações de poder que o "Princeps" fazia aos seus "legati", *não implicavam na fragmentação do "Imperium"*. O Imperador podia delegar poderes aos seus subordinados, porque o "Imperium", como um todo uno e inconsútil, correspondia a ele, "Princeps", e apenas a ele. Uma outra prova da indivisibilidade do "Imperium" radica na existência e no tipo de funcionamento da burocracia imperial, que substituiu os antigos magistrados republicanos. Esta burocracia *estava subordinada ao*

---

[397] V. "Potere Imperiale Ed Organi Giurisdizionali Nel II Secolo d. C." cit., páginas 13 e 14 – Grifos nossos.
[398] V. de D. Faustino Gutiérrez Alviz, "Diccionario de...", cit., página 253.

"Princeps", unicamente a ele, e perante ele era responsável. E isto porquanto o único detentor do "Imperium", entendido como poder supremo, era o Imperador. Se o "Imperium", uma noção nuclear do Direito Público Romano, era indivisível, seria ilógico supor que alguma vez tenha havido, em Roma, uma "divisão de poderes". E este dado se imbrica com a inexistência, na Constituição Romana, *de um órgão legislativo específico*. Vários motivos apontam para a inexistência de um tal órgão na Constituição Romana. Em primeiro lugar, ela derivou das vicissitudes históricas pelas quais passou o Povo do Lácio, nas diversas fases da sua existência. E em segundo lugar, os romanos, um povo prático, faziam da necessidade o critério para a criação dos institutos jurídicos. O que dizemos, com outras palavras, é que a Constituição Romana, eminentemente "histórica", não dispunha de um órgão legislativo específico.

Sobre a historicidade das mudanças constitucionais ocorridas em Roma, e sobre as mudanças que desembocaram no Principado, vamos reproduzir o que escreve Baring-Gould. Perceberemos que a Constituição do Principado, surgiu das vicissitudes pelas quais passava a República. Segundo Baring-Gould, a República, ao tempo de César, se achava em uma situação na qual não podia resistir à tensão a que estava submetida, *a não ser que fosse modificada*. Ela estava repleta de elementos conflitantes entre si, e todo princípio de coesão parecia dissolvido. O "Populus" e o "Senatus" se encaravam *com hostilidade*. As tropas obedeciam aos seus generais, e os soldados eram indiferentes para com o Senado. O Exército *não era homogêneo*; consistia em legiões aquarteladas em diversos lugares. Ia longe o tempo em que era constituído *por romanos, e mesmo por italianos*. Compunham-se, as legiões, de estrangeiros, arrebatados do seu solo, e conduzidos para os confins do Império. Tais soldados *não tinham laços com Roma*. Eles obedeciam ao seu General, em parte porque estavam habituados pela disciplina, e em parte porque dele esperavam liberalidades. Os soldados estavam prontos a seguir o seu General, para qualquer parte. Não havia diferença para eles, no que tange à região para a qual eram conduzidos, como lhes era indiferente a quem matavam, *enquanto fosse abundante o seu quinhão no saque*. Os Governadores das Províncias *eram os seus próprios senhores*. Faziam a guerra segundo o seu alvedrio, e *extorquiam tributos* às províncias. Viam-se uns aos outros com ciúme, e era inevitável que, cheios de soberba, e dispondo de poder, deveriam se enfrentar abertamente. Eles deveriam se recusar a entregar o seu comando, *a instâncias de um Senado impotente para fazer cumprir as suas ordens*. A experiência já havia demonstrado que o único modo pelo qual o Senado podia impor a submissão, era atirar os seus generais, uns contra os outros. Os colégios sacerdotais eram um poder que não podia ser menosprezado. Os áugures tinham competência para neutralizar a legislação, e para mergulhar todos os assuntos em confusão, com as suas farsas (sic). Aquele representativo membro aristocrata da oligarquia republicana, Bibulus, chegou aos seus maiores extremos por esses meios, para neutralizar a tentativa de César, no sentido de introduzir as suas mais salutares reformas, e César apenas obteve êxito, calcando os seus protestos sob os pés, com um desprezo compartilhado por poucos, e justamente, por aqueles mais livres da superstição. A Censura, apesar de os seus poderes terem declinado na tardia República, era uma importante função. O Censor determinava as qualificações dos que aspiravam o ingresso no Senado, e tinha poderes para expurgar aquela assembléia dos seus membros indignos. Era inegável que o poder do Censor era calculado para ser usado com intuitos partidários. Os tribunais eram *notoriamente corruptos,* e esforços inúteis haviam sido feitos, no sentido de moralizá-los. Nenhuma reparação podia neles ser obtida pelos habitantes das províncias, e o Governador rapace era obrigado a *pagar a sua exoneração,* com os recursos arrancados a eles, habitantes das províncias, quando, em seu retorno a Roma, vinha o inevitável "impeachment".[399] Embora não endossemos todas as conclusões do autor, particularmente as alusivas à Religião tradicional dos romanos, é fora de dúvida que, em linhas gerais, o seu diagnóstico sobre os derradeiros tempos da República é correto. Esta República débil e ingovernável, foi substituída por um sistema, o Principado, mais consentâneo com as novas realidades "imperiais", nascidas da necessidade de organizar, gerir e defender um império de grandes dimensões. E este senso da realidade, indissociável do senso jurídico e político, ostentado pelos romanos, refletiu-se em sua Constituição, ditada pelas vicissitudes históricas, e na qual não havia um órgão legislativo específico.

Sem embargo de incompatível com as instituições da Antiga Roma, a "Teoria da Separação dos Poderes" é lembrada, relativamente ao Direito Público Romano, por alguns autores que crêem que, na prática, era ela aplicada, já na Antigüidade. É o caso de Agerson Tabosa Pinto, que sustenta que a teorização da divisão tripartida dos poderes é moderna, vinda de Montesquieu, sendo que no en-

---

[399] V. "The Tragedy Of The Caesars" cit., páginas 643 e 644.

tanto, em termos práticos, "remonta à Antigüidade greco-romana".[400] Discordamos do autor: – Segundo os argumentos que já desenvolvemos, a postura implica em transplantar indevidamente, para a Antigüidade, *conceitos racionalistas, hauridos do Enciclopedismo, e antitéticos da noção de "Poder Político" que tiveram os antigos*; noção que, como pudemos verificar "retro", no Capítulo III, estava poderosamente impregnada de elementos místicos e religiosos. Se, na Constituição Romana, inexistiu um órgão legislativo específico, esta falta não impediu, e a irrefutável experiência histórica o demonstra, que o Povo do Lácio fosse capaz de produzir o mais pujante e longevo dos Direitos: – *O Direito Romano, cuja função paradigmática, na Civilização do Ocidente, é, pensamos, insubstituível.*

---

[400] V. "Direito Romano", Fortaleza, Imprensa Universitária, 1999, páginas 106 a 108.

Capítulo VIII

A "Lex Regia de Imperio"

Este capítulo é um dos centros nevrálgicos deste livro, pois foi graças à "Lex de Imperio" que os "Principes" puderam produzir as Constituições Imperiais. Não importa que este permissivo outorgado ao Imperador pela "Lex Regia", *não passasse de uma formalidade,* como pensamos, e como o demonstram as evidências históricas. A este respeito, e lembrando da circunstância de que *a tradição* desempenhou um papel de destaque na evolução das instituições da Gente do Lácio, consignamos que temos que fazer um estudo, ainda que perfunctório, da "Lex Regia de Imperio". Vamos tripartir este capítulo, estudando o problema da existência histórica da "Lex de Imperio", a sua anterioridade relativamente ao Principado, e, por fim, o dado de que foi graças a ela que os Imperadores puderam produzir as "Constitutiones Principum". Tornemos claro, uma vez mais, que *não importa, para os nossos objetivos, que a outorga de poderes aos Imperadores, feita pela "Lex de Imperio" para a edição das Constituições Imperiais, não fosse mais do que uma formalidade:* – e isto porquanto o nosso escopo é o de reconstituir, do ponto de vista da História do Direito, a gênese das "Constitutiones Principum". Ora, para o "leitor constante" a que se refere Moacyr Lobo da Costa, com base em Cândido Mota Filho,[401] não existem detalhes desprovidos de importância.

---

[401] V. "Gaio (Estudo Biobibliográfico) ", São Paulo, Editora Saraiva, 1989, "Apresentação".

VIII.a – O problema da existência histórica da "Lex Regia de Imperio"

Porchat, ao tratar da autenticidade histórica da "Lex de Imperio", afirma que de acordo com Ortolan, desvaneceram-se as dúvidas pertinentes à existência histórica da "Lex Regia", com o aparecimento da "República", de Cícero, em que surge *a comparação da velha investidura dos reis, com a dos magistrados republicanos*. A partir daí, foi geralmente reconhecido que a "Lex Regia" não é senão a antiga "Lex Curiata" do tempo da Realeza, *votada pelos Comícios por Cúrias, para investir cada rei dos seus respectivos poderes*. A cada vez que um magistrado, na República, ou um Imperador, no Império, galgava o posto, era votada uma lei que lhe transferia o poder, assegurando-lhe o "Imperium". Neste sentido, Porchat aponta para os testemunhos de Tácito e Suetônio. A conclusão é reforçada pelo fato de haver sido encontrado no século XIV, em Roma, um fragmento da "Lex Imperii Vespasiani", gravado em uma tábua de bronze. Pela "Lex Imperii Vespasiani", foi conferido o poder a Vespasiano, "dando-lhe o direito de presidir as cousas divinas e humanas, e o de revogar as leis, bem como o poder consular e tribunício".[402] Esta "votação" da "Lex Curiata de Imperio", ao tempo da Realeza e da República, não pode nos levar a cogitar de uma votação, no sentido atual da palavra. Como vimos, *a Religião desempenhava um papel relevante na vida política e jurídica dos povos antigos, e, inclusive, na dos romanos*. E os "auspícios" eram fundamentais, para a assunção da coroa pelo Rei, e para a investidura dos magistrados republicanos. Tomados os auspícios, e sendo os sinais divinos favoráveis, o Rei estava pronto a assumir as suas funções, outro tanto acontecendo, "a posteriori", com os magistrados da República. Destarte, os Comícios por Cúrias se reuniam, sim, mas não para "aprovar" ou "desaprovar" a subida ao trono do monarca, ou para "aprovar" ou "negar a aprovação" à investidura do magistrado: – Reunia-se o povo para *receber a comunicação*, seja de que o Rei assumia a coroa, seja de que o magistrado era investido da magistratura. Tomados os auspícios – e este ato, religioso, era sempre um "prius" – *o Rei e, depois dele, o magistrado republicano, podiam tratar com o povo*. Vamos enfatizar, neste passo, que *a formalidade da "Lex Curiata de Imperio" consistia na assunção unilateral do "Imperium" por parte do Rei, e, depois, por parte do Magistrado Republicano*. Esta tradição, com idênticas características, herdou-a o Principado.

---

[402] V. "Curso Elementar de..." cit., vol. I, página 186.

Porchat, depois de mencionar o fragmento da "Lex Imperii Vespasiani" encontrado no século XIV, afirma que o ato de conferir o poder ao Imperador, por meio da mencionada lei, não passava de *"uma simples formalidade conservadora da tradição",*[403] uma vez que os votos estavam sempre, neste tempo, às ordens do vencedor, que não ficava adstrito a nenhuma disposição legal. Sétimo Severo e Caracala teriam exclamado: – "Legibus soluti sumus, attamen legibus vivimus". ("Institutas", § 8 – quib. mod. test. inf. (2 – 17)).[404] Uma observação devemos fazer. Da maneira como Porchat fala da outorga dos poderes ao Imperador, fica a impressão de que o "Princeps" obtinha os seus poderes, graças a controlar os votos dos "Comitia"... no entanto, o significado do que acontecia era mais profundo, em função do cunho místico e religioso dos auspícios que, *antes de ele se reunir com o "Populus"*, tinham sido tomados pelo "Princeps". A "Lex de Imperio", como assunção unilateral do "Imperium", era, na nossa opinião, *um ato político e jurídico, porém, impregnado de religiosidade, e consagrado pela tradição, desde tempos imemoriais*. É ainda Porchat quem afirma que a denominação de "Lex Regia", quando o nome "Rex" era ainda odiado pelos romanos, só pode ser explicada à luz do entranhado amor da Gente do Lácio pela *Tradição*, que fazia com que fossem respeitadas "as velhas formas sacramentaes", *ou* porque a proposta de lei continuava a ser feita por um "Interrex". O romanista fundamenta em Tácito e em Dion Cássio, a afirmação no sentido de que a tal ponto a palavra "Rex" era odiada pelos romanos, que Augusto não desejou usar o título.[405] Uma ponderação tem que ser feita: – Não sabemos se, realmente, havia este propalado "ódio" dos romanos pela palavra "Rex", após a deposição de Tarqüínio, O Soberbo. O "ódio" a uma instituição, não se confunde com a conveniência ou a inconveniência da sua permanência. E esta assertiva ganha em relevo, quando consideramos o espírito prático dos romanos. Ao longo da sua História, Roma teve como aliados, em especial no Oriente, muitos reis. Ora, ofende o mais elementar bom senso que alguém se alie com aquele por quem nutre ódio. Pensamos entretanto que o grande obstáculo ao ódio do Povo do Lácio pelos reis, *e até pela palavra "Rex"*, é a conservação, entre as instituições romanas, do "Rex Sacrorum". O Pe. Henrique Koehler, S.J., ensina que o "Rex Sacrorum",

---

[403] V. "Curso Elementar de Direito Romano", vol. e loc. cit. – Os grifos são nossos.
[404] V. "Curso Elementar de...", vol. e loc. cit..
[405] V. "Curso Elementar de...", vol. e loc. cit..

"Sacrificus", "Sacrificulus", ou simplesmente "Rex", era o "Rei dos Sacrifícios", sendo esta uma dignidade sacerdotal introduzida em Roma logo depois da expulsão dos reis, para o cumprimento das funções religiosas que *haviam sido da competência dos monarcas*. Tal dignidade *era vitalícia*, e cercada de muita estima, sendo que a figura do "Rex Sacrorum" sobreviveu à República, existindo no Principado. Ao "Rex Sacrorum" era vedado o desempenho de qualquer cargo civil, cumulativamente com as suas funções religiosas. A sua esposa era a "Regina Sacrorum", e desempenhava, também, determinadas funções sacerdotais.[406] Assinalamos que a historiografia do século XIX, e toda a historiografia da passada centúria, por ela influenciada, sempre enfatizou que, após a deposição de Tarqüínio, os romanos teriam adquirido ojeriza pela Monarquia, e pela palavra "Rex". Há um "quid" de exagero, em tudo isto, pois a manutenção do "Rex Sacrorum", *ao menos em parte, desmente a existência do tão falado "ódio."* Ademais disto, a presença de um "Rex Sacrorum" atravessando a República, e adentrando o Principado, confirma o acerto em que andou Hannah Arendt, com a sua "Tríade Romana".[407] Pensamos que, fora de qualquer dúvida, a velha "Lex Regia de Imperio" *possuía uma dimensão sacral*. E acaso a própria manutenção do nome "Lex Regia de Imperio" não teria uma conotação mística e religiosa?... Há um derradeiro argumento, a contrariar a pretensa ojeriza dos romanos pela Monarquia: – Nos estertores da República, os "Ditadores Atípicos" *exerceram um poder "real"*. Assim foi com Sila, com Pompeu, e com César. Para concluir, cremos que é discutível o "ódio" dos romanos pela instituição monárquica, sendo que a sobrevivência do "Rex Sacrorum" e da "Lex Regia de Imperio", demonstram o contrário.

    Assinalamos um detalhe que reputamos importante, para a História do Direito Público Romano: – O "Senatus" era, tradicionalmente, o depositário da "Auctoritas", ao passo que o "Populus" era o detentor do Poder. Durante a República, este quadro se manteve inalterado. Mas, com o Principado, ele sofreu uma alteração radical: – O "Princeps" concentrava, em sua pessoa, a "Auctoritas" do Senado e a "Potestas" do Povo. Para concluir, acreditamos na existência histórica da "Lex Regia de Imperio", aduzindo que não se tratava de uma lei escrita, mas que integrava a tradição, estando gravada na

---

[406] V. "Dicionário Escolar Latino – Português", Porto Alegre, Editora Globo, 6ª edição, 1955, páginas 753 e 754.
[407] V. "Entre o Passado e..." cit., página 167.

consciência histórica do Povo Romano. Consignemos um derradeiro dado: – A "Lex De Imperio Vespasiani", cujos fragmentos conhecemos, consubstanciou um "pacto" entre o fundador da Dinastia Flávia e os governados, após o período de anarquia militar subseqüente ao falecimento de Nero. É possível que esta "Lex de Imperio Vespasiani" tivesse dado forma escrita à tradição oral, contida até então na "Lex Regia de Imperio". Nada podemos afirmar, com certeza, a respeito. Mas, considerando a índole da "Lex Regia de Imperio", de assunção unilateral do "Imperium", e a natureza de pacto, entre o "Princeps" e os governados, da "Lex de Imperio Vespasiani", somos inclinados a acreditar que a "Lex de Imperio Vespasiani" não repetiu o que a tradição oral guardava como "Lex Regia de Imperio". Mas, não podemos afirmar isto com certeza.

VIII.b – Anterioridade da "Lex Regia de Imperio", relativamente ao Principado

A anterioridade da "Lex Regia de Imperio", em relação ao Principado, é atestada pelo seu nome – "Lex Regia" – que evoca a Realeza; mas não é só este dado que aponta para a "Lex Regia" ser anterior ao sistema de Augusto. A propósito da sua antigüidade, devemos consignar que, além de uma "Lex Regia" alusiva à assunção do "Imperium", houve, ainda na Realeza, outras "Leges Regiae". Segundo Moreira Alves, a tradição noticia a existência de "leges regiae", atribuídas, em sua maior parte, a Rômulo, Numa Pompílio e Túlio Hostílio. De acordo com a tradição, tais "leges regiae" foram, por proposta do Rei, votadas pelos Comícios por Cúrias, e compiladas, ou no final da Realeza, ou no início da República, por Sexto Papírio, recebendo a compilação o nome de "Jus Civile Papirianum". Os autores modernos *negam a veracidade da tradição,* com base nos seguintes argumentos: – a) Tudo indica que a compilação é apócrifa, pois Cícero, Varrão e Tito Lívio, não aludem a Sexto Papírio; b) Os fragmentos das leis régias que chegaram até nós, são *principalmente regras religiosas,* que, de acordo com as idéias romanas, não eram objeto de voto popular; c) Os Comícios por Cúrias não votavam leis abstratas e de caráter geral, apenas manifestando-se sobre *casos concretos,* como adrogações, testamentos, e assim por diante; e d) A tradição afirma que não havia "Jus Scriptum" antes das XII Tábuas. A conclusão a que chega Moreira Alves, é a de que, segundo parece, *as leis régias eram regras costu-*

meiras, que foram compiladas no final da República, ou no início do Principado.[408] O que é dito pelo autor, não é elidente do que afirmamos, quanto à "Lex Regia de Imperio" ter existido desde a remota Antigüidade. É indiferente, para nós, que a compilação atribuída a Sexto Papírio tenha tido, ou não, existência histórica. Aqui, temos que retomar uma nossa tecla: – Não havia, na recuada Antigüidade, uma separação entre o que era "Político", "Religioso", "Jurídico", "Civil", "Militar", "Público" e "Privado". Destarte, e em função da concepção mística e religiosa do Poder Político, a "Lex Regia de Imperio" tinha, antes de mais nada, *uma dimensão religiosa*. Vimos, ademais, que ela não era objeto do voto popular, mas era uma comunicação ao "Populus". Por fim, ela não integrava o Direito Escrito. Assim, o que é dito por Moreira Alves não afasta a existência histórica da "Lex Regia", nem a circunstância de ela ser anterior ao Principado, remontando à Realeza. Gutiérrez Alviz, ao tratar das "Leges de Imperio", afirma que tratou-se de leis de concessão da investidura a um magistrado supremo. Foram muito numerosas, destacando o autor a "Lex de Imperio Vespasiani". Mas, há notícia de muitas outras.[409] Se as "Leges de Imperio" prestavam-se à investidura de um magistrado, então remontavam, *pelo menos*, à República. Para nós, importa é que elas integravam a tradição jurídica romana.

Eugène Petit se refere à "Lex Regia de Imperio", de um modo que faz supor a sua anterioridade, relativamente ao Principado. Ensina que, depois de Augusto, os seus sucessores receberam os mesmos poderes por ele ostentados, não graças a concessões sucessivas, *porém, de uma só vez*, graças a uma lei renovada a cada ascenção de um novo "Princeps", e denominada "Lex Regia", ou "Lex de Imperio". Entre outros privilégios, a "Lex Regia" concedia, ao Imperador, *o direito de fazer tudo o que, segundo o seu critério, fosse útil ao bem do Estado*. Isto significava o poder absoluto. A "Lex Regia", ou "Lex de Imperio", conclui Petit, era votada pelo Senado, e, em seguida, ratificada pelo "Populus", sem dúvida, nos Comícios por Tribos.[410] Há um dado referido por Petit, que conduz a uma pergunta de difícil resposta. O autor diz que, para cada novo Imperador, o Senado votava a "Lex Regia de Imperio", que era, depois, ratificada pelo Povo, nos Comícios. Sucede que, após Nerva, *os "Comitia" não mais se reuni-*

---

[408] V. "Direito Romano" cit., vol. I, páginas 24 e 25.
[409] V. "Diccionario de Derecho Romano" cit., páginas 315 e 316.
[410] V. "Tratado Elemental de..." cit., página 59.

ram... a solução que podemos alvitrar é a de que, após a cerimônia no Senado, *por uma ficção, o "Populus" ratificava a deliberação senatorial.*

Alvarez–Correa escreve que, hoje, existem dois conceitos opostos, respeitantes à origem e à validade das leis régias. De acordo com um primeiro, baseado na tradição, *os reis foram os autores das leis régias.* A tradição seria "duvidosa". Segundo este conceito, é admitido que o Rei ou o seu magistrado declarava a sua vontade, ante o "Populus Romanus" reunido em assembléia, sendo este o costume latino, e pedia que a assembléia afirmasse ou negasse a sua obrigatoriedade. Vistas sob este prisma, as "leges" não eram precisamente "leis", *mas apenas simples declarações do antigo costume que o "Populus" reconhecia como tal.* A assembléia, composta pelos chefes de família, "Pater familiae" (sic), aprovava, ou seja, dava a sua "auctoritas patrum" (sic), *em uma época em que ainda não existia um Senado* (sic).[411] De acordo com um segundo conceito, as leis originar-se-iam *em escritos posteriores à Realeza.* Segundo comentaristas romanos, Gaius Papirius, no começo da República, reuniu uma coleção de "leges", e, no final do Período Republicano, Gaius Flaccus teria comentado o Direito segundo Papirius ("Jus Papiriarum") (sic). Seja lá como for, qualquer dos dois conceitos que seja o acertado, as "leges" teriam, em grande medida, *revestido um aspecto de sacralidade,* sendo correto o dado de que não desempenharam, na ulterior evolução do Direito Romano, nenhum papel decisivo.[412] Alguns comentários se impõem. Não vemos porque considerar "duvidosa" a tradição sobre as "Leges Regiae". Não é aceitável, também, a assertiva de que ainda não existia o Senado à época da Realeza, pois, conforme verificamos, *o Senado fora instituído por Rômulo... a expressão "auctoritas patrum" está empregada em um sentido errado,* uma vez que ela não era dada pelo Povo, *mas pelo Senado.* E é óbvio que *jamais existiu um "Jus Papiriarum",* mas sim, um "Jus Papirianum". Não podemos, também, concordar com a assertiva de que as "Leges Regiae" teriam tido um papel de pouco relevo, no desenvolvimento do Direito Romano: – Isto equivale a ignorar que os romanos *eram apegados à tradição.* Assim, a "Lex Regia de Imperio", existente na tradição, transformou-se, na República, na "Lex Curiata de Imperio", sendo que no Principado, continuou ela a existir. Não teve um papel de pouco destaque na evolução do

---

[411] V. "Curso de Derecho Romano", Bogotá, Editorial Pluma Ltda., Segunda edición, 1980, página 83.
[412] V. "Curso de Derecho...", loc. cit..

Direito Romano, *ao menos uma das "Leges Regiae"*. Referimo-nos à "Lex Regia de Imperio", a qual, segundo Gutiérrez Alviz, era a "Lei rogada, votada em comícios, conferindo a *tribunitia potestas* aos primeiros imperadores, junto com as demais prerrogativas que, paulatinamente, se iam fazendo outorgar".[413] Não importa, aduzimos, que a votação pelos comícios, para dar a investidura ao novo "Princeps", fosse uma formalidade, *ou mesmo uma ficção:* – O que importa é que *pela tradição*, a "Lex de Imperio" era o ato pelo qual o "Populus", de maneira oficial e formal, outorgava o "Imperium" ao novo "Princeps". Um outro erro grave de Alvarez–Correa, consiste em afirmar que a assembléia do "Populus" conferia a "Auctoritas". Ora, o "Populus" *não podia conferir o que ele não possuía*. A "Auctoritas" era detida pelo Senado, e a "Potestas" pelo "Populus..."

León Homo afirma que, desde 12 a. C., a "Tribunicia Potestas", o "Imperium Proconsulare" *e o supremo pontificado religioso*, constituíram as bases do poder imperial. A estes poderes fundamentais devem ser acrescentados outros, *adquiridos à medida em que as circunstâncias foram sendo propícias a Augusto*. Todas estas atribuições foram objeto, sob os sucessores de Augusto, *da "Lex de Imperio", que implicava na concessão global de tais poderes*. Dela, diz o autor, restou um só exemplar, fragmentário, relativo a Vespasiano.[414] Já observamos que, segundo cremos, a "Lex de Imperio Vespasiani" *não é* a velha "Lex Regia de Imperio". A respeito da "Lex de Imperio" preceder o Principado, trazemos à baila a opinião de Eugène Petit, para quem a prática de outorgar os poderes mediante o uso da "Lex Regia" a cada vez que havia uma sucessão no trono imperial, *existia desde os primeiros séculos*, em que uma "Lex Curiata" era necessária para a investidura dos reis. Tal prática é referida por Cícero, em "Da República", II, 13, 17, 18, 20 e 21.[415] Fazemos uma observação: – Cremos que o nome da "Lex de Imperio", ao tempo da Realeza, era "Lex *Regia* de Imperio", e não "Lex Curiata". Qual outra poderia ter sido a motivação deste nome, "Lex Regia de Imperio", senão *a assunção de poderes por um Rei?...* lembramos que, em latim, "Rei" se diz "Rex, Regis".[416] De outra banda, "Regius, a, um", tem, entre outros, os seguintes signifi-

---

[413] V. "Diccionario de Derecho..." cit., página 341 – grifos no original.

[414] V. "El Imperio..." cit., páginas 117 e 118.

[415] V. "Tratado Elemental de Derecho..." cit., página 59 – Nota de rodapé de nº 1.

[416] V. de Francisco Torrinha, "Dicionário Latino – Português", Porto, Edições Marãnus, 3ª edição, 1945, página 753.

cados: – 1- Que pertence ao rei; real; do rei. 2 – Digno dum rei; excelente, magnífico, rico.[417] O que percebemos é que a "Lex Regia de Imperio", na República chamada "Lex Curiata de Imperio", e que adentrou o Principado, sendo depois nomeada por Justiniano, *teve uma extraordinária longevidade no Direito Público Romano*. Duas explicações encontraríamos para tanto: – O amor dos romanos pela tradição, revelado em muitos outros aspectos da sua cultura, e o aspecto místico e religioso da cerimônia da assunção do "Imperium" perante o "Populus", reunido em assembléia. *Antes* de assumir o "Imperium", quem o assumia havia consultado os auspícios. Destarte, a "Liturgia do Poder" – se assim podemos nos expressar – contribuiu para a longevidade da "Lex Regia de Imperio", que, tendo surgido na Realeza, chegou até o Principado.

VIII.c – Foi graças à "Lex Regia de Imperio" que o Imperador pôde produzir as "Constitutiones Principis"

Aqui, é necessário que busquemos a *verdadeira índole* da "Lex de Imperio". Como vimos, De Francisci afirma ser "inaceitável" a opinião dos que, trasladando para a época primitiva o conceito da soberania popular, acreditam que a "Lex Curiata de Imperio" fosse o ato pelo qual o Povo concedia, ao Cônsul, a faculdade de exercer o "Imperium". A rigor, *o "Imperium" é ostentado pelo Cônsul, em função da "Creatio"*. Recebidos os auspícios, o Cônsul *já pode tratar com o Povo*. A "Lex Curiata" é apenas a manifestação solene feita ao Povo pelo Magistrado; *é a assunção unilateral, pelo Magistrado, do "Imperium"*, sendo que, para tal assunção, era indiferente o assentimento ou o não–assentimento do Povo.[418] Concordamos com o autor, acrescentando que, para a compreensão do que era a "Lex de Imperio", é básico que nos despojemos dos conceitos atuais de "soberania popular". Na medida do possível, temos que nos aproximar da mundividência dos romanos, na qual os elementos místicos e religiosos eram relevantes. Tão importante era esta assunção unilateral do "Imperium", que De Francisci assinala que, de acordo com a doutrina romana, antes da cerimônia da "Lex Curiata", *o Cônsul não podia*

---

[417] V. de Francisco Torrinha, "Dicionário..." cit., páginas 737 e 738.
[418] V. "Síntesis Histórica del..." cit., página 90.

interferir nas matérias militares. E, se não tivesse havido a *cerimônia solene* da *"Lex Curiata"*, *os atos do Cônsul seriam considerados viciados, como os de um Cônsul que não tivesse tomado regularmente os "auspicia"*. Esta exceção só poderia ser levantada *pelos áugures ou pelo Senado* (como ocorreu no ano de 217 a. C. – Tito Lívio, XXII, I, 5). O vício possuía o caráter de uma violação de normas religiosas, das quais o Senado e os sacerdotes eram guardiães. De qualquer forma, o princípio de que "consuli, si legum curiatam non habet, attingere rem militarem non licet", *é um princípio que remonta às origens*, quando uma série de solenidades religiosas, ou quase religiosas, acompanhavam a assunção do poder. No final da República, aduz De Francisci, é preciso fazer um esforço para entender o seu significado.[419] Vários testemunhos atestam a impossibilidade de o Cônsul curar das coisas militares, antes da cerimônia da "Lex Curiata de Imperio". O romanista faz remissão a Tito Lívio, V, 52, 15, e a Cícero, "de lege agr.", bem como a "Phil.", 5, 16.[420] Diz De Francisci que, relativamente ao final da República, é preciso fazer algum esforço para compreender tais exigências, que *eram de índole religiosa*. Não é difícil, para nós, entender o fenômeno: – O afluxo de riquezas, conseqüência dos êxitos imperialistas, acarretou modificações na "alma romana", e as acarretou nos domínios da Religião e da Moral. Indo além, como consignamos em trabalho anterior, o Direito Romano, e inclusive o Direito Público, a partir de um determinado momento, passou por um processo de laicização, e por uma crescente dessacralização.[421] E este processo não pode ser dissociado do Cosmopolitismo e do afluxo de riquezas. Após estas considerações, torna-se mais inteligível o que registra De Francisci, no sentido de haver quem sustente que, no final da República, a "Lex Curiata" não era indispensável para o exercício do Poder. E o autor faz remissão a Cícero.[422] Admitida, apenas para argumentar, a hipótese de que a "Lex de Imperio", no final da República, tivesse caído em desuso, torna-se ainda mais compreensível que os "Principes", apelando para a tradição, tão importante para os romanos, tivessem-na revivido, para legitimar o poder imperial, que *era um "Poder Novo", emanado de um "órgão novo"*, estranho aos quadros e às tradições da República. Não podemos perder de

---

[419] V. "Síntesis Histórica del..." cit., páginas 90 e 91.
[420] V. "Síntesis Histórica del..." cit., página 90.
[421] V. de Acacio Vaz de Lima Filho, "O Poder na..." cit., página 171.
[422] V. "Síntesis Histórica del..." cit., página 91.

vista que o Principado era uma "Nova Ordem", e pois, *uma ordem revolucionária,* relativamente à precedente ordem da República. E é uma regra universal, da Ciência Política e do Direito Público, que a Revolução carece, sempre, de se legitimar. Destarte, cremos que a "Lex Regia de Imperio" serviu, *também,* para legitimar o Principado. O que afirmamos, de certa forma, encontra apoio em Burdese, para quem a necessidade de atribuir formalmente poderes ao Imperador, por meio da "Lex de Imperio", tinha respaldo na própria idéia do "Princeps", cuja suprema "Auctoritas" *não era concebida como um patrimônio hereditário,* mas como posição de supremacia, de fundo moral ou político, baseada nos méritos pessoais, em geral reconhecidos.[423]

Há uma característica do Principado que não podemos olvidar, e que acarreta uma particularíssima importância para a "Lex de Imperio". Era o Principado uma monarquia, sendo, no entanto, uma monarquia "sui generis", na medida em que a sucessão não era, necessariamente, hereditária. Já assinalamos que o problema sucessório era o "Calcanhar de Aquiles" do sistema. Por outras palavras, nas monarquias típicas, existe a figura do "Príncipe Herdeiro". A sua posição, em face da sucessão ao trono, está de antemão definida, pelo Direito Dinástico. Isto não acontecia com o Principado, ao qual faltava a figura do "Porfirogênito", isto é, daquele que nasceu para a púrpura.[424] E muitas conseqüências daninhas daí advieram, sendo uma delas a indevida intromissão do Exército na questão sucessória. Em um tal quadro, em que não havia um critério seguro para a sucessão, *a "Lex de Imperio" teria que assumir uma enorme importância,* por conferir a legitimação a cada novo "Princeps". Kunkel aborda a debilidade intrínseca do Principado, terminando por fazer uma referência à "Lex de Imperio". Segundo o autor, o ponto mais frágil da "artística ordenação" de Augusto, *foi o problema da sucessão.* Como o poder monárquico do "Primeiro Cidadão" não estava, em verdade, baseado na Constituição, *porém em uma ideologia política,* não era possível nem pensar em uma regulamentação legal da ordem sucessória. Por outras palavras, não era possível combinar o reconhecimento formal de uma sucessão em família, *com a teoria oficial, de que a República continuava a existir.* Uma eleição por parte do Senado não podia ter, em regra, outro valor, senão o de uma simples formalidade. E não era desejável que uma eleição pelo Senado tivesse grande valor,

---

[423] V. "Manual de Derecho Publico Romano" cit., páginas 202 e 203.
[424] V. de Mohammed Essad – Bey, "Nicolau II..." cit., página 66.

uma vez que o "Princeps", ao menos, durante o primeiro século da nova ordem, e depois, novamente, *tendeu a, de fato, implantar como seu sucessor, alguém de sua família, já que, juridicamente, não podia fazê-lo.* Por fim, aduz Kunkel, o Exército era o apoio mais firme da Monarquia. E era previsível que ele fizesse valer as suas preferências. Assim, a cada vez que falecia o "Princeps", era chegado *o momento crítico para a paz interna do Império.* A solução do problema sucessório surgia segundo as circunstâncias de cada caso; destarte, podia haver a sucessão hereditária, a eleição pelo Senado, e, desde o final do século II d. C., *quase sempre por decisão do Exército, ou melhor, dos exércitos,* que, isolados uns dos outros, na maioria dos casos, propunham candidatos diversos, surgindo a decisão de uma guerra civil. O único meio, tampouco infalível, de obviar os perigos da mudança, *consistia em associar alguém ao trono.* Aliás, Augusto inaugurara este sistema. Mais tarde, houve exemplos de associação ao trono, e, inclusive, casos isolados de co-regência, *em que havia dois "Principes" ao mesmo tempo,* possuidores das mesmas faculdades. A experiência ensinava que, transmitindo-se o trono a um descendente, com facilidade, *chegava à chefia do Império um sucessor inepto.* Mas, não se podia desprezar a legitimação decorrente de pertencer, o sucessor, à família do antecessor; e isto contribuiu para que, desde o final do século I da Era Cristã, *surgisse o costume de o "Princeps" adotar o melhor dos seus colaboradores, designando-o sucessor.* Este procedimento deu, ao Império, governantes como Trajano, Adriano, Antonino Pio e Marco Aurélio. E, de certa maneira, ele representou *a realização mais conseqüente da idéia do Principado.* Continua Kunkel: – Ainda que a determinação do sucessor fosse um processo puramente político, para o qual não havia princípios jurídicos fixos, *o novo Imperador carecia, quando assumia o cargo, da legitimação, mediante a transmissão legal daquelas faculdades que lhe deviam corresponder, no âmbito da Constituição Republicana, a saber, o Poder Tribunício e o "Imperium Proconsulare".* Provavelmente aqui decidia, em primeiro lugar, o Senado. Mas, ao que parece, considerava-se importante dar ainda mais força a este significativo ato, *por meio da forma de legislação popular (que, em tudo o mais, caíra em desuso). Assim se passaram as coisas, com certeza, na assunção do poder por Vespasiano.* Este chegou ao trono por meio de uma revolução. A sua lei constitucional, parcialmente, chegou até nós. É a "Lex de Imperio Vespasiani".[425] Para Kunkel, na investidura de um novo Imperador em suas prerrogativas, haveria em um primeiro momento a interven-

---

[425] V. "Historia del Derecho Romano" cit., páginas 66 e 67.

ção do Senado, sendo que, apenas depois da atuação dos "Patres", existiria a comunicação, feita ao "Populus", da assunção do "Imperium". Cremos que a hipótese tem bastante plausibilidade. Embora despojado do esplendor de que desfrutara na República, o Senado *ainda dispunha de muito prestígio*. E tal prestígio só poderia beneficiar o novo Imperador. Porém, pensamos que antes ainda da ascenção de Vespasiano, houve o uso, pelos Príncipes que o antecederam, da "Lex de Imperio". Ter-se-ia limitado Vespasiano a, com a lei que leva o seu nome, fazer um pacto de governo entre o Príncipe e os governados.

O nosso problema básico, nesta última parte do Capítulo VIII, consiste em saber se foi graças à "Lex de Imperio" que o Imperador pode produzir as suas "Constitutiones Principis". Escreve Porchat que, segundo os escritores, esse poder imperial dimana de uma "lex regia", em virtude da qual, o povo "transferiu todos os seus poderes ao imperador".[426] Di Pietro, ao tratar do que denomina "esta nova forma de legislar", chamada vulgarmente "constitutiones" (Ulp., D.1.4.1.1), refere que ela se diferencia da "lex". Por este motivo, não se diz que as "constitutiones" são "leges", mas que possuem "força de lei". Este poder legiferante surge, para o "Princeps", a partir do momento em que lhe é concedido o "imperium" (Gaio, 1.5; Ulp. D. 1.4.1). Na derradeira época pós-clássica, as "Constitutiones Principum" são chamadas de "leges".[427] É verdade que o autor não faz menção, expressa, à "Lex de Imperio". Mas, refere-se à concessão do "Imperium" ao "Princeps". E tal se operava, já o sabemos, por meio da "Lex de Imperio", que, muito mais do que uma "concessão" (mera formalidade), era uma assunção, unilateral, do próprio "Imperium", por parte do "Princeps" que assumia a púrpura. A "Lex Regia" é mencionada por Justiniano, na compilação mais tarde chamada de "Corpus Juris Civilis". Daniel Antokoletz se refere a isto, escrevendo que o que agrada ao Imperador, diz Justiniano, possui força de lei, porque *graças à lei régia* promulgada sobre o seu império, o Povo concedeu a ele, Imperador, todo o seu poder.[428]

Demangeat assegura *que o poder legislativo pertence, de maneira incontestável, ao Imperador*. E, a justificar a assertiva, reproduz o texto

---

[426] V. "Curso Elementar..." cit., vol. I, página 185.

[427] V. "Derecho Privado Romano", Buenos Aires, Ediciones Depalma, 1996, página 25.

[428] V. "Tratado de Derecho Romano (Historia – Fuentes – Personas – Cosas – Acciones)", Buenos Aires, "El Ateneo" – Librería Cientifica y Literaria, 1930, páginas 68 e 69.

das "Institutas" de Gaio, 1, 5: – *"Constitutio principis est quod imperator, decreto vel edicto vel epistola, constituit; nec unquam dubitatum est quin id legis vicem obtineat, cum ipse imperator per legem imperium accipiat"*.[429] Indaga o autor, à luz do texto de Gaius: – Isto significa que o Povo abdicou de uma vez por todas, em favor do Imperador; que, sob Augusto, o "Populus" conferiu, a ele e a todos os seus sucessores, o poder que, até então, *se ubicava nos Comícios?* É óbvio, aduz, que Gaio não diz nada de parecido, e uma abdicação deste gênero, é contrariada por tudo o que a História ensina a propósito do comportamento de Augusto. Sabemos, acrescenta Demangeat, que Augusto fez com que lhe fossem conferidas, uma em seguida às outras, *todas as velhas magistraturas do "Populus Romanus"*. Sabemos também que os sucessores de Augusto recebiam o "Imperium", ou seja, o poder outrora confiado aos magistrados, *em virtude de um senatusconsulto, e de uma espécie de lei fictícia*. Isto é suficiente para explicar o texto de Gaio.[430] Ao prosseguir, Demangeat afirma que Justiniano, é verdade, diz no § 7º da sua Constituição "Deo Auctore" (um dos prefácios do "Digesto"): – *"Lege antiqua, quae REGIA nuncupabutur, omne jus omnisque potestas populi romani in imperatoriam translata sunt potestatem"*. Da mesma forma, nas "Institutas", § 6º, *"De jure natur., gent. et civ."*, Justiniano assim se exprime: – *"Quod principi placuit legis habet vigorem, cum lege regia, quae de ejus imperio lata est, populus ei et in eum omne imperium suum et potestatem concessit"*.[431] Segundo o autor, o sentido mais natural desses dois textos, e sobretudo do primeiro, parece bem revelar que, em função de uma "Lex Regia", o "Populus Romanus" se despojou em bloco de todos os seus direitos, em proveito do Imperador. *Sucede, adverte Demangeat, que em matéria desta natureza, é lícito não confiar muito na assertiva de Justiniano*. Há no "Digesto", prossegue, um fragmento ubicado no L. 1.1 pr., *"De const. Princ. (1,4)"*, atribuído a Ulpiano, que foi, quase ao pé da letra, copiado no § 6º das Institutas. Este fragmento pode ser entendido como não significando outra coisa que o § 5º de Gaio; de resto, admite-se geralmente que o texto de Ulpiano foi modificado pelos compiladores de Justiniano.[432] Para Demangeat, originariamente, o

---

[429] V. "Cours Élémentaire de Droit Romain", Paris, A . Marescq Ainé, Libraire – Éditeur, troisième édition, revue et augmentée, 1876, tomo I, páginas 99 e 100 – grifos no original.

[430] V. "Cours Élémentaire de...", tomo e loc. cit..

[431] V. "Cours Élémentaire de..." cit, tomo I, página 99 – itálico no original.

[432] V. "Cours Élémentaire de Droit Romain" , tomo e loc. cit..

direito reconhecido ao Imperador (de produzir as "Constitutiones Principis"), não era senão o que pertencia, na República, aos Cônsules, ao Ditador, aos Pretores, aos Censores, e aos Tribunos do Povo.[433]

Comentemos o que é dito pelo romanista. De plano, com ele concordamos: – Da definição de "Constitutio Principis", formulada por Gaius nas "Institutas", 1, 5, não é possível inferir que tenha havido qualquer abdicação irreversível do direito de legislar, do "Populus Romanus", em favor de Augusto e dos sucessores deste. Concordamos com o autor, ainda, quanto a uma "abdicação" deste tipo, contrariar o comportamento de Augusto, *um homem cauteloso na consecução dos seus fins políticos*, e que tinha cuidado para não ferir as suscetibilidades dos republicanos. Vamos além: – Uma "abdicação" deste tipo por parte do "Populus", *seria contrária, também, à índole do Direito Romano, e à maneira pela qual se instalou o Principado*. Expliquemo-nos. O Direito Romano foi um Direito de evolução doutrinária e jurisprudencial. Este dado já o tornaria incompatível com as mudanças bruscas, próprias dos Ordenamentos de evolução legislativa. Tanto isto é verdadeiro que durante um considerável tempo, no Principado, as fontes do Direito Republicano coexistiram com as do Direito Imperial, e o procedimento "per formulas", chegou a ser contemporâneo da "Cognitio Extra Ordinem". De outra banda, e quanto à maneira pela qual se instalou o Principado, é preciso que tenhamos em mente que a "Nova Ordem" *não foi implantada "ex-abrupto", porém, foi ela se implantando lentamente*, de maneira "orgânica", se pudermos fazer uso desta palavra. Concordamos com Demangeat quando ele afirma que em uma tal matéria, é legítimo duvidar das assertivas de Justiniano. Aqui, lembramos que a compilação de Justiniano foi feita, "grosso modo", três séculos depois de implantado o Dominato, *logo, após a implantação da monarquia absoluta*. A compilação justinianéia foi feita *na "Pars Orientalis" do Império*. Em Constantinopla. No Império Romano do Oriente. E este dado geográfico *e cultural*, em regra, posto de lado pelos estudiosos, é prenhe de conseqüências. *Queremos dizer que o "espírito" da compilação não mais era romano, porém, grego...* os homens que elaboraram a consolidação de Justiniano, tinham muito mais familiaridade com o "Logos" e com as discussões metafísicas, do que com o bom senso de uma civilização agrária que, na Itália, criara e desenvolvera a Jurisprudência. Há um dado político que muito importa, a propósito da obra de

---

[433] V. "Cours Élémentaire de..." cit., página 100.

Justiniano. O Imperador tinha em mente consolidar o seu absolutismo, e a compilação do Direito Romano, sob a sua égide, prestava-se a um tal desígnio. Existe um derradeiro aspecto da questão, que não pode ser olvidado: – Desde Constantino, o Império era cristão. Ao tempo de Justiniano, o Cristianismo era a Religião Oficial. Este pormenor não é indiferente: – O Cristianismo alterou a mundividência da Civilização Greco-Romana, cabendo lembrar que, com o monoteísmo, surge a intolerância. Todos esses elementos recomendam que as afirmações de Justiniano sobre a natureza e a extensão do poder imperial, sejam recebidas com cautela.

Zulueta aborda o recebimento do "Imperium" pelo "Princeps", por meio de uma "lex", reproduzindo o que Gaio registra no Livro I, n.º 5 das suas "Institutas": – "Constitutio principis est quod imperator decreto uel edicto uel epistula constituit; nec unquam dubitatum est quin id legis uicem optineat, cum ipse imperator *per legem imperium accipiat*".[434] As palavras de Gaio são claras, para que delas possamos inferir *a existência histórica da "Lex de Imperio"*, integrante da tradição jurídica dos romanos, e, em particular, *da tradição do seu Direito Público*, e *o seu uso quando da investidura do "Princeps"*. Lembramos um dado a respeito de Gaio, que robustece a credibilidade da sua informação: – Foi, Gaius, um Professor de Direito, o que pode ser aferido da leitura da monografia de Moacyr Lobo da Costa, que já citamos.[435] E um professor de Direito teria um lastro de seriedade científica, maior, presumivelmente, do que um Imperador interessado em justificar e em ampliar o seu absolutismo.

Di Pietro, ao tratar do poder do Imperador para produzir as "Constitutiones Principis", refere-se à concessão do "Imperium" ao "Princeps", *fazendo remissão a Gaius, 1, 5, e a Ulpiano, D. 1. 4. 1*. Já examinamos Gaio, na edição de Zulueta. Agora passamos a consultar Ulpiano, na edição do "Corpus Juris Civilis" organizada por C. M. Galisset.[436] No "Digesto", Livro I, Título IV, 1, se insculpe, "verbis": – "Quod principi placuit, legis habet vigorem: uptote cum *lege² regia*, quae de imperio ejus lata est, populus ei et in eum omne suum imperium et potestatem conferat".[437]

---

[434] V. "The Institutes Of Gaius", Oxford, Clarendon Press, 1ª edição, 1946, Part I, página 2 – Os grifos são nossos.
[435] V. "Gaio (Estudo Biobibliográfico)" cit., página 11.
[436] V. de C. M. Galisset, "Corpus Juris Civilis Academicum Parisiense", Lutetia Parisiorum, Apud. A. Cotelle, Bibliopolam, Septima Editio, MDCCCLXII.
[437] V. de C. M. Galisset, "Corpus Juris Civilis..." cit., página 238 – Itálico no original.

Mommsen, ao tratar da validade das Constituições Imperiais, afirma que ela foi reconhecida, em benefício de Augusto e dos seus sucessores, num procedimento semelhante ao das disposições que, em honra de César e dos Triúnviros, haviam sido adotadas no final da República, *graças a uma cláusula inserida na lei pertinente ao poder tribunício*. Por meio dela, *foi atribuído ao poder tribunício um efeito retroativo*, para o período que mediava entre a aquisição do "Imperium" pelo novo "Princeps", e o voto da lei de investidura. [438] Façamos algumas observações. Cremos, com respaldo nos mais conspícuos autores, que Augusto assumiu a "Tribunicia Potestas", com o objetivo, *político*, de fazer com que o "Princeps" se tornasse "sacrosanctus", inviolável, como o tinham sido os Tribunos da Plebe. Assim, ao assumirem o Tribunato da Plebe, Augusto e os que o sucederam, a um tempo, tornavam-se invioláveis *e se aproximavam das camadas populares*, dado este que era fundamental do ponto de vista político. Até aqui, tudo é pacífico. Sucede que temos que formular uma observação que contraria, ao menos em parte, Mommsen: – Como verificamos à luz da lição de De Francisci, a assunção do "Imperium" pelo magistrado, *era um ato unilateral*, para cuja eficácia, era *indiferente* o consenso ou o dissenso do "Populus". Nesta ordem de idéias, a "Lex de Imperio" nada mais era do que *uma simples formalidade*, consistente *na comunicação*, feita ao "Populus" pelo magistrado, no sentido de que ele assumira o "Imperium". Destarte, não atinamos com a importância deste "efeito retroativo" da lei pertinente ao Poder Tribunício do novo "Princeps": – Assumido o "Imperium" pelo Príncipe, automaticamente, e em consonância com a melhor tradição, *ele já detinha o poder inerente às suas funções*. A posição de Mommsen, de atribuir uma tão grande importância à citada cláusula retroativa da lei que outorgava o Poder Tribunício, guarda relação com a sua noção do Principado como uma Diarquia. E tanto é assim que, apegado a uma posição formalista, Mommsen não percebe que as magistraturas da República, sob o influxo do "Princeps", passaram por uma mudança de índole tão radical, que podemos chamá-la de ontológica. Isto porquanto, subsistindo embora as denominações de Cônsules, Pretores, Edis Curuis e assim por diante, próprias do sistema republicano, *elevava-se, incontrastável, a figura imperial, que iria produzir o "Jus Novum"*.

Como vimos da lição de Eugène Petit, a prática de outorgar poderes mediante a "Lex Regia" era antiga, *antecedendo o Principado*.

---

[438] V. "Le Droit Public Romain" cit., tomo 5, páginas 189 e 190.

O autor faz menção ao fato de Cícero, em "Da República", II, 13, 17, 18, 20 e 21, referir a praxe em epígrafe. No Livro Segundo, nº XVII, da obra indigitada, escreve Cícero que, morto Numa Pompílio, o "Populus", diante da proposta de um rei interino, confiou o reinado a Túlio Hostílio, *nos Comícios Curiados;* a exemplo de Numa, consultou Túlio Hostílio as Cúrias, sobre a sua elevação ao trono.[439]

---

[439] V. "Da República" – Tradução brasileira de Amador Cisneiros, Rio de Janeiro, Edições De Ouro – Editora Tecnoprint Ltda., s/d, página 64.

Capítulo IX

As "Constitutiones Principum"

IX.a – Generalidades

O étimo "constituições", ao longo da História do Direito, não teve apenas um sentido, sendo que, no entanto, a expressão "Constituições Imperiais", em latim, "Constitutiones Principum", *tem um significado preciso no Direito Público Romano*. Remanesce o dado de que a palavra "Constituição", possui uma considerável abrangência semântica. Se é verdade que, após o "Constitucionalismo", a palavra "Constituição", na linguagem jurídica, é unívoca, tal não aconteceu no passado. Na Idade Moderna, encontramos a palavra utilizada para designar qualquer determinação emanada da autoridade investida da administração. Trazemos à baila o exemplo de Cervantes, no seu "D. Quixote de la Mancha". Sancho nomeado, por burla, governador da "Ilha de Barataria", se houve com tal prudência, que escreve Cervantes: – Em resumo, ele ordenou coisas tão boas, que até hoje se observam naquele lugar, e são assim chamadas, *"As constituições do grande governador Sancho Pança"*.[440] Em latim, a palavra é "constitutio, onis", substantivo feminino da terceira declinação. Nicolau Firmino dá as seguintes traduções para o étimo: – "estado", "condição", "constituição", "colocação", dispo-

---

[440] V. "El Ingenioso Hidalgo Don Quixote de La Mancha" – Edición Y Notas De Francisco Rodríguez Marín, De La Real Academia Española – Madrid, Espasa – Calpe, S. A., 1956, tomo VII, página 289 – Os grifos são nossos.

sição", "decreto".[441] Por sua vez, Cretella Júnior e Ulhôa Cintra, dão as seguintes traduções para "Constitutio, onis": – "Colocação", "disposição", "posição" (Cícero); "constituição", "decreto" (Ulpiano). Ainda em Cícero, e de acordo com os dois autores, "Constitutio belli" quer dizer "disposição", "ordem de guerra". Também para Cícero, "Constitutio causae" tem o significado de "estado da causa". Por derradeiro, e ainda em Cícero, "Constitutio corporis" é expressão que significa "Constituição do corpo".[442] Francisco Torrinha dá os significados seguintes para o vocábulo: – 1) "Constituição"; "natureza"; "estado"; "condição". 2) "Estado da questão", "o ponto essencial duma causa". 3) "Ordem", "disposição."[443] Fernando De Azevedo indica, como significados de "Constitutio, onis", "Estado", "condição", "disposição", "ordem", e "constituição".[444] E o Pe. Henrique Koehler, S.J., ensina que o substantivo tem as seguintes traduções: – "colocação"; "posição"; "disposição"; "constituição de um organismo", *constituição de um povo*"; "estado"; "definição"; "decreto"; determinação". "Constitutio senatus" e "Constitutio praetoris" significam, respectivamente, "determinação do senado" e "determinação do pretor".[445] Verificamos que o étimo possui muitos significados; tantos, que seria difícil, senão impossível, chegar a um denominador comum alusivo à palavra. Devemos nos contentar com o conhecimento de que, entre as diversas traduções apontadas pelos latinistas, *encontra-se a própria palavra portuguesa "constituição"*. Aliás, o Pe. Henrique Koehler, S.J., como vimos, entre as diversas traduções, indica a correspondente à "constituição de um povo". Como é evidente, "decreto" e "determinação" são outros significados que nos interessam. É significativo que observemos que o substantivo "Constituio, onis", possui *o mesmo radical* do verbo "Constituo", da terceira conjugação, cujos tempos primitivos são "Constituo, is, ui, utum, ere". Cretella Júnior e Ulhôa Cintra abordam o verbo em pauta, que possui uma rica variedade de significados. Em Cícero, há os sentidos de "colocar", "constituir" e "pôr". Ainda Cícero utiliza o verbo com os significados de "determinar", "ordenar", "dispor" e "mandar". Também na obra ciceroniana, de acordo com os dois latinistas, há os sentidos de "fazer concerto", "prometer" e

---

[441] V. "Dicionário Latino – Português" cit., página 131.
[442] V. "Dicionário Latino – Português" cit., página 272.
[443] V. "Dicionário..." cit., página 194.
[444] V. "Pequeno Dicionário Latino – Português" cit., página 38.
[445] V. "Dicionário Escolar Latino – Português" cit., página 181 – grifos nossos.

"ajustar". M. Vitruvius, "in" "De Architectura", faz uso do verbo em epígrafe querendo dizer "delinear" e "riscar". Cícero o emprega nas expressões "Constituere aliquem in munere", o que quer dizer "nomear alguém para algum cargo"; "Constituere Pecuniam debitam", querendo dizer "prometer a satisfação da dívida em um dia certo"; "Constituere Rem nummarium", significando "regular o valor das moedas"; "Sibi aliquod genus vitae degendae", com o sentido de "eleger algum modo de vida"; "Actionem constituere", o que, em vernáculo, é "ordenar o modo do processo"; "Constituere questionem", o que quer dizer "ordenar a devassa ou inquirição"; "Constituere Judicium", com o significado de "nomear juízes para a causa"; "Vadimonium constituere", o que significa "assinar dia para comparecer em juízo"; "Rempublicam constituere", o que equivale a "governar a República". M. Vitruvius utiliza a expressão "Constituere Domum", querendo dizer "delinear, riscar a planta do palácio". Ovídio emprega "Constituere Domos", por "edificar casas". Por derradeiro, Cícero faz uso das expressões "Rem familiarem constituere", no sentido de "regular o estado de sua casa"; "Pretium frumento constituere", no significado de "taxar o preço do trigo", e "Constitutum mihi est", que quer dizer "estou resoluto ou determinado".[446] Como percebemos, o verbo "Constituo" possui *uma ampla gama de significados*. Chamamos a atenção, no entanto, para os sentidos de "determinar", "ordenar", "dispor" e "mandar", os quais são os mais consentâneos com o "Jus Novum" corporificado nas Constituições Imperiais.

Após estas noções semânticas, vamos dar continuidade ao nosso estudo, o que será feito em sucessivas subdivisões deste Capítulo. De início, buscaremos saber *em que consistiam as "Constitutiones Principum"*; em seguida, abordaremos os diversos tipos de Constituições Imperiais, tratando, depois, da sua importância, para a História do Direito Romano. Por derradeiro, iremos fazer um estudo, breve, da função desempenhada pela "Constitutio Principis" na evolução do Processo Civil Romano.

IX.b - Em que consistiam as Constituições Imperiais?

Segundo Gaston May, durante toda a existência do Alto Império, o "Princeps", *sem que estivesse revestido do poder legislativo, que*

---

[446] V. "Dicionário Latino – Português" cit., página 272.

não teria senão mais tarde, contribuiu sem embargo para criar o Direito, por meio das suas Constituições. Com este nome, "Constituições", são designadas *decisões que levam, segundo o caso, nomes diversos: –* "edicta", "decreta", "rescripta" e "mandata". Também a autoridade de tais decisões foi variável, até o dia em que o incessante crescimento do poder do "Princeps", lhes reconheceu uma força igual à da lei.[447] Ellul afirma que o poder legislativo do Imperador foi exercitado, por primeiro, em matéria de Direito Público. No primeiro século, o "Princeps" regulamentou o estatuto jurídico das cidades, por meio das "leges datae", feitas por delegação do poder legiferante do Povo Romano. O Imperador concedia privilégios, e podia, com base no "Imperium Majus", fazer editos, aplicáveis em todo o Império. Por meio desses editos, regulava questões de Direito Administrativo, Criminal e Processual. Mas tudo isto não constituía, ainda, um poder legislativo total. Foi no II século que *os jurisconsultos demonstraram que o "Populus Romanus", pela Lei de Investidura, conferia ao Imperador todo o seu poder legislativo,* e que as decisões imperiais tinham força de lei em todos os domínios. A partir daí, o Imperador legislou em todo o Direito Privado.[448] Consignemos que o nome "Constitutiones Principum" não era o utilizado, nas origens do Principado, para tais manifestações da "voluntas" imperial. Como assinala De Francisci, este nome não procede das origens do Principado, não porque, como o pretendem alguns, não estivessem então reconhecidas a competência e a faculdade normativa do "Princeps", *mas porque, em todo o Direito Clássico, se teve a perfeita consciência da diferente eficácia (geral ou especial) dos diversos atos, das diversas normas e das variadas disposições emanadas dos imperadores.* O termo "Constitutiones" só foi utilizado quando todos os atos do Imperador se colocaram em um mesmo plano, e foi usado para designar, em bloco, as manifestações de vontade normativa (em sentido amplíssimo) do Imperador.[449] Este termo, acrescenta De Francisci, pode ser usado para indicar, *em seu conjunto,* as diversas formas pelas quais atuou o poder ordenador do "Princeps".[450]

---

[447] V. "Éléments de Droit Romain", Paris, Librairie De La Societé Du Recueil Sirey, treizième édition revue et augmentée, 1920, página 46.

[448] V. "Histoire des institutions", Paris, Presses Universitaires de France, 8e édition, 1992, tomo 1 – 2, L'Antiquité, página 472.

[449] V. "Síntesis Histórica del..." cit., páginas 402 e 403.

[450] V. "Síntesis Histórica del..." cit., página 403.

Ao longo do tempo, o sistema de Augusto passou por transformações. Paul Petit observa que os dois primeiros séculos integram o "Alto Império", correspondendo ao apogeu do sistema. Sucede que, entre o falecimento de Augusto, em 14 d.C., e o de Cômodo, em 192 d. C., ocorreram, de maneira insensível, muitas modificações, *sendo que uma constante, nelas, foi o reforço do poder monárquico.*[451] Ora, o reforço do poder do "Princeps", só poderia redundar no robustecimento das suas "Constitutiones", como fonte do Direito. Moreira Alves põe em destaque o fato de que, ao "Princeps", nunca foi atribuída de maneira expressa a faculdade de legislar, sucedendo no entanto que, em decorrência dos poderes que absorveu das magistraturas republicanas, e da "Auctoritas" a ele reconhecida, o Imperador, desde o início do novo sistema, interferiu na criação do Direito, por meio das "Constitutiones", que não indicavam um ato formal do Príncipe para criar Direito, mas qualquer ato dele emanado; "Constitutiones" que eram fonte do Direito, quando continham um novo preceito jurídico.[452] Discordamos de Moreira Alves, em um ponto: – Ao "Princeps" foi, sim, atribuída, de maneira expressa, a faculdade de legislar, por meio da "Lex Regia de Imperio", da qual tratamos no Capítulo VIII. E dele discordamos também, quanto ao Imperador haver "absorvido poderes das magistraturas republicanas". Augusto fez uso, *político e propagandístico,* das antigas magistraturas republicanas. Mas o seu poder *era um poder novo, ostentado por um órgão novo, o "Princeps".* Iglesias, ao tratar da Constituição Imperial, transcreve a definição de Gaius, contida nas "Institutas", 1,5, e que já examinamos.[453] Anota que, sob o Principado, e sobretudo ao tempo da monarquia absoluta, a constituição imperial é "fonte primária e quase única do Direito". Entretanto, só em época bastante avançada, a partir do século III d. C., a "Constitutio Principis" passou a afetar, com certa importância, a esfera privada.[454] No estudo das "Constitutiones Principum", não podemos deixar de lado a noção, fundamental, de que os romanos foram *um povo essencialmente prático.* Ao tratar do profundo senso de realidade do Povo do Lácio, escreve Iglesias que os romanos fizeram, da experiência, a sua "máxima regra de ouro", e que Roma conheceu várias formas de governo, todas elas, no entanto,

---

[451] V. "História Antiga" cit., página 269.
[452] V. "Direito Romano" cit., vol. I, página 53.
[453] V. "Derecho Romano – Historia e...." cit., página 52.
[454] V. "Derecho Romano – Historia e..." cit., páginas 51 e 52.

acomodadas à realidade de cada situação.[455] Ora, as "Constitutiones Principum" corresponderam a uma nova realidade, política, econômica, social *e jurídica,* chamada "Principado". Logo, para que bem compreendamos a sua índole, é mister que, primeiramente, estejamos imbuídos do que foi, efetivamente, esta realidade nova. Os romanos foram, efetivamente, os criadores da "Ciência do Direito", ou "Jurisprudência". E ela foi criada por homens voltados para a realidade, e vocacionados para a concreção da existência. A propósito, são conhecidas as palavras de Oliver Wendell Holmes:

> "*A vida do direito não foi a lógica; foi a experiência.* As necessidades sentidas em cada época, as teorias morais e políticas predominantes, intuições de ordem pública declaradas ou inconscientes, *até os preconceitos que os juízes compartilham com os seus semelhantes,* tiveram participação bem maior que o silogismo na determinação das normas que deveriam dirigir os homens".[456]

Algumas ponderações se impõem. Os jurisconsultos romanos, aqueles "empíricos geniais", como os chama De Francisci,[457] não eram "racionalistas", mas *homens voltados para a concreção da vida,* sendo que, em nossa opinião, foi esta circunstância que fez a grandeza da Jurisprudência do Lácio. Cremos, outrossim, que os malefícios feitos à Ciência em geral (e não apenas à Ciência do Direito), pelo racionalismo, de raízes iluministas, dos elaboradores da "Enciclopédia", *ainda não foram devidamente valorados.* Foi o espírito racionalista da "Enciclopédia" que, refletindo-se no pensamento do século XIX, fez da Ciência daquela centúria uma somatória de conhecimentos *reducionistas, pedantes, e com pretensões à infalibilidade.* Assim, paradoxalmente, como o observava Ataliba Nogueira, o "cientificismo" da Ciência do século XIX, redundou em um espírito a-científico.[458] No campo da Jurisprudência, este espírito "racionalista" da "Enciclopédia", *herdado pelo século XIX,* refletir-se-ia na obra de Kelsen, e, parti-

---

[455] V. "Derecho Romano – História e..." cit., página 11.
[456] V. "O Direito Comum...." cit., página 29 – Os grifos são nossos.
[457] Citamos de memória.
[458] V. "Antonio Conselheiro e Canudos – revisão histórica", São Paulo, Companhia Editora Nacional, 1974, páginas 30 e seguintes.

cularmente, no livro "Teoria Pura do Direito"[459], o qual, do ponto de vista metodológico, e axiológico, *é um escrito do século XIX, e não do século XX*. Com Kelsen, houve a redução do Direito à sua dimensão normativa, numa autêntica glorificação do formalismo.

Estas considerações não refogem ao nosso estudo. As investigações feitas no passado, a respeito das "Constitutiones Principum", pecaram por este excesso de formalismo que estamos a profligar. Um exemplo deste apego ao formalismo, é fornecido por Mommsen, o qual, mantendo a sua fidelidade à "Teoria da Diarquia" *buscou explicar todo o surgimento do "Jus Novum", à luz da Constituição Republicana...* assinala Mommsen, com efeito, que Augusto recusou, nos anos de 735, 736 e 743, a "cura legum", isto é, o direito de, apenas com a sua autoridade, editar leis em nome do Povo. Desde que isto aconteceu, Augusto cumpriu a tarefa para a qual se desejava conferir-lhe este poder extraordinário (o de editar leis em nome do "Populus"), *com o auxílio dos seus poderes tribunícios*. Isto significa, ajunta Mommsen, que as Leis Júlias sobre o "ambitus", o celibato e a esterilidade, propostas por Augusto em 736, *foram por ele apresentadas à Plebe, com base no seu poder tribunício*. É preciso ter em mente que, em 736, Augusto não se havia revestido de outra função que o autorizasse a agir com o Povo, estando isto de acordo com a apresentação de tais leis no Forum, *por conseguinte, diante de uma assembléia diversa dos comícios por centúrias*. Aliás, aduz Mommsen, as "rogationes" feitas, "a posteriori", por Cláudio, receberam, de maneira expressa, o nome de "Plebiscitos".[460] Como resulta claro, Mommsen condiciona todos os atos do Imperador, a elementos da Constituição Republicana... e mais: – exsurge da sua lição, ainda que nas entrelinhas, uma preocupação de Augusto, *de cunho nitidamente republicano*, com a limitação do seu próprio poder. Ora, isto refoge à evidência histórica: – O sistema implantado por Otaviano *era uma monarquia, ainda que "sui generis"*. E Augusto lançou as bases para o futuro e incessante crescimento do poder imperial. Assim, qualquer preocupação com a limitação do seu poder, soa contraditória. Sucede que Mommsen, por muito apegado que fosse à "Teoria da Diarquia", e por muito que condicionasse a atividade imperial, na criação do "Jus Novum", à Constituição Republicana, não podia fugir às evidências. Assim, ao tratar das

---

[459] V. "Teoria Pura do Direito" – Tradução portuguesa do Dr. João Baptista Machado – Coimbra, Arménio Amado – Editora, 6ª edição, 1984 – Original em alemão.
[460] V. "Le Droit Public Romain" cit., tomo 5, página 159.

"Constitutiones Principum", afirma que os atos oficiais do "Princeps" que não eram o resultado de um acordo de vontades com o "Populus" ou com o "Senatus", e que não se encaixavam no círculo da legislação mediata, eram, do ponto de vista formal, ou os "Edicta", levados pela publicidade ao conhecimento daqueles a quem diziam respeito, ou as Constituições, dirigidas aos interessados, e para as quais inexistia a publicação oficial.[461]

Embora Mommsen trate dos "Edicta" e das "Constitutiones Principum" sob a mesma rubrica, ele coloca, como vimos, de uma banda os "Edicta", e de outra as "Constituições", *valendo-se do requisito da publicação oficial para extremar uns das outras.* Não vimos tal critério distintivo ser utilizado por nenhum outro autor, e ignoramos qual a razão do seu uso por Mommsen. O apego de Mommsen à "Teoria da Diarquia", levando-o a justificar os atos imperiais à luz da Constituição Republicana, o conduziu a estabelecer uma provável ligação entre o poder do "Princeps" de editar as suas "Constitutiones", *e o poder dos Tribunos do Povo da República.* Assevera ele, de maneira inequívoca, que este poder do Imperador ligava-se, provavelmente, *ao direito amplo e indeterminado de proteger e de ordenar, ostentado, antes, pelos Tribunos do Povo da época da República.* O próprio Mommsen, porém, aduz que tal poder constituía, na forma e na aplicação que lhe deram os Imperadores, *alguma coisa essencialmente nova e própria do Principado:* – poderia mesmo parecer, à primeira vista, que uma interpretação restritiva é inadmissível, em face da clareza do sentido das palavras, *e que esta disposição outra coisa não faz, senão definir o poder absoluto.* Para Mommsen, este não é, sem embargo, o caso. O "Princeps" era autorizado a tomar por sua iniciativa, e sem consultar ninguém, *todas as medidas para as quais ele não tinha a necessidade, nem de uma lei, nem da isenção de uma lei.* Mas, caso contrário, salvo nas hipóteses, excepcionais, nas quais o Imperador detinha o poder legislativo, *suas ordenações não possuíam, senão, uma validade limitada.*[462] Como é intuitivo, este ponto abordado por Mommsen é uma das questões nucleares deste livro, no qual discutimos se as "Constitutiones Principum" derivavam de uma delegação de poderes feita ao Imperador, pelo "Populus", pelo "Senatus", ou por ambos. A sobrevivência formal da República pode ter inspirado, a Mommsen, a Teoria da Diarquia, como inspirou outros autores

---

[461] V. "Le Droit Public..." cit., tomo 5, página 185.
[462] V. "Le Droit Public..." cit., tomo 5, páginas 190 e 191.

que, centrando as discussões sobre a natureza do Principado no binômio "Monarquia ou República", *deixaram de perceber que, com o advento do sistema de Augusto, estava-se diante de uma realidade totalmente nova, e não passível de análise ou de classificação, segundo os critérios tradicionais da Constituição Republicana, nem segundo as nossas modernas idéias de "República" e de "Monarquia".* Tratava-se, reiteramos isto, de uma monarquia "sui generis", dotada de características especialíssimas.

A "Tribunicia Potestas" era um dos alicerces do poder imperial. Porém *Mommsen se equivoca, ao fazer derivar o poder do "Princeps" para editar as "Constitutiones", do poder dos Tribunos.* Também aí, Augusto *inaugurou um poder pessoal e novo,* independente de qualquer poder de qualquer uma das magistraturas republicanas. Não cremos que a validade das "Constitutiones Principum" dependesse de uma cláusula inserida na lei sobre o poder tribunício. Pensamos que a validade delas decorria do "Imperium" do Príncipe, sendo que, exclusivamente do ponto de vista formal, o "Princeps" estava habilitado a produzir as suas "Constitutiones", em função dos poderes de que dispunha, graças à "Lex Regia de Imperio". Insistamos: – O "Princeps" não se estribava em nenhuma faculdade, ostentada antes por nenhuma das magistraturas republicanas, para editar as "Constitutiones". Ele se apoiava em seu próprio "Imperium", que era um "Imperium" novo, desvinculado do "Imperium" dos magistrados republicanos, para produzir este "Jus Novum". Órgão novo, *sem qualquer precedente na Constituição Republicana,* o "Princeps" é o detentor de *um novo "Imperium",* que o habilita a criar um "Jus Novum". Antes do seu surgimento, *nenhum magistrado republicano, nem mesmo o Censor e o Ditador,* havia acumulado uma somatória tão grande de poderes, que adentravam, inclusive, *a esfera religiosa.* Roberts anota que, com Augusto, houve em Roma uma tentativa consciente, no sentido de revitalizar as antigas crenças religiosas, que estavam debilitadas, em função da aproximação com o Oriente, *helenizado,* e também graças à ação deletéria dos céticos, fatores que já se faziam sentir no segundo século antes de Cristo. *Depois de Augusto, os Imperadores sempre foram os chefes do culto, com o título de "Pontifex Maximus".* Com isto, ambas as primazias, *a política e a religiosa,* passaram a estar combinadas em uma só pessoa. Assim principiou o incremento do culto imperial, que se ajustava ao conservadorismo dos romanos, e ao seu respeito pelas práticas e costumes dos antepassados. O culto imperial unia o respeito pelos padroeiros tradicionais, o ato de aplacar ou invocar os deuses lares, e a comemoração dos grandes homens e acontecimentos, às idéias da monarquia divina, vindas da Ásia.

Foi no Oriente que, por primeiro, foram erguidos altares a Roma e ao Senado, e foi ainda lá que tais altares, logo, *foram reconsagrados ao Imperador*. O culto ao Imperador se difundiu por todo o Império, mas apenas a partir do terceiro século d. C., tornou-se ele de todo respeitável na cidade de Roma, *a tal ponto era forte o sentimento republicano*. Na "Urbs", os esforços feitos pelo regime, no sentido de reavivar a piedade oficial, *acabaram por beneficiar o culto ao Imperador*.[463] Como percebemos, Otaviano não descurou de nenhum aspecto da vida dos romanos, que pudesse ajudá-lo a incrementar o seu poder, e a consolidar o Principado. E, como é elementar, esta robustez intrínseca do poder imperial, iria se manifestar na edição das "Constitutiones Principum".

Fiel à sua doutrina, Mommsen exagera a importância dos liames entre o poder do "Princeps" e a Constituição Republicana. Assim, escreve que o vigor dado legalmente às "Constitutiones Principum", era aumentado pela inserção, feita paralelamente às leis, do juramento prestado no dia primeiro de janeiro pelos magistrados e pelos senadores, das "Acta" do Ditador César e das "Acta" dos "Principes", contanto que elas não tivessem sido, posteriormente, anuladas, ou, pelo menos, excluídas do juramento. Normalmente, acrescenta, os atos do "Princeps" imperante são abrangidos pelo juramento, e chegou-se a terminar por estender tal juramento aos atos vindouros.[464] Não negamos, e sim afirmamos, que existem liames, históricos e institucionais, entre os acontecimentos dos últimos tempos da República, e o Principado. Porém tais ligações não elidem o dado de que o "Princeps" *foi um órgão completamente novo, relativamente à Constituição Republicana,* sendo que o seu poder, *próprio, original e originário,* surgiu com este "órgão novo", *não sendo uma herança dos poderes ostentados pelos magistrados da República, ou dos poderes (de fato) detidos pelos "Ditadores Atípicos" do final da República*. Vamos além: – acreditamos que a noção do "Imperium", nuclear no Direito Público Romano, tenha sofrido *um alargamento,* com o Principado. Insistamos neste ponto. É fora de dúvida que a crise que assolou a República, em seus últimos tempos, preparou a ambiência para a implantação do Principado. Mas o "Princeps", *órgão novo,* não pode ser mensurado pelos padrões da Constituição Republicana. E o "Jus Novum" criado pelo Imperador, e corporificado nas suas "Constitutiones", *derivava*

---

[463] V. "History Of The World" cit., página 203.
[464] V. "Le Droit Public..." cit., tomo 5, página 190.

deste "poder novo", detido pelo "Princeps", e que surgira concomitantemente com ele, no cenário político e jurídico de Roma. Ora, a criação do Principado resultou da genialidade de Otaviano, sendo que o Senado não participou da implantação da Nova Ordem. Pelo contrário, combateu-a, sendo que o novel sistema só se consolidou, a partir do momento em que Otaviano esmagou, *militarmente*, os últimos focos de resistência do "Partido Senatorial". Implantado o novo sistema, nada mais fez o Senado do que a ele se adaptar. E este constitui mais um argumento — ainda que indireto — contrário à Teoria da Diarquia. Na página 186 do tomo 5 da sua obra, Mommsen afirmara que "a atividade oficial propriamente dita do príncipe se manifesta nas constituições imperiais" ("constitutiones"), dando-lhes, ainda, o nome de "atos imperiais" ("acta"). À página 187, ensina que os "processos verbais" imperiais (para ele, expressão sinônima de "commentarii"), tinham por objetivo fixar a efetiva constatação desses atos, em ordem a que fosse possível, em um momento qualquer, fazer remissão ao ato imperial "in concreto", graças ao recurso aos "commentarii". Pois bem: – o que importa salientar aqui, é que, a tudo aquilo que era objeto de registro nos "commentarii", *é mister acrescentar, ainda, a correspondência do Imperador, na qual ocupam um lugar de destaque as instruções endereçadas aos magistrados*. Quando estudarmos, sob o nº IX – e, "infra", a importância das "Constitutiones Principum" para o Processo Civil Romano, teremos a oportunidade de valorar o papel desempenhado pela correspondência do Imperador.[465] É impossível compreender a atividade de criação do Direito pelo "Princeps", corporificada nas Constituições Imperiais, sem que tenhamos uma prévia compreensão da Constituição de Augusto. E isto porque o surgimento do "Jus Novum" seria impensável, nos quadros da Constituição Republicana. Isto foi apreendido por De Francisci, o qual, em suas "Conclusões Finais" do estudo sobre a Constituição de Augusto, ensina que ela *representa um genuíno recurso histórico, determinado pela necessidade de criação de um órgão novo para a governança do Império;* e este recurso, de acordo com a tendência romana, se concretiza sem derrubar os velhos ordenamentos, mercê da introdução de *institutos novos,* cuja concorrência acaba por reduzir os antigos a *meras sobrevivências.* Ajunte-se a isto que o que importa, na História, *não é o nome dos institutos, porém a idéia que neles se corporifica; não é o aspecto formal ou a concreção dos acontecimentos o importante,*

---

[465] V. "Le Droit Public Romain" cit., páginas 188 e 189.

porém a realidade espiritual que neles se manifesta. E as deliberações do Senado e do Povo, com as quais se conferem ou se oferecem todos os poderes a Augusto, contrariando todos os princípios da Constituição Republicana, demonstram também, mais do que tudo, *as evidências jurídicas de que a Constituição Republicana acabou, e que o Principado que surge com fundamento nela, é um regime novo, de índole monárquica, temperada apenas por um poder formal do Senado*, sendo que tal monarquia, em pouco mais de dois séculos, irá se voltar, de maneira decidida, para o absolutismo.[466] Esta capacidade de lobrigar a realidade histórico-jurídica subjacente às aparências e aos nomes das instituições republicanas, faltou aos autores do século XIX e aos que os seguiram, levando-os a *soluções formalistas*, que jamais penetraram o âmago da índole do Principado, *e o âmago da sua notável criação, bafejada pela Eqüidade, o "Jus Novum", presente nas "Constitutiones Principum"*. Desta falta de capacidade para vislumbrar a essência da realidade histórica, não escapou o próprio Mommsen. A lição de De Francisci nos leva a algumas ponderações. Assinalaríamos que a tendência romana de criar órgãos novos, sem derrubar os velhos ordenamentos, está em harmonia com o apego da Gente do Lácio *pela tradição*, e pois, com a "Tríade Romana" de Hannah Arendt. Foi esta tendência que permitiu a evolução razoavelmente pacífica das instituições do Direito Público Romano, sem que ocorressem, nela, rupturas bruscas. É ainda esta tendência, de convivência da tradição com a modernidade, que também aproxima o Direito Romano, na sua formação, do "Common Law". Neste sentido, após observar que na Inglaterra não há códigos, René David assinala que a concepção do Direito que os ingleses sustentam, *é essencialmente jurisprudencial, e ligada ao contencioso*.[467]

De Francisci afirma que os defensores da tese da restauração republicana, que ele chama de "formalistas obstinados", deixam de dizer que o recurso aos mesmos princípios e procedimentos, nem sempre produz as mesmas conseqüências; assim, o exercício da assim denominada soberania popular, ou do poder do Senado, pode conduzir aos mais diversos desenvolvimentos. No caso de Augusto, a decisão do Senado e a concessão do Povo, vêm, na realidade, *a criar um regime que desfaz os princípios fundamentais da Constituição Republicana, na medida em que atribui a um dos cônsules, um poder excepcional*

---

[466] V. "La Costituzione Augustea" cit., volume I, páginas 42 e 43.

[467] V. "O Direito Inglês" cit., página 3.

que anula ou reduz, dependendo da matéria, o poder do colega e o do Senado.[468] Pensamos que a antiga historiografia jurídica não se mostrou capaz de compreender o fato de que Augusto, *movido mais por preocupações políticas do que por considerações jurídicas*, utilizou-se da Constituição Republicana, das magistraturas da República, e da terminologia republicana, para instaurar uma nova ordem que, em larga medida, era a antítese da republicana. Assinala Orestano que, se desejarmos nos aproximar de entender a estrutura jurídica da Constituição Imperial, em um determinado momento, em ordem a eliminar, o mais possível, toda deformação, *mais do que nos preocuparmos com definir, devemos proceder a uma descrição e a uma valoração da resultante de todos os elementos analisáveis*.[469] Nesta ordem de idéias, são insuficientes os esquemas preestabelecidos (República, Monarquia, e assim por diante), para a compreensão da Constituição Imperial. Tais esquemas poderão servir, apenas, *como termos de comparação*. Mesmo, entretanto, para assumi-los como simples padrões de comparação, devemos ter sempre consciência *da sua insuficiência, e, acima de tudo, da sua indeterminação*.[470] Concordamos com o autor, aduzindo que a Historiografia Jurídica tradicional, *foi incapaz de compreender o Principado como um todo, e de compreender as Constituições Imperiais, que foram uma das suas criações*. No trato do Principado e das matérias a ele ligadas, devemos ter em mente a admoestação de Orestano, que afirma que, desde a origem do novo sistema, vieram se formando, gradativamente, *novos princípios constitucionais;* eles não tiveram uma elaboração científica na Jurisprudência Clássica. E, na verdade, tampouco os princípios constitucionais do Período Republicano, haviam tido uma elaboração científica na Jurisprudência Clássica. A ausência de formulações teóricas, *fenômeno bastante comum em todos os campos do Direito Romano*, e inclusive no Direito Privado, *não invalida a formação de uma série de novos institutos*, plenamente legitimados no plano histórico dos fatos concretos; e isto não deve nos induzir a considerá-los, por este motivo, anticonstitucionais, extraordinários e excepcionais.[471] Concordamos, uma vez mais, com o romanista, acrescentando que, em se tratando de um povo prático, como os romanos, o surgimento desta "nova constitucionalidade",

---

[468] V. "La Costituzione Augustea" cit., volume I, página 27.
[469] V. "Il Potere Normativo Degli Imperatori..." cit., páginas 9 e 10.
[470] V. "Il Potere Normativo..." cit., página 10.
[471] V. "Il Potere Normativo...", loc. cit..

exigida pela necessidade, era inevitável. E esta nova constitucionalidade, adverte Orestano, estava sendo continuamente criada, *em seguida dos fatos*. Este detalhe parece-nos significativo, se levarmos em conta o espírito prático dos romanos. Entretanto, Orestano alerta para o seguinte detalhe: – Não se pode pretender, por isto, negar ou ignorar os fatos, apenas porque eles não são mensuráveis com a medida dos antigos princípios, ou porque não correspondentes aos nossos esquemas abstratos.[472] Ao apreciarmos o Principado, é preciso que separemos o que é relevante, do que é irrelevante. Devemos ter em mente *que não possui relevância*, a constatação de que a outorga dos poderes extraordinários (ao "Princeps"), tenha ocorrido de um modo que pode ser considerado conforme à Constituição Republicana; *devemos, sim, convir em que estes poderes não eram conformes aos princípios constitucionais republicanos*. De fato, aduz o autor, sem embargo da intervenção do "Populus" e do "Senatus", da sobrevivência das antigas magistraturas republicanas, e do emprego de nomes e de formas próprios da época anterior, *a constituição não é mais a republicana*. Um elemento se insere na organização estatal: – O "Princeps", *um órgão novo, que se coloca acima de todas as magistraturas*.[473]

Devemos dizer que, sendo o "Princeps" uma realidade institucional nova, com base na qual foi desenvolvida toda a estrutura jurídica e institucional do Principado, *e toda uma nova concepção do Poder Político*, cremos ser possível afirmar que, se o Principado teve, na crise final da República, raízes políticas, históricas, sociológicas e culturais, *os aspectos estritamente jurídicos por ele assumidos, foram no entanto, completamente novos*, sendo, este, um dado essencial à correta inteligência da posição constitucional do "Princeps". Esta nova organização estatal, o Principado, segundo Orestano não é República, nem Monarquia. A fórmula de De Francisci, aduz, ou seja, "verdadeiro e próprio regime monárquico, enxertado sobre instituições republicanas conservadas formalmente", indica exatamente os caracteres essenciais do sistema. Para Orestano, esta fórmula de De Francisci pode ser aceita plenamente, não como definição, *mas como descrição de um estado de fato "sui generis" como o Principado,* na medida em que o esquema monárquico, embora não se adaptando perfeitamente, é aquele que, por analogia, pode despertar em nossa mente, a imagem mais adequada daquela realidade.[474] A lição

---

[472] V. "Il Potere Normativo...", loc. cit..
[473] V. "Il Potere Normativo Degli..." cit., páginas 10 e 11.
[474] V. "Il Potere Normativo Degli..." cit., páginas 11 e 12.

de Orestano, que aceita o enunciado de De Francisci, reforça a nossa posição, quanto ao Principado ter sido *uma monarquia*, ainda que "sui generis". Ao interpretar a passagem da República para o Principado, e do Principado para a Monarquia Absoluta, Orestano afirma que ela foi feita *segundo a tradição romana* vigente em todos os campos, com o método de introduzir *novos institutos*, sem deitar abaixo, de plano, os velhos. O novo instituto se coloca ao lado do antigo e o desgasta, e se este último, *formalmente*, sobrevive, *não é senão um avantesma do passado*, sem mais possuir verdadeiramente um corpo, e destinado a desaparecer depois de um certo tempo, variável segundo os casos. Desde o início, o Principado se movimenta na direção do Absolutismo. Esta é a característica da sua História, sendo que, na época dos Severos, tal caminho, em sua maior parte, já havia sido percorrido.[475] Concordamos com o autor, acrescentando que esta maneira, por assim dizer orgânica, de deixar que as instituições evoluíssem, estava de acordo com o apego dos romanos pela tradição, e com o seu senso prático. As ponderações de Orestano, que olha para o passado com a ótica do passado, tendo uma *visão ampla* do Principado, destoam do ponto de vista esposado pelos autores do século XIX; século que, de acordo com Ataliba Nogueira, foi "contraditório, romântico e estúpido".[476] Prossegue Orestano: querer julgar o poder imperial com base nos poderes das antigas magistraturas, ou legitimá-lo segundo eles; o raciocinar com sutilezas sobre minuciosas análises acerca dos conceitos de Direito e de Administração; o querer transportar o conceito de divisão dos poderes para o Mundo Romano; *são, todas elas, tentativas que, no mínimo, turvam uma nítida visão do todo*, e impedem que seja dada uma resposta satisfatória a este e a outros problemas, como veremos também, aduz, a respeito da apreciação das "Constitutiones Principum".[477] Concordamos com o autor: — Muitos dos que, no passado, se debruçaram sobre o poder legislativo dos Imperadores, *pecaram justamente na questão do enfoque dado às suas pesquisas*. Um exemplo, típico, desta tentativa, é dado por Montesquieu, no "Espírito das Leis", o qual considerava a atividade imperial desenvolvida por meio dos rescritos, *como um modo perverso de produzir leis*. Deste pressuposto de Montesquieu, adverte Orestano, partem alguns estudiosos modernos, que consideram a atividade

---

[475] V. "Il Potere Normativo Degli..." cit., página 12.
[476] V. "Pena Sem Prisão", São Paulo, Edição Saraiva, 2ª edição, 1956, página 123.
[477] V. "Il Potere Normativo Degli..." cit., páginas 12 e 13.

do "Princeps" de produzir rescritos, *uma deplorável ingerência do poder executivo na administração da justiça privada*. Para Orestano, o conceito da divisão de poderes no Mundo Romano, deturpa nele, completamente, o fenômeno da ingerência imperial, que, *em lugar de uma usurpação e de uma corrupção da liberdade, constitui uma firme garantia de justiça e de eqüidade*.[478]

Em um sentido bastante amplo, e sem pretendermos formular uma definição, poderíamos dizer que as "Constitutiones Principum" são as formas usadas pelos Imperadores, para dar nascimento a um "Jus Novum". Spencer Vampré reproduz a definição contida nas "Institutas" de Justiniano.[479] Alexandre Correia e Gaetano Sciascia, reproduzem a seguinte definição de Gaio: – "5 Constitutio principis est quod imperator decreto vel edicto vel epistula constituit; nec umquam dubitatum est, quin id legis vicem optineat, cum ipse imperator per legem imperium accipiat".[480] A tradução para o vernáculo, feita pelos autores, é a seguinte: – "5. A constituição imperial é o que o imperador ordena mediante um decreto, edito ou epístola; Nem mais se duvidou tenha força de lei, pois é em virtude da lei que o imperador assume o govêrno".[481] Para Londres da Nóbrega, eram, as "Constitutiones Principum", decisões imperiais que tomaram o lugar dos senatusconsultos, os quais não existiram além do terceiro século.[482] Como é evidente, o dado apontado pelo romanista é revelador do paulatino decréscimo da importância do Senado, e da crescente importância do Imperador. Chamoun, por seu turno, afirma que as constituições imperiais eram as decisões dos imperadores às quais se atribuía força de lei.[483] E Reynaldo Porchat escreve que as Constituições Imperiais eram as disposições com que os Imperadores, *em virtude das diversas magistraturas de que eram investidos*, estabeleciam preceitos jurídicos, de ordem geral e de ordem particular.[484] Temos que receber com cautela o ensinamento do velho romanista.

---

[478] V. "Il Potere Normativo Degli..." cit., nota de rodapé de nº 18 da página 13.

[479] V. "Institutas do Imperador Justiniano Traduzidas e Comparadas Com o Direito Civil Brasileiro", São Paulo, Editora Livraria Magalhães, 1915, página 7.

[480] V. "Manual de Direito Romano", cit. volume II, página 18.

[481] V. "Manual...", vol. cit., página 19.

[482] V. "História e Sistema do Direito Privado Romano", cit., página 89.

[483] V. "Instituições de Direito Romano", Rio de Janeiro, Forense, 5ª edição revista e aumentada, 1968, página 36.

[484] V. "Curso Elementar..." cit., volume I, página 185.

É hoje insustentável afirmar que os "Principes" podiam produzir as constituições imperiais, em virtude das diversas magistraturas de que eram investidos, porque Augusto, como o reconhecem, "una voce", os mais recentes autores, assumiu *os poderes de diversas magistraturas republicanas, sem ocupar as próprias magistraturas*. Assim, detinha ele o "Imperium Proconsulare" sem ser Procônsul, e a "Tribunicia Potestas", sem ser Tribuno da Plebe. Em verdade, *as "Constitutiones Principum" eram produzidas pelo Imperador com base em um poder próprio, pessoal*. Em abono do afirmado, trazemos a opinião de De Martino. Para ele, o Direito Imperial, de maneira sempre mais nítida sob os sucessores de Augusto, desenvolveu-se mediante novas fontes, as quais, paulatinamente, substituíram as do passado, e se tornaram o mais vital instrumento para a criação do "Jus Novum". Entre tais fontes, uma atenção especial é merecida pelas Constituições Imperiais, providências e decisões do "Princeps", que tiveram força vinculante, não apenas para os funcionários a ele subordinados, mas também para a generalidade dos cidadãos. Estas "Constitutiones" diziam respeito a diversos campos de atividade do Imperador.[485] Aduzimos que esta evolução paulatina do Direito Imperial, está em consonância com o Direito Público e com a Constituição Romanos, que, segundo De Martino, eram *essencialmente consuetudinários*.[486]

Palazzolo ensina que um dos lugares comuns que ainda persistem na doutrina romanística, consiste em considerar o Principado, de Augusto a Alexandre Severo, como um todo homogêneo, como algo que, "grosso modo", tenha mantido as suas características essenciais ao longo de dois séculos e meio de história política e constitucional. Esta "consideração unitária" do Principado, segundo Palazzolo, *não é satisfatória*, por dois motivos. Em primeiro lugar, esta visão acarreta conseqüências de ordem metodológica geral: – o fato de não se levar suficientemente em conta a relatividade de toda e qualquer periodização, que, se corresponde adequadamente a um perfil, é arbitrária para os outros. Em segundo lugar há o fato, dotado de maior importância imediata, de que *todas as construções e os esforços dos historiadores sejam dirigidos para o período de Augusto*, que, sem dúvida, é certamente o elemento novo na "Res Publica", mas que, *precisamente por este motivo*, é ainda ambíguo, ou, segundo Luzzatto,

---

[485] V. "Storia Della Costituzione Romana", Napoli, Casa Editrice Dott. Eugenio Jovene, volume IV, 1966, páginas 430 e 431.
[486] V. "Storia Della Costituzione...", vol. cit., página 103.

é "uma solução de compromisso, alcançada no plano político antes que no plano do ordenamento constitucional", enquanto não foi ainda estudada a fundo, pelos historiadores da Constituição, *a concepção e o exercício do Poder no segundo Principado,* ou seja, no que vai de Adriano a Alexandre Severo.[487] A lição de Palazzolo corrobora o que temos afirmado, no sentido de que o Principado foi uma realidade em contínua evolução. Para exemplificar, o Principado de Tibério, difere do de Antonino Pio... de fato, o momento em que se produziram as maiores alterações políticas, jurídicas e de ordem institucional, relativamente à Velha Ordem Republicana, foi o da instauração do Principado. Foi neste momento que as tradicionais relações de Poder da "Res Publica", *passaram por uma radical alteração.* E razão assiste a Luzzatto, citado pelo autor: – o Principado, qual o foi instaurando Augusto, foi muito mais uma solução política, do que jurídica e institucional. Mas isto não elide que, morto Augusto, o sistema foi passando por contínuas transformações, que, como é evidente, tiveram os seus reflexos nas fontes do Direito, e pois, nas "Constitutiones Principum". Segundo Sílvio Meira, Augusto fixou em 600 o número dos Senadores, transferindo para o Senado as atribuições eleitorais dos Comícios. Porém as eleições *sofriam a influência do Imperador,* que, geralmente, elegia os seus candidatos. Ainda segundo o autor, os poderes legislativos se deslocaram para o Senado, passando, os senatusconsultos, a ser fonte do Direito Privado; paulatinamente, os senatusconsultos substituem as leis votadas pelas assembléias populares, dificultadas pela extensão territorial e pelo crescimento demográfico. Tibério retirou, às assembléias populares, as atribuições eleitorais. Daí por diante o Senado absorveu as funções comiciais. Surgiram, por seu turno, as Constituições Imperiais. Para Sílvio Meira o "absolutismo do Príncipe" fez com que estas constituições viessem a substituir os senatusconsultos.[488] Não concordamos com o autor, quanto a este "absolutismo" do "Princeps", por motivos que já declinamos.

Porchat, ao tratar do surgimento das Constituições Imperiais, ensina que neste período (do Principado), às fontes do "Jus Scriptum", que eram a lei, o plebiscito e o senatusconsulto, juntou-se uma nova, "constituída pelas leis emanadas da autoridade do príncipe", as "constituições imperiaes".[489] Como veremos ulteriormente, as

---

[487] V. "Potere Imperiale Ed Organi Giurisdizionale Nel Secondo Secolo d.C.", Milano, Dott. A. Giuffè Editore, 1974, páginas 19 e 20.
[488] V. "História e Fontes do Direito Romano" cit., páginas 119 e 120.
[489] V. "Curso Elementar de Direito Romano" cit., vol. I, "Historia Externa Do Direito Romano – Breve Notícia", página XXXII.

"Constitutiones Principum" nunca foram "leis", no sentido dado, a esta palavra, pelos jurisconsultos romanos do Período Clássico. Cretella Júnior ensina que as Constituições Imperiais são a quinta fonte do Direito, neste período (do Principado). Elas emanam, do ponto de vista formal, do Imperador, sendo, na realidade, elaboradas pelo "Consilium Principis", colégio integrado pelos mais ilustres jurisconsultos da época. E aduz que as "Constitutiones" ou "Placita" são medidas de cunho legislativo, feitas pelo Príncipe.[490] Devemos observar que nem sempre as Constituições Imperiais têm este caráter legislativo. Muitas vezes, na dependência da sua modalidade, elas têm uma índole consultiva, como iremos ver adiante ("Infra", Capítulo IX, letra "c").

Michel Humbert afirma que a história das fontes do Direito, da República ao Império, *é a história de um confisco*: – A autoridade imperial se apodera das forças criadoras do Direito. Assim aconteceu com a lei. Ela desempenhava um papel de grande destaque sob a República, sobretudo, no que diz respeito à organização do Poder. As derradeiras leis importantes foram votadas sob Augusto, e por iniciativa deste "Princeps". A mesma coisa irá acontecer com os senatusconsultos, o edito dos magistrados (com ênfase para o Edito do Pretor), e com a Ciência do Direito. E conclui Humbert: – As Constituições Imperiais, acabarão por absorver tudo.[491] Não concordamos com a palavra "confisco", porquanto ela dá a idéia de que o Principado tivesse tomado medidas bruscas, para estancar as antigas fontes do Direito. Ora, o que ocorreu foi o surgimento de *uma nova fonte do "Jus"*, personificada em um órgão novo, o "Princeps". Esta nova fonte do Direito, *coexistiu com as fontes tradicionais*. Tanto o que asseveramos é verdadeiro que, como o dizem os melhores doutrinadores, foi, o Principado, o período da História do Direito Romano em que mais numerosas foram as fontes. Concordamos com Humbert, quanto ao papel de destaque representado pela lei na República. Mas isto não elide o que temos sustentado, no sentido de que o Direito Romano teve uma evolução predominantemente doutrinária e jurisprudencial. A palavra "confisco", ademais, sugere a idéia de que o "Jus Novum" introduzido pelos Príncipes, fosse um Direito de cunho autoritário, prepotente, quando em verdade as intervenções impe-

---

[490] V. "Curso de Direito Romano" cit., página 51.
[491] V. "Institutions Politiques et sociales de l'Antiquité", Paris, Éditions Dalloz, 6ª edição, 1997, página 335.

riais eram ditadas, fundamentalmente, pela "Aequitas". Uma derradeira observação a ser feita é a seguinte: – É evidente que, sob o Principado, a Jurisprudência não desapareceu como fonte, ao menos mediata, do "Jus". Para a elaboração das "Constitutiones Principum", contribuíam jurisconsultos de escol. Aliás, Imperadores houve, como Cláudio e Adriano, que se interessavam, vivamente, pela Ciência do Direito e pelas sessões dos tribunais. Concluindo, cremos que a postura de Humbert é pessimista e reducionista. Para Longo e Scherillo, desde a instauração do Principado, o Imperador não se limitou a provocar a votação de leis comiciais e de senatusconsultos, e a emanar "leges datae", porém produziu também, diretamente, *ordens e decisões próprias* que, a partir de Adriano, tomaram o nome genérico de "constitutiones principum". Advertem que em todas as modalidades de Constituições Imperiais, a produção de novo Direito é apenas eventual, admoestação que, pensamos, reforça as nossas críticas a Humbert.[492]

Mommsen, sobre as decisões pessoais do "Princeps", ensina que a atividade oficial propriamente dita do Imperador se manifesta nas "Constitutiones". Acrescenta um detalhe interessante: – As "Constitutiones" também podem ser chamadas, ainda, de "Acta", sendo que esta última denominação, pelo menos em uma linguagem rigorosa, não abrange as leis e os senatusconsultos provocados pelo "Princeps", mas apenas os seus atos unilaterais como magistrado, e, em especial, aqueles atos que o magistrado leva, oficialmente, ao conhecimento dos interessados.[493] Segundo Correia e Sciascia, durante o Principado, e, mais precisamente, no II século, depois do reinado de Adriano, as deliberações do Imperador são fontes do Direito. Reproduzem, os autores, a máxima "Quod principi placuit legis habet vigorem", elucidando que os juristas reconhecem o valor de lei à vontade do Imperador, fazendo remissão à "Lex de Imperio", mediante a qual foi atribuída, a Augusto, a autoridade suprema. Aduzem que o poder legislativo do Imperador, de maneira progressiva, substituiu o dos outros órgãos, que, no Principado, deixam de ser fontes ativas do Direito.[494] Como percebemos da lição de Correia e Sciascia, o Imperador iniciou a sua produção jurídica, *paralelamente*

---

[492] V. "Storia del Diritto Romano; Costituzione E Fonti Del Diritto", Milano, Dott. A. Giuffrè, 1935, página 276.
[493] V. "Le Droit Public Romain" cit., tomo 5, páginas 186 e 187.
[494] V. "Manual de Direito Romano" cit., vol. I, página 30.

à atuação das fontes republicanas, sendo que, a pouco e pouco, o Direito da sua lavra, o "Jus Novum", foi substituindo o "Jus Vetus". Tratou-se de todo um processo histórico, que se desenvolveu ao longo do tempo, e não de um "confisco", como o afirma Humbert. É significativo que Correia e Sciascia mencionem Adriano. E isto porque o seu reinado foi um marco para a História do Direito Romano, *em função da política centralizadora deste Príncipe,* o que redundou em um fortalecimento do poder imperial, e em função, também, da sua política relativa às fontes do Direito. Dele em diante, quaisquer inovações no texto do Edito, passavam a depender do "Princeps". A isto não se limitou Adriano, que transformou o "Consilium Principis" em um *órgão oficial da Administração Imperial,* cujos integrantes passaram a ser remunerados. Ora, se atentarmos para o papel desempenhado pelo "Consilium Principis" na elaboração do "Jus Novum", veremos que o reinado de Adriano foi um marco, decisivo, para a história das "Constitutiones Principum". Para Iglesias, sob o Principado, e sobretudo na monarquia absoluta, a constituição imperial é "fonte primária e quase única do Direito". No dizer de Ulpiano, acrescenta, "quod principi placuit legis habet vigorem". Por sua vez, Justiniano afirma que só o Imperador será justamente reconhecido como único legislador e intérprete da lei. É preciso enfatizar, entretanto, que só em época bastante avançada, a partir do século III d. C., a "constitutio principis" afeta, com certa importância, a esfera privada.[495] A definição de Ulpiano se encontra em D., 1, 4, 1 pr; Inst. 1, 2, 6. Quanto à assertiva de Justiniano, localiza-se em C., 1, 14, 12, 5. Uma observação reclama o ensinamento de Iglesias: – A "Constitutio Principis" conviveu por dilargado tempo com as fontes tradicionais do "Jus", herdadas da República. A pouco e pouco, foi ela tomando o lugar das demais fontes, *na proporção em que crescia o poder político dos Imperadores,* até que, sob o Dominato, transformou-se na fonte única do Direito. Segundo Rascón García, a concentração, na pessoa do "Princeps", da produção de normas jurídicas, constituía um rompimento com o modelo republicano, manifestando-se, de maneira especial, nas chamadas "Constitutiones Principum". Para o autor, a concentração da produção normativa na pessoa do "Princeps", foi o "reflexo do controle que sempre exerceu o poder hegemônico em todos os governos absolutistas".[496] Repetimos ser no mínimo problemático,

---

[495] V. "Derecho Romano – Historia e Instituciones" cit., páginas 51 e 52.
[496] V. "Manual de Derecho Romano" cit., página 138.

falar de um "governo absolutista" relativamente ao Principado. E isto porquanto, ao menos do ponto de vista formal, o "Princeps" não era "absoluto". Quanto à influência do poder político sobre as fontes do Direito, em geral, o fenômeno não é privativo dos governos absolutistas, e sim uma característica de todos os governos, em todos os tempos. Há um problema básico, relativo às Constituições Imperiais, que temos que enfrentar: – o do fundamento constitucional, e da validade das "Constitutiones Principum". Segundo De Martino, tanto o problema do fundamento constitucional, quanto o da validade das "Constitutiones Principum", são atualmente objeto de discussão. Gaio, sob os Antoninos, não hesita em escrever que jamais se duvidou que as constituições "legis vicem optineant" (I, 5); Papiniano inclui os decretos imperiais entre as fontes do Direito (D. 1, 7, pr.), e Ulpiano escreve a célebre máxima "quod principi placuit legis habet vigorem" (Dig. I, 4, 1, pr.). Mas, adverte De Martino, *os estudiosos modernos colocam em dúvida a autenticidade clássica de tais testemunhos*, encontram-se incertos quanto ao fundamento de tal poder, e discutem se as constituições eram emanadas em virtude do "Imperium", da "Auctoritas", da assim chamada "cláusula discricional" da "Lex de Imperio", ou de outra causa desconhecida, e estão divididos a respeito da duração da validade das constituições, isto é, se era limitada ao tempo em que reinava quem as produzira, ou se também eram válidas sob os sucessores.[497] O problema é muito mais complexo do que pode parecer. A dúvida dos estudiosos modernos, pertinente à autenticidade "clássica" dos ensinamentos de Gaio, Papiniano e Ulpiano, justifica-se plenamente, *em função das interpolações feitas na Compilação de Justiniano*. Lembramos que a obra de Justiniano foi levada a cabo, não no Principado, mas no Dominato, logo, sob a monarquia absoluta. É evidente que as concepções do Poder em geral, e do Poder Imperial em particular, vigentes no Dominato, divergiam de tais concepções, ao tempo do Principado. Registramos que as vicissitudes históricas que presidiram o surgimento do Dominato, diferiam das vicissitudes presentes no nascimento do Principado. Apenas para dar um exemplo, a pressão dos bárbaros nas fronteiras, havia se intensificado. *Ora, realidades históricas diferentes, dão nascimento a concepções políticas diversas*. Admitindo-se que as concepções alusivas ao Poder, "in genere", e ao Poder Imperial em particular, vigentes no Dominato, divergiam dessas concepções à época

---

[497] V. "Storia Della Costituzione..." cit., vol. IV, página 431.

do Principado, é evidente que tais concepções refletir-se-iam, fatalmente, *no Direito Público do Dominato*. Há um detalhe a propósito da compilação justinianéia, que não tem merecido a devida atenção dos estudiosos, e ao qual já nos dedicamos. Referimo-nos ao fato de tal compilação ter sido feita na "Pars Orientalis" do Império. Esta circunstância importa muito. A "Pars Orientalis" do Império *não era romana, mas helênica*. Logo, pensava e agia à maneira dos gregos, e não dos romanos. Ora, como realçamos com base em Reale, ao passo que os romanos se notabilizaram pelo uso prático da razão, os gregos se destacaram pelo seu uso especulativo. A criação maior do gênio romano foi a Jurisprudência; a do gênio grego, a Filosofia. Com o seu sentido inato da "Voluntas" ordenadora, a Gente do Lácio legou ao Mundo a Jurisprudência; com a sua propensão para o "Logos", os helênicos propuseram as questões básicas da Filosofia. O que aqui importa é que o "espírito grego", e não o "espírito romano", presidiu a Compilação de Justiniano. E este detalhe, como nos parece evidente, teve influência no conteúdo da compilação, em si mesma considerada. Há um outro dado que não pode ser esquecido: – *O Império tornara-se cristão*, circunstância cujas conseqüências para a Política e para o Direito, não parecem ter merecido a devida atenção dos estudiosos, ao menos, na literatura jurídica nacional. E no entanto, este dado é fundamental, na medida em que o monoteísmo cristão, pensamos, teria fortalecido o Absolutismo Imperial, justificando-o com o princípio, defendido por diversos Doutores da Igreja, de que toda autoridade vem de Deus.

Falamos que a compilação justinianéia teve a presidi-la, não o "espírito romano", porém o "espírito helênico". De Cicco ensina que apenas podemos entender o Direito Romano, se tivermos bem presente o "espírito do povo romano". Sem tal noção, não poderemos entender como os fortes laços familiares, *que provinham de situações primordiais, e resistiam à vida urbana,* começaram a ceder e até a se romper, diante de uma força catalisadora mais forte, *consubstanciada na necessidade de levar as águias romanas a abraçarem toda a Itália, fazendo depois do Mediterrâneo um "Mare Nostrum"*. Ao responder à pergunta relativa ao motivo pelo qual os romanos assim procederam, De Cicco, invocando Niklas Luhman, afirma que existem povos amantes da honra e da disputa, e outros que preferem a vida pacífica. Os romanos classificar-se-iam entre os primeiros.[498]

---

[498] V. "Direito: Tradição e Modernidade" cit. páginas 30 e 31.

Retomemos o problema do fundamento constitucional e da validade das "Constitutiones Principum". Ao tratar do "Princeps" e da sua legislação, assevera De Martino que os Imperadores tiveram, também, "importantes poderes" no campo da legislação, *da Jurisdição*, e da administração financeira. No que tange à legislação, é preciso colocar em relevo que a decadência dos órgãos republicanos, e a progressiva esterilização das fontes tradicionais do Direito, *constituíram um efeito típico do advento do Principado*. Este fenômeno, entretanto, não se realizou de uma só vez. Na época de Augusto, a legislação comicial não foi ab-rogada, e não se deve limitar em excesso o valor deste fato, atribuindo-o apenas à inércia. É sabido que Augusto mantém as instituições republicanas, *movido por desígnios políticos muito bem definidos*, apesar de ser inquestionável que a sua vitalidade restava fortemente comprometida pelo novo regime.[499] Quanto ao fundamento das Constituições Imperiais, a questão, segundo De Martino, *começa a surgir com os poderes de Augusto;* tem-se sustentado que o fundamento dos "Edicta" seria a "Auctoritas", e diversos autores justificaram o linguajar reservado e respeitoso de Augusto nos Editos de Cirene, que os aproxima do estilo dos senatusconsultos, *sustentando que aos dois tipos de medida, era comum a "Auctoritas"*. Esta competia ao Senado e ao Príncipe. A propósito desta postura de alguns estudiosos, argumenta De Martino que o estilo dos Editos não era sempre tão delicado... nem sempre, era o de um conselho. No primeiro Edito são colocadas no mesmo plano eventuais novas intervenções do Príncipe e do Senado, e em outra parte, *se ordena*. O estilo dos editos era, pois, variável. Sucede que, para além desta questão, convém indagar se a "Auctoritas" pode ser considerada comum ao Príncipe e ao Senado, de modo a servir de fundamento às normas emanadas de um e de outro. Há, prossegue De Martino, algo de verdadeiro e algo de falso, nesta opinião. No sentido técnico-jurídico, a "Auctoritas" era *um poder de ratificação dos "patres"*, ou bem designava um senatusconsulto não passível de execução, por obstáculos interpostos à sua eficácia definitiva. Enfatizemos que, para o autor, nisto consiste a "Auctoritas", do ponto de vista técnico-jurídico. No sentido político mais amplo, *a "Auctoritas" era uma posição preeminente, que se identificava com a "Potestas"*, donde as expressões equivalentes "in auctoritate, in potestate senatus esse". Neste último sentido, existe alguma analogia com a posição de Augusto. Mas, não se pode

---

[499] V. "Storia Della Costituzione Romana" cit., vol. IV, página 430.

considerar que o fundamento constitucional dos "senatusconsulta", fosse a "Auctoritas". O Senado era um órgão máximo de governo, em função da sua composição e das funções que cumpria, *as quais não eram de simples aconselhamento aos magistrados*. Os senatusconsultos, continua De Martino, eram a maneira de manifestação da vontade deste órgão, e portanto, traziam a sua força da preeminência constitucional do Senado.[500] Formulemos algumas considerações. Em primeiro lugar, é visível que o assunto é prenhe de sutilezas. Uma destas, como o vimos, é a identificação entre a "Auctoritas" e a "Potestas", quando a primeira palavra é usada num sentido mais abrangente e político, e não no sentido técnico-jurídico. Ora, embora admitamos que se trate de conceitos bastante próximos, lembramos que, na tradição do Direito Público Romano, eles não se confundiam. Segundo De Martino haveria, portanto, dois sentidos para o étimo "Auctoritas"; um técnico-jurídico, e o outro, político. Esta abrangência conceitual não ocorria no Período Republicano, o que nos leva a indagar: – Sob o Principado, teria havido uma alteração semântica da palavra "Auctoritas", passando ela a significar tudo o que significava na República, e mais alguma coisa?... já vimos que o "Imperium", nas mãos do "Princeps", teve uma dimensão mais ampla do que jamais tivera na República. É possível que, com a noção de "Autoridade", tenha ocorrido a mesma coisa. Pelo que entendemos, o Imperador só dispunha da "Auctoritas", no sentido político, mais amplo, do termo. Para encerrar, reiteramos que *as "Constitutiones Principum" foram a mais importante manifestação da criação de um "Jus Novum", calcado na vontade imperial.*

IX.c – Os diversos tipos de Constituições Imperiais

As manifestações da "voluntas" do "Princeps", que deram surgimento a um Direito Novo, assumiam diversas modalidades, das quais ora vamos nos ocupar. Segundo Rascón García, havia quatro tipos de "Constitutiones Principum": – a-) Os "Edicta", dirigidos "ad magistratus" ou "ad populum"; b-) Os "Rescripta", que eram soluções de questões jurídicas levadas ao Imperador pelos particulares; c-) "Epistulae", consistentes em respostas do "Princeps" a per-

---

[500] V. "Storia Della Costituzione..." cit., vol. IV, páginas 431 e 432.

guntas que lhe eram dirigidas por funcionários ou por juízes; e d-) "Decreta", que eram decisões do Imperador proferidas "extra ordinem", sobre controvérsias submetidas à sua "cognitio", ou de seus funcionários.[501] Como é aceito, de maneira generalizada, este elenco das Constituições Imperiais integrado por quatro tipos básicos, o que nos cabe fazer é verificar o que os mais importantes autores consultados pensam, a respeito de cada uma das modalidades assumidas pelas "Constitutiones Principum".

Iglesias aceita a existência de quatro modalidades de constituições imperiais, quais sejam: – 1ª) "Edicta", normas ditadas pelo "Princeps", no uso do "Jus Edicendi", indissociável do seu "Imperium Proconsulare". Aduz que os "Edicta" são normas que se assemelham às ditadas pelos antigos magistrados da República; 2ª) "Decreta", que são resoluções "extra ordinem" tomadas em processos civis ou criminais, dos quais o Príncipe conhece em primeira instância, ou em grau de apelação; 3ª) "Rescripta", que são respostas a consultas formuladas, ao Imperador, por magistrados, por funcionários ou por particulares; 4ª) "Mandata" são instruções dadas pelo Príncipe, singularmente, em matéria administrativa, aos funcionários da administração provincial. Entre as quatro modalidades de "constitutiones principum", têm, para Iglesias, *uma particular importância os "Decreta" e os "Rescripta", na medida em que influem, com maior intensidade, na obra de reforma ou de correção do Direito vigente*. Ainda segundo o autor, a "Constitutio Principis" enseja a formação de um "Jus Novum", de um "Jus Extraordinarium".[502] Como percebemos, Iglesias menciona, entre as Constituições Imperiais, os "Mandata", não referidos por Rascón García. Kunkel afirma que o Edito Imperial era a forma de criação do Direito pelo "Princeps", *que mais se aproximava do modelo dos magistrados da República*. Como titular de atribuições magistratuais ou quase magistratuais, em especial, da "Tribunicia Potestas" e do "Imperium Proconsulare", o "Princeps" reivindicou o direito de promulgar editos, vale dizer, o "Jus Edicendi". Como a "Tribunicia Potestas" e o "Imperium Proconsulare" do Imperador eram vitalícios, os seus editos conservavam a vigência *durante todo o tempo do governo do autor*. Segundo Kunkel, é preciso apontar a seguinte diferença entre os Editos Imperiais e os dos magistrados republicanos: – Enquanto os editos dos magistrados, anuais, perdiam sempre a sua

---

[501] V. "Manual de Derecho..." cit., página 138.
[502] V. "Derecho Romano..." cit., página 52.

vigência, transcorrido o prazo de duração do cargo, os editos do Imperador, ao que parece, continuavam em vigor, mesmo depois de findo o reinado daquele que os promulgara, desde que não fossem ab-rogados pelo sucessor. O Edito, prossegue, era a forma adequada *para todas as notificações dirigidas diretamente ao povo*. Por este motivo, o conteúdo dos Editos que hoje conhecemos é muito variado, referindo-se a questões de Direito Privado, de Direito Penal, de constituição dos tribunais, a assuntos de administração das províncias, às relações jurídicas alusivas ao uso das águas e à posse de fundos estatais, aos privilégios e concessões de cidadania. A "Constitutio Antoniniana", que concedeu a cidadania romana à imensa maioria dos habitantes das províncias, foi um edito. Os Imperadores, à diferença dos Pretores, Edis e Governadores, *não propuseram editos jurisdicionais*. Em geral, a importância dos Editos Imperiais na evolução do Direito Privado Romano não é grande, porque, neste campo, o "Princeps" introduziu modificações importantes, *por meio dos órgãos legislativos republicanos*.[503] Os "Edicta" eram genéricos, sendo dirigidos diretamente ao "Populus", leciona Kunkel. A eles se contrapõem os "Mandata", instruções internas do "Princeps", dirigidas aos funcionários ao seu serviço. No início tais instruções eram dadas, pessoalmente, a cada funcionário em particular. Em breve, adquiriram um caráter tradicional, e, na medida em que se referiam a matérias iguais ou parecidas, foram assumindo, ao menos em ampla medida, a mesma forma. Nos "Mandata" havia normas gerais sobre a conduta do funcionário no cargo, mas compreendiam, também, um número considerável de normas singulares de Direito Processual e material, *e, em especial, de Direito Penal*. Os "Mandata" tinham, formalmente, caráter interno. Isto sem embargo, o seu conteúdo era vigente como direito vinculante para o comum dos cidadãos, sendo que o particular também podia fazer uso deles.[504] "Rescripta", ensina Kunkel, *quer dizer "Respostas"*. Admitiu-se que as decisões contidas na correspondência do "Princeps", *tivessem uma vigência igual à da lei*. Pela forma das respostas, há distingui-las em dois tipos: – A carta do Imperador (Epistula), e a resposta marginal do Príncipe, chamada "Subscriptio". A "Epistula", mais deferente, era usada, em geral, nas relações com as personalidades e corporações de mais circunstância. Nela, o Imperador utilizava o estilo epistolar corrente, também, entre particu-

---

[503] V. "Historia del Derecho Romano" cit., páginas 138 e 139.
[504] Vide "Historia del..." cit., página 138.

lares, *de tal modo que não é possível fazer uma distinção nítida entre a sua correspondência privada e o intercâmbio epistolar próprio do cargo*. A assertiva é comprovada pela correspondência entre Trajano e Plínio, O Moço, Governador da Bitínia. "Subscriptio" era o despacho do Imperador, nas solicitações de pessoas de classes inferiores, sendo *uma resposta colocada abaixo da solicitação*; não era remetida ao peticionário, mas chegava ao seu conhecimento mediante anúncio público. É "lógico", afirma Kunkel, que o conteúdo dos rescritos fosse ainda mais variado do que o dos editos. *Os rescritos ganharam um especial relevo, desde que, no século II d. C., tornou-se usual solicitar, do "Princeps", uma resposta sobre questões jurídicas duvidosas.* O especial relevo a que aludimos, existiu na evolução do Direito Privado. Os rescritos dados pelo "Princeps" a essas consultas não eram sentenças, porque presumiam sempre que o estado de coisas descrito pelo peticionário era exato, e as respostas deixavam, ao juiz competente, a determinação atinente a se os pressupostos descritos existiam realmente. *Se existissem, o juiz estava vinculado à decisão imperial, e a decisão contida no rescrito constituía um precedente judicial vinculante para casos futuros.* No século III d. C., a prática dos rescritos adquire uma amplitude extraordinária. Ela se baseava, em sua essência, no mesmo princípio que presidia à atividade dos juristas dotados do "Jus Respondendi"; *apenas, no Rescrito, a resposta à consulta era dada pelo Imperador*. Segundo Kunkel, *a evolução da prática de dar rescritos se imbricou com o desenvolvimento da Jurisprudência*, cujos representantes mais ilustres trabalhavam como funcionários, na qualidade de colaboradores do "Princeps", e eram com freqüência, *mas não sempre*, os verdadeiros autores da decisão. A atividade dos juristas com as suas respostas, livre e responsável, foi perdendo terreno, em conseqüência da concorrência do poder estatal supremo. Provavelmente, já na segunda metade do século III d. C., *os juristas só podiam participar da elaboração do Direito, como funcionários imperiais*. Este fato afetou o que Kunkel denomina de "nervo vital" da Jurisprudência. Por este motivo, na expressão da prática dos rescritos imperiais, podemos vislumbrar uma das causas fundamentais da rápida decadência da Jurisprudência Clássica na época tardia. *O Império Romano, que devia à Jurisprudência um apoio tão extraordinário, passou a oprimi-la com o seu excesso de poder, mediante a extensão da sua ilimitada soberania ao setor da criação jurídica.* Na segunda metade do século II d. C., os juristas principiam a citar, com muita freqüência, os rescritos do Imperador, e a compor coleções de rescritos. A obra mais antiga deste tipo é a coleção de Papirio Justo, em 20 livros. Dela, só temos alguns poucos fragmentos no

Digesto de Justiniano. O núcleo principal dos rescritos conhecidos nos foi transmitido por meio do "Codex Justinianus", e vem das coleções da época diocleciana; ao seu lado, conservaram-se alguns rescritos em inscrições, ou em papiros.[505] Ainda segundo Kunkel, ao lado dos "Rescripta", os "Decreta" tiveram, também, uma considerável importância, como fonte do Direito. Diferentemente dos "Rescripta", os *Decreta" são verdadeiras decisões judiciais*, proferidas depois de uma tramitação oral, ante o Tribunal do "Princeps". A prática do Tribunal do Imperador *foi decisiva para a elaboração do Direito Romano,* nos casos em que os outros tribunais se viam impossibilitados de acatar pretensões justas das partes, ao passo que do poder do "Princeps", *que estava acima da lei,* podia-se esperar *o ato liberador de uma decisão criadora.* Para Kunkel, se alguma vez na História existiu um "juiz-rei", inserido em uma cultura jurídica muito desenvolvida, este Juiz foi o "Princeps", em especial, naqueles decênios do século II d. C., em que personagens da categoria de um Antonino Pio e de um Marco Aurélio, assessorados pelos maiores juristas da Antigüidade, e produzindo às vezes por meios próprios, diziam o Direito, participando apaixonadamente do que faziam. O autor elucida que uma idéia do procedimento ante o Tribunal do Imperador, nos é proporcionada pelo protocolo, incompleto, de uma sessão judicial ante Caracala, presente em uma inscrição de Dmeir, na Síria. Os juristas clássicos, prossegue Kunkel, citam com freqüência os decretos do Imperador, como sendo importantes para a evolução jurídica.[506]

Ao abordar os diversos tipos de "Constitutiones Principum", Mommsen afirma que as diferentes formas assumidas por estas disposições imperiais, que são realçadas pelos jurisconsultos, em particular os julgamentos ("decreta", "interlocutiones") e os escritos ("epistulae", "subscriptiones"), *nem reclamam e nem permitem linhas de demarcação rigorosas.* Aduz que a forma exterior pela qual se manifesta a vontade do Imperador, é legalmente indiferente.[507] Mommsen, pouco antes do trecho ora abordado, tratava, de maneira genérica, dos "Mandata Principis", o que é sintomático: – Os "Mandata", para o jurista, teriam uma acepção mais ampla do que a encontradiça em outros autores. Quanto à observação no sentido de não haver linhas de demarcação rigorosas entre as diversas manifestações da vontade

---

[505] V. "Historia del Derecho Romano" cit., páginas 138, 139 e 140.
[506] V. "Historia del Derecho..." cit., página 140.
[507] V. "Le Droit Public Romain" cit., tomo 5, página 189.

do "Princeps", *lembramos que os romanos, um povo prático, mais vivenciaram o Direito, do que sobre ele teorizaram*. Entretanto, assinalamos que as "Constitutiones Principum" surgiram no "Período Clássico", logo, num momento em que os jurisconsultos de Roma, influenciados pelas idéias da Filosofia Grega, passavam a dar uma sistematização científica aos seus conhecimentos. Segundo Mommsen, os Editos chegavam a cuidar das receitas fiscais. O autor refere o Edito de Trajano, sobre a declaração espontânea dos "comissa" (Digesto, 49, 14, 13, pr.), e também o Edito de Adriano, a respeito do imposto sobre as sucessões, e a propósito da aceitação da condição de herdeiro (Código de Justiniano, 6, 33, 3; Código Teodosiano, 11, 36, 26). Por derradeiro, Mommsen refere o Edito de Marco Aurélio, sobre a reivindicação das coisas vendidas pelo Fisco (Institutas, 2, 6, 14; Código de Justiniano, 2, 37, 3).[508] Editos havia, que tratavam do abastecimento de víveres. Houve um Edito de Cláudio, que outorgava privilégios pessoais aos marinheiros que asseguravam, na Capital, a importação de grãos (Ulpiano, 3, 6). Refere Mommsen o Edito de Trajano, contra a utilização de falsos pesos e medidas (Digesto, 47, 11, 6).[509] Variadíssimos são os assuntos dos quais pode se ocupar o Imperador, nos Editos. Assim, torna-se compreensível o asseverado por Mommsen, no sentido de que alguns Editos se encaixam, quanto ao fundo, no domínio legislativo.[510] O fenômeno torna-se compreensível, quando recordamos que o Edito era a forma de comunicação do "Princeps" com um grande número de pessoas. Afirma o autor que esta forma foi freqüentemente utilizada para levar, *de um modo rápido e geral*, ao conhecimento de todos os interessados, uma constituição respeitante a muitas pessoas. Mommsen exemplifica com os Editos de ingresso dos Imperadores nas funções, por meio dos quais eles confirmam, em bloco, os "beneficia" outorgados pelos seus predecessores. Pertencem ainda a esta categoria de "Edicta" os que concedem os direitos individuais a certas categorias de pessoas. Deste tipo é o Edito de Cláudio, de 46 d. C., sobre o direito de cidadania dos Anauni (C. I. L. V., 5050), e também o são os "Edicta" de Vespasiano e Tito, pertinentes ao direito de latinidade dos espanhóis (Estatuto de Salpensa, c. 22.23; Gaius, 1, 55. 93).[511] Um comentário se

---

[508] V. "Le Droit Public..." cit., tomo 5, página 186.
[509] V. "Le Droit Public...", tomo e loc. cit..
[510] V. "Le Droit Public..." cit., tomo 5, páginas 185 e 186.
[511] V. "Le Droit Public..." cit., tomo 5, página 185.

impõe. Nos "Edicta" dos Imperadores que acabavam de assumir o cetro, vislumbramos uma similitude com o Edito promulgado pelo Pretor, quando era guindado ao cargo. Aqui, uma vez mais, é perceptível o gênio político de Otaviano, e o seu tato: – Criando uma *Nova Ordem*, guardou as aparências da antiga... Sucede que a habilidade política de Augusto nada mais é do que uma manifestação, centralizada em um homem, *do gênio jurídico do Povo do Lácio*. Este acurado senso jurídico dos romanos lhes permitiu inovar, inclusive nas instituições políticas, sem romper com a tradição.

Mommsen afirma que os "Edicta" são disciplinados pelas formas tradicionais dos editos dos magistrados republicanos que dispunham do "Jus Edicendi". Aduz que, "naturalmente", o direito comum dos magistrados, de dirigir ao "Populus" comunicações, e em especial ordens, por meio de cartazes, passou para o "Princeps". Alguns "Edicta", quanto ao fundo, encaixam-se no domínio legislativo, e não são apenas os regulamentos especiais, mas também as disposições de ordem geral, atinentes, v.g., ao Exército, às receitas fiscais, aos víveres, aos aquedutos, às construções da Capital, e a muitas outras coisas semelhantes. Mas em suma, os Imperadores não fizeram, do direito de baixar editos, *senão um uso limitado*.[512] Se conseguirmos imaginar as necessidades de um vasto Império, compreenderemos melhor a circunstância, apontada por Mommsen, de que os "Edicta" possuíam um variadíssimo espectro de abrangência. O autor menciona, inclusive, Editos de Cláudio sobre os correios do Império. Ainda de Cláudio, há um Edito sobre o escravo enfermo, abandonado pelo senhor (Digesto, 40, 8, 2; Código de Justiniano, 7, 6, 1, 3). Também de Cláudio, há um Edito pertinente à nulidade do legado que fosse escrito pelo legatário, de seu próprio punho (Digesto, 48, 10, 15 pr.). Por derradeiro, Mommsen menciona um Edito de Severo, sobre o transporte dos cadáveres (Digesto, 47, 12, 3, 4).[513] É ainda Mommsen quem refere a existência de um Edito de Augusto, alusivo ao aqueduto de Venafrum. Sobre este edito, é interessante observar que Augusto, entre outros pontos, regulamenta *o processo a ser seguido,* nos litígios conexos ao assunto.[514] Alguns editos que, quanto ao fundo, se encaixam no domínio legislativo, cuidam não só de regulamentos especiais, mas também de disposições de

---

[512] V. "Le Droit Public..." cit., tomo 5, páginas 185 e 186.
[513] V. "Le Droit Public..." cit., tomo 5, página 186.
[514] V. "Le Droit Public...." cit., tomo 5, páginas 185 e 186.

ordem geral, v.g. um edito de Augusto referente ao Exército, que proíbe que seja deserdado o filho de família que esteja servindo nas legiões (Digesto, 28, 2, 26).[515] Mommsen relata que editos existiam pertinentes aos aquedutos e às construções. Augusto, em um edito "ex commentariis Agrippae", reuniu as disposições tomadas por Agripa, para a distribuição das águas. Acrescenta que tanto Vespasiano (Código de Justiniano, 8, 10, 2), quanto Marco Aurélio (Digesto, 42, 5, 24, 1), baixaram editos para deter a demolição de casas, sendo que o Edito de Marco Aurélio foi importante, em matéria de garantias reais.[516] É interessante que observemos que, embora o Edito fosse a preferencial forma de comunicação do Imperador com um grande número de pessoas, não implicava ele necessariamente, segundo Mommsen, em uma ordem. Podia, também, *servir para exprimir uma comunicação, um conselho, ou uma advertência*. Este dado, que era válido para os editos dos magistrados republicanos, é verdadeiro, de maneira análoga, *para os editos do Imperador*. Isto é perceptível na linguagem de Augusto, sobre o uso da tortura em matéria criminal (Dig. 48, 18, 8, pr.)[517] Consideramos de interesse tratar das decisões pessoais do "Princeps", estabelecendo a diferença entre "Gesta" e "Acta", valendo-nos, para tanto, dos ensinamentos de Mommsen. As "Constitutiones Principum" são também chamadas de "Acta", existindo uma diferença entre "Gesta" e "Acta". As "Gesta" *são os atos militares do Imperador*, ao passo que as "Acta" são os seus atos civis. Dá, o autor, o exemplo de Suetônio, "Caes. 23: Acta superiori anni". Prossegue Mommsen: – Em relação ao magistrado isolado, pode-se justificar a teoria de Cícero ("Phil.", 1, 7, 18), segundo a qual as "acta" de cada um compreendem, em primeiro lugar, as suas "leges". No entanto, adverte Mommsen, ordinariamente, e com ainda mais razão, devem ser excluídas as leis, e ainda mais, os senatusconsultos, *como não emanando do magistrado sozinho, isoladamente considerado*. E conclui: – Por "Acta" devem ser entendidos os atos unilaterais dos magistrados. Esta palavra é utilizada, principalmente, para os generais que organizam uma província. E dá o exemplo de Tito Lívio, que fala a propósito da submissão da Sicília de Hierão, das "acta M. Marcelli quae is gerens bellum victorque egisset". A mesma coisa, ajunta o autor, é narrada por Apiano, B.c.1, 97, sobre Sila. São

---

[515] V. "Le Droit Public..." cit., tomo 5, páginas 185 e 186.
[516] V. "Le Droit Public..." cit., tomo 5, página 186.
[517] V. "Le Droit Public...", cit., tomo 5, página 185.

conhecidas, ainda, as "acta Pompeii", as quais agitaram, em particular, a questão de saber se eram elas ou as "acta" de Luculus, cassadas por Pompeu, que eram válidas. Pensa-se aqui, sobretudo, sem destarte excluir os atos irrevogáveis, como os julgamentos, *nos decretos revogáveis dos magistrados:* – Nesta categoria, estão as "acta" da Ásia de Pompeu, definidas por Veleio Patércolo como "aut promissa civitatibus a Pompeio aut bene meritis praemia", e também por Apiano. Como elucida Mommsen, o governador não podia conceder a fruição dos bens dominiais, ou as isenções de imposto, *que se impusessem automaticamente ao seu sucessor.* Era necessário que a sua decisão fosse confirmada por um senatusconsulto ou por uma lei. Sob o ponto de vista formal, aduz, pensa-se, ao falar de "acta", principalmente, no processo verbal, isto é, no que ficava registrado, por escrito, das decisões orais (V., por exemplo, no Código Teodosiano, 1, 22, 3: – "Pars actorum in consistorio Gratiani Aug; Gratianus dixit"; e no Código de Justiniano, 10, 48, 4); mas este dado não exclui, adverte, as ordens escritas, que eram, em qualquer parte, também inseridas nos processos verbais. Acrescenta o romanista que, "naturalmente", o alcance das "acta" era uma decorrência do alcance das atribuições do magistrado. Se as "acta" imperiais abrangem os assuntos privados – por exemplo, Antonino Pio declarou, ao Senado, que a rescisão dos atos de Adriano colocaria em discussão a validade da sua adoção – Dion Cássio, 70, 1, próximo da "Vita Hadriani"; por ocasião da rescisão dos atos de Macrino, os pagamentos feitos foram, eles próprios, anulados (Dion Cássio, 78, 18) – *tal deve ser levado à conta dos numerosos pontos de contacto existentes entre os assuntos particulares do "Princeps" e as suas funções oficiais.*[518] Façamos algumas observações. Se o nome "Acta" deve ser o reservado para os atos civis do Imperador, então, as "Constitutiones Principum" devem ser enquadradas entre as "Acta". Insistamos em um ponto. Mommsen reserva o nome de "Acta" para os atos civis do "Princeps", e o nome de "Gesta" para os seus atos militares. Lembraríamos, entretanto, que nas "Res Gestae Divi Augusti", Otaviano fala dos seus feitos militares, *e também das suas realizações civis.* A verdade é que, na Antigüidade, a fronteira entre o "civil" e o "militar" era muito tênue, e quase inexistente. O cidadão era o soldado, e vice-versa. O advento do Principado assinalou o fim do "Exército de Cidadãos", e o surgimento do Exército Profissional. Mas, continuava muito imprecisa a distinção entre

---

[518] V. "Le Droit Public..." cit., tomo 5, páginas 186 e 187.

o que era "civil", e o que era "militar." Quanto ao fato de, nas "Acta", haver numerosos pontos de contato entre os assuntos particulares do "Princeps" e as suas funções oficiais, lembramos, na esteira de Reale, que a Antigüidade não conheceu uma "vida particular", como hoje a concebemos, pelo motivo de que, nem na "Polis", nem na "Urbs", podia existir uma "liberdade" *contra ou em relação ao Estado*.[519] Pois bem: – Para Mommsen, os nomes "constitutiones" e "acta" são sinônimos. Estes nomes designam somente os atos unilaterais do "Princeps" como magistrado, e, em especial, aqueles que o magistrado, vale dizer, o Imperador, leva ao conhecimento, somente, dos interessados. Para assegurar o registro autêntico destes atos, de modo que fosse possível, em conseqüência e em um momento qualquer, fazer remissão ao ato concreto, havia os denominados "processos verbais" imperiais, os "comentarii", nos quais estavam registradas, particularmente, as acusações formuladas diante do Imperador, as decisões pronunciadas por ele, os privilégios por ele concedidos, e os nomes das pessoas que tinham o direito de usar os tratamentos imperiais.[520] Para Mommsen, a verdadeira expressão técnica para designar os "processos verbais" imperiais é "commentarii". Assinala ainda que quando Suetônio afirma de Domiciano que "praeter commentarios et acta Ti. Caesaris nihil lectitabat", ele parece querer designar, pela primeira expressão, "commentarios", os escritos do Imperador, e pela segunda, "acta", os processos verbais oficiais. Adverte Mommsen que é preciso não confundir com estes processos verbais os "commentarii diurni", ou as "ephemeris", isto é, o "diário" imperial. Quando Augusto pediu, às damas da Corte, que nada dissessem ou fizessem que não fosse passível de registro nos "comentarii diurni", não cogitava, por certo, dos processos verbais administrativos, mas do "Jornal da Corte", no qual eram introduzidas as convocações, etc., que podiam de lá passar para os "commentarii rerum urbanarum". Este "Jornal da Corte" foi a origem de uma literatura especial: – Aureliano estimulou uma publicação que continha a prestação de contas da sua vida quotidiana, e são encontradas freqüentemente, na literatura recente do Império, as "efemérides" de diversos Imperadores.

Façamos uma observação. Augusto, ao instaurar o Principado, teve preocupações com a moralidade do Povo Romano, alertado que estava pela dissolução dos costumes, que se seguira ao afluxo de

---

[519] V. "Horizontes do Direito e da História" cit., páginas 36 e 37.
[520] V. "Le Droit Public..." cit., tomo 5, páginas 187 e 188.

riquezas. Daí, os seus esforços, no sentido de restaurar os valores tradicionais dos romanos. Nesta ordem de idéias, deve ser compreendido o seu apelo às damas, em conexão com os "comentarii diurni", base do "Jornal da Corte". Ao tratar das funções e características dos "Mandata Principis", Mommsen refere que tais instruções, enviadas pelo Imperador aos magistrados, como os Editos, *serviram materialmente como órgão legislativo,* no momento em que uma nova regra de Direito era, simultaneamente, inscrita nas instruções dirigidas a todos os magistrados. Foi desta forma que surgiu o testamento privilegiado dos militares.[521] Mommsen registra uma curiosidade histórica, referente ao liberto de Alexandre Theoprepes, que serve para ilustrar a ambiência em que se desenvolveram as "Constitutiones Principum", e a carreira de um criado da Corte promovido a vários cargos, até que assumiu *a direção do escritório das instruções,* tornando-se "Procurator a mandatis". "A posteriori", este liberto foi promovido à direção do "Jornal da Corte", tendo terminado a carreira como supervisor de diversas fábricas imperiais de púrpura.[522] Serve o relato para ilustrar que, na evolução do Principado, houve *o incremento de uma burocracia, hierarquicamente organizada, e subordinada ao Imperador.* Para esta burocracia, acorreram muitos libertos, fenômeno observável desde Cláudio. O registro de Mommsen nos faz vir ao espírito uma comparação: – Assim como a República conhecera o "Cursus Honorum" para os jovens patrícios, o Principado parece haver conhecido algo de semelhante para os libertos e outros indivíduos de extração humilde, colocados a serviço do regime. Esses burocratas imperiais eram remunerados; eram como que "funcionários públicos", no sentido atual da expressão, ao contrário dos magistrados republicanos, cujos cargos eram honrarias (honores). Estes indivíduos de extração humilde eram auxiliares dotados, talvez, *de um profissionalismo não ostentado pelos jovens patrícios,* com a sua educação aristocrática, e os valores da sua classe. Ora, é preciso que não percamos de vista que o Principado foi "revolucionário", na medida em que corporificou *uma Ordem Nova,* diversa da anterior. Se foi "revolucionário", *o Principado levou para o Poder, e todas as revoluções o fazem, uma "nova classe".* Em parte, esta nova classe foi o "Ordo Equester", que se elevou, ocupando cargos cada vez mais importantes, em detrimento da nobreza senatorial. Mas, não é possível olvidar o papel

---

[521] V. "Le Droit Public..." cit., tomo 5, página 189.
[522] V. "Le Droit Public..." cit., tomo 5, páginas 188 e 189.

de relevo desempenhado, nesta *Ordem Nova*, pelos libertos, o que nos leva a relembrar Bertrand de Jouvenel: — *A Plebe é a aliada natural da Autocracia*. Utilizamos a expressão "nova classe" com cautela, em ordem a evitar as comparações perigosas. Mas confessamos que nos inspiramos em Milovan Djilas, para fazer uso da expressão, que consideramos altamente descritiva. Ela é utilizada pelo autor sérvio, ao tratar do que ocorreu com o Comunismo, sob Stalin.[523]

Retomemos o estudo das Constituições Imperiais, em suas diversas modalidades. Segundo Mommsen, os "Mandata" serviram como órgão legislativo, graças a eles tendo surgido o testamento privilegiado dos militares, o qual se apóia em uma cláusula geral e permanente desde Trajano, contida nas instruções aos governadores (Dig. 29, 1, 1, pr.). Aduz Mommsen que são encontradiças instruções semelhantes em matéria de direito de associação, como se depreende do Digesto, 47, 22, 1, pr. O testamento privilegiado dos militares, *nasceu das peculiaridades da vida castrense daquele tempo*.

Passemos a cuidar do "Rescriptum" imperial, enfocado por Mommsen. Segundo o autor, havia, nos "Rescripta", uma interpretação autêntica do Direito. E, como devia acontecer "necessariamente", esta interpretação autêntica, paulatinamente, veio a se impor, *fazendo prevalecer, neste domínio, a autoridade exclusiva do Imperador*. Salienta Mommsen que estes decretos e rescritos imperiais não estavam submetidos ao sistema da publicação. Ganhavam notoriedade, como os outros julgamentos e "responsa", graças à atividade particular dos autores jurídicos. Foi só no período mais recente do Império, que houve a empreitada, e ainda assim *de índole privada*, de reunir tais monumentos da interpretação autêntica imperial, e de publicar as compilações.[524] Fala Mommsen de uma "interpretação autêntica" do Direito, feita pelo Imperador. Este dado merece um comentário. Instaurado o Principado, e à medida em que o Imperador e os seus funcionários começaram a participar *da Jurisdição, surge o embrião do que hoje denominamos "Órgãos Jurisdicionais"*. Assim, cabe ao Principado a glória de, na História do Direito e do Processo Romanos, ter inaugurado um "processo oficial", eminentemente público, e em que o "Judex" já não era um cidadão particular, *mas o próprio Imperador, ou um funcionário, seu delegado para dizer o Direito*. Isto redundava em

---

[523] V. "A Nova Classe – Uma Análise do Sistema Comunista", tradução de Waltensir Dutra, Rio de Janeiro, Livraria Agir Editora, 4ª edição, 1963, páginas 24 e 25.

[524] V. "Le Droit Public..." cit., tomo 5, páginas 194 e 195.

uma garantia de maior imparcialidade para os litigantes. Este dado foi apreendido por Luiz Carlos de Azevedo, que registrou que, com o regime imperial, a sociedade romana começou a conhecer profundas modificações, sendo que o Direito se concretizou na palavra do que detinha o Poder. Tais alterações repercutiram na organização judiciária e no campo processual: – Os antigos magistrados foram substituídos por funcionários nomeados pelo Imperador, *e apareceram as primeiras escalas hierárquicas dentro das diversas funções delegadas pelo "Princeps"*. Os funcionários imperiais exercem uma jurisdição delegada, e não mais arbitral. O Juiz não mais julga ostentando o atributo de cidadão do Estado Romano, *mas no exercício da função de representante do Estado Romano*.[525] De maneira análoga, os recursos, em seu sentido técnico de possibilidade de reexame da decisão de um julgador, por outro, ou por outros, surgiram no Principado, *em função da hierarquia entre os órgãos encarregados de dizer o Direito*. Tudo isto surgiu no bojo do "sistema processual típico" do Principado, o processo da "Cognitio Extra Ordinem", ou "Extraordinaria Cognitio". Temos dito que o Direito Romano evoluiu em conformidade com as vicissitudes históricas pelas quais passou, sendo um Direito afinado com a realidade que regia. E isto pode ser dito, também, a respeito dos sucessivos sistemas processuais conhecidos pela Gente do Lácio (Sistemas das "Legis Actiones", do Processo Formulário, e da "Extraordinaria Cognitio"). Sabemos que, no evoluir do Direito Romano, não houve rupturas bruscas com o passado, sendo que as inovações se introduziam de maneira lenta e gradual. Assim, tanto o surgimento deste "embrião" de órgãos jurisdicionais, quanto a imposição do processo da "Cognitio Extra Ordinem", foram ocorrendo gradativamente. E o resultado é que, durante algum tempo, coexistiram o Imperador e os seus funcionários, com o Pretor, venerável herança da República... conseguintemente, chegaram a coexistir o processo formulário, e o processo da cognição extraordinária. Mais um ponto deve ser aqui enfocado: – *Esta "publicização" e esta "oficialização" da função de dizer o Direito, ínsitas no processo da "Cognitio Extra Ordinem", contribuíram para o incremento do poder pessoal do "Princeps"*.

Segundo Sohm, os "decretos", "rescritos", "mandatos" e "editos" são agrupados pelos juristas sob o nome, genérico, de "constitutiones", reconhecendo-se-lhes força legislativa, sempre que regerem

---

[525] V. "O direito de ser citado: perfil histórico", São Paulo, F. I. E. O. – Editora Resenha Universitária, 1980, página 132.

com caráter permanente. Este cunho permanente, *não é usual nos editos e nos mandatos*. Estes só obrigam, em regra, enquanto vivo o Imperador que os dita, a menos que sejam confirmados e renovados por seu sucessor. Os decretos e rescritos, ao revés, mantêm-se em vigor, mesmo que o seu autor não continue no trono.[526] Os "decretos" e "rescritos" participam, ambos, do mesmo caráter de meios de interpretação autêntica. O Imperador dá a lei e, a par disto, a aplica ao caso concreto. Os rescritos podem ser feitos a pedido de uma parte, e é o caso mais freqüente, ou de um magistrado. Assumem a forma de resposta em carta avulsa ("epistula"), ou de uma nota marginal, feita na própria consulta ("subscriptio"). A solução contida nos rescritos tem força geral, análoga à da lei (legis vicem) e equivale portanto, se se torna pública (proponere), a uma interpretação "autêntica". Elucida Sohm que *até Adriano, cujo governo apresenta um marcante caráter de transição do Principado para a Monarquia, não se generaliza a prática de publicar os rescritos imperiais, para revesti-los de força legislativa*. O número de rescritos publicados aumenta desde Severo, adquirindo grandes proporções sob Diocleciano. Na época de Constantino, os rescritos são eliminados pelas novas formas de legislação imperial. Apenas os rescritos "propostos" (publicados), são incluídos entre as fontes do Direito, e se incorporam à literatura jurídica.[527] O autor refere-se ao reinado de Adriano, como sendo um momento de marcante transição. Sohm considera "Monarquia", apenas, o sistema existente a partir de Diocleciano. Para nós, entretanto, *o Principado é monarquia*. Menciona o autor, ademais, o Imperador "Severo", sem especificar de qual dos membros da Dinastia dos Severo se trata. Sétimo Severo foi o primeiro integrante desta Casa. Mas houve, também, Alexandre Severo. Quanto aos "Mandata" e aos "Edicta", escreve Sohm que os primeiros são também, na prática, fonte de Direito, ao menos, quando se trata daquelas normas que figuram, de maneira constante, nas instruções oficiais do "Princeps" aos seus funcionários. Quanto aos Editos, afirma o autor que eles se lastreiam na faculdade de editar, comum a todos os magistrados, e, relativamente aos que versam o Direito Privado, tornam públicas as soluções a que o poder imperial pensa se afeiçoar, para a solução de assuntos desta índole.[528]

---

[526] V. "Instituciones de Derecho Privado Romano – Historia y Sistema" cit., páginas 96 e 97.
[527] V. "Instituciones de Derecho Romano..." cit., página 96.
[528] V. "Instituciones de Derecho Romano..." cit., página 97.

Palazzolo, ao tratar dos "Rescripta" em cotejo com as demais Constituições Imperiais, e ao cuidar da eficácia normativa dos rescritos e das outras "Constitutiones Principum", ensina que o modo pelo qual os juristas clássicos citam e interpretam os rescritos, *confirma a tese da sua autoridade de fonte normativa vinculante*. E prossegue: – A tese segundo a qual também os rescritos, pelo menos a partir da época de Adriano, tinham valor normativo, tanto quanto as demais Constituições, é defendida, em especial, por Orestano, por De Robertis, e por De Francisci. Segundo Palazzolo, a tese contrária, que vislumbra nos rescritos do Período Clássico *apenas um respeitável precedente*, é defendida por Schwind, Arangio-Ruiz, Vinci, Amelotti, e, finalmente, por De Martino.[529] Pensamos que ambas as teses não são inconciliáveis. Podem ter sido os rescritos imperiais, no início do Principado, somente "un autorevole precedente", para ficarmos com a linguagem de Palazzolo, passando eles, "a posteriori", à categoria de fonte normativa vinculante. Uma tal evolução estaria em conformidade com a índole e com a dinâmica interna do Direito Romano, *um Direito nada dogmático, e de evolução doutrinária e jurisprudencial*. Nesta evolução do Direito Romano, *o processo desempenhou um papel de grande destaque*. E tal refletir-se-ia, inclusive, no problema da eficácia normativa dos "Rescripta". O Principado foi uma realidade institucional em constante modificação, e este dado teria que se refletir no problema das fontes do Direito, "in genere", e no das "Constitutiones Principum", em particular. Neste sentido, refere Palazzolo que, até o reinado de Trajano, prevalecem, entre as "constitutiones", os "Edicta" e os "Decreta", em cotejo com os "Rescripta". Sob Trajano, passam a abundar, também, as "Epistulae". Até Trajano, pois, devem ter sido pouco numerosos os "Rescripta". Os juristas citam não poucas "Constitutiones" de Trajano. E isto pode ser visto na obra de Guarino, "Legislazione imperiale e giurisprudenza I", páginas 17 e seguintes, sendo que, para Trajano em particular, dispomos de um testemunho indireto em SHA, "vita Macrini", 13, onde pode ser lido, "verbis": – "... *cum Traianus numquam libellis responderit, ne ad alias causas facta praeferrentur quae ad gratiam composita viderentur*". A notícia deve de qualquer forma ter um fundamento de verdade, se, de todas as "Constitutiones" atribuídas a Trajano, poucas devem ser rescritos.[530]

---

[529] V. "Potere Imperiale Ed Organi Giurisdizionali Nel II Secolo D.C." cit., página 6.
[530] V. "Potere Imperiale Ed Organi..." cit., páginas 35 e 36 – grifos no original, na frase latina.

Percebemos que o jurista, no trecho examinado, não faz qualquer menção aos "Mandata". Um dado relevante radica na informação, veiculada por Palazzolo, de que, do ponto de vista material, substancial, *os rescritos são obra dos juristas*. E por certo, alerta o autor, deve existir um liame muito estreito entre o incremento da atividade de interpretação imperial, *e o ingresso dos juristas nos cargos da Administração, bem como no "Consilium Principis"*. Aduz Palazzolo que o exemplo mais conhecido é o de Papiniano, cujo estilo tem sido reconhecido em um determinado número de rescritos de Caracala. Aliás, outros juristas falam da participação de Papiniano na emissão dos rescritos, na qualidade de "magister libellorum". Se o exemplo mais conhecido é o de Papiniano, há testemunhos atinentes a outros juristas. Há, além disto, o elemento oferecido pela importância que assumiam o "Consilium Principis" e os juristas que o integravam, não apenas para os problemas relativos à atividade política ou jurisdicional do "Princeps", mas também a respeito da atividade de interpretação do Direito.[531] Façamos alguns comentários a Palazzolo. É compreensível que, do ponto de vista material, os rescritos fossem o resultado do labor dos jurisconsultos, o que não elide a participação dos Príncipes, responsáveis pelo ingresso de juristas no "Consilium". Quanto à *participação direta* dos Imperadores na elaboração dos "Rescripta", lembramos que alguns dos Imperadores eram versados na Jurisprudência, sendo este o caso de Adriano. Com cautela, formulamos a assertiva de que, na época de Adriano, e a partir dele, *é possível falar, em Roma, da existência de "juristas profissionais"*. No sentido da participação pessoal dos Imperadores na redação dos "Rescripta", Palazzolo invoca a opinião de Millar, autor que tende a reavaliar, sem negar a grande influência dos juristas, *a atividade autônoma do "Princeps" na redação das respostas aos "libeli"*.[532] Uma observação importante é feita por Palazzolo, a propósito dos liames existentes entre os rescritos e as respostas dos jurisconsultos: – Graças à estreita participação dos juristas na atividade normativa do "Princeps", os "Rescripta" acabaram por assimilar a mesma função das respostas dos "prudentes"; *a ser as próprias respostas*, emitidas entretanto pela Chancelaria Imperial, e munidas de valor oficial, o que explica porque foram os juristas que, desde o início, atribuíram às respostas imperiais o valor de princípios jurídicos vinculantes para os juízes. É o que resulta da

---

[531] V. "Potere Imperiale Ed Organi..." cit., páginas 44 e 45.
[532] V. "Potere Imperiale Ed Organi..." cit., página 44.

leitura de Gaio, 1.5: – *"nec umquam dubitatum est, quin id legis vicem optineat"*. Assim atuando, os juristas do "Consilium Principis", na prática, atribuíam às suas decisões um valor que as respostas dos outros juristas não possuíam. E o resultado disto, foi a reconstituição definitiva, porém, em termos mais fortes ainda, da hierarquia entre os "responsa" dos jurisconsultos, que a abolição do "jus respondendi" tinha, do ponto de vista formal, eliminado.[533]

Percebemos que *não podemos ignorar a imensa dimensão, política, do "Consilium Principis"*. Ela existia desde a criação do Conselho por Augusto. É preciso que reconheçamos, no entanto, que a oficialização do órgão, por Adriano, o fortaleceu. Se atentarmos para o dado de que a sua composição dependia da vontade do Imperador, teremos uma idéia da influência política que o "Princeps" exerce, *por meio do seu Conselho*. Com efeito, o Príncipe apenas chamava, para ingressar no "Consilium", *os elementos que gozavam da sua confiança*, e que com ele estivessem politicamente afinados. Como é de importância vital para nós, a parte final da lição de Palazzolo merece um meticuloso exame. Se as respostas imperiais tinham o valor de princípios jurídicos vinculantes para os juízes, além de serem fonte do Direito, *constituíam sim, sem a menor dúvida, uma reedição, mais pujante, do velho "jus respondendi"*. Talvez fosse mais próprio, até, falar de uma "potestas respondendi", porquanto tratava-se de algo emanado do "Princeps", e por meio de dois órgãos oficiais, a ele subordinados, o "Consilium Principis" e a Chancelaria Imperial. Diríamos que o Direito Imperial, que teve a sua individualidade e as suas características próprias, apresenta alguma analogia com o "Jus Honorarium", na medida em que o "Princeps", por meio das suas "Constitutiones", criava um "Direito Novo". Tamanha era a importância da participação dos juristas integrantes do "Consilium" na elaboração dos "Rescripta", que, segundo Palazzolo, eles conservam, às vezes, vestígios das discussões ocorridas no Conselho, e da composição, no seio do próprio "Consilium Principis", dos contrastes jurisprudenciais.[534] Os jurisconsultos presentes no "Consilium", *valorizavam-no com a sua cultura*, contribuindo para o prestígio do "Princeps", para o aprimoramento do "Jus Novum", e também para o incremento do poder imperial.

---

[533] V. "Potere Imperiale Ed Organi..." cit., páginas 46 e 47 – a citação de Gaio está em itálico, no original.

[534] V. "Potere Imperiale Ed Organi..." cit., página 32.

Adentremos o estudo dos "Decreta". Segundo Palazzolo, a assunção direta do Juízo por parte do "Princeps", ensejava diversas conseqüências. Isto era possível tanto no caso no qual o cidadão particular tivesse pedido a "cognitio" do Príncipe, quanto no caso em que o particular tivesse pedido o ponto de vista imperial, sobre uma questão submetida ao julgamento de outros. Na segunda hipótese, integrava o poder discricionário do Imperador responder ao solicitante com um "rescriptum", que poderia ser exibido pelo peticionário à autoridade competente, ou assumir, ele próprio, o julgamento, avocando-o à sua competência.[535] Palazzolo fala em um "poder discricionário", e não em um "poder arbitrário" do Imperador, o que reforça o que temos dito, no sentido de que, durante o Principado, o "Princeps" não era "absoluto". Mais ainda, a assertiva de que o Imperador exerca um poder "discricionário" importa, e muito, para a correta exegese das máximas "Princeps legibus solutus est", e "Quod placuit Principi legis habet vigorem", das quais iremos nos ocupar ("Infra", Capítulo X). Ensina Palazzolo que, quando o "Princeps" assumia a "cognitio" da lide, emitia um "Decretum". Atualmente, fazer a distinção entre um "decretum" e um "rescriptum", não é fácil. E esta dificuldade decorre da obra de simplificação feita em todas as constituições imperiais, com o fim de extrair delas o princípio jurídico de caráter geral. Isto fez com que se perdessem os caracteres distintivos deste tipo de ato do Imperador (o "Decretum").[536] Como é evidente, assumir o Príncipe a "cognitio" da lide, equivalia à instauração de um processo "Extra Ordinem"; *à instauração do típico processo imperial*. Basta este dado, pensamos, para colocar em relevo que o "Decretum" difere, substancialmente, do "Rescriptum". Com efeito, como o diz Palazzolo, "... o rescrito não pode, de modo algum, ser visto como o ato inicial de um processo".[537] Vemos confirmada, na lição de Palazzolo, a opinião que, por influência de Surgik, temos defendido nos últimos anos, no sentido de que a compilação de Justiniano *contribuiu para a adulteração do Direito Romano Clássico*. É claro que, sem embargo deste seu aspecto negativo, não é possível negar o valor da obra de Justiniano. Dela, diz Irineu Strenger que se tratou do primeiro trabalho de Dogmática Jurídica.[538] Para

---

[535] V. "Potere Imperiale Ed Organi..." cit., página 59.
[536] V. "Potere Imperiale Ed Organi..." cit., página 59.
[537] V. "Potere Imperiale..." cit., página 52.
[538] Citamos de memória.

Palazzolo, os "Rescripta" seriam as respostas imperiais endereçadas a particulares pela Chancelaria; respostas estas a cartas dos solicitantes, e redigidas ao pé da página da consulta do peticionário. Os "Decreta", por seu turno, seriam sentenças emitidas pelo "Princeps", "pro tribunali".[539] Alguns comentários devem ser feitos. No estudo do Direito, a terminologia correta possui uma enorme importância. Esta importância cresce, porém, em se tratando da História do Direito, disciplina que, por cobrir um vasto espectro do campo do conhecimento, exige do seu cultor o rigor terminológico. Estes comentários vêm a propósito do seguinte dado: – Há pouco afirmamos que assumir, o Imperador, a "cognitio", equivalia à instauração de um processo "Extra Ordinem" etc. E isto o dissemos com base no asseverado por Palazzolo, no sentido de que, quando o "Princeps" assumia a "cognitio" da lide, emitia um "Decretum". Verificamos "a posteriori", também das lições de Palazzolo, que os "Decreta" eram sentenças emitidas pelo Imperador, "pro tribunali..." ora, percebemos haver aqui uma *aparente contradição,* motivada pela palavra "sentença", em conexão com o "Decretum". Cremos que a única explicação plausível consistiria em não se atribuir, ao étimo "sentença", o significado, estrito, que possui no hodierno Direito Processual Civil, isto é, o significado de decisão judicial que põe fim ao processo, com ou sem o julgamento do mérito. "Sentença", pois, usada em conexão com os "Decreta Principis", seria uma palavra *usada em um sentido bastante amplo,* vale dizer, no de uma decisão do Imperador, mediante a qual ele assumia a "cognitio" da lide. Esta parece-nos a explicação mais razoável, para a aparente contradição de Palazzolo. Como vimos, segundo Palazzolo, hoje se torna difícil distinguir entre um "decretum" e um "rescriptum". Acrescenta o romanista no entanto, que na realidade, dos resíduos que até nós chegaram das coleções de decisões imperiais, elaboradas pelos juristas clássicos, *é possível aferir que os "Decreta", na sua estrutura, eram atos essencialmente diversos dos "Rescripta".* Mais ainda, os próprios juristas tinham como rigorosamente distintas as duas atividades.[540] A nós nos parece contrariar o bom senso, a suposição de que os "Decreta" e os "Rescripta" fossem uma só coisa. Os romanos eram um povo prático, e não teriam dois nomes para um só instituto. Se, nas fontes, existem os dois nomes, é porque, muito provavelmente, existiram os dois institutos,

---

[539] V. "Potere Imperiale Ed Organi..." cit., páginas 43 e 44.
[540] V. "Potere Imperiale Ed Organi..." cit., páginas 59 e 60.

diversos um do outro. Palazzolo aponta, entre as coleções das desões imperiais que, residualmente, chegaram até nós, a obra de Paulo, "Decretorum Libri Tres".[541] Ao tratar da distinção entre o "Decretum" e o "Rescriptum", Palazzolo observa que a decisão imperial, nos "Decreta", é indicada com expressões diversas do verbo "rescripsit", como o são "pronunciavit", "dixit", "iussit", "decrevit", e assim por diante. Mas não sucede apenas isto: – em todos os casos, é colocado em destaque que a controvérsia está submetida à "cognitio" imperial, e que, por este motivo, *a pronúncia é emitida em sede jurisdicional*. O autor dá os seguintes exemplos:

> "Plin. *epist*. 6. 31. 8.... *epistula scripta petierant, ut susciperet cognitionem...*"
>
> "D. 28. 5. 93 (92) .1 (Paul.. *imperialium sententiarum in cognitionibus prolatarum ex libris Sex primo seu decretorum libro secundo): ... Pactumeia Magna supplicavit imperatores nostros et cognitione suscepta... ex voluntate testandis putavit imperator ei subveniendum. igitur pronuntiavit hereditatem ad Magnam pertinere.*"
>
> "*Cognitio Caracallae de Goharienis* (Iscr. Dmeir): ...*quam cognitionem dominus suscipere dignatus est...*"[542]

Algumas observações se impõem. Em primeiro lugar, nada é estranho à História do Direito. Nesta ordem de idéias, o filólogo e o jurista são inseparáveis, pois um dos instrumentos de trabalho do estudioso do Direito é a palavra. Acabamos de ter contato com o asseverado: Como vimos, nos "Decreta", o verbo que exterioriza a decisão imperial, *é diferente do verbo utilizado nos "Rescripta"*. A propósito desta questão, Palazzolo remete à leitura das fontes colecionadas por Volterra.[543] Segundo Palazzolo, não existe uma coleção completa das Constituições Imperiais, cronologicamente ordenadas. Por este motivo, confessa o autor que se serviu, em sua pesquisa, além das constituições existentes no Código de Justiniano, do índice das Constituições Imperiais mencionadas nas obras jurisdicionais, compilado por Gualandi, e dos dados auxiliares fornecidos por De

---

[541] V. "Potere Imperiale Ed Organi..." cit., página 60.
[542] V. "Potere Imperiale Ed Organi..." cit., página 60 – itálico no original.
[543] V. "Potere Imperiale Ed Organi..." cit., página 60.

Francisci.[544] Consignamos que na evolução do Direito Romano, o fenômeno das compilações foi tardio. Mais ainda, tal fenômeno, quando ocorreu, *obedeceu a ditames políticos, ligados à centralização governamental*. Aqui, não temos a veleidade de enunciar uma verdade absoluta; apenas, queremos formular uma regra geral, calcada em exemplos históricos. Com efeito, o "Edito Perpétuo", cuja compilação foi ordenada por Adriano, teve *um propósito político e centralizador*, na medida em que, estancando uma fonte tradicional do Direito, e reservando-se a faculdade de fazer quaisquer inovações no Edito do Pretor, Adriano contribuía para monopolizar as fontes do "Jus" nas mãos do "Princeps". Também a compilação justinianéia teve motivações políticas de índole centralizadora. Estes exemplos nos levam à seguinte conclusão, que guarda coerência com todo o enunciado: – Se, durante o Principado, inexistiu qualquer iniciativa no sentido de compilar as Constituições Imperiais, é porque, *do ponto de vista do poder político,* os Imperadores não viram, na iniciativa, nenhuma conveniência. Há "Constitutiones Principum", sem dúvida, na Compilação de Justiniano. Sucede que a obra de Justiniano teve, ela própria, inclusive, propósitos políticos e centralizadores. Além do mais, no trabalho de Justiniano abundam as interpolações, tornando-se difícil saber o que, no bojo do "Corpus Juris Civilis", é, efetivamente, produção do Período Clássico. Há pouco, transcrevemos alguns exemplos dados por Palazzolo, no sentido de que os verbos utilizados nos "decreta" diferiam dos usados nos "rescripta", e de que a pronúncia do "Princeps", no bojo dos "decreta", *vinha emitida em sede jurisdicional*. A respeito do terceiro trecho, pertencente a um "decretum" de Caracala,[545] é interessante que observemos que o formulário se encontra em latim, ao passo que as palavras pronunciadas pelas partes e pelo Imperador, *se acham em grego*. Este dado oferece interesse. A inscrição de Dmeir foi encontrada na Síria, na "Pars Orientalis" do Império, ou seja, numa região em que, desde as conquistas de Alexandre, e da conseqüente helenização, *a língua veicular era o grego*. Para o observador superficial, esta particularidade é despida de importância. Mas assim não é. Cada idioma tem o seu "espírito", o que não pode ser posto de lado pelo pesquisador. O grego foi a língua da Parte Oriental do Império Romano; daquela "Pars" que viria a produzir a compilação justinianéia. Ora, parece-

---

[544] V. "Potere Imperiale Ed Organi..." cit., página 80.
[545] V. "Potere Imperiale Ed Organi..." cit., páginas 60 e 61.

nos inevitável que os "esquemas mentais" do idioma de Homero, tenham tido influência no labor dos compiladores. É por este motivo, inclusive, que tornamos a formular esta indagação, ousada porém necessária: – *Até que ponto o Direito Justinianeu é autêntico Direito Romano?*...

Matos Peixoto admite a existência de quatro espécies de Constituições Imperiais, os editos, os mandatos, os decretos e os rescritos, subdivididos os últimos em epístolas e subscrições. Os "Edicta" eram "disposições de ordem geral publicadas no álbum pelo imperador como magistrado supremo", correspondendo aos editos dos outros magistrados. Podiam ser aplicados a todo o Império, a uma província, ou ainda a uma cidade, sendo a sua observância obrigatória enquanto vivesse o "Princeps" que os expedia. Deviam, destarte, deixar de obrigar, uma vez falecido o seu autor. Este é o motivo, aduz, pelo qual, às vezes, *a mesma regra consta de editos de imperadores distintos*. "A posteriori", houve o costume de o Imperador *ratificar os editos do seu antecessor*. Por fim, os "Edicta" ficavam indefinidamente em vigor, ressalvada a hipótese de que fossem expressamente revogados, ou tivessem sido expedidos por um Imperador de memória condenada. Desde então, para Matos Peixoto, o Edito Imperial teve força de lei. Quanto aos "Mandata", conceitua-os o autor como "instruções individuais dadas aos governadores de província", que obrigavam apenas o governador ao qual eram dirigidas, não se aplicando ao seu sucessor, e tampouco aos governadores de províncias vizinhas. Segundo Matos Peixoto, os "Mandata" eram mais atos administrativos, do que constituições imperiais, *não sendo publicados*. Mas, neles havia preceitos de Direito Civil e de Direito Penal. Tais preceitos, a princípio temporários, acabaram tornando-se definitivos, para formar "uma espécie de código" dos governadores das províncias. Para o autor, os "Decreta" eram "as declarações dadas pelo imperador nas causas que lhe eram afetas", em primeiro grau ou em sede recursal. Apenas obrigavam os interessados, porém o "Princeps" podia lhes imprimir alcance geral, determinando a aplicação da solução aos casos análogos. Os "Rescripta" eram respostas dadas pelo Príncipe a consultas jurídicas, formuladas por magistrados ou por particulares. Quando dirigidas aos magistrados, as respostas tinham o nome de "Epistulae"; se dirigidas aos particulares, eram as "Subscriptiones." Os "Decreta" e "Rescripta" aos quais o Imperador desejava dar força legislativa, *eram afixados publicamente, a exemplo dos "Edicta"*.[546] Discor-

---

[546] V. "Curso de Direito Romano" cit., tomo I, páginas 106, 107 e 108.

damos do autor, quanto a considerar o "Princeps" um "magistrado". E prossigamos. Moreira Alves apresenta os mesmos quatro tipos de "Constitutiones Principum", elucidando no entanto que os "Mandata", a partir do século V da Era Cristã, desapareceram por completo. Acrescenta que as constituições imperiais mais importantes para o Direito Privado, se apresentam sob o tipo de "Decreta" ou de "Rescripta".[547] Acrescentaríamos que tanto os "Decreta" quanto os "Rescripta" foram por igual importantíssimos *para o campo do Direito Público,* mercê do papel que desenvolveram no processo da "Cognitio Extra Ordinem". Se na atualidade o Direito Processual, e inclusive o Direito Processual Civil, integra o campo do "Jus Publicum", cremos ser acertado dizer que tanto os "Decreta" quanto os "Rescripta", graças ao seu uso processual, tiveram uma poderosa influência na evolução do Direito Público. Cretella Júnior aceita a divisão quadripartite das "Constitutiones Principum", distinguindo, entre os rescritos, as "Subscriptiones" e as "Epistulae"; no entanto, limita os "Edicta" ao início do reinado de cada Príncipe. Ao ser consagrado, o novo Imperador faria uma proclamação, chamada "Edictum", que lembrava o uso dos pretores, quando assumiam o cargo.[548] Não concordamos com a última assertiva. Embora, ao assumir o trono, o novo Imperador promulgasse um "Edictum", este fato não elide que pudesse ele, ao longo do seu reinado, promulgar outros "Edicta". O que ora afirmamos, encontra confirmação na "Constitutio Antoniniana", de 212 d. C., mais conhecida sob o nome de "Edito de Caracala". Ela não foi promulgada assim que Bassiano assumiu sozinho o poder, depois de assassinar o seu irmão Geta...[549] Correia e Sciascia anotam que as "providências legislativas" do Imperador chamam-se "constitutiones", podendo também ser chamadas de "placita". No último período do Direito Romano, as "constitutiones" tiveram o nome técnico de "leges". Aceitam, os romanistas citados, a classificação das "Constitutiones Principum" em "Edicta", "Mandata", "Decreta" e "Rescripta".[550] Chamoun segue a divisão já conhecida das Constituições Imperiais em quatro espécies.[551] Por seu turno, Londres da Nóbrega afirma que as decisões do Príncipe "dividem-se em qua-

---

[547] V. "Direito Romano" cit., vol. I, página 53.
[548] V. "Curso de Direito Romano" cit., página 52.
[549] V. de Ivar Lissner, "Os Césares" cit., página 285.
[550] V. "Manual de Direito Romano" cit., vol. I, páginas 30 e 31.
[551] V. "Instituições de Direito Romano" cit., páginas 36 e 37.

tro categorias", a saber, os mandatos, os decretos, os editos e os rescritos. Quanto aos "Mandata", o autor faz referência ao "Liber Mandatorum", no qual estavam registrados os mandatos dirigidos pelo Imperador ao respectivo funcionário. Este funcionário podia, desta maneira, transmitir ao seu sucessor no cargo, as instruções que havia recebido da autoridade superior. Interessante é o que Londres da Nóbrega escreve a propósito dos "Edicta". Para ele, em tese, os "Edicta" imperiais são semelhantes aos editos dos magistrados do período republicano, com a diferença de, na República, os editos serem promulgados, em regra, ao ser o magistrado investido nas funções, sendo que o Imperador, ao revés, não tinha a preocupação de apresentar, mediante editos, os principais pontos do seu programa. Isto porquanto fazia a sua divulgação, na medida ditada pelas necessidades.[552] A referência ao "Liber Mandatorum", reforça o que temos dito, no sentido de que o Principado foi se apoiando cada vez mais em uma sofisticada burocracia. E o que o autor afirma sobre os "Edicta", contrariando o asseverado por Cretella Júnior, corrobora a nossa opinião, no sentido de que, ao longo do seu reinado, o Imperador podia promulgar os "Edicta", sempre que isto fosse necessário. Há uma outra inferência, sutil, a ser retirada da lição de Londres da Nóbrega. O magistrado republicano publicava o seu "Edictum", ao assumir as funções. E este "Edictum" continha, "grosso modo", o que poderíamos chamar de "o programa" adotado por aquele que assumia o cargo. Ora, no Principado, o Imperador podia promulgar "Edicta", sempre que isto lhe parecesse necessário, ou conveniente. *Queremos dizer que a discrição do "Princeps", era maior do que a do antigo magistrado da República.* E que isto só podia derivar de um "Imperium" mais amplo, do que o ostentado por qualquer magistrado da República. Londres da Nóbrega faz um interessante cotejo entre os rescritos imperiais, e as respostas dos jurisconsultos. À época de Adriano, a interpretação da lei competia ao Imperador, assistido por um Conselho Imperial. Adriano instituiu uma nova forma de interpretação do Direito, por meio de "Rescripta". Assinala De Visscher, citado pelo autor, que, entre os rescritos do Imperador e os "responsa" emitidos pelos jurisconsultos que tinham o "ius publice respondendi", *havia uma continuidade histórica certa*. O rescrito imperial em matéria de interpretação do Direito, segundo De Visscher, não é outra coisa senão um "responsum", o qual, ao invés de ser emitido por um jurisconsulto, com uma garantia mais ou menos nominal do

---

[552] V. "História e Sistema do Direito Privado Romano" cit., páginas 89 e 90.

Imperador ou da autoridade pública, *o é, a partir desta época (do reinado de Adriano), pelo próprio "Princeps", com a colaboração dos jurisconsultos reunidos num "Consilium"*.[553] Matos Peixoto, a respeito dos "Rescripta", traz a informação de que, quanto à matéria, eles se distribuíam nas categorias seguintes: – a) Rescritos que concediam favores pessoais. Eram as "Constitutiones Personales". Tinham alcance estritamente limitado, e não se aplicavam por analogia; b) Rescritos que aplicavam o Direito em vigor: eram os mais numerosos, mas não tinham influência sobre a formação do Direito; c) Rescritos que interpretavam a lei, ou criavam regras novas: – São os mais importantes. Em virtude das normas gerais que estabeleciam, eram denominados "rescripta generalia". Por fim, d) Rescritos que organizavam uma instância. Quem desejasse intentar uma ação, podia dirigir-se ao "Princeps", Chefe Supremo da Justiça, a ele expondo os fatos e as provas, e pedindo-lhe que julgasse a causa. Se as provas constavam de documentos autênticos, o Imperador estatuía por decreto; em caso contrário, expedia um rescrito, incumbindo o Governador ("Judex Ordinarius"), ou um comissário especial (Judex a Principi datus) de proferir a decisão. Este processo "per rescriptum" surgiu no final do século II d. C., e em seguida se desenvolveu, acompanhando o acréscimo do poder imperial. Justiniano, na Novela 113, de 541 d. C., proibiu os rescritos relativos a processos pendentes.[554] Estes dados atestam a fundamental importância que tiveram os "Rescripta", para o desenvolvimento do processo da "Cognitio Extra Ordinem".

José Reinaldo de Lima Lopes, ao tratar do problema das fontes normativas do Direito Romano, enfatiza que tais fontes "não foram sempre as mesmas". Um pouco além, afirma que os atos do Imperador são "constituições", sendo elas de diversas categorias, dependendo do seu propósito: – "Edicta", quando encerram disposições de ordem geral para o Império. O "Edito de Milão", com o qual Constantino altera o "status" do Cristianismo, possui esta natureza, assim como a Constituição Antoniniana de 212 d. C.. Recebem o nome de "Decreta" os julgamentos, decisões ou sentenças, que constituem precedentes a serem seguidos nos casos semelhantes. Havia também os "Rescripta", que eram respostas a consultas feitas por magistrados em casos difíceis ou duvidosos. Por derradeiro, os "Mandata" eram ordens administrativas, fiscais, cujos destinatários eram os Gover-

---

[553] V. "História e Sistema..." cit, página 126.
[554] V. "Curso de..." cit., tomo I, páginas 107 e 108.

nadores de províncias e outros funcionários. Por estes meios, aduz Lima Lopes, *o Imperador criava Direito Novo*. A sua influência foi tão intensa que, no século II, o jurisconsulto Ulpiano poderá dizer que "o que agrada ao príncipe tem força de lei", "princípio absolutista debatido durante séculos pelos romanistas".[555] Comentemos a lição examinada. O nome pelo qual é mais conhecida a "Constitutio Antoniniana", é justamente "Edito de Caracala". O Imperador se chamava "Bassiano" e "Antonino". "Caracala" era o apelido que lhe era dado, em função de um manto que usava. É interessante observar que Caracala, que tinha como modelo Alexandre, O Grande, em função das suas ambições militares, viu os cofres públicos vazios. A extensão da cidadania romana aos habitantes livres do Império, medida de notáveis efeitos para a Civilização Ocidental, foi ditada por preocupações de ordem tributária... (mais cidadãos, mais impostos).[556] Observamos que Lima Lopes deixa de elucidar que os "Rescritpa", em sentido amplo, eram respostas enviadas pelo Imperador às consultas, seja formuladas pelos magistrados, seja pelos particulares, daí decorrendo a sua subdivisão em "Epistulae" e "Subscriptiones".

IX.d – Importância das Constituições Imperiais para a História do Direito Romano

Grande foi a importância das "Constitutiones Principum", para a História do Direito Romano. Esta importância *não se limitou ao Direito Privado, atingindo também o Direito Público*. E isto porquanto, como o veremos ("Infra", Capítulo IX, letra "e"), as Constituições Imperiais tiveram um papel de destaque, inclusive, na esfera processual, que integra o Direito Público. Salientemos que as "Constitutiones Principum" foram, por excelência, *o instrumento de que se valeram os Imperadores, com crescente intensidade, para a criação do "Jus Novum"*. Como já observamos, na evolução do Direito Romano vemos que os institutos jurídicos se transformam de maneira orgânica, com base nas vicissitudes históricas. Trata-se de um Direito que, longe de nascer das abstrações teóricas, brota da realidade concreta. Assim, este "Jus

---

[555] V. "O Direito na História – Lições Introdutórias", São Paulo, Max Limonad, 2000, páginas 57 e 58.
[556] V. de Ivar Lissner, "Os Césares", loc. cit..

Novum" produzido pelos Imperadores, não surgiu "ex abrupto", como que num passe de mágica. Ele, ao revés, foi surgindo e se afirmando, na medida em que crescia o poder pessoal do "Princeps", em que aumentava a centralização imperial, e em que a burocracia do Imperador se sofisticava, e ganhava em influência política. Afirmamos que quem lançou as bases para o surgimento deste "Jus Novum", foi Augusto, o qual associou os mais notáveis jurisconsultos à sua "Auctoritas". É Sohm quem registra que Augusto, movido, ao menos em parte, pelo desejo de conferir maior solidez e consistência ao incipiente poder do Principado, reconheceu aos juristas mais ilustres da época o direito de dar pareceres "ex auctoritate ejus-principis", *com a autoridade imperial*. E como Augusto ostentava a dignidade de "Pontifex Maximus", não é de todo errado interpretar a reforma, de certo modo, *como uma restauração da antiga Jurisprudência autoritária*, que ainda coexistia com a livre atuação dos jurisconsultos. Os juristas que obtiveram tal concessão imperial, sem que pertencessem ao Colégio dos Pontífices, podiam, desde então, dar "responsa" com autoridade oficial, em nome do "Princeps". A partir deste instante, cessou a influência dos pontífices na vida jurídica, e a Jurisprudência, secularizada, *compartilhou com o Imperador a direção do Direito Civil*. Elucida ainda Sohm, invocando o magistério de Pernice, que a expressão "ex auctoritate principis" significa, literalmente, "sob a garantia do Imperador".[557] Consignamos que, embora neste gesto de Augusto esteja, com certeza, o embrião do Direito Imperial, de procedência pública, não compartilhamos da opinião do autor, no sentido de que teria havido uma completa "secularização" da Jurisprudência: – Na Antiguidade, ao menos até o surgimento do Cristianismo, a Religião, o Direito e a Política, caminharam juntos. Este "Direito Novo", para o qual contribuíram tão intensamente as Constituições Imperiais, teria sido impensável sem *a organização judiciária implantada pelo Principado*. Neste sentido, anota Cruz e Tucci que na Roma Imperial, ou seja, após a criação do Principado por Otaviano, a experiência jurídica do Povo do Lácio se mostra com a organização judiciária "tendo um ambiente já burocratizado", com a conseqüência de que os órgãos públicos se tornaram hierarquizados. Isto, acrescenta, mercê do ordenamento político constitucional imprimido por Otaviano à "Res Publica".[558] Sem sermos

---

[557] V. "Instituciones de Derecho..." cit., página 83.
[558] V. "Jurisdição e Poder (Contribuição para a história dos recursos cíveis)", São Paulo, Editora Saraiva, 1987, página 21.

tautológicos, afirmamos que um "Direito Novo", como o foi o Direito Imperial manifestado nas "Constitutiones", só poderia surgir com base em uma também nova estrutura de Poder. Segundo Cruz e Tucci, deve ser "descartada" a teoria de acordo com a qual, o Principado teria conservado as mesmas bases institucionais da República. Além disto, não mais satisfaz, à luz da crítica recente, a tese da Diarquia, que lobrigava, no Principado, um governo dividido entre o "Princeps" e o "Senatus". Em verdade, afirma Cruz e Tucci, o posto de Augusto *representava um novo órgão*, que não podia, *e nem queria*, ser inserido no antigo ordenamento republicano, evidentemente para evitar o perigo de se expor, como um magistrado extraordinário.[559] Concordamos com o autor, aduzindo que o Príncipe era não apenas um "novo órgão", mas que era *um novo órgão monárquico*. O importante, a propósito do surgimento do Direito Imperial como um "Jus Novum", é que reconheçamos, com Cruz e Tucci, que no Principado, sendo a atividade legislativa dos Comícios e do Senado substituída pela do Imperador, coloca-se este na posição de legislador, *iniciando um processo de unificação das fontes do Direito*.[560] Acrescentaríamos que este processo foi lento, firme e inexorável, sendo que o reinado de Adriano primeiro, e depois o advento dos Severos, *representaram os seus momentos culminantes*. É sob esta ótica da unificação das fontes do Direito, que deve ser visto o "Edito Perpétuo", obra de Sálvio Juliano, a mando de Adriano. Este novo órgão que era o Príncipe, nele encarnava *um poder novo*, relativamente aos órgãos republicanos. E foi este poder novo que propiciou ao Imperador o criar o Direito. Para Cruz e Tucci, a Augusto foram concedidos amplos poderes pelo Senado, em nome do "Populus Romanus". Como se tal não fora suficiente, a situação jurídico-constitucional de Augusto resulta mais evidente, *se considerarmos a extensão da "Auctoritas"*, poder que o herdeiro de César, na propaganda contida nas "Res Gestae", afirmava ser o sustentáculo de toda a sua atuação. A seguir, o autor traz à baila a opinião de Orestano, que vamos resumir. De acordo com o jurista peninsular, dentre os numerosos atos de outorga de poderes a Augusto, há qualquer coisa verdadeiramente nova; qualquer coisa que não lhe é "conferida", *mas que ele próprio "assume" por sua iniciativa pessoal:* – Trata-se de uma "absoluta supremacia de fato"; *de uma "Auctoritas" que não é identificável em nenhum dos poderes*

---

[559] V. "Jurisdição e Poder..." cit., páginas 24 e 25.
[560] V. "Jurisdição e Poder..." cit., página 25.

isolados, e em nenhuma das isoladas atribuições. E conclui Orestano: – É, de fato, sobre a "Auctoritas" que, em definitivo, *baseia-se o poder normativo imperial*, e é com base na "Auctoritas" que vem a se desenvolver todo o sistema das "cognitiones."[561] Anda com acerto Orestano. E acrescentaríamos que, para esta "Auctoritas" possuída por Augusto, e não recebida de ninguém, teriam concorrido muitos fatores: – O prestígio político e o carisma pessoal de César, pai adotivo de Otaviano; a propalada origem divina da "Gens Julia", e assim por diante.

    David Shotter escreve que os poderes de Augusto deram ocasião para longas e freqüentemente complexas discussões, as quais, muitas vezes, foram muito mais relacionadas com a afinidade desses poderes com os precedentes poderes republicanos. O próprio Augusto, entretanto, considerava tais poderes, com clareza, *como menos importantes*, sob muitos aspectos, do que a sua posição ou prestígio no Estado; era esta "Auctoritas" que conduzia aos enormes poderes de patronato colocados à sua disposição. E foi este patronato que forneceu meios para que a "Res Publica" funcionasse.[562] Este tipo de "Auctoritas", à qual se somavam a "Tribunicia Potestas" e o "Imperium Proconsulare", era algo de completamente novo no Direito Público Romano, no qual, quem detinha a "Auctoritas" (o "Senatus"), não ostentava a "Potestas" (o "Populus"). Afirmamos pois que, assim como a noção de "Imperium" sofreu uma modificação com o Principado, a mesma coisa teria ocorrido com a de "Auctoritas".

    Voltemos ao magistério de Cruz e Tucci. Insiste ele na opinião de Orestano, no sentido de que a "Auctoritas" vai além da "Potestas", porque a reunião de todas as faculdades concedidas ao Príncipe, mesmo tendo um valor mais amplo do que singularmente consideradas, *era inferior ao que representava o poder político de fato dos Imperadores, a partir de Augusto*. Em decorrência disto é possível afirmar, com Frezza, que a "Auctoritas" "consistia no elemento metajurídico condicionador de toda a evolução no plano jurídico do ordenamento instaurado pelo primeiro *princeps*". Ainda para Frezza, citado pelo autor mogiano, a "Auctoritas" era, por assim dizer, *o "reservatório da dinâmica deste novo órgão em desenvolvimento"*.[563] Observamos que a

---

[561] V. "Jurisdição e Poder..." cit., páginas 25 e 26.
[562] V. "Augustus Caesar", London and New York, Routledge, reimpressão de 1995, "in" "Lancaster Pamphlets", página 32.
[563] V. "Jurisdição e Poder..." cit., página 26 – no excerto de Frezza, itálico no original.

evolução do Principado, após a morte de Augusto, corrobora o asseverado por Frezza, com a sua idéia de a "Auctoritas" ser "o reservatório" da dinâmica interna do sistema: – sob os sucessores de Augusto, o poder imperial apenas cresceu. Concordamos também com o uso da palavra "metajurídico", para explicar a "Auctoritas": – Carisma pessoal, aura de antepassados divinos, culto ao próprio "Genius" e outros elementos que tais, não cabem na rígida "fôrma" das definições jurídicas...

Na História do Direito Romano, avultam as "Constitutiones Principum" *como um elemento propulsor da Eqüidade*. Di-lo Mommsen, que, sob a rubrica "Constituições Legislativas", afirma que o Principado se arrogou o direito de aplicar a lei, *inclusive além dos limites da interpretação autêntica*. Isto acontecia quando o direito formal parecia não corresponder à eqüidade, e a legislação não havia estabelecido, e possivelmente não pudesse estabelecer, regras gerais, sendo que então, o Príncipe tomava para si o encargo de fazer preponderar, do ponto de vista concreto, *as exigências da eqüidade sobre a iniqüidade do Direito*. O fenômeno se manifesta da maneira mais clara possível no ato por meio do qual Augusto impôs, nos casos extraordinários, aos herdeiros, o cumprimento dos legados, nulos quanto à forma, dos "fidei commissa". Aduz Mommsen ser possível encontrar qualquer coisa semelhante para as nomeações de tutores.[564] *É inevitável a comparação deste labor imperial, norteado pela Eqüidade, com a atividade desenvolvida pelos magistrados republicanos, e em particular pelo Pretor, "adjuvandi, vel supplendi, vel corrigendi Juris Civilis gratia, propter utilitatem publicam"* (D. 1, 1, 7, 1 Papin.). Aliás, como assinala Alexandre A. de C. Corrêa, é impressionante, no Direito Romano, esta capacidade de se renovar, continuando fiel a si mesmo, e às suas origens.[565] Isto se aplica ao Direito, de "modelo" pretoriano, criado pelo Imperador, por meio das suas "constitutiones". Ora, se as Constituições Imperiais contribuíram para trazer, ao Direito, o aporte da Eqüidade, contribuíram, "ipso facto", *para o tornar mais justo*. E apenas esta circunstância justificaria um estudo histórico-jurídico, a elas dedicado.

Ao continuar a tratar das Constituições Imperiais, a penetrar na esfera legislativa, Mommsen assevera que elas chegaram, até, a dar origem a uma série de instituições que, do ponto de vista do conteúdo, adentram no âmbito legislativo. É "característico", pros-

---

[564] V. "Le Droit Public..." cit., tomo 5, página 195.
[565] V. "O Estoicismo no Direito Romano" cit., página 11.

segue, que Augusto tenha feito os Cônsules participarem destas "violações tênues de direitos privados incontestáveis". Assim, teria Augusto feito recair a responsabilidade pelo acontecido, não sobre ele próprio, porém, sobre a Diarquia.[566] Diríamos, tomando cuidado para não sermos simplistas, que as Constituições Imperiais surgiram e desempenharam o seu papel, em função, diretamente, do poder político ostentado pelo "Princeps". Não é demais lembrar que, contra os atos do Imperador, não cabia a "Intercessio" de nenhum dos antigos magistrados da República.

Ao tratar da resposta escrita do "Princeps" a questões de Direito, e da sua influência na atividade do Pretor, Palazzolo assevera que é em conseqüência da prática de dirigir-se ao "Princeps" e dele receber uma resposta escrita a respeito de questões de Direito, *que devia ser influenciada a atividade do Pretor*. É certo que, também sob este ponto de vista, a subida de Adriano ao trono assinala uma mudança de curso na História do Principado. Ainda que não se admita que Adriano tenha sido o criador dos rescritos de interpretação do Direito, é mister reconhecer que apenas a partir do seu reinado, tal prática alcança um desenvolvimento sem precedentes.[567] Lembramos que o reinado de Adriano foi assinalado por profundas reformas, que redundaram em um reforço da centralização governamental, e no aumento do poder pessoal do "Princeps". O "Divus Hadrianus" era dotado de grande sagacidade política, e possuidor daquelas qualidades que exornam o Estadista. Graças à transformação do "Consilium Principis" em um órgão oficial, e mercê da promulgação do "Edito Perpétuo", o "Princeps" se transformou no órgão máximo de consulta, em matéria de Direito.

Além de terem tido uma fundamental importância como impulsionadoras do uso da Eqüidade, as Constituições Imperiais foram um poderoso instrumento da centralização imperial, isto, para não falarmos do seu papel, no incremento e no final predomínio do processo da "Cognitio Extra Ordinem". Não é por acaso, escreve Palazzolo, que com os rescritos de Adriano tenham início os Códigos Gregoriano e Justinianeu, ou que as primeiras referências jurisprudenciais à legislação imperial se encontrem nos trabalhos de juristas que viveram nos reinados de Adriano ou de Antonino Pio.[568] Tinha

---

[566] V. "Le Droit Public...", tomo e loc. cit..
[567] V. "Potere Imperiale Ed Organi..." cit., páginas 43 e 44.
[568] V. "Potere Imperiale Ed Organi..." cit., página 44.

Adriano a vocação do organizador. Sob o seu reinado, a burocracia imperial cresceu, e ganhou em eficiência e em sofisticação. E, como é óbvio, o poder pessoal do "Princeps" ganhou em pujança. É ponto pacífico, portanto, que existiu um "Direito Imperial", corporificado nas "Constitutiones Principum", e do ponto de vista processual, estruturado no processo da "Extraordinaria Cognitio". Partindo da lição de Palazzolo, parece-nos evidente que, se os rescritos de Adriano iniciam os Códigos Gregoriano e Justinianeu, é porque, em ambas as codificações, tais rescritos foram reputados de boa qualidade, do ponto de vista jurídico, *e merecedores de preservação*. Qual teria sido no entanto, indagamos, o escopo de Adriano, ao encetar a reorganização da Chancelaria Imperial?... Teria ele em mente, inclusive, tornar exeqüível a coleção dos seus próprios rescritos?... é possível que sim, o que afirmamos com cautela, por se tratar de uma simples conjectura. É possível que o sucessor de Trajano já intuísse que, um dia, a Jurisprudência seria codificada, servindo, a unidade jurídica, aos propósitos da unidade política... a outra obra de Adriano, a compilação do "Edictum Perpetuum", autoriza esta suposição.

A título de curiosidade, registramos aqui a seguinte pergunta de Palazzolo: – Foi o próprio Adriano o criador dos rescritos de interpretação do Direito? No sentido afirmativo, opinam De Visscher e D'Ors. Gualandi, ao revés, nega que o Imperador tenha sido o criador dos "Rescripta" de interpretação do Direito.[569] Da nossa parte, lembramos que *Adriano era possuidor de uma boa formação jurídica*, e um profundo conhecedor dos autores gregos de Filosofia. Era, além disto, um espírito caracterizado por uma irrefreável curiosidade, estando habilitado, do ponto de vista intelectual e cultural, a ser o criador deste tipo de "Rescripta". Assim, inclinamo-nos pela resposta afirmativa à indagação de Palazzolo. Isto não significa, no entanto, que Adriano tenha sido o autor de *todos os rescritos produzidos durante o seu reinado*, pelo simples motivo de que os afazeres do governo tornariam tal tarefa impossível. O que não pode ser posto em dúvida, é o fato de que o reinado de Adriano foi um marco importante, também, para a história das Constituições Imperiais. Escreve Palazzolo que, depois de Adriano, e contrariamente ao que acontecera até ali, o jurisconsulto Gaio dá uma definição da "Constitutio Principis" *abrangente, também, das "Epistulae"*. Este é um sinal de que a importância das "Epistulae", enfim, era considerada igual à dos "Edicta"

---

[569] V. "Potere Imperiale Ed Organi...", loc. cit..

e dos "Decreta". A seguir o romanista transcreve a conhecida definição de Gaio, contida nas "Institutas", 1, 5. Após transcrevê-la, Palazzolo conclui que não se trata mais de uma equiparação (à lei) levada a cabo caso por caso, por meio de menções isoladas no Edito do Pretor, *mas de um reconhecimento geral da vontade imperial, que se coloca por si mesma como fonte do Direito*.[570] Mais importante do que este dado é o fato de Gaio justificar o valor normativo das "Epistulae", *como uma manifestação do "Imperium" do qual os "Principes" se achavam investidos:* – "... cum ipse imperator per legem imperium accipiat". Gaio era um professor, e as suas "Institutas", um livro didático, que tinha, como destinatários, os estudantes da Jurisprudência. Nesta ordem de idéias, é acertado supor que Gaio *tenha primado pela clareza conceitual, e pelo rigor das definições*. Aprofundando esta idéia, se um jurisconsulto da estatura de Gaius, em um manual para o uso de principiantes, afirma que as Constituições Imperiais têm força de lei, *tem a assertiva, pensamos, toda a probabilidade de corresponder à verdade*.

Na História do Direito Romano, as "Constitutiones Principum" foram adquirindo paulatinamente importância, até que, sob o Dominato, tornaram-se a fonte única do "Jus", com o nome de "leges". É evidente que houve todo um processo histórico, da implantação do Principado até o surgimento do Dominato, ao longo do qual as "Constitutiones Principum", da condição de uma das fontes do Direito no Principado, passaram, sob o "nomen juris" de "leges", à condição de fonte única do Direito Romano. Assinala Chamoun que as "Constitutiones Principum" já eram uma "importante fonte de direito na época Clássica a partir de Adriano", quando as leis, os "plebiscita" e a possibilidade de recuperação do "Jus Honorarium" haviam desaparecido.[571]

Questão fundamental é a alusiva à legitimação da atividade imperial, no campo do Direito. A propósito, leciona Orestano que, assim como o fato histórico da criação do Principado não é, de modo algum, enquadrável nos velhos esquemas (republicanos), *a mesma coisa vemos que se verifica para a legitimação da atividade imperial no campo do Direito*. Esta atividade imperial *não pode, também ela, ser enquadrada nos velhos esquemas que legitimavam o poder legiferante*. De fato, a respeito do poder legislativo, assiste-se a um fenômeno que, se fosse isolado, e não tivesse outros exemplos no campo da História do

---

[570] V. "Potere Imperiale Ed Organi..." cit., páginas 25 e 26.
[571] V. "Instituições de...", loc. cit..

Direito Romano, poder-se-ia chamar "estranho". Refere-se o autor ao fenômeno seguinte: – Na presença de novas realidades, os esquemas já existentes, que deveriam regulá-las, não se modificam, onde elas lhes permanecem alheias, e tampouco se criam esquemas novos, aptos a defini-las.[572] O que é dito por Orestano, já o foi por outros autores, com outras palavras, a saber: – No Direito Romano, *instituições novas surgem ao lado das antigas, com elas coexistindo*. Esta coexistência entre o que é "velho" e o que é "novo" é em geral pacífica. Depois de algum tempo, a instituição antiga desaparece, e o seu espaço é ocupado pela nova. Ou então, por força do amor dos romanos pela tradição, a instituição antiga é conservada, apenas simbolicamente.

Muitos autores negaram, outrora, que o "Princeps", no Período Clássico, tivesse faculdades legislativas. E entre tais autores, encontra-se Mommsen, que, fiel à sua concepção da Diarquia, não reconhecia, ao "Princeps", um poder de legislar. E tanto isto é verdadeiro, que Mommsen se refere às "usurpações" do Imperador, no domínio da legislação... com efeito, assevera o autor que as "usurpações" (sic) do "Princeps" no âmbito da legislação, se não foram destituídas de importância, foram no entanto muito menores do que seria de se esperar, e, de qualquer modo, mais limitadas do que a do "Praetor Urbanus", durante a República.[573] Mommsen acaba por aceitar que as "Constitutiones Principum" materializaram-se em um direito de baixar ordenações, transformado em um direito de legislar. Outra vez, porém, faz remissão à República: – o direito de baixar ordenações, tal como o havia desenvolvido a República, oferecia o instrumental para toda a espécie de legislação, até para a codificação, como o demonstra a história do Edito do Pretor.[574] Não pomos em dúvida que o Principado possa ter aproveitado o instrumental jurídico da República. *Mas a essência era totalmente outra, e outra a própria concepção do poder político*, graças ao surgimento de um novo órgão, o "Princeps". E o uso de instrumentos jurídicos republicanos, não implica na existência de vínculos jurídicos entre a República e o Principado. Diversas são as suas essências. E "Essência", no dizer de Goffredo da Silva Telles Júnior, "é aquilo pelo que uma coisa (seja ela qual fôr) é o que é, e se distingue de tôdas as outras. É o *quidditas* da coisa (de *quid?* = que é?)".[575]

---

[572] V. "Il Potere Normativo Degli Imperatori..." cit., página 13.

[573] V. "Le Droit Public..." cit., tomo 5, página 196.

[574] V. "Le Droit Public Romain", tomo e loc. cit..

[575] V. "Filosofia do Direito", São Paulo, Max Limonad, s/d , tomo I, página 161 – Itálico no original.

Mommsen afirma que as Constituições Imperiais tiveram um papel secundário na legislação, dizendo que as intervenções legislativas do Imperador foram mais limitadas do que as do "Praetor Urbanus" da República. Sem embargo de haverem sido amenizados, na prática, o aspecto particularista e a ausência de publicidade das "Constitutiones Principum", deve-se a estes dois fatores, segundo Mommsen, *o papel secundário desempenhado, no âmbito legislativo, pelas constituições imperiais.* Sob um e outro aspecto, os "Principes" adotaram uma posição diferente da outrora assumida pelos Pretores. Com efeito, os Imperadores não se serviram dos Editos, da mesma maneira pela qual o haviam feito os Pretores, mas sim, da maneira como deles se haviam utilizado os Cônsules. Destarte, não utilizaram a possibilidade de introduzir por este meio (os "Edicta"), regras duráveis, a não ser ocasionalmente, e em assuntos administrativos. E isto porque, desde que o Principado deseje uma lei nova, regularmente, é o "Senatus" que aí provê. Em seguida, assinala o autor que a exclusividade do poder do Senado, *em matéria legislativa,* foi ainda reconhecida, teoricamente, até imediatamente antes da passagem do antigo Principado, para a nova monarquia de Diocleciano e de Constantino.[576] As palavras de Mommsen nos induzem a algumas reflexões. É patente que o autor se apega *mais aos aspectos formais do problema,* do que à essência daquilo que, historicamente, acontecia. E este apego aos aspectos formais, em detrimento da realidade, só pode derivar da sua fidelidade à teoria da Diarquia. Somente esta crença na teoria em apreço, pode justificar que Mommsen fale em um reconhecimento da exclusividade do poder do Senado, em matéria legislativa, até pouco antes da passagem do Principado ao Dominato. Isto podia existir, como ele próprio o reconhece, *teoricamente.* Mas, aqui como alhures, não são os aspectos formais os que importam. Importa a realidade histórico-jurídica. Ora, os melhores autores proclamam em que se foi transformando o Senado, à medida em que crescia o poder imperial: – A assembléia havia se metamorfoseado em um reduto de patrícios mais preocupados com a manutenção dos seus privilégios, do que com o bem-estar da "Res Publica". É uma erronia, ademais, tentar comparar o uso feito dos "Edicta" pelos Imperadores, com o uso que deles fizeram os Pretores e Cônsules, *magistrados republicanos.* Ora, isto equivale a tentar fazer do "Princeps" um magistrado, quando ele jamais o foi, sendo sim, *um órgão*

---

[576] V. "Le Droit Public..." cit., tomo 5, páginas 196 e 197.

de todo novo. Prossigamos. Parece-nos que Mommsen subestima a importância das Constituições Imperiais, para a evolução do Direito Romano. *Lembramos que foi um Edito Imperial, o "Edito de Caracala", de 212 d. C., que estendeu a cidadania romana a todos os habitantes livres do Império, com a exceção dos peregrinos deditícios*. A importância intrínseca deste "Edictum", *ultrapassa a História do Direito Romano, para adentrar as lindes da Política e da Geopolítica atuais*. Admitida "ad argumentandum" a veracidade do que afirma o romanista, no sentido de que, quando o Principado deseja uma lei nova, regularmente, "é o Senado que aí provê", é preciso que levemos em conta que, se tal ocorria *do ponto de vista formal*, na verdade, *aprovavam os "Patres" tudo o que o Imperador desejasse*. Se Mommsen subestima a importância das "Constitutiones Principum", subestima toda a prodigiosa elaboração do Direito Imperial, que nos legou, como veremos ("Infra", Capítulo IX, letra "e"), *inclusive um sistema recursal*, desconhecido pelo Direito da República.

Mommsen fala de "usurpações" para se referir à atividade do "Princeps", no campo da legislação. Segundo o autor, o fato de as "usurpações" do Imperador no terreno legislativo, terem sido mais limitadas do que as do Pretor Urbano na República, deve-se a dois motivos: – Em primeiro lugar, a constituição imperial, via de regra, define um ponto concreto, e, de conseguinte, apresenta-se diretamente como especial, mesmo que tenha um sentido geral. Em segundo lugar, ela normalmente é desprovida de publicação, e, conseguintemente, da presunção legal de notoriedade, indispensável ao caráter legislativo. Não se tratava na situação, aduz, de restrições legais; além disso, a primeira desapareceu para as instruções uniformes, ministradas pelo Imperador a todos os magistrados, e a segunda, também desapareceu, por intermédio dos editos imperiais, e dos rescritos publicados.[577] Observamos que o étimo "usurpações", não retrata a realidade histórico-jurídica, que é a seguinte: – Com a implantação do Principado, surge no cenário da Roma do final tumultuado da República, um órgão novo, ubicado acima e ao lado dos órgãos republicanos. Em termos científicos, não importa que Otaviano tenha imposto a sua "Nova Ordem", atuando, inclusive, de uma forma blandiciosa. Este novo órgão, graças aos poderes de que dispõe, passa a produzir um Direito Novo, corporificado em leis que inspira ao Senado, e, em especial, nas "Constitutiones Princi-

---

[577] V. "Le Droit Public Romain" cit., tomo 5, página 196.

pum". Não há, e nem poderia haver, a "usurpação" à qual alude Mommsen, *inclusive porque este novo órgão atua em um nível, e com uma amplitude, que os órgãos republicanos jamais haviam tido*. Parece-nos de elementar bom senso que só é possível "usurpar" aquilo que não nos pertence. Ora, o "Princeps" cria um "Jus Novum". Por fim, é necessário que lembremos uma verdade básica, nem sempre considerada por aqueles que olham para o passado com os olhos do presente: – A noção de "Res Publica", entre os romanos, *jamais correspondeu à hodierna noção de "República Democrática"*. E isto é o suficiente.

Cretella Júnior observa, quanto ao incremento da importância das Constituições Imperiais, que Adriano reinou de 117 a 138 d. C.. Até o seu tempo, o poder normativo do "Princeps" existe paralelamente ao do Senado, e ao dos magistrados que diziam o Direito. Com a publicação do Edito Perpétuo e a decadência do Senado, as constituições imperiais vão adquirindo maior importância, até que, com Diocleciano, passam, no Dominato, a constituir a fonte única do Direito Romano.[578]

Ao cuidar da atribuição, pelos jurisconsultos, de força de lei às decisões especiais dos Imperadores, isto é, às "Constitutiones", Mommsen menciona a "interpretação autêntica", realçando que, se o "Princeps" *não tinha o poder de fazer as leis,* tinha ele, sem embargo, o poder "o mais livre e o mais extenso", de aplicá-las. O Imperador exerce esse poder com uma amplitude que, seguramente, "transborda" para o poder legislativo. Toda aplicação do Direito em vigor feita pelo Príncipe em um caso concreto, recebe uma força geral obrigatória, no sentido de que a interpretação admitida naquele caso pelo Príncipe (isto é, a "interpretatio"), para o ponto de Direito do qual se trata, se impõe a todas as outras autoridades judiciárias. É principalmente neste sentido, acrescenta Mommsen, que os jurisconsultos, partindo de uma idéia justa, vale dizer, da idéia de que a constatação legalmente obrigatória da existência de uma lei, a "interpretação autêntica", como a denominamos hoje, *é menos um ato interpretativo que um ato legislativo,* atribuíram força de lei às decisões especiais dos Imperadores (constitutiones) que, em lugar de ser ditadas por considerações relativas às pessoas, tendem, com exclusividade, a aplicar o Direito existente. Há uma informação de Mommsen que demonstra o extraordinário senso jurídico dos romanos: – o dado, levado em conta pelos jurisconsultos, de que as "constitutiones" que

---

[578] V. "Curso de..." cit., páginas 51 e 52.

não surgiam de considerações relativas às pessoas, é que mereciam ter força de lei (legis vicem). E refere, Mommsen, a lição de Ulpiano, contida no Digesto, 1, 4, 1, 2: "*(Constitutiones) personales ... ad exemplum non trahuntur: nam quae princeps alicui ob merita indulsit vel si quam poenam interogavit vel si cui sine exemplo subvenit, personam non egreditur*".[579] Algumas considerações se impõem. Não eram quaisquer "Constitutiones Principum" que, segundo os jurisconsultos, mereciam ter força de lei, mas só as que não surgiam de considerações relativas às pessoas. Um detalhe de monta, é o de que esta "interpretação autêntica", levada a cabo pelo Imperador, assessorado pelo "Consilium Principis", *ocorria após terem ingressado em Roma, no final da República, os ensinamentos dos estóicos*. Os ensinamentos do Pórtico, segundo Alexandre A. de C. Corrêa, influenciaram o Direito Romano no momento em que este havia atingido a sua "maioridade científica".[580] Ora, as doutrinas estóicas conquistaram adeptos, em especial, no escol da sociedade romana do tempo. E elas difundiram, em Roma, *ideais humanitários e universalistas*. As "Constitutiones Principum", destarte, estavam impregnadas dos ideais humanitários e universalistas do Estoicismo, sendo este um outro dado que aumenta a sua importância, como instrumentos da humanização e da universalização da Jurisprudência.

Ao curar da intervenção pessoal do "Princeps", no trato com os jurisconsultos e na elaboração das Constituições Imperiais, Mommsen afirma que Augusto intervinha, em pessoa, para impedir que fossem utilizadas as consultas (respostas) dadas pelos jurisconsultos que não haviam, dele, recebido uma autorização. Em compensação, os Imperadores "da boa época", e em particular Trajano, se abstiveram, de modo razoável, de liberar as consultas. Após Trajano, *criou-se o uso de submeter o caso concreto ao Imperador*, solicitando-lhe uma resposta escrita. Esta resposta do "Princeps" é o "rescriptum", o qual *era uma modalidade de interpretação autêntica do Direito*, e, na medida em que a decisão dependia da solução de uma questão de Direito, não deixava somente o processo em suspenso, mas também a própria controvérsia jurídica.[581] É significativo que o autor se refira aos Imperadores "da boa época", fazendo menção, é óbvio, aos Anto-

---

[579] V. "Le Droit Public..." cit., tomo 5, página 192 – O texto de Ulpiano está em itálico, no original

[580] V. "O Estoicismo no Direito Romano" cit., página 9.

[581] V. "Le Droi Public..." cit., tomo 5, páginas 193 e 194.

ninos, *e isto porquanto foi sob a égide dos Antoninos, que tratavam o Senado com a máxima deferência, que ocorreu um grande processo de centralização, que encontrou o seu apogeu com Adriano*. Abordando o caráter obrigatório das "Constitutiones Principum", *Mommsen ensina que ele não podia ser colocado em dúvida, diante dos termos da lei de investidura*. As Constituições Imperiais, aduz, não se distinguiam das leis senão no detalhe de que o Príncipe podia aboli-las a qualquer momento, sem violação ao Direito, e por este outro, a saber, que após o falecimento do "Princeps", elas deixavam de existir, de pleno Direito, desde que não fossem renovadas pelo seu sucessor.[582] Este detalhe, o de serem revogadas as "Constitutiones", morto o Imperador que as produzira, dá um toque curiosamente "pessoal" a este "Jus Novum", de gênese imperial.

O Principado foi uma realidade em constante evolução. E, ao tratar do papel do "Consilium Principis" ao tempo de Sétimo Severo, Léon Homo escreve que, à época, o Conselho Imperial se converteu *no mais importante órgão da Administração*. O Imperador nomeou para ele os jurisconsultos seus contemporâneos Papiniano, Ulpiano, Paulo e Modestino. Tratava-se, antes de mais nada, de uma "assembléia de legistas", *emanação da autoridade imperial*, que legislou mediante rescritos, e orientou todo o governo no rumo de uma monarquia absoluta. Em um plano mais baixo, os escritórios, órgãos executivos integrados por membros do "Ordo Equester", fizeram prevalecer, até nos pontos mais remotos do Mundo Romano, *a vontade do Imperador*, e as opiniões do seu Conselho. Apesar do duplo freio, do "Consilium Principis" e da burocracia imperial, o Exército seguiu sendo a única força efetiva da "Res Publica", estando, ademais, consciente do seu poder.[583] Observamos que o concurso dos "legistas", no fortalecimento da centralização política, não é uma exclusividade do Direito Público Romano. Vamos recordar, aqui, o papel desempenhado por "João das Regras", no Direito Lusitano, como o artífice do robustecimento do poder de El-Rei, sob D. João I, o antigo "Mestre de Aviz".

Não é um exagero afirmar que, *com o apoio e a colaboração dos jurisconsultos do "Consilium Principis"*, o Principado caminhou para a monarquia absoluta. Ao tratar das profundas mudanças sofridas pela classe dos jurisconsultos romanos, à medida em que se agigantava o poder imperial, escreve Surgik que a Jurisprudência do

---

[582] V. "Le Droit Public..." cit., tomo 5, páginas 195 e 196.
[583] V. "El Imperio Romano" cit., página 63.

apogeu (Clássica) se mantém em todo o seu fastígio, *enquanto continua a ser uma atividade livre e independente,* usufruindo, então, de grande prestígio e autoridade. Na medida, entretanto, em que o "Princeps", reconhecendo a importância e a influência do jurisconsulto, busca atraí-lo com honras e cargos na administração imperial, restringindo-lhe, destarte, a independência e a liberdade, a Jurisprudência decai, burocratizando-se, ao ponto de *os jurisconsultos se transformarem mais em uma classe de funcionários do Imperador, do que de juristas.*[584] É preciso que não esqueçamos que a crescente pressão dos bárbaros nas fronteiras, foi um dos fatores que exigiram uma centralização imperial maior, um incremento da burocracia, e, enfim, o advento do Dominato. Tornadas a fonte única do Direito ao tempo da monarquia absoluta, as "Constitutiones Principum", agora com o nome de "leges", passaram a ostentar outras modalidades, além das que já examinamos. Assinalam Correia e Sciascia que, no Dominato, surgem "muitos outros tipos" de constituições imperiais, entre as quais as "pragmaticae sanctiones", providências de ordem administrativa, dispostas com menores formalidades, e que têm um interesse geral.[585] Se as "Constitutiones Principum", de uma das fontes do Direito durante o Principado, progressivamente foram absorvendo todas as demais, até se tornarem, sob o Dominato, a fonte única do Direito Romano, *é porque a sua importância intrínseca não cessou de crescer.* Se é verdade que, numa fase tardia, prestaram-se a ser instrumentos do absolutismo imperial, não menos verdadeiro é que no seu fastígio, durante o Principado, contribuíram elas para que o Direito do Povo do Lácio se tornasse mais universal e humanitário, graças ao primado da "Aequitas". Há um dado sobre o "Jus Novum", que não pode ser olvidado: – Como o observa Orestano, é fundamental que reconheçamos o conceito de unicidade da atividade imperial no campo do Direito. A tentativa de dividir esta atividade, atribuindo, a cada uma das partes resultantes, caracteres ou origens diversas, atribuindo ou reconhecendo os seus vários fundamentos constitucionais, fez com que, em geral, *se perdesse de vista a essência, o espírito, que permeia a atividade imperial no campo do Direito, no seu conjunto.* Só assim, aduz o romanista, tem explicação, por exemplo, a mudança de postura de Savigny, o qual, depois de haver reconhecido o valor de lei apenas

---

[584] V. "Gens Gothorum – As raízes bárbaras do legalismo dogmático", Curitiba, Edições Livro é Cultura, 2002, página 24.

[585] V. "Manual de Direito Romano" cit., vol. I, página 31.

aos editos, teve que admitir, pouco depois, *que todas as espécies de constituições, sem consideração por qualquer tipo de distinção ou de limitação, deviam ter sempre a força natural de "gravíssima autoridade", para todos os que delas tivessem conhecimento*.[586] Se uno era o "Imperium" do "Princeps"; se una era a sua "Auctoritas", parece-nos claro que também una teria que ser a sua atividade, no campo do Direito. Para Orestano, o exemplo da mudança de opinião de Savigny é um dos mais notáveis de quão inútil é, para compreender a natureza das "Constitutiones Principum", *qualquer tentativa de cisão*, e como se deve, necessariamente, terminar por reunir aquilo que, arbitrariamente, tinha sido dividido. E isto porque os diversos ramos da atividade jurídica imperial, formam um todo único, possuidor de caráter unitário. Este caráter unitário existe porque uma é a pessoa da qual emanam os diversos ramos da atividade jurídica imperial, uma é a vontade que os atua, e um o modo autoritário pelo qual se explicam e se impõem.[587] Ainda a tratar do assunto, Orestano evoca a opinião de Solazzi. Para este, nesta matéria deve ser separado o Direito Público do Direito Privado, admitindo, o autor, valor legislativo e inovador, apenas para as constituições que têm por objeto, "quod ad statum rei Romanae spectat", e negando tal valor às demais. Argumenta Orestano que, assim como é colocado por Solazzi, o problema do valor das constituições imperiais fica apenas deslocado. É fora de dúvida, além disto, que um grande volume de Constituições Imperiais, operou no campo do Direito Privado. Também esta divisão de Solazzi não pode, pois, ser tomada como fundamento de um estudo sobre a atividade jurídica do Imperador. Uma outra tentativa de sistematização das constituições imperiais, seja do ponto de vista constitucional, seja do ponto de vista da sua influência, é a feita por Pacchioni, que opina no sentido da eficácia das Constituições Imperiais *existir apenas nas províncias*. Ele próprio, no entanto, reconhece que se trata apenas de uma hipótese, não demonstrada. Para rebater esta hipótese, diz Orestano, é suficiente considerar como os juristas clássicos, desde Gaio, *retiram, das Constituições Imperiais, princípios e normas válidos sem distinções territoriais*.[588]

Sabemos que as "Constitutiones Principum" surgiram no Período Clássico, que vai do final da República a Alexandre Severo.

---

[586] V. Il Potere Normativo Degli..." cit., página 14.
[587] V. "Il Potere Normativo Degli..." cit., páginas 14 e 15.
[588] V. "Il Potere Normativo Degli...", loc. cit..

Sobre o Período Clássico, escreve Surgik que o Direito Romano da idade clássica prima sobretudo *pela simplicidade e clareza*, sendo nele evitadas as palavras e construções raras, ou de difícil inteligência. Nos textos clássicos, *está presente o bom Latim*, com uma linguagem precisa e parcimoniosa.[589] Ao falar dos jurisconsultos do Período Clássico, Surgik assevera que eles tinham "relutância à abstração", o que é uma *característica singular dos clássicos,* sem embargo de não ser mantida com igual intensidade, nas diversas épocas. O derradeiro século da República tende mais fortemente à abstração, do que a época anterior, e o Período Pós-Clássico tende para ela de modo mais acentuado ainda. Entretanto, se comparada à doutrina jusnaturalista ou à doutrina alemã do século XIX, *a Jurisprudência Romana, em linhas gerais, é refratária à abstração,* e, em conseqüência, *à proliferação legislativa.* O manejo e o trato com o Direito Privado persistem, de preferência, sob o ângulo dos meios judiciários (*actio, exceptio, interdictum, in integrum restitutio,* etc.), bem mais simples, se comparados aos sistemas codificados de hoje, mas de eficiência muito maior.[590] Sabemos que eram tais jurisconsultos do Período Clássico que, integrando o "Consilium Principis", assessoravam o Imperador na produção das constituições. Estes homens eram voltados para a solução justa de casos concretos, eram os "prudentes" de que falam os doutrinadores. *Avessos à abstração,* o eram também às classificações sistemáticas. O Direito por eles aplicado, não era o produto de elucubrações de gabinete. Era o Direito que, literalmente, brotava da realidade, dos fatos. Compreendeu-os Oliver Wendell Holmes, que escreve:

> "Os juristas romanos, sem olhar além de seu próprio sistema ou de seu próprio tempo, voltavam sua inteligência para uma explicação que demonstrasse ser racional o direito por êles encontrado".[591]

O que dizemos, em síntese, é que se os jurisconsultos clássicos primavam por soluções simples e facilmente inteligíveis de casos concretos, mal andará o estudioso, se complicar o que é simples. As Constituições Imperiais emanavam do "Princeps"; logo, do órgão que, graças aos seus poderes extraordinários, se encontrava no

---

[589] V. "Gens Gothorum – As raízes..." cit., página 11.
[590] V. "Gens Gothorum – As raízes..." cit., página 13.
[591] V. "O Direito Comum..." cit., página 35.

pináculo da "Res Publica". Também este dado contribuía, quer do ponto de vista jurídico, quer do político, para a sua importância. Neste sentido, é básico que assinalemos, na esteira de Orestano, que *todas as Constituições Imperiais derivavam da mesma autoridade*. As constituições serão chamadas, "a posteriori", "editos" ou "mandatos", "decretos" ou "rescritos", serão constituições pessoais ou gerais. Entre elas, poderão ser estabelecidas graduações, algumas poderão se exaurir no caso contemplado, enquanto outras poderão operar indefinidamente. Mas é necessário ter presente que também o tipo de constituição mais particularístico, a "constitutio personalis", tira o seu fundamento da mesma autoridade. A "constitutio personalis" vale na medida em que possui a mesma natureza das outras, isto é, *a natureza de se impor à observância geral*, sem o que, estaria privada de todo o valor e eficácia, também no que tange às relações daqueles aos quais é dirigida.[592] Prossegue Orestano: – Bem entendido que todas as "Constitutiones Principum" tiram o seu fundamento da mesma autoridade, fica inteligível como o determinar e o legitimar os poderes isolados que permitem, ao Imperador, emanar de vez em vez editos ou mandatos, emitir rescritos e pronunciar sentenças, admitido também que tal determinação seja possível, *representa uma coisa diversa de explicar e legitimar o valor de norma geral e perpétua que, de fato, estes atos singulares – as "constitutiones" – assumem*.

Havia, é certo, atos do Imperador que derivavam do que Orestano denomina o seu "poder legislativo mediato".[593] Refogem eles ao objeto do nosso estudo. Mas havia atos do "Princeps" que não se enquadravam no âmbito da legislação mediata. Tais atos eram as constituições que, sob a forma de editos, rescritos, decretos ou também mandatos, *penetravam no âmago do sistema jurídico existente, modificando-o e transformando-o*. O problema da legitimação destes atos constitui, ainda, um ponto trabalhoso na moderna doutrina publicística do Direito Romano, e possui reflexos de notabilíssima importância, também na construção dos institutos privatísticos. Ora bem, argumenta Orestano, a posição mais perigosa que pode ser assumida diante deste problema, é a daqueles que, por não se saírem bem no sentido de legitimar constitucionalmente tal poder do Príncipe, *desconhecem-lhe a própria existência*.[594] Façamos alguns comentários. A ativi-

---

[592] V. "Il Potere Normativo Degli..." cit., página 15.
[593] V. "Il Potere Normativo Degli Imperatori..." cit., páginas 15 e 16.
[594] V. "Il Potere Normativo Degli..." cit., página 16.

dade do "Princeps", no sentido de "penetrar no sistema jurídico existente, modificando-o e transformando-o", como o temos afirmado, guarda similitude com a atividade do Pretor, relativamente ao "Jus Civile". Sucede que a obra imperial da criação do "Jus Novum" foi mais importante e mais significativa, do ponto de vista da História do Direito. Não apenas o espectro de incidência do Direito Imperial era mais amplo, como também, os meios de que dispunha o Imperador, eram maiores do que aqueles de que dispunha o magistrado. O "Princeps" tinha ao seu dispor funcionários para o auxiliar na criação do "Jus Novum", e uma burocracia a ele subordinada. Contava ainda, no "Consilium Principis", com os mais ilustres jurisconsultos para o aconselhar, devendo ser lembrado que, a partir de Adriano, *também estes juristas trabalhavam profissionalmente, sendo funcionários remunerados pelo Imperador*. Há um último dado, que contribui para a importância das Constituições Imperiais na História do Direito. *Referimo-nos ao aspecto processual da questão*. Este assunto merecerá um tratamento específico (Vide "Infra", letra "e"). Mas adiantamos que, com o Principado, surge o sistema processual da "Cognitio Extra Ordinem". E nascem os recursos, graças ao fato de que os órgãos que, por delegação do Imperador, dizem o Direito, no novo sistema processual, estão escalonados em uma hierarquia, no topo da qual se encontra o "Princeps". Ora, a possibilidade de reexame de uma decisão, enriquece, como não poderia deixar de acontecer, a discussão do Direito. Entre os autores que, por não terem tido êxito no legitimar constitucionalmente o poder do Imperador, na produção das "Constitutiones Principum", desconhecem-lhe a existência, Orestano aponta os nomes de Girard e Cuq.

    A "Constitutio Principis", sob o Dominato, e guindada à posição de fonte única do Direito, num sistema em que o Imperador era o "Dominus et Deus", recebeu o nome de "lex". Orestano dá um exemplo do afirmado. Constantino, em uma sua constituição, referindo-se a uma "Oratio" de Sétimo Severo, a chama de "lex". Também nos escritores literários do Período Pós-Clássico, esta troca de termos (de "constitutio" para "lex"), torna-se freqüente. Entretanto, observa Orestano, o termo antigo, "Constitutio", se achava tão enraizado que, no século VII d. C., Santo Isidoro de Sevilha o utilizou, sendo evidente que teve ele acesso às fontes clássicas.[595]

---

[595] V. "Il Potere Normativo Degli..." cit., página 17.

Um dos fatores que contribuiu para a grandeza do "Jus Novum", foi a concreta utilização da "Aequitas" pelo Imperador. Palazzolo, em reforço da idéia do abandono da rigorosa interpretação do "Jus Civile", *em favor de uma intepretação mais benigna,* invoca a "sententia" de Antonino Pio (D. 28. 4. 3.). Nela, o "Princeps", contrariando o conhecido princípio civilístico, recordado inclusive pelo "Advocatus Fisci", segundo o qual, não pode existir testamento válido, onde não seja válida a "institutio heredis", *considera válidos os legados e as manumissões estabelecidos em um testamento,* no qual o testador cancelara os nomes dos herdeiros. É relevante salientar, aduz Palazzolo, que Antonino Pio assim o faz, com base em uma "humanior interpretatio", que, desta vez, não é compartilhada, nem mesmo, pela maioria do "Consilium".[596] Este "Decretum" de Antonino Pio, inspirado na "humanior interpretatio", é merecedor de alguns comentários, relativos à ambiência cultural em que foi proferido. As noções de "Benignitas" e de "Humanitas", que os mestres gregos haviam trazido para Roma, em especial no bojo das doutrinas do Pórtico, haviam frutificado extraordinariamente, conquistanto as camadas mais elevadas da sociedade. Sobre a popularidade do Estoicismo em Roma, recordemos, nas pegadas de Reale, que a tal ponto o caráter da Gente do Lácio se afinava com os valores preconizados pelas doutrinas estóicas, que é possível dizer que, em Roma, havia estóicos ainda antes da chegada do Estoicismo.[597] É fato que, nestas decisões tomadas pelo Imperador, no bojo dos "Decreta Principis", decisões que, com base na "Aequitas", conferiam ao "Jus Civile" uma "interpretatio" mais benigna, *estavam presentes os aportes humanitários das doutrinas do Pórtico.* Aqui, uma observação se impõe. A "Aequitas" é uma noção romana, porquanto jurídica por excelência. Isto não elide, entretanto, que ela tenha sido bafejada pelas noções helenísticas, estóicas, da "Humanitas" e da "Benignitas", assim ganhando em universalidade. Falamos em "Humanitas" e em "Benignitas", ficando claro que, em momento algum, mencionamos a "Caritas". E isto porque este valor, *cristão,* somente mais tarde veio se somar ao "Logos" da Filosofia Grega, e à "Voluntas" do Direito Romano, sendo que estes três elementos, *"Logos", "Voluntas" e "Caritas",* são os três componentes do que denominamos "Civilização Ocidental e Cristã". O que é fundamental é que Antonino Pio fez com que prevalecesse

---

[596] V. "Potere Imperiale Ed Organi..." cit., página 65.
[597] V. "Horizontes do Direito..." cit., páginas 67 e 68.

a sua opinião, contra o parecer da maioria dos integrantes do "Consilium Principis". Este dado é significativo, para que bem compreendamos a gênese das "Constitutiones Principum", e o problema do *poder político subjacente à sua emissão*. Tiramos daí uma conclusão: – Diante do "Princeps", o seu "Consilium" *só possuía uma função consultiva, e não poder decisório*. Por outras palavras, do exemplo dado por Palazzolo, resulta que o Imperador, ao emitir um "Decretum", *pairava acima das opiniões dos membros do Conselho, e exercitava um poder próprio, ligado ao seu título, à sua posição e à sua mística*. Este dado é fundamental à resposta da "magna quaestio" aqui formulada, a saber: – Derivavam as Constituições Imperiais de uma delegação do "Senatus", e/ ou do "Populus" para o Imperador?... ora, ante as evidências, somos levados a admitir que ao produzir as suas Constituições, *atuava o "Princeps" no exercício de um poder próprio, não advindo de qualquer tipo de delegação do "Senatus" ou do "Populus"*. Anotamos no entanto que, aqui, não negamos a existência da "Lex Regia de Imperio", metamorfoseada, na República, na "Lex Curiata de Imperio". Apenas sustentamos que ela era invocada formalmente, quando da investidura de um novo Príncipe, tratando-se de uma formalidade que tinha por ela a tradição. Como simples formalidade, a invocação da "Lex de Imperio" não influía na assunção do Poder pelo "Princeps", e pois, no poder por ele exercitado, ao criar o "Jus Novum". Há um outro argumento, decisivo, contra a hipótese de uma delegação de poderes do Senado e do Povo, em favor do Imperador, para que este produzisse as constituições imperiais: – Rejeitada a concepção da Diarquia, temos que o "Princeps", tal como, desde o início, o encarnou o "Divus Augustus", *era um órgão novo, ubicado fora e acima dos órgãos da Constituição Republicana*. Ora, repugna ao bom senso que *um órgão superior ao outro, do ponto de vista jurídico e político, deste receba qualquer delegação!*...quem delega, dispõe de mais poderes do que aquele que recebe a delegação... Admitindo-se, apenas para argumentar, que o Imperador estivesse no mesmo plano do "Senatus" e do "Populus", a delegação de poderes de qualquer um deles, órgãos da Constituição Republicana, em favor do Príncipe seria impossível, porquanto este, o Imperador, era um órgão novo, de todo estranho à Constituição Republicana. Este último dado acrescenta mais um elemento à importância das Constituições Imperiais, para a História do Direito em geral, e para a História do Direito Romano em particular: – Ele demonstra a inanidade da Teoria da Diarquia, e que o Imperador, ao dar nascimento ao "Jus Novum", exercitava um poder próprio, que não lhe advinha nem do Senado, e nem do Povo.

IX.e – A função desempenhada pela "Constitutio Principis" na evolução do Processo Civil Romano

A rigor, as "Constitutiones Principum" tiveram influência, não apenas no desenvolvimento do Processo Civil Romano, mas também no do Processo Penal. O estudo do papel desempenhado pelas Constituições Imperiais no Direito Processual, é inseparável do estudo do processo da "Cognitio Extra Ordinem", que corresponde à última fase da evolução do Processo Romano, e que, do ponto de vista histórico e cronológico, é identificado com o Principado. Segundo Scialoja, o terceiro período do processo romano costuma ser chamado das *extraordinariae cognitiones*, no sentido de que aquele procedimento ante o magistrado como único julgador, do princípio ao fim do processo, que, no período formulário, ficava reservado para alguns poucos casos excepcionais, tornou-se a regra comum do procedimento.[598] E Cuenca ensina que na "Cognitio Extra Ordinem" estão as fontes das grandes instituições processuais modernas, como a citação, a contestação, o direito probatório, a sentença como ato do poder público, e assim por diante. Tais instituições, embora esboçadas nos sistemas anteriores, sob o novo sistema processual, ganham em força e vigor, *graças ao poder público que as sustenta*.[599] Ao abordar o tema, Cruz e Tucci invoca o ensinamento de Max Kaser, autor para o qual os novos juízes públicos "... postavam-se não como jurados, mas pelo contrário julgavam eles mesmos". Nesta mesma ordem de idéias, prossegue Cruz e Tucci, Ignazio Buti anota que, "com o abandono da divisão do processo em duas fases... foi o magistrado-juiz quem se tornou titular do poder-dever de examinar as provas e emitir a sentença, garantindo formalmente a imparcialidade com a sua posição de representante da estatalidade". Ao traçar o paralelo entre a jurisdição ordinária e a "extraordinaria cognitio", afirma Kaser que a decisão do magistrado, no novo sistema processual, não mais correspondia à "expressão do parecer jurídico (*sententia*) de um simples cidadão autorizado pelo Estado, mas sim a um comando vinculante de um órgão estatal".[600]

---

[598] V. "Procedimiento Civil Romano", tradução argentina de Santiago Sentis Melendo e Marino Ayerra Redin, prólogo de Vincenzo Arangio – Ruiz, Buenos Aires, Ediciones Juridicas Europa – America, 1954, página 365 – original em italiano.

[599] V. "Proceso Civil Romano", Buenos Aires, Ediciones Juridicas Europa – America, 1957, página 122.

[600] V. "Jurisdição e Poder..." cit., páginas 28 e 29 – a palavra "sententia", na segunda citação de Max Kaser, encontra-se em itálico, no original.

O processo da "Cognitio Extra Ordinem" assiste ao surgimento dos recursos. Assinala-o Luiz Carlos de Azevedo, ao tratar da origem da apelação. Afirma o autor que no Principado, a atividade judiciária dos Imperadores se desenvolve e se intensifica cada vez mais. Quando os "Príncipes" passam a intervir na administração da Justiça, o recurso de apelação vai, paulatinamente, se definindo. À época dos Severos, é possível distinguir duas modalidades da apelação, a oral e a escrita. No início, a apelação era dirigida ao Imperador. Mas, diante do acúmulo de recursos que lhe são encaminhados, o "Princeps" começa a delegar essas funções ao Senado e a um círculo de jurisconsultos, "verdadeiro tribunal", integrado pelo Questor do Palácio e pelo Prefeito do Pretório.[601] Sem a mudança do sistema político (da República para o Principado), não teria havido o surgimento do "Jus Novum", produzido pelo "Princeps", em especial, por meio das Constituições Imperiais. Sem a instauração do Principado, outrossim, não teria havido o surgimento do processo da "Cognitio Extra Ordinem". Isto nos leva a algumas conclusões básicas: – 1ª) A mudança de regime político presente no surgimento do Principado, propiciou o aparecimento do "Jus Novum", corporificado nas "Constitutiones Principum", as quais *com base na Eqüidade,* contribuíram para o aprimoramento do Direito Romano, tornando-o *mais humano e mais universal;* 2ª) Neste sentido, lembramos que a elaboração do "Jus Novum", por parte dos Imperadores, "grosso modo", seguiu o modelo da elaboração do "Jus Honorarium" pelo Pretor, porém, *com uma força e uma abrangência maiores,* em função da posição política dos Príncipes; e, 3ª) O novo processo, o "Processo Imperial", além de impor o monopólio estatal da "Jurisdictio", possibilitou o aparecimento dos recursos, na medida em que *havia uma hierarquia entre os funcionários do Imperador.* Tudo bem ponderado, podemos afirmar, com segurança, que o advento do Principado contribuiu, em linhas gerais, para o aperfeiçoamento do Direito Romano.

Refere De Martino que o tema da Jurisdição Imperial é assaz obscuro. As fontes históricas e literárias, que constituem o nosso maior manancial de informação, não podem ser tomadas como documentos de preciso valor técnico e jurídico. Além disto, tais fontes são, com freqüência, vagas, contendo expressões excessivamente genéricas, e outras vezes são levadas a atribuir à responsabilidade

---

[601] V. "Origem e introdução da apelação no Direito Lusitano", São Paulo, F.I.E.O., 1976, páginas 44 e 45.

direta dos Imperadores, decisões que, sob o seu governo, *eram emanadas de outros órgãos*. Essas fontes, como quer que seja, *atestam o exercício de uma direta função judiciária do "Princeps"*, e também o controle sobre a atividade de outros órgãos, como, de modo expresso, é demonstrado para Domiciano, Adriano e Marco Aurélio.[602] Pouco antes, registrara o autor que merecem uma referência particular os poderes do "Princeps" na administração da Justiça. Além das intervenções diretas, atuadas mediante a emanação de normas destinadas a regular assuntos gerais, ou a resolver casos determinados, como, de maneira especial, acontece com os "Rescripta", *houve também uma participação direta do Imperador na administração da Justiça*, ou uma delegação de poderes a funcionários a ele subordinados, *o que deu lugar a um novo processo*, que, no começo, coexistiu com o processo ordinário, e depois o substituiu por completo, na medida em que a Constituição foi evoluindo no rumo de formas decididamente monárquicas.[603]

Sohm escreve que os "Decreta" e os "Rescripta" facilitam, ao Império, o influir na vida do Direito. Uns e outros contêm decisões de casos isolados. *Mas a Jurisdição dos Imperadores, além das formas pretorianas, apresenta outras, que dão caráter peculiar à sua atuação*. O procedimento dos Imperadores, em todos os assuntos litigiosos de que tomam conhecimento, é *"extra ordinem", ou seja, por via administrativa, sem a intervenção de um juiz jurado, encarregado de sentenciar*. Os Imperadores atuam diretamente, mediante decreto, ou delegam em um representante, que sentencia em nome deles, *geralmente atendo-se às instruções precisas de um rescrito imperial*. Este procedimento por via "extraordinária", ao qual é dado, também, o nome de processo cognitório, *repousa sempre no livre-arbítrio do Príncipe*, e é esta circunstância, precisamente, o que permite aos decretos e rescritos imperiais, dar impulso ao progresso jurídico. No início, tratou-se de simples meios de aplicação ou interpretação do Direito vigente, mas de uma interpretação mais livre do que a antiga "interpretatio". Com isto, conclui Sohm, *se chega a uma força ilimitada do "Princeps", para criar normas novas*.[604] Para Di Pietro as "Constitutiones Principum", e em especial os "Rescripta", *terão uma "suma importância" na aplicação do novo procedimento de cognição*, o qual implicará no desaparecimento do Pretor.[605]

---

[602] V. "Storia Della Costituzione..." cit., vol. IV, páginas 446 e 447.
[603] V. "Storia Della...", vol. cit., página 446.
[604] V. "Instituciones..." cit., páginas 98 e 99.
[605] V. "Derecho Privado Romano" cit., página 25.

Fala, o autor, no "desaparecimento do Pretor". Devemos consignar que essas mudanças, em conformidade com a índole do Direito Romano, foram graduais, sendo que o sistema processual anterior, do procedimento "Per Formulas", coexistiu com o procedimento "Extra Ordinem", até que este quedou como o único sistema do processo romano. Um dado que podemos inferir das lições ora examinadas, é o de que, adentrando no campo da "Jurisdictio", *o "Princeps" fortalece o seu poder pessoal*, e colabora para a centralização imperial. Não só: – Para administrar a Justiça, carece ele de auxiliares, a quem delega poderes. E, destarte, o processo da "Cognitio Extra Ordinem", por meio do qual é aplicado o "Jus Novum", *implica em um crescimento e em uma sofisticação da burocracia*. Além disto, o novo sistema processual contribui para um alargamento do "público", em detrimento do "privado".

Cruz e Tucci afirma que, em 17 a. C., Augusto cuida de reorganizar o sistema processual do "ordo judiciorum privatorum", à época em vigor, promulgando a "Lex Julia judiciorum publicorum et privatorum". Tal lei introduziu definitivamente o processo "Per Formulas", substituindo o das "Legis Actiones". Palazzolo, citado pelo autor, tendo estudado as fontes referentes a esta lei de Augusto, ficou convencido de que a finalidade última da reforma, *não se cingiu a racionalizar o regramento processual vigente*, mas abrangeu, certamente, o desígnio do "Princeps" de *tirar do arbítrio do Pretor o maior número possível de controvérsias*, aí incluídas, de modo especial, as que se fundavam nas normas do "Jus Honorarium". Cruz e Tucci, sobre o pormenor, chama a atenção para o fato de que Gaio refere que, com a "Lex Julia", surge uma nova categoria de "judicia", regulados por ela e, por este motivo, denominados "judicia legitima" (Gaio, "Institutas", I, 4. 103). É por esta razão, aduz, que, ainda em conformidade com Palazzolo, pode-se inferir "que a conseqüência política da *lex Julia* foi a de ter subtraído os processos do *imperium* do magistrado: o que anteriormente era regulado pelo pretor, em decorrência de seu *imperium* e com absoluta discricionariedade, agora vem regulado pela lei, e o pretor não faz mais do que *dare iudicium* em conformidade com os requisitos previstos pela lei". Além disto, ainda muito mais importante do que esta modificação na esfera do processo privado, *foi a unificação da instância*, isto é, com a ingerência, em certas causas que careciam de tutela jurídica, da "cognitio extraordinaria" do "Princeps" ou de seus delegados, *o procedimento, que fora, até então, obrigatoriamente bipartido, passou a desenvolver-se, desde a sua instauração, e até o final, diante de uma única autoridade estatal (magistrado*

– funcionário).[606] Algumas ponderações se impõem. O "Edictum Perpetuum" de Adriano, foi o golpe de misericórdia contra a atividade criadora do Pretor. Com efeito, o trabalho determinado a Sálvio Juliano, foi o coroamento de todo um processo histórico, iniciado por Augusto, com a "Lex Julia judiciorum publicorum et privatorum". Concordamos com Palazzolo, quanto ao desígnio de Augusto, de subtrair, ao Pretor, o maior número possível de controvérsias. É evidente que o ato de subtrair processos do "Imperium" do Pretor, *era um ato de afirmação de poder*. Cremos, ainda, que a "Lex Julia" demonstra que o intuito de Otaviano, desde o início, era o de fundar uma monarquia. Um outro dado a ser considerado é o de que, com a unificação da instância, *também se robustece o poder imperial*, porquanto o monopólio (gradativamente conquistado) da "Jurisdictio" nas mãos do Imperador e dos funcionários deste, *fortalecia o poder central*. O "novo processo", que se desenvolvia perante o Imperador e/ou os seus funcionários, coexistiu no tempo com o processo formulário. Falamos há pouco da "Lex Julia judiciorum publicorum et privatorum", de 17 a. C. A menção a esta lei, nos leva à abordagem do árduo tema do poder legislativo do Imperador. Aliás, e para não trazer confusões com a época atual, preferiríamos falar do "poder legiferante" do "Princeps".

  Os autores do século XIX debruçaram-se sobre o Direito Romano, *imbuídos de todos os esquemas mentais, e de todos os preconceitos da Dogmática Jurídica do chamado "Século das Codificações"*. Isto, quando é certo que a Jurisprudência Romana, no seu fastígio, desconhecia a Dogmática Jurídica, que só iria surgir com Justiniano... mais ainda, tais homens buscaram compreender as instituições políticas e jurídicas dos romanos, à luz do modelo do Estado Liberal Burguês, posto em voga pela Revolução de 1789. Os resultados muitas vezes foram desastrosos. No caso de Mommsen, toda a sua análise do Principado está vinculada à Teoria da Diarquia, hoje irremissivelmente superada, em função de não mais ser possível negar a preeminência do Imperador, relativamente ao Senado. Tudo o que Mommsen afirma, em conexão com o Principado, guarda coerência com a sua concepção da Diarquia. Ora, ao tratar do "Princeps" em face da interpretação autêntica das leis, Mommsen afirma que o Imperador *não tem o poder de elaborar as leis,* tendo, no entanto, o poder, mais livre e extenso, de

---

[606] V. "Jurisdição e Poder..." cit., páginas 27 e 28 – No trecho transcrito de Palazzolo, os grifos estão em itálico, no original.

aplicá-las. E prossegue: – O Imperador exerce tal poder de interpretação, com uma amplitude que faz com que, seguramente, *haja uma uma usurpação dele, "Princeps", sobre o poder legislativo*. Toda aplicação do Direito em vigor feita pelo Príncipe, diante de um caso concreto, adquire uma força geral e obrigatória, no sentido de que a interpretação lá admitida pelo Imperador, naquele caso concreto, *para a questão de Direito discutida,* se impõe às demais autoridades judiciárias.

Ao tratar do poder legiferante do Imperador, Orestano ensina que o estudo dos problemas respeitantes a este poder, nos três primeiros séculos do Império, e ao valor das "Constitutiones Principum", é interessante sob vários aspectos. Na verdade, um esclarecimento neste campo, pode se refletir, também, nos próprios problemas constitucionais; assim, tal estudo pode colocar em relevo *a função evolutiva desempenhada pelas Constituições Imperiais*, e também guiar o estudioso na reconstrução do sistema da "Extraordinaria Cognitio" durante o Principado. Outros problemas, não tão importantes, também poderão receber alguma luz, em função de um tal estudo.[607] Orestano alerta, inclusive, para o perigo de olhar para o passado com os olhos do presente, ao qual temos aludido. Cremos que as admoestações de Orestano se aplicam sobretudo a Mommsen: – Foi ele quem, fundamentalmente, *tentou explicar o Principado, com critérios republicanos.* E, de maneira indubitavelmente coerente com a sua Teoria da Diarquia, o jurista alemão buscou justificar, inclusive, o poder legiferante dos Imperadores, à luz do poder legislativo dos antigos magistrados republicanos. Afirma Orestano que a legitimação da atividade do Imperador no campo do Direito, não é, a exemplo do próprio Principado, enquadrável dentro dos velhos esquemas republicanos que legitimavam o poder legislativo.[608] Podemos inferir, da lição do autor, que a chave para a compreensão do poder legiferante imperial, é o dado de que o "Princeps" é um órgão absolutamente novo, relativamente à antiga Constituição Republicana, não sendo aplicáveis a ele, e nem tampouco ao Principado, os critérios de análise válidos para as magistraturas da República. E é este dado o que os autores do século XIX, com Mommsen à frente, não conseguiram captar. Orestano tem uma iniciativa engenhosa, do ponto de vista semântico, ao tratar do poder legislativo do "Princeps". O "poder legislativo", diz o autor, tomado em seu sentido etimológico,

---

[607] V. "Il Potere Normativo Degli..." cit., página 4.
[608] V. "Il Potere Degli Imperatori...", página 13.

não cabe ao Imperador, senão no que diz respeito às "leges datae". Mas, indaga, e para o restante? *Deveremos deter-nos diante da palavra, descuidando, em função dela, a realidade?...* Para eliminar este obstáculo puramente formal, podemos usar uma outra expressão, que possua uma aderência igual aos fatos, e que, ao mesmo tempo, não se choque contra os obstáculos históricos. *O romanista sugere a expressão "poder normativo" do Imperador.*[609] Concordamos com o uso da expressão, pois as palavras não podem se sobrepor aos fatos. Cremos, entretanto, existir uma outra razão, didática, a recomendar o uso da expressão "poder normativo": – "Poder legislativo" é uma alocução que o uso reiterado ligou à "Teoria da Tripartição dos Poderes", que não pode ser aplicada às instituições de Roma. Além do mais, "Poder legislativo" é uma expressão que costuma ser associada aos modernos parlamentos. Admitimos, pois, que falar em um "poder normativo" do Imperador, é o mais acertado. E que base possuía, indaga Orestano, este poder normativo? Era, e é, *talvez impossível* encontrar um princípio constitucional, deduzido dos esquemas do Direito Público Republicano, apto a explicar e a legitimar tal poder.[610] Como percebemos, o assunto é fascinante, do ponto de vista científico. Segundo Orestano, a impossibilidade de justificar o poder normativo imperial com base nos esquemas republicanos, evidencia-se da insuficiência das próprias tentativas de justificação, que há nas antigas fontes. Mas, sucede que a existência deste poder e a sua larga atuação, ainda que não fosse provada por outra forma, o seria suficientemente por estas tentativas, que têm uma particular importância, em meio ao generalizado silêncio das fontes, *a respeito dos princípios fundamentais dos institutos constitucionais do Império*. Este silêncio, aduz Orestano, é um fenômeno geral, e não limitado apenas às fontes jurídicas. O estudo das doutrinas políticas e constitucionais em Roma, durante a época imperial, foi pouco mais do que nenhum; depois dos estudos de Cícero, não há outras elaborações orgânicas de tais doutrinas. A explicação deste fato torna-se fácil, com a admissão de que o Principado constitui, efetivamente, um "quid novi" relativamente às formas constitucionais do passado, *não passível de nelas ser enquadrado*. Além disto, uma elaboração nova não podia, com facilidade, substituir as antigas, em função do contínuo desenvolvimento do ordenamento constitucional do Principado, e, talvez, porque não seria, tam-

---

[609] V. "Il Potere Normativo Degli Imperatori..." cit., página 18.
[610] V. "Il Potere Normativo Degli Imperatori...", loc. cit..

pouco, oportuna do ponto de vista político. Mas havia um ponto, insiste Orestano, que era o centro nevrálgico de todo o sistema: – *a legitimação do poder normativo do "Princeps"*. A esta legitimação, tinha se dedicado, já, a Jurisprudência Clássica. Não pode haver dúvidas, no sentido de serem clássicas tais tentativas, mesmo se elas parecem inspiradas por critérios falazes, ou, melhor dizendo, insuficientes. *Afirma Orestano, com todas as letras, que, para legitimar o poder normativo do "Princeps", os juristas clássicos, efetivamente, referiram-se à "lex de imperio"*. Mesmo que não se queira dar excessiva importância ao testemunho de Pompônio, incluído no tormentosíssimo fragmento do "liber enchiridii", no qual se afirma:

> "... constitutio principe datum ei eius ut quod constituisset ratum esset",

o mais explícito testemunho de Gaio, deve ser acolhido com maior confiança:

> "I, 5 Nec umquam dubitatum est quin id legis vicem optineat cum ipse imperator per legem imperium accipiat".

Na verdade, observa Orestano, a afirmação possui, além de um aspecto jurídico, *também um caráter político* – "nec umquam dubitatum est...", mas talvez justamente por este motivo, deve-se considerar que seja autêntica. A doutrina que, em Gaio, é apenas acenada, surge ainda mais elaborada em Ulpiano:

> "Quod principi placuit legis habet vigorem, utpote cum lege *regia*, quae de imperio eius lata est, populus ei et eum omnen suum imperium et potestatem conferat".

Segundo Orestano, a palavra "regia" é, com segurança, interpolada. Porém, quanto ao mais, o fragmento deve ser considerado autêntico. Destes fragmentos, resulta evidente o esforço dos juristas, no sentido de dar uma base constitucional ao poder normativo do Imperador.[611] Adu-

---

[611] V. "Il Potere Normativo Degli..." cit., páginas 18, 19 e 20. No texto de Ulpiano, a palavra "regia" está em itálico, no original.

ziríamos que, ainda que a palavra "regia" do texto de Ulpiano seja interpolada, *cremos na existência histórica de uma "Lex Regia de Imperio" que, integrando a tradição jurídica dos romanos, remontava ao Período da Realeza, ostentando então, o que é absolutamente coerente, exatamente este nome, de "Lex Regia de Imperio".* Esta mesma lei, na República, era para nós a "Lex Curiata de Imperio".

Retomaremos a temática da legitimação do poder normativo dos Imperadores, quando nos dedicarmos à exegese das máximas "Princeps legibus solutus est", e "Quod placuit Principi legis habet vigorem". Então, buscaremos complementar o tema da legitimação dos "Principes", para criar Direito Novo. Por ora, basta-nos partir da premissa de que este poder imperial existiu, *manifestando-se, especialmente, por meio das "Constitutiones Principum", que, do ponto de vista processual, desempenharam um papel de relevo no processo da "Cognitio Extra Ordinem".* Para termos uma idéia da influência das "Constitutiones" no âmbito processual, trazemos à baila o ensinamento de Orestano, segundo o qual, um princípio sancionado pelo Imperador, mesmo se nascido de condições contingentes à "fattispecie" submetida ao juízo imperial, e portanto, segundo a teoria moderna, válido apenas para aquele determinado caso, *se incorpora ao patrimônio dos princípios que regulam as relações jurídicas.* Portanto, em primeiro lugar se forma, em todas as pessoas, a expectativa, legítima, de que o Imperador, em casos análogos, *observe constantemente aquele princípio.*[612] Diríamos que, sob o aspecto enfocado pelo romanista, as "Constitutiones Principum" contribuíam para a segurança jurídica dos cidadãos que intentavam demandas. Do ponto de vista processual, deve ser consignado o *valor geral* das "Constitutiones Principum". Não cabe mais discutir este valor geral. Como observa Orestano, se as "Constitutiones Principum" não tivessem tido um valor geral, *para além do caso particular,* e não tivessem continuado a exercitar a sua eficácia no tempo, não se compreenderia a tentativa de Macrino, no sentido de ab-rogar os rescritos dos Imperadores que o precederam.[613] Consideramos que a influência de maior importância exercida pelas "Constitutiones Principum", no processo da "Extraordinaria Cognitio", tenha incidido sobre a sentença. É ainda Orestano quem diz que, se entrarmos no campo das aplicações práticas que dos "Rescripta" *e das constituições em geral* devem fazer os julgadores,

---

[612] V. "Il Potere Normativo Degli..." cit., página 66.
[613] V. "Il Potere Normativo Degli..." cit., página 82.

encontraremos uma série de textos que demonstram que, *em todos os casos*, devem os órgãos judicantes ter presentes as constituições que regulam a "fattispecie" em exame, tanto assim que, de um lado, são cominadas penas severas para os magistrados que transgredirem esta obrigação, e, de outro, se chega, aos poucos, a fulminar *com a nulidade* as sentenças do magistrado, ou do "judex datus", proferidas "contra constitutiones". O princípio da nulidade remonta aos Severos, porém, o cuidado com o qual os magistrados judicantes *procuravam as constituições precedentes*, para as aplicar aos novos casos a examinar, é atestado em época mais antiga.[614]

Para compreendermos o processo da "Extraordinaria Cognitio", no qual as Constituições Imperiais tiveram um papel de destaque, é mister que recuemos no tempo. Enfatizemos que *foi com a "Cognitio Extra Ordinem" que surgiu o embrião do atual processo*. E atentemos para o seguinte fato, realçado por Cruz e Tucci: – No período histórico anterior ao Principado, em Roma, o "Imperium", que até então fora exclusivo do "Rex", foi transferido, de forma mais limitada e restrita, aos novos órgãos. Tal poder no entanto, *não pode ser tido como sinônimo de "Jurisdictio", uma vez que o conceito desta é distinto do de "Imperium"*.[615] O autor acrescenta que a função de administrar a Justiça era faculdade própria da condição de magistrado, não existindo entre o Povo do Lácio um "poder judicial" estruturado de maneira autônoma, uma vez que os romanos encartavam a distribuição da Justiça nas funções de cunho administrativo.[616] Aliás, a posição de Cruz e Tucci encontra respaldo em Scialoja, "Procedura Civile Romana", p. 73: – "... la funzione dell'autorità giudiziaria era commista colla funzione del potere esecutivo amministrativo, di cui anzi era consequenza".[617] Instaurado o Principado, tem início, em todos os sentidos, uma "Ordem Nova", sendo que, ainda segundo Cruz e Tucci, as diretrizes traçadas pela "política augústea", iriam se refletir *sobre todos os campos do Direito, e, de conseguinte, sobre a organização judiciária*.[618] Como vimos, na "Cognitio Extra Ordinem", o processo passa a se desenvolver perante um magistrado-juiz, que é um subordinado do Imperador. É claro que um processo como

---

[614] V. "Il Potere Normativo Degli..." cit., páginas 82 e 83.
[615] V. "Jurisdição e Poder..." cit., página 17.
[616] V. "Jurisdição e Poder...", loc. cit..
[617] V. "Jurisdição e Poder...", loc. cit..
[618] V. "Jurisdição e Poder..." cit., página 27.

este, teria que ser diverso daquele do "ordo" tradicional. Segundo o autor, Biondo Biondi analisou, de maneira profunda, a natureza da sentença proferida no âmbito da "Cognitio Extra Ordinem", escrevendo que o juiz, "tornado órgão estável do Estado, tem por ele o poder de impor ao caso concreto aquele comportamento que seja conforme à lei"; conseguintemente, ajunta Cruz e Tucci, a sua decisão, agora, *passa a ter eficácia própria,* "apenas pelo fato de que promana da autoridade judicante, isto é, do Estado, e não tem mais, como base jurídica, o acordo das partes".[619] Percebemos que uma substancial mudança se operou: – Este juiz que profere a sentença, no processo da "Cognitio Extra Ordinem", é um funcionário do Imperador, por ele remunerado, e a ele subordinado. Estes funcionários imperiais, diferiam dos antigos magistrados da República. Um dado político que não podemos olvidar, é o de que, à medida em que o "Princeps", diretamente ou por seus funcionários, exercitava a "Jurisdictio", *aumentava o seu poder pessoal, e robustecia as instituições do Principado.* Assim, afirmamos que o processo da "Cognitio Extra Ordinem" constituiu, inclusive, *um eficaz instrumento para o incremento do poder imperial.*

Ensina Cruz e Tucci que, com a "Cognitio Extra Ordinem", pela vez primeira, na história do processo privado romano, *a sentença não era mais um ato exclusivo do cidadão;* não tinha mais cunho arbitral, mas sim, "consubstanciava-se numa atuação na qual era exprimida a autoridade do Estado: *ex auctoritate principis".* Na seqüência, com esta progressiva oficialização, em decorrência do consolidar-se da "Cognitio Extra Ordinem", num integral contraste com o tradicional sistema do "ordo", *o processo tornou-se totalmente público.* Paralelamente à jurisdição ordinária, foi ganhando espaço um novo sistema processual.[620] Algumas ponderações têm que aqui ser feitas. Nunca é demais enfatizar que o Direito Romano evoluiu, em grande medida, em função das modificações introduzidas, no decurso do tempo, *no processo.* Nesta ordem de idéias, o surgimento do sistema processual da "Extraordinaria Cognitio" assume capital importância para o estudo das "Constitutiones Principum", porquanto foi graças ao novo sistema processual que o "Princeps", por meio das suas "constitutiones" e, em especial, por meio dos "Decreta" e dos "Rescripta", *interferia no processo, criando o "Jus Novum".* O

---

[619] V. "Jurisdição e Poder..." cit., página 29.
[620] V. "Jurisdição e Poder..." cit., página 29 – itálico no original.

problema pertinente à origem do processo cognitório não é alheio à nossa temática, motivo pelo qual vamos tecer alguns comentários a propósito. Segundo Cruz e Tucci, não existe concordância, entre os romanistas, sobre a origem deste processo extraordinário. Trata-se de um problema particularmente debatido nas derradeiras décadas, graças à multiplicidade de indícios a ele pertinentes. Alguns estudiosos entendem que a atividade jurisdicional "extra ordinem" do Imperador, acima das regras e dos limites do "ordo judiciorum privatorum", teria se iniciado *com a intervenção esporádica do "Princeps" em qualquer fase ou momento processual,* ao avocar para o tribunal imperial o litígio antes submetido ao magistrado "a quo", ou, até mesmo, *revendo as suas decisões.* Outros autores consideram a praxe judiciária seguida nas províncias, e em especial no Egito, como um caso, característico, de processo "extra ordinem". Há salientar ainda, que algumas vezes a Ciência Jurídica identifica, nos chamados "remédios pretorianos", *e em particular no processo dos interditos,* um dos setores de aplicação da "Cognitio Extra Ordinem". Riccobono, citado pelo processualista brasileiro, é contrário à introdução, "ex abrupto", do novo sistema processual. E Cruz e Tucci arremata a abordagem do assunto, afirmando que não há como negar a concorrência da "Cognitio Extra Ordinem" com o "ordo judiciorum", no início, de maneira "tímida e esporádica", crescendo com o tempo, *na medida em que aumentavam os poderes do Imperador, na esfera jurisdicional.*[621] Cremos que o surgimento progressivo da "Cognitio Extra Ordinem" é mais conforme à índole do Direito Romano, do que o seu surgimento repentino: – Os romanos eram um povo cujas instituições jurídicas, na sua evolução, obedeceram às necessidades emergentes das vicissitudes históricas. Ora, o velho Processo Formulário tornara-se acanhado para as necessidades de um vasto império. E o monopólio da função jurisdicional, nas mãos do Imperador e dos seus funcionários, era inevitável. *Ou, por outras palavras, a "publicização" da função judicante, era uma exigência dos novos tempos.* Esta "publicização" da função jurisdicional, por seu turno, trouxe para o Universo do Direito a figura do juiz, *como uma emanação do poder político.* É ainda Cruz e Tucci quem afirma que, no sistema da "Extraordinaria Cognitio", o magistrado-"judex" intervinha, não como um "autônomo titular de uma atividade jurisdicional destacada do poder político", porém, *como uma imediata emanação deste poder político,* obrando como dele-

---

[621] V. "Jurisdição e Poder..." cit., páginas 29 e 30.

gado da autoridade que estava no pináculo do governo imperial. Isto acontecia de tal modo, que o detentor da supremacia política, tendo em mira impor a sua vontade aos cidadãos, delegava poderes a determinados magistrados, porém, *sem se privar do poder soberano, o qual, por sua própria natureza, era indelegável*.[622] Os magistrados que diziam o Direito, no processo da "Cognitio Extra Ordinem", eram integrantes da burocracia imperial, fundada por Augusto, e sofisticada sob Adriano; pode-se dizer que eram "funcionários públicos", com o detalhe de que o seu vínculo não existia com o "Estado" Romano, mas sim, com o "Princeps". A assertiva de Cruz e Tucci, no sentido de que, sob o sistema da "Cognitio Extra Ordinem", o juiz era uma emanação do poder político, merece alguns comentários. Em primeiro lugar, devemos repelir, com energia, qualquer similitude entre o "poder político" dos imperadores romanos, e o "poder político", kelsenianamente concebido, daquele que, por estar investido no mando em função de uma lei, pode ditar outras. Como verificamos ao examinar o pensamento de Surgik, os romanos, pelo menos até a compilação de Justiniano, *não tinham uma concepção legalista e dogmática do Direito, e pois, não podiam tê-la do poder*.

Ao se referir ao destino do Direito Romano Clássico, escreve Surgik:

> "Perdida a sua pureza de origem no curso da época pós-clássica, impiedosamente interpolado na codificação de Justiniano, *submetido ao legalismo* por interferência bárbara e quase ignorado pelos juristas medievais que praticamente só conheceram o direito justinianeu, o direito romano clássico é hoje digno de toda a nossa atenção e, mais do que nunca, é necessário fazermos uma retrospectiva crítica, para detectarmos as verdadeiras origens do legalismo que nos domina".[623]

Concordamos com o autor. Os romanos do Período Clássico jamais tiveram uma concepção legalista e dogmática do Direito. E, de conseguinte, não tinham, e nem podiam tê-la, uma concepção legalista e dogmática do poder político. Logo, cremos andar com acerto, quando afirmamos que, ao cogitarmos do juiz-emanação do

---

[622] V. "Jurisdição e Poder..." cit., página 31.
[623] V. "Gens Gothorum..." cit. – Preâmbulo – página 8 – grifos nossos.

poder político de que fala Cruz e Tucci, devemos repelir o legalismo e o dogmatismo kelsenianos... e isto porquanto tratamos de um tema, as "Constitutiones Principum", que se insere no Período Clássico da Jurisprudência de Roma. Ao cogitarmos do poder imperial, temos que lidar com conceitos como o "Imperium", a "Auctoritas", e a "Tribunicia Potestas", *que não são inteligíveis, à luz das hodiernas concepções jurídicas, profundamente influenciadas pelo "legalismo dogmático", ao qual se refere Surgik*. Isto, para não falarmos da dimensão mística e religiosa do poder do "Princeps". Tudo isto recomenda que, ao tratarmos do juiz-emanação do poder político, tentemos conceber o poder político do Imperador Romano, tal qual ele era, impregnado, inclusive, de elementos não-políticos, entre os quais, os de natureza mística e religiosa. Afinal, entre outros títulos, o Príncipe ostentava o de "Pontifex Maximus". Ao tratar do Imperador em conexão com a administração da Justiça, De Martino afirma que foi importantíssima a participação do "Princeps" na Justiça Civil. Isto ocorreu *fora das formas do processo ordinário,* e, no começo, em proporções modestas. Augusto fez reconhecer a validade dos fideicomissos, e a sua intervenção consubstanciou uma pressão sobre os magistrados, no sentido de que tutelassem, *fora do processo ordinário,* esta nova exigência. Os seus sucessores fizeram intervenções semelhantes, *e isto conduziu à instituição de órgãos jurisdicionais, os quais possuíam apenas o nome das magistraturas republicanas,* como o "Praetor Fideicommissarius" na época de Cláudio, o "Praetor Tutelaris" sob Marco Aurélio, o Pretor para as causas fiscais no reinado de Nerva, e o "Praetor de liberalibus causis", surgido nos inícios do terceiro século. Sucede que a intervenção do "Princeps" podia ser direta. De Martino, no entanto, repele a idéia de que o Imperador podia avocar, a ele, qualquer processo. Diante do pedido das partes (supplicationes, preces), ou do magistrado (consultatio, relatio), *o Príncipe podia se pronunciar, e o seu parecer tinha a eficácia que já examinamos.* Porém, nas matérias diretamente submetidas à jurisdição do tribunal imperial, seja em grau de apelo, seja, excepcionalmente, em primeiro grau, *eram proferidas sentenças (decreta), que tinham, posteriormente, uma enorme influência na evolução do Direito.* Deste modo nasce um novo sistema processual, contraposto ao formulário, *que é o processo de cognição.* Este foi um dos mais poderosos e eficazes instrumentos de atuação do "Jus Novum", em correlação com a vagarosa decadência da "Aequitas" pretoriana. Alguns autores, prossegue, tentaram enquadrar a intervenção do "Princeps" na Justiça Civil no "Imperium Consulare". Para o romanista, a opinião é "inaceitável", na medida em que o "Imperium Consulare" não foi, de maneira permanente, parte do poder imperial, e não o foi, nem mesmo, sob Augusto. Acrescenta De Martino que, segundo as idéias estritamente romanas, *o poder de cognição não era de caráter jurisdicional*. Portanto, ele derivava do "Imperium", semelhantemente ao poder de cognição criminal, mas neste campo, no civil, *a "Auctoritas" teve um enorme relevo, e foi com freqüência, ainda mais do que o "Imperium", colocada como fundamento da "cognitio" imperial*. Pelo menos nos primeiros séculos do Império, conclui De Martino, até quando a "Jurisdictio" do Pretor não se transforma em coisa morta, *coexistem dois sistemas processuais*, que refletem, em alguma medida, a dualidade dos ordenamentos constitucionais, característica do Principado.[624] Concordamos com De Martino, no sentido de que os dois sistemas processuais, o do processo "Per Formulas" e o da "Extraordinaria Cognitio", coexistiram no tempo. Mas não podemos dizer que tal coexistência decorria da "dualidade dos ordenamentos constitucionais", existente no Principado. *Não havia tal dualidade*. Havia um só ordenamento constitucional, o do Principado. E tanto isto é verdade, que a Nova Ordem, para nós, monárquica desde o início, prevaleceu. A sobrevivência do processo formulário deve ser buscada em outros motivos. O primeiro deles, é o próprio tipo de evolução, doutrinária e jurisprudencial, que assinalou o Direito Romano. Nesta evolução, a lei desempenhou um papel subalterno. Ora, não houve, ao menos no início do Principado, qualquer lei que extinguisse o processo formulário, do "ordo" tradicional, perante o Pretor. Em segundo lugar, há considerar que os romanos eram um povo conservador, e cultor da tradição, a quem repugnavam as súbitas rupturas com o passado. Assim instituições novas surgiam, não para substituir as antigas, *mas ao lado destas últimas*, coexistindo as novas com as antigas, até que, paulatinamente, prevaleciam as mais modernas. De Martino alude ao Imperador, em conexão com a jurisdição criminal. Para o autor, há uma opinião segundo a qual Augusto teria tido, desde 30 a. C., coincidindo isto com a outorga do "Jus Tribunicium", além do "Calculus Minervae", *também o poder de julgar na esfera criminal*, quando provocado em apelação. Entretanto tem-se observado, por igual, que tal opinião se baseia em um testemunho, isolado e genérico, de Dion Cássio; opinião que, tomada ao pé da letra, *significaria um poder geral de julgar em grau de apelação, o que é de todo inadmissível*. Havendo esta limitação referente aos processos penais, isto

---

[624] V. "Storia Della Costituzione Romana" cit., vol. IV, páginas 450 a 452.

quereria dizer que, em 30 a. C., podia-se apelar das sentenças dos juízes populares, nas "Quaestiones". Esta interpretação, prossegue o romanista, pode ser ligada ao problema, mais geral, relativo a se o "Princeps" era juiz nas "Quaestiones", tendo nelas um voto decisivo. Mas os textos invocados não justificam esta suposição, nem se pode admitir que, desde o início do Principado, a Jurisdição Penal estivesse subordinada, de todo, à vontade do Príncipe, até ao ponto de lhe dar o poder de interferir, diretamente, para decidir qualquer processo penal. Para De Martino, é "mais segura" a existência de uma jurisdição imperial autônoma, a qual, sem dúvida, pelo menos nos primórdios, é limitada aos processos políticos, aos "crimina maiestatis", mas que, bem cedo, se estende a outros fatos, e que progressivamente se torna de caráter geral, concorrendo com o processo penal das "Quaestiones", enquanto estas últimas existiram. Segundo De Martino, *é controvertido o fundamento da "coercitio" imperial*. Pode-se buscá-lo na "Tribunicia Potestas", a qual permitia processos tribunícios, dos quais talvez, em algum caso, se pode encontrar a prova também nos inícios do Principado. Entretanto a jurisdição imperial não era limitada às matérias nas quais, de acordo com os "mores majorum", podiam intervir os tribunos. A jurisdição imperial *era muito mais extensa, dizia respeito aos cidadãos e aos súditos provincianos, a Roma e às províncias*. Não há provas convincentes para supor que um plebiscito de 30 a. C. tivesse atribuído, a Augusto, este poder geral de julgar, não apenas em sede de apelação em sentido técnico, mas em toda e qualquer reclamação, e, por este motivo, também em primeiro grau. A expressão utilizada por Dion Cássio, não pode ser assumida como prova de tal poder geral, *o qual teria sido uma inovação excessivamente radical dos tradicionais poderes dos tribunos*, com certeza inconcebível em um tempo no qual Augusto não detinha, ainda, nem uma plena "Tribunicia Potestas", mas apenas um "Jus Tribunicium". De outra banda os próprios defensores desta hipótese pensam que o poder jurisdicional estaria depois consolidado com a concessão da "Consularis Potestas", faculdade que, no que tange a Augusto, é contestada pelo autor ora seguido, e que, seja lá como for, *não integrou, de maneira estável, o poder imperial*. Poder-se-ia, aduz De Martino, pensar em uma outorga, por meio da "cláusula discricional" da "Lex de Imperio"; porém, esta cláusula não pode ser considerada como base do poder judiciário do Imperador, em função de possuir um caráter de emergência, não sendo, portanto, aplicável aos casos da justiça ordinária. Também se supôs que Augusto e Tibério não tivessem julgado em processos envolvendo a pena de morte, ao passo que os sucessivos Imperadores *teriam usurpado o poder de julgar sozinhos, trazendo-o da sua Presidência do Senado*. Deve ser salientado que o limite entre a jurisdição senatorial e a imperial era algo de muito fluido, para os Imperadores obstinados. Esta idéia da usurpação do poder judiciário, foi recentemente retomada, e sustentada, inclusive, para os inícios do Império. Opina De Martino que não é necessário recorrer à idéia de uma usurpação de poderes. Sem dúvida, é possível sempre sustentar que Tácito faz remontar a Tibério as condenações à pena capital, que infelicitaram o seu reinado, enquanto que tais condenações podem ter sido pronunciadas por um tribunal senatorial. Mas Suetônio fala de um exercício direto da função judiciária; sucede que, além das reservas sobre o valor jurídico do texto, não é possível referi-lo a processos senatoriais presididos pelo Príncipe. Pode-se admitir, continua De Martino, que a intervenção dos primeiros Imperadores na Justiça Penal não fosse, no início, muito ampla, e que, portanto, *um processo de cognição, feito pelo Imperador ou pelos seus delegados, se tenha desenvolvido apenas com o tempo, pelo menos, no que diz respeito aos cidadãos*. Mas não existiam obstáculos de ordem constitucional intransponíveis. No "Imperium" se incluía o poder de "coercitio", no que tange aos súditos do Império, ou aos que, pertencendo ao Exército, fossem oficiais e centuriões. *Surgem as dificuldades para os cidadãos, os quais, de acordo com as normas tradicionais, eram garantidos nos confrontos do "imperium" do magistrado*. Mas Dion Cássio faz derivar o poder de "coercitio" dos Imperadores, do título de "Imperator", sendo que, neste caso, não existe a necessidade de pensar em uma outorga legislativa de poderes para a Justiça do "Princeps" na Cidade, na medida em que, com o advento do Principado, *os limites tradicionais foram anulados*, também pelo privilégio, concedido a Augusto, de não depor o "Imperium" à entrada do "Pomerium". Seja como for, os limites tradicionais deixaram na prática de existir, quando, sob Tibério, as assembléias populares foram exautoradas. Pode-se então, afirma De Martino, chegar à conclusão de que o "Imperium" atribuído ao "Princeps", *constituía uma base legal suficientemente segura para o exercício dos poderes de coerção penal*, mesmo se, no início, isto acontecesse moderadamente, e sem substituir os antigos órgãos da Justiça Penal. Mas o afirmar-se do novo processo imperial, dirigido pelo "Princeps", ou exercitado por meio de funcionários a ele subordinados, *foi um dos traços mais característicos do Império*. No âmbito deste novo processo imperial, afirmaram-se, também, os novos princípios alusivos à pena, aos sujeitos do crime e às previsões das figuras delituosas, que foram o produto de novas concepções, *e transformaram profundamente o antigo regime do crime e da pena.*[625]

Acrescentamos que a imensa gama de poderes acumulada pelo "Princeps", poderes que cresceram sob os sucessores de Augusto, acabaria por colocar o Processo Penal nas mãos dos Imperadores. E aduzimos que tanto o Direito Penal Romano, quanto o Processo Penal da Gente do Lácio deveriam merecer da parte dos romanistas, em geral, privatistas, uma atenção maior. Nas letras jurídicas nacionais, deve ser mencionada a obra sobre o Processo Penal Romano, de Rogério Lauria Tucci. Ao tratar da matéria penal sujeita ao processo da "Cognitio Extra Ordinem", escreve o autor patrício:

> "Noutro aspecto, a insuficiência do procedimento ordinário, em razão de várias causas, gerou a necessidade do aparecimento e consolidação de novas formas, operando-se, então, naturalmente, a atração dos fatos delituosos pela *cognitio extra ordinem*. É que, como não podia, também, deixar de acontecer, as instituições do Principado tiveram profunda repercussão no campo do processo penal, principalmente porque o Imperador, assistido de seu *consilium*, e o Senado, dirigido pelos Cônsules, constituíram-se em supremos tribunais penais[131], passando a exercer, assim, direta e largamente, influência sobre o Direito Penal material e a causar, conseqüentemente, efeitos de natureza processual[132]."[626]

Malinverni preleciona que desde o início do Principado, ao lado dos juízos por "Quaestiones", possuidores de caráter ordinário, surgiram os "Judicia extra ordinem", de cunho extraordinário. Estes foram instituídos pela incriminação de fatos que não eram previstos como delitos pelas "Quaestiones", mas que as exigências do novo regime, e o desenvolvimento da vida econômica e social, revelaram merecedores de sanções. Parece que, de início, os referidos juízos extraordinários foram limitados às medidas de polícia, mas com certeza, bem cedo, passaram a ser aplicados a delitos de nova criação

---

[625] V. "Storia Della Costituzione..." cit., vol. IV, páginas 447 a 450.
[626] V. "Lineamentos do Processo Penal Romano", São Paulo, Editora da Universidade de São Paulo – José Bushatsky Editor, 1976, páginas 82 e 83 – grifos no original.

(tipificação) política e social.[627] Ao tratar da iniciativa da ação penal nesses "Judicia extra ordinem", prossegue Malinverni dizendo que, em tais "Judicia", a iniciativa da ação penal cabia não ao cidadão, *mas aos órgãos do Estado*, e já que, no regime imperial, estes órgãos eram personificados por funcionários do Imperador, *tal ação dependia do próprio "Princeps"*.[628] Assim, também na esfera do Processo Penal, a instauração do Principado e o surgimento do processo da "Extraordinaria Cognitio" implicaram, como no campo do Processo Civil, em uma "estatalização" e em uma "publicização" do processo, conduzido diante de magistrados que eram funcionários do "Princeps", e a ele subordinados.

Há um ponto que consideramos de interesse, quando abordamos as "Constitutiones Principum" em conexão com o processo. Referimo-nos à *intensa participação pessoal de alguns dos Imperadores nos assuntos jurídicos*. Tácito registra o dado, a propósito de Cláudio.[629] Por sua vez, Suetônio escreve sobre Nero, iniciando-se na Jurisdição.[630] A crescente centralização imperial implicou em uma cada vez maior importância do "Jus Novum", corporificado, em especial, nas "Constitutiones Principum". E implicou, também, no progressivo afirmar-se do processo da "Cognitio Extra Ordinem", que terminou por ser, praticamente, a única modalidade de processo utilizada no Império Romano. Um momento básico desta centralização, foi o reinado de Adriano. E o outro ponto alto dela, é o representado pela Dinastia dos Severos. Ela nos interessa, do ponto de vista da intensa participação dos juristas, assessorando o "Princeps" na criação do "Jus Novum". Para Humbert, com os Severos, *há uma crescente centralização imperial*, que prepara o advento do absolutismo. Para o autor, na época dos Severos, à onipotência do Estado, *corresponde o apogeu da Ciência Jurídica*. A propósito, Humbert invoca o exemplo de Felipe, O Belo, que se apoiava nos seus "legistas", para dizer que *os Severos se cercam de muito ilustres juristas* – os Prefeitos do Pretório Papiniano, Paulo e Ulpiano – os quais colocam a sua ciência a serviço do poder. Para o autor, é Ulpiano quem elabora estas máximas, retomadas

---

[627] V. "Lineamenti Di Storia Del Processo Penale", Torino, G. Giappichelli – Editore, 1972, página 7.

[628] V. "Lineamenti Di Storia...", loc. cit..

[629] V. "Anais" cit., página 303.

[630] V. "Os Doze Césares" – Tradução brasileira de Zelia de Almeida Cardoso, "in" "Historiadores Latinos – Antologia Bilíngüe" cit., página 221.

por todos os absolutismos do porvir: – "Quod principi placuit, legis habet vigorem", e "Princeps legibus solutus est". Prossegue ele: – Requerimentos afluem, aos milhares, de todos os pontos do Império, enviados por funcionários ou por particulares, e dirigidos ao "Consilium Principis". *Centralizando as respostas, o Conselho Imperial cria um Direito Novo.* Há considerar que o estado das finanças do Império, na época, leva a uma constante pressão fiscal, exercida pelo Governo sobre a população. *Esta pressão conduz a uma legislação onipresente,* que abrange as imunidades fiscais, concedidas ou denunciadas, e à intervenção do "Princeps" na Economia, com o confisco de grandes propriedades. O Príncipe se transforma em um ser fora do comum, e constrói edifícios gigantescos, como as Termas de Caracala, em Roma.[631] Reiteremos que as "Constitutiones Principum" constituíram um ótimo instrumental para o afirmar-se do processo, imperial por excelência, da "Cognitio Extra Ordinem". Este processo contribuiu, por sua vez, para o enriquecimento e a universalização do Direito Romano, na medida em que tendia para as soluções humanitárias dos litígios, inspiradas na "Aequitas" e na "Benignitas".

Ao tratar da função jurisdicional, em conexão com o Principado, Palazzolo registra que o ponto básico da discussão deste assunto, *é a configuração da função jurisdicional como uma atividade institucionalmente atribuída a órgãos do poder constituído,* ou seja, com a exclusão das experiências dos tribunais domésticos ou arbitrais, e do próprio Direito Romano Arcaico, nas quais parece não ser possível encontrar *este caráter público da função jurisdicional.*[632] Palazzolo aborda a função jurisdicional, relacionando-a com a "Separação de Poderes", que já tivemos a oportunidade de rechaçar, tratando-se da antiga Roma. Diz o autor que o "Princípio da Separação dos Poderes" *não é,* por si mesmo, essencial para a formulação correta do problema, *constituindo apenas uma das soluções configuráveis em abstrato, e realizadas historicamente.* Mas, adverte, podem ser indicados *pelo menos três tipos de relação* entre a jurisdição e o poder político: – a) Subordinação (unicidade do Poder, da qual decorrem as diversas explicações; a função jurisdicional é de todo subordinada ao poder político); b) Separação (divisão do poder entre ordens diversas, que se controlam reciprocamente; a função jurisdicional é completamente distinta do poder político); c) Integração (presença conjunta de mais órgãos,

---

[631] V. "Institutions politiques et sociales..." cit., página 307.
[632] V. "Processo Civile e Politica Giudiziaria Nel Principato" cit., página 2.

todos saídos da mesma matriz popular; a função jurisdicional é confiada a pessoas que retiram o seu poder da própria soberania popular). Do ponto de vista histórico, depois, estes três tipos de relação se realizaram em três tipos de Estado, respectivamente: – O Estado absoluto, o Estado liberal e o democrático–popular.[633] Palazzolo registra que tendo sido, o Principado, uma realidade em incessante evolução, de modo progressivo, as vicissitudes políticas e sociais *levaram a uma crescente acentuação da dignidade imperial sobre todos os outros órgãos do Estado, e a uma concepção autoritária do poder imperial* que era estranha ao Principado sob Augusto.[634]

Reiteramos que considerar o Principado um todo homogêneo, é erronia das mais graves. A rigor, houve "dois Principados": – Um, que é o período compreendido entre a assunção do Poder por Otaviano e o final do reinado de Trajano; e o outro, que vai do reinado de Adriano ao período dos Severos. Tanto assim é, que Palazzolo se refere ao "Principado Augústeo", sendo que tal expressão define o período que vai de Augusto a Trajano. Ele se apresenta a nós mais do que sob as vestes de uma dualidade de ordenamentos distintos, *como uma sobreposição de novas figuras, de novos poderes e de novos órgãos* às instituições da "Res- Publica Romanorum". O que caracteriza o novo regime não é tanto, realmente, a supremacia do "Princeps" sobre as demais instituições, quanto o fato de que esta supremacia pareça *mais uma situação de fato,* uma posição de grande prestígio pessoal, de que usufrui Augusto, do que um poder institucionalizado.[635] Segundo Palazzolo, é mister que retenhamos que *a "Cognitio Extra Ordinem" está diretamente ligada à instauração do Principado e ao afirmar-se dos novos poderes do "Princeps".* E na realidade, prossegue, embora se trate de um campo no qual a variedade das intervenções não permite assimilações fáceis, pode-se aferir que *todas as "cognitiones" clássicas encontram a sua origem e o seu fundamento no Direito Imperial,* isto é, na esfera em que o Imperador se encontra livre de qualquer influência dos princípios e dos órgãos republicanos: – O "Princeps", na medida em que é "legibus solutus", *está desvinculado, também, das leis que regulam o "Ordo Judiciorum".* É por este motivo que toda intervenção do Imperador, bem como toda intervenção de magistrados ou funcionários por ele delegados, acontece "extra ordinem".[636] A respeito da

---

[633] V. "Processo Civile..." cit., página 3.
[634] V. "Processo Civile..." cit., página 11.
[635] V. "Processo Civile..." cit., página 12.
[636] V. "Processo Civile..." cit., páginas 39 e 40.

justificação da atuação do Imperador, por meio da "Extraordinaria Cognitio", registramos que a mais recente e melhor doutrina abandonou os esquemas formais, dogmáticos e reducionistas, que caracterizaram a investigação histórico-jurídica do século XIX. E tanto assim é que observa Palazzolo que na verdade, como o revelou Luzzatto em data recente, a justificação deste poder imperial deve ser buscada, *mais no terreno histórico-político do que no jurídico*, evitando-se definições e formulações excessivamente dogmáticas. O novo processo, *é justamente uma das expressões mais típicas do regime imperial, e da nova concepção do Estado e das suas funções*.[637] Acrescentaríamos que o advento do Principado implicou, inclusive, em uma mudança da concepção do Poder Político. As noções pertinentes a ele, e resumidas nas iniciais S.P.Q.R., tiveram que ceder espaço a outras, consentâneas com os problemas de um Império Universal. Devemos considerar o Principado antes e depois de Adriano. Anota Palazzolo que, antes de Adriano, era raro que os Príncipes exprimissem, de maneira deliberada e consciente, *uma vontade normativa que tivesse o valor de lei*. Era mais comum que o Pretor, na atuação da sua função jurisdicional, mas em especial por meio do Edito, *realizasse a equiparação dos editos e decretos imperiais às leis, plebiscitos e senatusconsultos*.[638] Vários textos do Edito do Pretor, afirmam a equiparação dos "Edicta" e "Decreta" às outras fontes normativas (D. 2. 14. 7. 7; D. 3. 1. 1. 8; D. 4. 6. 11; D. 4. 6. 28.2; D. 43. 8. 2 pr.). Isto implica em que, também para os fins processuais, quando os Imperadores introduziam nas suas constituições algum princípio de Direito destinado a ter repercussões no processo, *era sempre necessário o trabalho do magistrado,* que devia fixar no seu Edito, *qual era o instrumento processual mais idôneo* para a atuação da vontade normativa imperial. Há testemunhos neste sentido, até à época adrianéia; anteriormente, no entanto, à codificação do Edito. Típica é a "Epistula Hadriani", que estabelece a divisão do débito entre os fidejussórios (Gaio, 3.121; D. 46. 1. 26), deixando, ao Pretor, a tarefa de aprestar os meios processuais mais adequados para atuá-la. Para o autor, a inclusão da "Epistula Hadriani" no Edito Perpétuo (Paulo, Sent. 1. 20), *é uma prova da anterioridade da "Epistula", relativamente à codificação do Edito*.[639] Observa Palazzolo que, a partir de Adriano, e em conexão com as suas reformas, os Imperadores não

---

[637] V. "Processo Civile..." cit., página 40.
[638] V. "Processo Civile e Politica Giudiziaria Nel Principato" cit., página 48.
[639] V. "Processo Civile e...." cit., páginas 48 e 49.

se limitarão a estabelecer normas de Direito substancial, *mas descerão diretamente ao processo,* dispondo sobre qual meio processual é o mais idôneo para a atuação dos princípios introduzidos.[640] Nós consideramos as reformas de Adriano um "divortium aquarum" entre o "Principado Augústeo", ou "Primeiro Principado", e aquele que vai do sucessor de Trajano aos Severos. Quanto a tais reformas, precisamos ir além do seu aspecto formal, para verficarmos que, subjacente a elas, houve uma "voluntas" política muito bem definida, elucidando Palazzolo que o Principado de Adriano e dos seus sucessores, *revela uma vontade centralizadora do poder, que vai bem além da concepção "republicana", própria do Principado de Augusto.* E é esta *vontade centralizadora que justifica as numerosas, e, consideradas entre elas, coerentes reformas de Adriano, no sistema das fontes do Direito.*[641] Ainda segundo Palazzolo, a inovação de Adriano se ubica na mais geral ampliação das funções imperiais, e na assunção, enfim quase que exclusiva, *da atividade normativa pelo "Princeps".*[642] Estas inovações de Adriano, que implicaram, inclusive, em uma alteração ocorrida na concepção do poder imperial, revelam a inanidade das tentativas de dividir a História do Direito Romano em compartimentos estanques. E isto porquanto, dentro de cada período das divisões convencionais, existem mudanças, havendo o fenômeno, bem característico do Direito Romano, da coexistência entre as instituições antigas e as novas.

Segundo Palazzolo, a chegada de Adriano ao trono, em 117 d. C., *assinala uma mudança na História do Principado.* Multiplicam-se as formas de manifestação da vontade imperial, *e também às novas formas é atribuído valor normativo.* A "voluntas" do Imperador pode se manifestar, sobretudo, por meio de instruções escritas aos funcionários a ele subordinados ("Mandata"), as quais, exatamente porque concebidas como uma relação privatística (Contrato de Mandato), devem ter tido, e, provavelmente, no início tiveram, *eficácia limitada à vida do Imperador e do funcionário a que eram destinadas.* Ou, também, podia o Imperador enviar cartas aos magistrados e funcionários ("Epistulae"), respondendo às perguntas sobre questões jurídicas que lhe submetiam, em geral ligadas às funções jurisdicionais de tais magistrados ou funcionários. Ou ainda, e esta foi a forma que alcançou, comparativamente às outras, um maior desenvolvimento, *o "Princeps"*

---

[640] V. "Processo Civile..." cit., página 49.
[641] V. "Processo Civile..." cit., página 59.
[642] V. "Processo Civile..." cit., página 62.

podia responder diretamente aos particulares que, antes de atuar em Juízo, ou no curso do processo, consideravam oportuno, com a finalidade de economizar meios judiciários, fazer uma consulta preventiva com a mais alta autoridade do Estado ("Subscriptiones" ou "Rescripta"). Neste caso, a resposta era escrita ao pé do "libellus" com o qual a parte havia encaminhado o pedido, e vinha notificada ao postulante, por afixação pública.[643]

Percebemos que, a partir das reformas adrianéias, há uma crescente "publicização" da função jurisdicional; ocorre a "estatalização" mencionada por Cruz e Tucci. E aduzimos: Para implementar as suas reformas, careceu Adriano de aumentar e deixar mais sofisticados, mais profissionalizados, os quadros da burocracia imperial. Os romanos, um povo conservador, eram refratários às mudanças bruscas. Neste sentido, assinala Palazzolo que, a despeito das reformas de Adriano, só mais tarde, *na época dos Severos*, terminar-se-á por considerar a vontade imperial, manifestada de qualquer forma, *norma de lei para todos os efeitos (quod principi placuit, legis habet vigorem).*[644] Íntimas são as ligações existentes entre o Direito e a Política. Isto é válido, em particular, para a Civilização Romana, na qual, segundo De Francisci, mais do que em qualquer outra, o elemento jurídico desempenhou um papel de relevo. E isto vem a propósito de afirmar Palazzolo que a escolha do tipo de constituição pelo Imperador, *é uma escolha de Política Judiciária:* – A emissão de um "Decretum" envolvia conseqüências mais amplas, tanto no plano substancial, quanto no processual, do que a dos outros tipos de respostas ("Rescripta" e "Epistulae"). Vamos aqui, a propósito, seguir a enumeração adotada pelo autor, para o tratamento do assunto:

1) A assunção da "Cognitio" pelo Imperador, acabava, em todos os casos, por *tolher a competência do juiz natural*, tanto na hipótese em que já houvesse um juiz investido da controvérsia, quanto na hipótese em que o requerente ainda não houvesse adentrado em Juízo, seja ainda no caso em que *o Príncipe desse a sentença final*, seja, por fim, no caso em que o Imperador afirmasse o princípio de Direito, *reenviando as partes a um subalterno*, para o eventual prosseguimento.

---

[643] V. "Processo Civile..." cit., páginas 63 e 64.
[644] V. "Processo Civile..." cit., páginas 64 e 65.

2) A assunção da "Cognitio" pelo "Princeps" implicava em uma conseqüência prática importante: – o "Decretum" *é dado em contraditório com a parte adversa,* e pois, o Imperador *pode ouvir as duas partes.* O Rescrito, ao revés, *é dado apenas ao solicitante,* com base nos motivos por este aduzidos. Compreende-se, aduz Palazzolo, qual possa ter sido o motivo que induziu o Imperador a assumir a "Cognitio". *Quando os fatos fossem pouco claros,* ou os argumentos jurídicos *não suficientes para justificar uma decisão,* o Imperador ou os seus conselheiros consideravam oportuno ouvir a parte contrária, *para decidir com maiores elementos de convencimento.* A conseqüência disto é que a discussão no tribunal, entre as partes e os advogados, e no "Consilium", entre o "Princeps" e os juristas, *são atos processuais verdadeiros e próprios.* Pelo contrário, aquilo que resulta das discussões do "Consi-lium", antes de ser produzido um "Rescriptum", *não é um "ato processual", porque, justamente, falta o contraditório.*

3) Além destas razões de ordem processual, a decisão do Príncipe de assumir a "Cognitio" podia ser tomada também por motivos de cunho substancial, ou seja, em função da vontade de resolver o caso, *não com base no Direito existente, mas com critérios novos:* o "Princeps" queria inovar, queria decidir "extra ordinem". E "extra ordinem", ajunta Palazzolo, significa *fora da ordem substancial, antes que da processual;* o diverso regime processual não é mais do que uma conseqüência, necessária, da diferente decisão substancial. Não é por acaso que, em grande parte dos decretos imperiais (que não sejam emanados em grau de apelação), *seja afirmado um princípio novo, no plano do Direito substancial.*[645]

Como assinala o autor, a vida judiciária do II século, de modo determinante, foi influenciada pela prática de dirigirem-se as pessoas ao "Princeps", para obter uma resposta escrita a respeito de questões de Direito. E isto deu margem ao surgimento de constituições casuísticas, que também tiveram a sua influência sobre o processo.[646] O costume de pedir respostas escritas ao Imperador foi, também, influenciado pelas reformas de Adriano. Assinala Palazzolo que foi

---

[645] V. "Processo Civile..." cit., páginas 80 a 84.
[646] V. "Processo Civile ..." cit., página 95.

apenas a partir deste Imperador que a prática de fornecer respostas escritas, *assumiu um desenvolvimento sem precedentes*.[647] Aqui, seria impossível esgotar os aspectos processuais do assunto. Temos que nos contentar com o essencial. E um dado essencial, é o relativo à influência direta dos Imperadores sobre o processo. Segundo Palazzolo, estão "descartadas" as teorias que sustentam uma influência direta dos "Principes" sobre o processo, atuada graças à atração da controvérsia para a "Cognitio Extra Ordinem" dos funcionários imperiais.[648] Isto sem embargo, acrescentamos, parece-nos indubitável que as "Constitutiones Principum" tiveram uma considerável influência sobre o desenvolvimento do processo da "Cognito Extra Ordinem". De resto, Palazzolo afirma que os "Rescripta" podiam ser utilizados em Juízo. Elucida, o autor, que a analogia substancial dos "Rescripta" com os "Responsa" dos juristas, quanto à função e ao processo de formação de ambos, torna compreensível que os Rescritos pudessem ser exibidos em Juízo, e constituir a base para a decisão da controvérsia.[649] Obtido o "Rescriptum", quando o solicitante desejasse atuar em Juízo, não carecia senão de exibir ao Juiz o rescrito imperial, acompanhado do correspondente libelo, o que permitia, ao julgador, *certificar-se da correspondência da lide submetida à sua decisão, com os fatos expostos pelo requerente ao Imperador*.[650] O "Rescriptum", continua Palazzolo, valia *como precedente respeitável apenas*, e sempre que não se tratasse de uma "Constitutio Personalis", que atribuísse uma posição de privilégio absolutamente excepcional. Não se pode falar de uma eficácia dos "Rescripta", *que fosse além da pura e simples atividade interpretativa do Direito*. A utilização do rescrito em sede processual, era sempre confiada à vontade do solicitante, o qual, com base na resposta, *podia avaliar a oportunidade de entrar em Juízo, ou a ela renunciar*. Também a escolha do tipo de procedimento, sempre que possível, era deixada ao requerente, ou a quem quer que desejasse se servir daquele rescrito.[651] Segundo Andt, os rescritos que devessem servir para um processo eram enviados pela Chancelaria, *não ao requerente*, quer fosse ele um particular, quer um magistrado, mas diretamente, àquele que devia decidir a lide. Ainda segundo

---

[647] V. "Processo Civile ...." cit., página 96.
[648] V. "Processo Civile..." cit., página 108.
[649] V. "Processo Civile..." cit., páginas 108 e 109.
[650] V. "Processo Civile..." cit., página 111.
[651] V. "Processo Civile..." cit., páginas 112 e 113.

Andt, as "Epistulae" e "Subscriptiones" teriam um caráter não-processual. Mas, aduz Palazzolo, as fontes não provam esta tese. Também a "Epistula" e a "Subscriptio" eram enviadas ao requerente.[652] Ao tratar da intervenção "extra ordinem" do Imperador antes de Adriano, diz Palazzolo que deve ser rejeitada a tese que pretende que o "processo por rescrito" tenha existido antes da época imediatamente posterior a Adriano. Antes do sucessor de Trajano, a intervenção "extra ordinem" do "Princeps" *não acontecia "per rescriptum"*, mas por outros meios: – ou em sede de apelação ou rescisão das sentenças dos juízes "extra ordinem", ou também nas sentenças do "Ordo", ou mediante a assunção da "cognitio" em primeira instância, e a decisão por "decretum" imperial, ou por "sententia" do juiz delegado.[653] Após a codificação do Edito do Pretor, são numerosos os rescritos nos quais a Chancelaria Imperial predispõe, relativamente às situações singulares dignas de tutela, "actiones utiles" ("fictitiae", ad exemplum), *não previstas pelo Edito*. Do exame destes rescritos decorre a evidência de que os Imperadores operavam, agora, *com um procedimento não diferente do levado a cabo pelo Pretor:* – ou seja, os "Principes" não apenas reconheciam fundada a pretensão substancial, como avocavam, agora, o poder da "Jurisdictio" pretoriana (poder essencialmente discricionário), de escolher o meio processual mais idôneo para fazer valer uma certa pretensão.[654] Vemos aqui, que o "Jus Honorarium" influenciou o "Jus Novum" criado pelos Imperadores. Em outra obra, anota Palazzolo que o problema das relações entre o "Princeps" e os magistrados incumbidos de dizer o Direito, é um daqueles que apresentam aspectos tão diversos entre eles, que é compreensível que a Romanística não lhe tenha dedicado, até agora, uma investigação sistemática. Há, de uma banda, o aspecto político-constitucional das relações de Poder entre o Imperador e as magistraturas republicanas, das quais o Pretor é uma entre as maiores; e, de uma outra, existe o aspecto, não menos interessante, *das manifestações da vontade imperial*, corporificadas nas "Constitutiones Principum", e da eficácia que elas venham a possuir, não tanto no plano normativo, ou no da extensão territorial, *mas especialmente no campo mais imediatamente processual*, relativo, a saber, *às relações com o processo ordinário, do qual o Pretor é a expressão máxima*. Por derradeiro,

---

[652] V. "Processo Civile..." cit., página 113.
[653] V. "Processo Civile..." cit., página 122.
[654] V. "Processo Civile..." cit., páginas 138 e 139.

existe o outro aspecto do assunto, de qualquer modo conexo com o último, e que é parte do problema, mais vasto, da origem do processo "Extra Ordinem", ou seja, se, e em que medida, a prática dos rescritos imperiais determinou o afirmar-se do processo cognitório, com a conseqüente perda de autoridade da "Jurisdictio" ordinária.[655] Observamos que o exercício da função jurisdicional é uma das formas pelas quais se afirma o Poder. No caso do Principado, o progressivo fortalecimento do processo da "Cognitio Extra Ordinem", em detrimento do procedimento formulário, *correspondeu ao fortalecimento do poder do "Princeps"*. Segundo Palazzolo, tem sido completamente descuidado (exceto quanto a alguns esboços pertinentes a problemas particulares) o perfil, não menos interessante, *da eficácia processual das manifestações da vontade imperial, e, em particular, da eficácia processual dos rescritos*. Trata-se aqui, do problema relativo à possibilidade de que os rescritos imperiais fossem utilizados em um juízo ordinário, e por meio de instrumentos de tipo ordinário, e do problema da eventual limitação que este fato teria acarretado para a atividade jurisdicional do magistrado. Nesta matéria, a doutrina permanece estranhamente apegada à tese de Pernice, apresentada há quase noventa anos, e retomada pouco depois por Andt, sendo que esta doutrina parece, com certeza, *a típica expressão de toda uma época de formalismo jurídico*. Segundo ela, os rescritos imperiais seriam inconciliáveis com o processo formulário e com a "Jurisdictio" do Pretor; seriam um substitutivo da fórmula, *conteriam uma instrução ao Juiz*, e dariam, por este motivo, lugar a um processo de tipo cognitório.[656]

A propósito do enunciado acima, limitamo-nos a dizer que é baldado, na História do Processo Civil Romano, procurar por limites, rígidos, entre o processo das "Legis Actiones", o Processo Formulário, e o da "Cognitio Extra Ordinem". Esta matéria tem que ser tratada, não segundo as perspectivas da Dogmática Jurídica, mas de acordo com espectro de abrangência, mais amplo, da História do Direito. Isto é verdadeiro, pois, segundo o nosso entendimento, a expressão "experiência jurídica", utilizada por Reale[657], se alguma vez mereceu plenamente ser aplicada, o foi no âmbito do Direito Romano. O grande número das "Constitutiones Principum", aduz

---

[655] V. "Potere Imperiale Ed Organi Giurisdizionali Nel II Secolo d. C." cit., páginas 2 e 3.
[656] V. "Potere Imperiale..." cit., páginas 6 e 7.
[657] V. "O Direito Como Experiência – Introdução À Epistemologia Jurídica", São Paulo, Edição Saraiva, 1968, páginas 1 "usque" 3.

Palazzolo, enquanto, de um lado, é, por si mesmo, um outro elemento a levar em conta, para a finalidade da apreciação conjunta da política legislativa e judiciária de Adriano e dos seus sucessores, de outro constitui a base, em matéria de textos, da qual devemos partir, para examinar o tipo de medidas imperiais ("Epistulae", "Rescripta", "Decreta"), e a sua respectiva proporção numérica, os destinatários (magistrados, funcionários, particulares), e o próprio conteúdo delas, de onde se pode dar conta *das influências que, por meio das constituições, os Príncipes exerciam no processo.*[658] O que nos importa ter em mente, é que, sob o Principado, e tal como ocorrera na República com o "Jus Honorarium", surge um "Jus Novum", graças à ação dos Imperadores, assessorados pelo "Consilium Principis", do qual faziam parte insignes juristas.

Segundo Palazzolo, a doutrina do denominado "Jus Novum", que teve, entre os seus precursores, Rudorf e Kuntze, e, em tempos mais recentes, o seu representante máximo em Riccobono, parte do seguinte pressuposto: – Com base na observação de que o "Princeps", na medida em que é "legibus solutus", *está desvinculado também das leis processuais*, tira-se a dedução de que *toda inovação imperial dê sempre lugar a um ato judicial "extra ordinem"*. Partindo desta premissa, a atividade interpretativa-inovadora do Direito, levada a cabo pelo Príncipe com as Constituições Imperiais, é vista não mais como um momento distinto daquele constituído pela atividade jurisdicional executada por meio da "Cognitio Extra Ordinem", *mas como o aspecto substancial do novo sistema jurídico*, o "Jus Novum", nascido da praxe, do uso, da "Cognitio Extra Ordinem".[659] A doutrina do "Jus Novum" foi "duramente atacada" no passado por Wlassak e por Von Mayr, e agora, é de novo contrariada pelos estudos alusivos à origem do processo "Extra Ordinem". Luzzatto, em particular, acautelou-se contra ver outros tantos atos judiciais (e, portanto, outros tantos antecedentes do processo cognitório), *em todos os pronunciamentos imperiais*. Pelo contrário, ele realçou que *a maior parte dos pronunciamentos imperiais surge como atos extrajudiciais*, o que explica a tendência, por parte da Jurisprudência, e da Chancelaria Imperial, no sentido de reconduzi-los para o âmbito do processo ordinário, e dos institutos preexistentes.[660] Concordamos, em parte, com Luzzatto: – Muitas, e

---

[658] V. "Potere Imperiale..." cit., página 16.
[659] V. "Potere Imperiale..." cit., páginas 10 e 11.
[660] V. "Potere Imperiale..." cit., página 11.

variadas, eram as atribuições do "Princeps". Elas iam da esfera militar à religiosa. Assim, o bom senso aponta para o fato de que uma grande parte dos pronunciamentos do Imperador, fosse constituída por atos extrajudiciais. Mas as objeções de Luzzatto não elidem o surgimento e a existência do "Jus Novum", de criação imperial, pelo singelo motivo de que, entre os muitos pronunciamentos do Imperador, havia aqueles que eram, nitidamente, judiciais. No trato do Principado, temos que nos acautelar contra a formulação de regras absolutas, mencionando Palazzolo a "impossibilidade de cristalizar em uma fórmula rígida e esquemática a complexa realidade histórica do Principado".[661] A advertência é válida para o "Jus Novum", e para todas as implicações processuais das "Constitutiones Principum". Segundo Palazzolo, o problema da eficácia processual dos rescritos permanece em aberto, como permanece em aberto o problema, mais geral, da política judiciária de Adriano e dos seus sucessores, e das relações entre a Chancelaria Imperial e a autoridade judicante. Em termos definitivos, permanece em aberto o problema da independência da autoridade judicante, relativamente ao poder político.[662] Temos, aqui, que fazer uma ponderação. As relações entre o "Princeps", a sua Chancelaria, e as autoridades investidas da função de dizer o Direito, *têm que ser vistas sem os nossos preconceitos atuais, relativos à "Tripartição dos Poderes"*. Além disto, parece-nos óbvio que o Direito não pode ser desvinculado, nunca, de uma estrutura de poder. E se esta assertiva é válida para os aspectos substanciais do "Jus", o é para os seus aspectos processuais. Também os órgãos que dizem o Direito se inserem em uma "estrutura de poder". E esta estrutura de poder nem sempre foi "pública", como o revelam os estudos de Fustel de Coulanges.[663] Ela já foi familiar, já foi religiosa, e assim por diante, antes de se "publicizar" com o Principado. Ao tratar da eficácia processual dos rescritos, Palazzolo afirma que o problema *não pode ser solucionado com argumentos formalísticos, porquanto é um problema político, antes de ser jurídico*. A exigência de independência do poder judiciário, relativamente ao poder político, sem embargo de formulada como corolário da Teoria da Divisão dos Poderes no moderno Estado constitucional, está presente na realidade quotidiana de todas as organizações estatais: – e o sistema repu-

---

[661] V. "Potere Imperiale..." cit., página 13.
[662] V. "Potere Imperiale..." cit., páginas 13 e 14.
[663] V. "A Cidade Antiga" cit., páginas 99 e seguintes.

blicano romano, com a sua rígida distinção de competências entre os vários órgãos, refletia esta exigência. De maneira correlativa, não é novo o fenômeno da interferência dos órgãos políticos e administrativos sobre o processo: – em todo Estado que tende a se desenvolver *no sentido de uma forte centralização,* ele se faz presente, seja mediante a usurpação de funções propriamente jurisdicionais, por parte de órgãos possuidores, originariamente, de funções apenas instrutórias ou executivas; *seja mediante uma intervenção direta do poder político sobre a autoridade que diz o Direito.* Trata-se, além disto, de um fenômeno que, "com constante regularidade", acompanha o acentuar-se das tendências autoritárias do Estado.[664] Concordamos com o romanista, quanto ao problema ser mais político do que jurídico. Como vimos, o fenômeno da intervenção do poder político sobre o processo, é correlato a um outro, que é o da centralização. Ora, não é por acaso que tenha ocorrido *justamente na época de Adriano, o reconhecimento geral da vontade do Imperador, como fonte do Direito.* Pelo contrário, a concentração das funções legislativas nas mãos do Imperador, não é senão o resultado de reformas atribuídas a Adriano, com as quais é levada a termo *a mais majestosa obra de centralização da atividade criadora do Direito da História de Roma, desde o tempo dos Pontífices.*[665] Do ponto de vista processual, salientamos, na esteira de Palazzolo, que um dos eixos em torno dos quais girou a obra reformadora de Adriano, foi o novo impulso dado aos "Rescripta" e às "Epistulae".[666] Um fator que não pode ser esquecido, é *o peso político do Imperador, já no primeiro século do Principado.* Este peso, anota Palazzolo, era, inclusive, *jogado na eleição dos magistrados, graças à "Commendatio",* um instituto que era vinculante para os comícios, e que facultava, ao "Princeps", impor um determinado número dos chamados "candidati Caesaris".[667] Parece-nos claro que, podendo influir na eleição dos magistrados, e, inclusive, na dos magistrados dotados de "Jurisdictio", o "Princeps", desde muito cedo, sobre alargar o espectro do seu poder político, ficava habilitado a, ainda que por via oblíqua, influir na dicção do "Jus", feita por homens – os "seus" candidatos – que lhe eram fiéis. Se os "Rescripta" tiveram um papel de destaque a partir das reformas de Adriano, a eles devemos dis-

---

[664] V. "Potere Imperiale...", loc. cit..
[665] V. "Potere Imperiale..." cit., páginas 26 e 27.
[666] V. "Potere Imperiale..." cit., página 27.
[667] V. "Potere Imperiale..." cit., páginas 38 e 39.

pensar alguma atenção. Segundo Palazzolo, não há espaço para uma eficácia dos rescritos, que fosse além da pura e simples atividade interpretativa do Direito. Um detalhe que cremos ser importantíssimo, do ponto de vista processual, é que o fato de que se, sobre uma questão de Direito, tivesse sido emitido um rescrito, não era ele imediatamente ligado à introdução de um procedimento; ou, por outras palavras, *o "Rescriptum" não pode ser visto, de modo algum, como o ato inicial de um processo.*[668]

Os reflexos dos "Decreta" na esfera do processo, podiam assumir várias formas. E nesta modalidade de constituição imperial, julgamos poder vislumbrar o poder imperial, em uma sua manifestação efetivamente majestática. Segundo Palazzolo, a mais provável hipótese para o surgimento dos "Decreta", é a de que tenham sido os próprios juristas da Chancelaria Imperial a preferir, até o ponto em que isto era possível, a emissão de um ato o qual, uma vez declarado o princípio de Direito sobre o qual houvesse surgido questão, *deixasse a salvo os aspectos processuais, evitando, assim, ingerências inoportunas no processo.* Refere Palazzolo que emitir "Rescripta", e portanto "Rescribere", era uma atividade mais consentânea com a mentalidade dos juristas da Chancelaria, do que trabalhar com os "Decreta". E isto porquanto a atividade de "Rescribere" não diferia, substancialmente, da atividade que a eles, juristas, era inerente, e consistente no "Respondere".[669] Ao tratar da assunção direta da "Cognitio" pelo "Princeps", ensina Palazzolo que ela podia decorrer tanto de motivos de ordem processual, quanto de motivos de ordem substancial. Vamos, aqui, nos cingir aos motivos de cunho processual. Sob este aspecto, diz o autor, a assunção da "Cognitio" por parte do Imperador comportava "uma conseqüência prática importante": – *o decreto é dado em contraditório com a parte adversa,* daí decorrendo que o "Princeps" pode ouvir as razões de ambas as partes. Lembra Palazzolo que o fenômeno apontado, ocorre no âmbito do "Decretum", pois, no "Rescriptum", ao revés, há a entrega do documento, *apenas para o solicitante.* E o "Rescriptum", ademais de ser dado apenas ao requerente, é baseado nas razões por este aduzidas. Confrontando os "Decreta" com os "Rescripta", observa Palazzolo que, diferentemente do que acontece com os decretos imperiais, nos rescritos, as inovações no plano do Direito substancial são raras. Os autores que

---

[668] V. "Potere Imperiale Ed Organi..." cit., páginas 51 e 52.
[669] V. "Potere Imperiale..." cit., página 62.

se ocuparam deste problema evidenciaram como os Imperadores se inspiraram, normalmente, na emissão dos rescritos, *nos princípios em vigor, e, mais particularmente, nas concepções e nos ensinamentos elaborados pelos juristas do seu tempo.* É verdade que os Imperadores exercem uma forma de interpretação que, com freqüência, *é do tipo criativo,* porém se trata de uma interpretação que não se distancia daquela outra, também criativa, feita pelos juristas. Há considerar por outro lado que, levando-se em conta que a maior parte dos rescritos resulta do trabalho dos juristas, isto não deve causar espanto, em especial, se se pensar na *exígua propensão dos juristas para as soluções de todo inovadoras,* particularmente, as soluções que não pudessem ser integradas nos instrumentos processuais ordinários.[670] Os "Rescripta", leciona Palazzolo, por se originarem dos "Responsa Prudentium", dos quais tomaram o lugar, graças à sua elaboração pelos juristas, e, por fim, *pelo seu próprio conteúdo substancial,* não podiam possuir outro efeito senão aquele de um ato qualquer de interpretação do Direito existente. O autor também aponta o modo de utilização dos "Rescripta", como um dos motivos geradores do efeito declinado. Aos rescritos, *é completamente estranha uma eficácia direta sobre o processo,* com a óbvia exceção do que foi consignado sobre as matérias de criação nova. Isto significa, para os fins da reconstrução da política judiciária dos Imperadores, e das relações entre o poder político e a autoridade judicante, que *os Príncipes se utilizavam deste instrumento, quando o princípio de Direito que desejavam afirmar, era passível de integração nas formas e pelos instrumentos processuais ordinários.* O "Princeps", que em sua pessoa, reassumira a interpretação jurisprudencial e a atividade criadora do "Praetor", dava prosseguimento, na esteira destes precedentes, à interpretação do Direito vigente.[671] Este dado, de os "Principes" terem dado, com os "Rescripta", continuidade a um labor antes desenvolvido pelos "Praetores", chama a nossa atenção para uma nota característica do Direito Romano: – A sua impressionante unidade interna, que o tornava capaz de passar por transformações, permanecendo fiel às suas origens e ao seu espírito.

Contempla Palazzolo a hipótese de os rescritos irem além da sua eficácia formal. Assim como ocorre para os "Responsa", nunca se pensou em uma influência dos "Rescripta" sobre o processo, que fosse além dos perfis substanciais, e se estendesse até uma modifi-

---

[670] V. "Potere Imperiale..." cit., páginas 67 e 68.
[671] V. "Potere Imperiale..." cit., páginas 69 e 70.

cação da estrutura processual, até, portanto, à *subtração da lide ao seu juiz natural*. Adverte o autor que, no plano lógico, isto não deveria ser pensado tampouco para os rescritos. Isto sem embargo, justamente para estes, surge de maneira espontânea no espírito do pesquisador, a suposição de que, para além da sua eficácia formal, os Príncipes deles se serviram, não só para dar princípios jurídicos novos, mas inclusive para intervir na esfera processual, subtraindo a lide ao seu juiz natural, com a sua remessa para juízes nomeados pelo Imperador.[672] Cremos não ser temerária a hipótese aventada por Palazzolo, sendo ela, ao revés, perfeitamente razoável... com efeito, surgidos os "Rescripta Principis", e tomando eles, sob Adriano e os seus sucessores, o extraordinário impulso reconhecido pelos melhores doutrinadores, *haveria a tendência, por assim dizer, "natural", de que eles acabassem por ultrapassar as lindes da sua primitiva eficácia formal*. O fenômeno implicaria em um aumento do poder pessoal do Imperador, e em um fortalecimento da centralização imperial. Havia, segundo Palazzolo, campos nos quais era maior a liberdade dos Imperadores, ao produzirem os "Rescripta". Nestes campos, os Príncipes faziam uma interpretação mais ousada, que não seria, jamais, encontrada nas obras dos juristas. Isto ocorria na esfera das matérias já reguladas "Extra Ordinem", ou seja, no campo dos institutos *cuja elaboração surgira e se desenvolvera fora dos princípios tradicionais do "Jus Civile" ou do "Jus Praetorium"*. Entre tais institutos, estão os fideicomissos, o patronato, a curatela e os alimentos. Aqui, os Imperadores se colocam como elementos inovadores no plano do Direito substancial, trazendo modificações às vezes radicais.[673] Observamos ser compreensível que maior fosse a liberdade do "Princeps" para interpretar, em se tratando de institutos já regulados "Extra ordinem". Vamos dizer, com um propósito didático, que, aqui, o Imperador se movia no campo do "seu Direito", e vivenciando uma tradição por ele inaugurada. Ao abordar mais uma vez os "Decreta", Palazzolo observa que quando os Imperadores intervinham em sede jurisdicional, mediante a emissão de um "Decretum", *encontravam-se desvinculados não apenas das normas substanciais, mas também das processuais*, fossem elas do "Ordo Judiciorum", fossem da "Cognitio". Era aqui, aduz, que se manifestava, em toda a sua pujança, *a concepção autoritária do poder do "Princeps"*, o qual, colocando-se contra as

---

[672] V. "Potere Imperiale..." cit., páginas 48 e 49.
[673] V. "Potere Imperiale..." cit., página 68.

normas de Direito vigentes, e com freqüência, contra a tradição jurisprudencial manifestada pelos juristas do "Consilium", *construía o seu "Jus Novum"*. Sucede que, para o construir, o Imperador tinha que passar por cima da ordem processual, *que não lhe permitia impor, a não ser precisamente "Extra Ordinem", a sua vontade.*[674] Anota Palazzolo que houve uma "integrabilidade" dos "Rescripta" entre as formas processuais ordinárias. Tal integração dos rescritos na competência jurisdicional dos magistrados, foi reduzindo progressivamente a autonomia da função judicante, até ao ponto de fazê-la desaparecer quase por completo.[675] Verificamos, uma vez mais, quão estreitos são os liames entre o poder político e a função jurisdicional. Em verdade, o poder político e a função jurisdicional *são incindíveis um da outra*.

Francesco Amarelli "et alii" afirmam que o "Princeps" tende a suceder o Pretor, no desempenho da função jurisdicional. Para isto preside, geralmente, por meio dos seus delegados, um tribunal destituído de limites, no que tange à competência "ratione materiae" e "ratione loci", e com funções de juiz de segundo grau, no que tange às decisões já tomadas, não apenas pelos funcionários subordinados, do ponto de vista hierárquico, ao Imperador.[676] Segundo os autores, é Dion Cássio quem informa que foi com o mesmo plebiscito com o qual foi atribuída a Otávio, em caráter vitalício, a "Tribunicia Potestas", que se lhe conferiu, também, o poder de julgar em grau de apelo. E Suetônio explica como este poder de julgar, que, na origem, se referia apenas à matéria criminal, foi em seguida estendido à matéria civil.[677] Parece-nos que as informações veiculadas por Amarelli "et alii", são um tanto simplistas. Para começar, o "Princeps", um órgão novo, não tendeu a "substituir" o Pretor, no desempenho da função jurisdicional; ele colocou-se, desde o início, *ao lado e acima da Constituição Republicana*, logo, ao lado e acima, também, dos magistrados republicanos, *inclusive, do Pretor*. E se houve alguma analogia na atividade interpretativa do Imperador, ao criar o "Jus Novum", com a atividade do Pretor, ao criar o "Jus Honorarium", isto não implica em que o primeiro tenha "substituído" o segundo... indo

---

[674] V. "Potere Imperiale..." cit., página 70.

[675] V. "Potere Imperiale..." cit., página 71.

[676] V. "Storia Del Diritto Romano – a cura di Aldo Schiavone", Torino, G. Giappichelli Editore, 2000, páginas 222 e 223.

[677] V. "Storia Del..." loc. cit..

além, lembramos que a assunção de funções jurisdicionais pelo Imperador, *ocorreu gradativamente,* sendo inseparável do desenvolvimento, também progressivo, do processo da "Extraordinaria Cognitio". Prosseguem Amarelli "et alii", afirmando que encerrada a produção do Direito pelo magistrado, o Imperador, em especial do segundo século em diante, envidou esforços no sentido de adequar o seu tribunal ao cumprimento de tarefas de Jurisdição. Para tanto, de um lado, o "Princeps" regulou o funcionamento do seu pretório, *e para ele atraiu os representantes mais insignes do pensamento jurídico;* e, de outro, disciplinou a "Cognitio Principis" de origem augústea. As suas características, entretanto, quanto aos procedimentos seguidos (embora admitindo que tais procedimentos foram tomando formas precisas gradualmente), *tornam difícil uma descrição diferenciada dos aspectos judiciários e das suas soluções normativas.*[678]

Afigura-se-nos que os autores atuam com simplismo, no trato de um assunto complexo. Não houve um brusco "encerramento" das atividades do magistrado do "Ordo". Tais mudanças bruscas refogem à índole do Direito Romano, e à maneira pela qual ele evoluiu, não de modo dogmático e "legalista", mas com lastro nas realidades da vida. Há um detalhe, colocado em destaque pelos autores ora seguidos, que merece algum aprofundamento. Afirmam eles ser difícil, no Direito Imperial, separar os aspectos judiciários das soluções normativas. Entretanto, se levarmos em conta, de um modo genérico, a aludida índole do Direito Romano, e a sua evolução, doutrinária e jurisprudencial mais do que "legal", e se tivermos presentes ao espírito, em particular, as características deste "Jus Novum" de gênese imperial, em que as intervenções "Extra Ordinem" do Imperador, embora "processuais", acabavam muitas vezes por gerar Direito substancial, não nos admiraremos com a dificuldade em discernir o que é "decisão judicial" do que é "norma", isto porquanto é a decisão que, muitas vezes, *assume aspectos normativos.* Amarelli "et alii" afirmam que, com as intervenções "Extra Ordinem" do Imperador, *tomou corpo uma nova atividade jurisdicional,* do ponto de vista da estrutura, mais propensa a se entrelaçar com o desenvolvimento de funções normativas. É preciso ter em mente, acrescentam, que, concentrando-se nas mãos do Imperador, ininterruptamente, tarefas de legislação, de administração e de jurisdição, os funcionários colocados no governo das províncias, como também os parti-

---

[678] V. "Storia Del Diritto Romano..." cit., página 223.

culares, e bem assim, os apelantes contra os vereditos pronunciados por titulares de cargos subalternos, *acabaram por pedir ao Príncipe, continuamente, instruções e revisões.* Sucede que, ao mesmo tempo em que, com a sua decisão, o Imperador resolvia as situações singulares objeto da sua intervenção, ele se esforçava, com a colaboração dos juristas burocratas da Chancelaria, no sentido de tender para um superior e unitário objetivo de política legislativa, tendo em conta a atração analógica que as suas deliberações exercem na solução de casos parecidos: – Isto é o que, posteriormente, acabou por caracterizar as "Epistulae" e os "Rescripta" como medidas que, conjuntamente, eram jurisdicionais e normativas.[679] Mencionam, Amarelli "et alii", os "juristas burocratas" da Chancelaria. A expressão deve ser comentada, porque nela há um "quid" de pejorativo. Adriano transformou o "Consilium Principis" em um órgão permanente e oficial do governo, sendo que os integrantes do Conselho passaram a ser remunerados. Com o incremento da burocracia, decorrente das sempre maiores necessidades da administração, foram criadas, na Chancelaria Imperial, diversas secretarias especializadas, à frente das quais se encontravam juristas. Adriano e os seus sucessores trataram de atrair, para o serviço imperial, o escol dos juristas de Roma. Assim, insurgimo-nos contra a expressão em pauta. Ao abordarem a "Cognitio Extra Ordinem" do Imperador, em conexão com os frutos do "Jus Novum", Amarelli "et alii" afirmam que, ao elaborar soluções desconhecidas pela Jurisprudência precedente, e colaborar para a produção de decisões inovadoras de normas não mais adequadas do ponto de vista cronológico; ao se esforçarem no sentido de *elevar a sistema os conteúdos deste entrelaçamento de funções, a normativa e a jurisdicional,* os juristas da Chancelaria, com o seu labor, fizeram, sim, com que o "Princeps", embora oscilando entre a atitude de intérprete e a de legislador, *acabasse por se impor como o único órgão do qual dependiam, tanto a produção de normas, quanto a jurisdição.*[680]

Michel Humbert, ao tratar de Adriano, em ligação com o incremento da legislação imperial, assevera que este "Princeps" reorganizou os serviços centrais, ocupados pelos cavaleiros. Por sua iniciativa, juristas ingressaram no "Consilium Principis", cujas tarefas, técnicas e especializadas, dele fizeram *o esboço de um Conselho de Estado.* A legislação imperial se desenvolveu.[681] É ainda Humbert

---

[679] V. "Storia Del Diritto Romano..." cit., páginas 223 e 224.
[680] V. "Storia Del..." cit., página 224.
[681] V. "Institutions politiques et sociales de l'Antiquité" cit., página 306.

quem afirma que, no "Consilium Principis", ingressaram os melhores juristas. Assim, é de preferência ao Conselho Imperial, emanação direta da vontade do "Princeps", que os particulares irão se dirigir. Destarte, o Rescrito Imperial acaba por tomar o lugar do "Responsum". Segundo o autor, o "Consilium Principis" substituiu a antiga Jurisprudência, cultivada pelos juristas particulares. Para Humbert, livre ou oficial, a Ciência do Direito *sucumbiu à autoridade do "Princeps"*, para grande proveito da unidade do Direito, e pois, do Império Romano.[682] Longo e Scherillo, ao cuidarem da figura do "Princeps", em ligação com a decadência dos comícios, afirmam que o outro órgão que, ao lado do Senado, e de modo mais rijo do que este, compensou nesta época a decadência dos comícios e a decadência da atividade pretoriana, *foi o Imperador*, cuja influência na evolução do Direito não cessou de crescer sempre mais, e que, com o advento da monarquia absoluta, iria *substituir todas as outras fontes ativas do Direito*. Houve, também aqui, um desenvolvimento progressivo, sendo necessário tratar, em primeiro lugar, das formas da intervenção imperial, e, em segundo lugar, da eficácia legislativa que elas tiveram.[683] Ao abordarem as "Constitutiones Principum", Longo e Scherillo ensinam que, a começar de Gaio, da época de Antonino Pio, a Jurisprudência Romana reconhece que as constituições imperiais possuem valor de lei (legis vicem optineat), *isto é, fazem "Jus Civile"*. Segundo Gaio, 1, 5, o poder legislativo imperial deriva do fato de que o Imperador *recebe o seu poder por lei*. Pompônio, contemporâneo de Gaio, se exprime no mesmo sentido, com menor clareza (Dig. 1, 2, 2 § 12). Ulpiano evoca, sem mais, a "lex de imperio", enquanto Papiniano enumera as constituições imperiais entre as fontes do "Jus Civile" (Dig. 1, 1, 7 § 1). Também o Edito de Adriano menciona as constituições imperiais ao lado das outras fontes do Direito.[684]

Prosseguem Longo e Scherillo, afirmando que a eficácia das constituições imperiais não existiu, sempre, como a descrevemos no período anterior. Também no que diz respeito à força vinculante das "Constitutiones Principum", *verificou-se uma evolução*. Com efeito, a admitir-se que estas constituições tenham tido o valor de lei geral

---

[682] V. "Institutions politiques..." cit., página 340.

[683] V. "Storia Del Diritto Romano; Costituzioni e Fonti Del Diritto" cit., páginas 275 e 276.

[684] V. "Storia Del..." cit., página 279.

e definitiva desde o início, *contrapõe-se um fato inconciliável com tal eficácia:* – Na Constituição do Principado, *o Imperador não tem o poder legislativo, e está subordinado à lei*. O princípio de que o Imperador é "legibus solutus", a que algum autor moderno pensa poder ligar o poder legislativo imperial, vem se formando apenas lentamente, *e é proclamado de maneira geral, só na época dos Severos, quando não se duvida mais do poder legislativo imperial*.[685] Algumas ponderações se impõem. O resultar, a força vinculante das "Constitutiones Principum", de uma longa evolução, é algo que está em sintonia com a índole do Direito Romano, e com a sua evolução. Quanto ao fato de, na Constituição do Principado, o Imperador não dispor, formalmente, de uma faculdade legiferante, não impediu ele a formação, gradual e segura, de um poder que Orestano chama de "normativo". Quanto à máxima "Princeps legibus solutus est", deve ser salientado, o que é fundamental, que o poder normativo dos Imperadores é anterior a ela. Ainda a tratar da eficácia das Constituições Imperiais, Longo e Scherillo escrevem que, quanto à tentativa da Jurisprudência Romana, de se apegar a uma cláusula da "lex de imperio", deve ser observado que a cláusula em epígrafe, na origem, *não tinha este sentido*. Na redação por nós conhecida, ou seja, a da "lex" emanada por Vespasiano, ela assim rezava: – "utique quaecunque ex usu reipublicae maiestateque divinarum humanarum publicarum privatarumque rerum esse consebit, ei agere facere ius potestasque sit, ita ut divo Aug., Tiberioque Iulio Caesari Aug., Tiberioque Claudio Caesari Aug. Germanico fuit"; e comumente se entende que se referia aos atos de governo, *não à faculdade legislativa*. O sentido de atribuição do poder legislativo lhe foi dado, sucessivamente, pela Jurisprudência, *para justificar aquele poder que, entrementes, vinha se afirmando;* ou também, prosseguem, pode dar-se que a cláusula da "Lex de Imperio", depois de Vespasiano, tenha sido alargada, para aí compreender, também, o poder legislativo.[686] Teçamos alguns comentários. Em primeiro lugar, reiteramos que não sabemos se a "Lex de Imperio Vespasiani" repetiu o que fora conservado, na tradição oral, da velha "Lex Regia de Imperio". Acreditamos na existência histórica desta "Lex de Imperio", como uma forma da assunção unilateral do "Imperium" pelo "Rex", depois pelo magistrado republicano, e "a posteriori" pelo "Princeps"; que era feita perante o "Populus", sendo de todo indi-

---

[685] V. "Storia Del...", loc. cit..
[686] V. "Storia Del Diritto...", loc. cit..

ferente o assentimento ou o não-assentimento do Povo. Assim, pensamos que a "Lex de Imperio Vespasiani", sem embargo do nome, *não é a velha "Lex de Imperio" que remontava à Realeza*. Ela foi em verdade, um "pacto de governo" celebrado entre o "Princeps" e os governados, e que teve em mira, inclusive, restaurar o prestígio do Principado. Há um outro dado que temos que considerar, ao nos debruçarmos sobre a "Lex de Imperio Vespasiani": – Tendo emergido como o vencedor na luta entre os generais, ocorrida durante a anarquia militar, Vespasiano *era o primeiro Imperador de Roma a não integrar a Família Júlio-Cláudia*. Assim, carecia ele de legitimidade... não é por acaso que, no texto a nós chegado da sua "Lex de Imperio", Vespasiano tenha feito menção, expressa, aos nomes de Augusto, Tibério e Cláudio, omitindo, prudentemente, os de Calígula e de Nero. Além destas considerações, há esta outra, irrespondível: – Antes do reinado de Vespasiano, já havia, discretamente embora, manifestações do poder normativo imperial.

Na abordagem dos "Decreta" e dos "Rescripta", Longo e Scherillo asseveram que, com estas duas modalidades de constituições, o "Princeps", certamente, pretendia no início funcionar mais como intérprete das normas existentes, do que como criador de novas normas. Isto explicaria uma controvérsia que, segundo a opinião de Justiniano, ter-se-ia travado a respeito do valor de leis da "interpretatio" imperial. Assim os "Decreta", que eram sentenças, deviam portanto ter tido, inicialmente, força vinculante, *apenas entre as partes envolvidas na causa*. Entretanto, aduzem, o Imperador não se limitou a interpretar o Direito vigente, porém, especialmente quando o Direito resultante das fontes do Direito Civil e Pretoriano continha lacunas ou levava a conseqüências iníquas, *supriu as deficiências, criando, ele próprio, a norma conveniente para o caso concreto*. Nestes casos, a decisão imperial terminava por ter uma importância que transcendia o caso para o qual fora emanada, *desde o momento em que constituía um precedente que, enquanto tal, impunha-se ao juiz para todos os casos parecidos*. Quanto aos "Rescripta", que eram respostas, pareceres, tinham força obrigatória apenas para o juiz da questão à qual se referiam, e a sua validade estava subordinada à condição, expressa ou implícita, da verdade dos fatos alegados pelas partes, que devia ser certificada pelo juiz. Mais tarde, entretanto (e é oportuno recordar que a massa dos rescritos coincide com a época pós-adrianéia), os limites de eficácia dos rescritos acabaram por depender da vontade do Imperador, como ela resultava do próprio rescrito: – às vezes, em especial quando se tratava da concessão de privilégios ou de benefícios, ou da irrogação de penas, *o rescrito era eficaz apenas a respeito da pessoa que havia provocado a sua produção;* tratava-se da "Constitutio Personalis". Este rescrito não podia ser invocado em outros casos similares. Às vezes, ao revés, derivava da vontade do "Princeps" que a solução por ele encontrada devia ser aplicada a todos os casos parecidos ("Constitutio Generalis"). Quanto à massa de "Rescripta" que, "a posteriori" (época subseqüente a Adriano), resolviam pontos incertos ou controvertidos do Direito a respeito de casos particulares, sem que dimanasse daí se deviam ou não ter alcance geral, *à medida em que o poder legislativo do Imperador se afirmava,* também estes rescritos terminaram por ser considerados manifestações da vontade do legislador, e inclusive deles se extraiu um novo Direito, em especial por meio da acolhida e elaboração deles por parte da Ciência do Direito.[687] Façamos algumas observações. Em primeiro lugar, e como verificamos, os dois romanistas falam de "partes" – no plural – em conexão com o "Rescriptum", quando nos parece que era uma parte (e não no sentido processual, pois o rescrito jamais dava nascedouro a uma relação processual) que se dirigia ao Imperador, para solucionar uma dúvida. De posse do "Rescriptum", o solicitante podia atuar em Juízo ou não, ficando isto ao seu alvedrio. Em segundo lugar, o poder normativo do Imperador foi crescendo, na razão direta do aumento da centralização imperial, sendo que o reinado de Adriano, com as suas reformas, incrementou o processo centralizador.

Os jurisconsultos desempenharam um papel de relevo na criação do "Jus Novum", na qualidade de assessores do Imperador, *profissionais e remunerados,* a partir de Adriano. Assim, algo deve ser dito, a propósito da Jurisprudência Clássica, em conexão com o Principado. Escreve Moreira Alves que, no início do Principado, estavam os jurisconsultos divididos em duas escolas, a dos Proculeianos e a dos Sabinianos, tendo sido a primeira fundada por Antísteo Lábeo, e derivando o seu nome do de Próculo. A segunda escola, fundada por Atéio Capito, tirou o seu nome do jurisconsulto Masúrio Sabino. Entre os principais proculeianos, estiveram os dois Nervas, os dois Celsos, Pégaso e Nerácio Prisco. Entre os sabinianos, tiveram destaque Cássio, Célio Sabino, Javoleno e Sálvio Juliano. Segundo Moreira Alves, as divergências entre ambas as escolas não ultrapassaram o reinado de Adriano (117 a 138 d. C.). Gaio, posterior a esta época,

---

[687] Vide "Storia Del Diritto..." cit., páginas 281 e 282.

proclamava-se sabiniano. Sucede que era ele um provinciano, e a sua identificação com a Escola Sabiniana, parece refletir a ressonância, *nas províncias,* de divergências que não mais existiam em Roma.[688]

Consideramos sintomático o dado apontado pelo romanista, no sentido de, após Adriano, não mais existirem divergências entre as duas Escolas: – Parece-nos que, com as reformas deste Imperador, que incluíram a oficialização e a profissionalização do "Consilium Principis", houve uma tendência no sentido da uniformização da interpretação do Direito, que, como é evidente, teria os seus reflexos, inclusive, nas aplicações processuais das "Constitutiones Principum".

---

[688] Vide "Direito Romano" cit., vol. I, página 54.

Capítulo X

A Exegese das Máximas "Princeps Legibus Solutus Est" e "Quod Placuit Principi Legis Habet Vigorem"

Este derradeiro capítulo ajuda a responder à nossa indagação nuclear: – Ao produzir as "Constitutiones Principis", o Imperador exercitava um poder seu, próprio, ou o fazia graças a uma delegação do "Senatus" e/ou do "Populus?" Recorda–mos que o Principado foi uma realidade política, jurídica e institucional em contínua evolução, no decurso de três séculos. Como veremos neste capítulo, esta evolução do sistema é indissociável da inteligência das duas máximas presentes no título acima. Ao tratar da eficácia normativa das "Constitutiones Principum", De Francisci observa que foi e é objeto de discussão o problema de tal eficácia durante o Principado, abrangendo, a discussão, as duas máximas, "Princeps legibus solutus est" e "Quod Principi placuit legis habet vigorem". Segundo o romanista, a solução destes problemas tornou-se difícil, *em função das concepções erradas sobre a Constituição do Principado,* que tiveram ampla difusão na Ciência Jurídica. Em particular, contribuiu para tais concepções erradas a doutrina de acordo com a qual, o Principado nada mais seria do que uma restauração da República. Estes são, continua De Francisci, equívocos que carecem de ser corrigidos. Se se reconhece o valor e o alcance dos poderes concentrados em Augusto, *não pode haver dúvida alguma de que, desde o início do novo sistema, foi reconhecido o valor obrigatório das normas contidas nas ordenanças do "Princeps"* – e os Editos de Cirene são a prova do asseverado. Há considerar, ainda, que no período de Adriano, na redação feita por Sálvio Juliano do "Edito Perpétuo", os "edicta decreta principum" eram, já, considerados como fonte do Direito, ao lado das leis, plebiscitos e senatusconsultos (D. 2, 14, 17. § 7; D. 3, 1, 1 § 8; D, 4, 6, 1, § 1; D. 43, 8, 2, pr.). O autor recorda que, segundo a tradição, muito provavelmente certa, a "oratio" do Senatusconsulto que acompanhou a nova ordenação do "Edito Perpétuo", estabelecia que as futuras modificações apenas poderiam ser feitas, *por meio de Constituições Imperiais*. Tal valor era reconhecido na prática, sem embargo das dificuldades doutrinárias, inclusive às "constitutiones" diferentes dos "edicta", o que pode ser deduzido de Gaius (Inst., 1, 5), e de Pomponius (Dig., 1, 2, 2, § 12). Gaio acrescenta as "epistulae", e Pompônio se expressa genericamente. De outra banda, os "rescripta" e os "decreta" só devem ter sido freqüentes depois de Adriano; e à época dos Severos, não existe qualquer dúvida a respeito do valor normativo de toda decisão do "Princeps" (Ulpiano, Digesto, 1, 4, 1, pr: "Quod principi placuit legis habet vigorem"; § 1: "Quodcumque imperator per epistulam et subscriptionem statuit vel cognoscens decrevit vel de plano interlocutus est edicto praecepit, legem esse constat"). É interessante notar, aduz De Francisci, que os juristas vão buscando a razão constitucional desse valor normativo das disposições do "Princeps", e a encontrem na "Lex de Imperio" (Gaio, 1, 4, 1, pr.). Isto, se não é de todo exato ao ter início o Principado, é exato a partir de Vespasiano.[689] Concordamos com De Francisci, no sentido de que, desde Augusto, as determinações do "Princeps" foram obrigatórias. É indubitável, de outra banda que o poder normativo do Imperador foi sendo robustecido, e que, com as reformas de Adriano, este poder se estabilizou em definitivo. Apenas uma observação fazemos: – *Para nós, a antiga "Lex de Imperio" não é a "Lex de Imperio Vespasiani", em função dos argumentos que expendemos no Capítulo IX.*

Para Orestano, considerada a função do Imperador, de regulador supremo dos destinos do Estado, *era natural que a sua vontade pudesse representar a vontade do "Populus"*. Entende-se que uma tal justificação, não tem a sua base constitucional nos antigos princípios republicanos.[690] Não pretenderíamos levar, para a Antigüidade, as modernas noções de "Representação Política", que envolvem os par-

---

[689] V. "Síntesis Histórica del Derecho Romano" cit., páginas 403 e 404.
[690] V. "Il Potere Normativo Degli Imperatori e Le Costituzioni Imperiali" cit., página 35.

tidos, o sufrágio universal e direto, e assim por diante. Assim, entendemos que o "Princeps", na lição de Orestano, era, graças à posição que ocupava, o intérprete da vontade do "Populus". Há uma lição de Galvão de Sousa, aplicável à "representação" do "Populus" pelo Imperador:

> "Em primeiro lugar, tôda sociedade polìticamente organizada é representada pelo poder. Êste lhe proporciona unidade, paz e segurança. União moral e estável de vários indivíduos em vista de um fim, a sociedade requer uma autoridade, para tornar efetiva a cooperação de todos segundo o objetivo comum a atingir. O poder ou a autoridade – duas expressões, acentuando a primeira a fôrça ou a eficácia diretiva, e a segunda, o direito ou a superioridade moral – é um princípio de unidade social, coordenando a atividade dos particulares para a consecução do bem comum. A estas duas expressões correspondem também, respectivamente, as idéias de legalidade e legitimidade: a legalidade estabelecida pelo poder, em condições de fazê-lo, isto é, de promulgar normas jurídicas e exigir a sua observância; a legitimidade da ordem legal, uma vez conforme aos princípios superiores da justiça e à constituição histórica da sociedade".[691]

Parece-nos que no sentido apontado pelo autor, houve sim, no Principado, uma "representação política", na medida em que o Imperador, encarnando o Poder Político, representava a vontade do "Populus", na forma enunciada por Orestano. Segundo este, os jurisconsultos clássicos tentaram justificar o poder normativo do Príncipe. O seu esforço não foi bem sucedido, na medida em que das palavras da "Lex de Imperio" à qual eles se referiam, e conservada pela "Lex de Imperio Vespasiani", não é possível extrair mais do que *uma legitimação muito genérica e insuficiente* para o poder normativo imperial. Na esteira dos antigos juristas, prossegue Orestano, muitos autores modernos buscaram, na "Lex de Imperio", o fundamento do poder graças ao qual, o Imperador produzia as "Constitutiones". Opina Orestano que, na "formulação vaga" da "Lex de Imperio", não se pode vislumbrar, absolutamente, *uma legitimação tão vasta e precisa,*

---
[691] V. "Da Representação Política", São Paulo, Edição Saraiva, 1971, página 17.

como a que teria sido necessária, *se as bases do poder normativo do "Princeps" estivessem precisamente e apenas nela:* – As expressões usadas na "Lex de Imperio Vespasiâni", às quais se costuma fazer referência, não são, realmente, as mais idôneas para legitimar um tal poder. Com base em tais palavras, continua, é possível sustentar uma ampla liberdade do Imperador: – certamente, o conceito de "agere facere" pode ser considerado compreensivo, inclusive, da emissão de constituições; *mas, não é um poder determinado, atribuído de maneira expressa ao Príncipe,* e nunca o reconhecimento de um poder legislativo, entendido no sentido republicano. Outros autores, aduz o romanista, referem-se, ao revés, à última cláusula da "Lex de Imperio" (Vespasiani):

> "Utique quae ante hanc legem rogatam acta gesta decreta imperata ab imperatore Caesare Vespasiano Aug (usto) iussu mandatuve eius a quoque sunt, ea perinde iusta rataq (ue) sint ac si populi plebisve iussu acta essent".

Pode parecer, ajunta Orestano, que sendo sancionados com estas palavras, como se fossem atos do "Populus", os atos praticados pelo Imperador, antes da "rogatio" da lei, devessem ser sancionados do mesmo modo, *também aqueles atos posteriores.* Mas esta disposição tem apenas o objetivo de conferir um efeito retroativo à lei, embora seja preciso reconhecer que ela se prestava melhor do que a primeira, ao uso que os juristas clássicos fizeram da "Lex de Imperio Vespasiani", na sua tentativa de legitimação do poder normativo do "Princeps".[692] Algumas ponderações se impõem. Reiteramos o que, antes, consignamos, a propósito da "Lex de Imperio Vespasiani". E enfatizamos que acreditamos que o fundamento formal do poder normativo do Imperador estivesse na "Lex de Imperio", a qual era a velha "Lex Regia de Imperio" da Realeza, invocada apenas como uma formalidade, e por apego à tradição, a cada vez que um novo Imperador chegava ao poder. Segundo Orestano, entre os modernos, e a partir de Savigny, teve grande aceitação a teoria de que o poder imperial de produzir constituições, tinha fundamento na "Tribunicia Potestas" e no "Imperium Proconsulare". Mas sucede aqui, aduz, que é necessário observar de plano que, quando se fala destes dois poderes, *não se pode tomá-los no valor que eles possuíam no regime republicano:* – Por estarem destacados do exercício dos cargos, estes poderes *assumiram*

---

[692] V. "Il Potere Normativo..." cit., páginas 21 e 22.

um valor novo e mais amplo. Contudo, adverte, este ponto, em geral, não tem sido suficientemente considerado, donde se tem querido extrair, da estrutura de tais poderes, uma série de conseqüências que parecem infundadas.[693] Ao contestar a opinião de Savigny, afirma Orestano que ele partiu do pressuposto de que o "Imperium Proconsulare" atribuía, ao "Princeps", apenas o poder de promulgar "Edicta" *para as províncias imperiais.* Hoje, entretanto, considera-se que se, sob este aspecto, uma distinção deve ser feita entre os dois tipos de províncias, o "Imperium Proconsulare" *teria o seu campo de incidência, antes nas províncias senatoriais do que nas imperiais.* Nesta ordem de idéias, Siber sustentou que, ao lado do "Imperium Proconsulare" sobre as províncias senatoriais, havia um outro "imperium", "não qualificado", apto a legitimar o poder do "Princeps" sobre as províncias imperiais. Mas, esta distinção entre os dois "imperia" deve ser afastada. Ela complica as coisas, ao invés de as simplificar. Em verdade, não só o Imperador podia emanar editos válidos tanto para as províncias senatoriais quanto para as imperiais, *como, também, um edito único, válido para umas e outras províncias.* E tal não seria possível, senão com base em um poder unitário, isto, *desde o tempo de Augusto.*[694] Acrescentaríamos, com o respeito que nos inspira Savigny, que foram os excessos lógicos, "logicistas", diríamos, na esteira de Vicente Ráo,[695] dos estudiosos do século XIX, especialmente os alemães, que complicaram indevidamente o Direito Romano, por sua índole, simples, prático e objetivo, como o povo que o criou. Em verdade, prossegue Orestano, a "facultas" do Imperador de emitir normas, sob o aspecto da validade territorial, *vai além do que possam ser os poderes isolados que derivam da "Tribunicia Potestas" e do "Imperium Proconsulare".* Também no que diz respeito ao nome desta faculdade, o qualificativo de "Jus Edicendi" não é o mais apropriado para revelar o seu caráter e natureza. Este assim chamado "Jus Edicendi" imperial, de fato, tem sido considerado até agora, e em geral, como um poder em tudo análogo ao poder dos Cônsules, dos Pretores, e assim por diante, exceto, é claro, quanto ao maior vigor por ele assumido, na medida em que é exercitado *pelo próprio Imperador.* Na realidade, o poder dos Imperadores de emanar editos, como vem se

---

[693] V. "Il Potere Normativo..." cit., página 22.
[694] V. "Il Potere Normativo..." cit., página 26.
[695] V. "O Direito e a Vida dos Direitos", São Paulo, Editora Resenha Universitária Ltda., 1977, 1º volume, tomo III, página 454.

modelando desde Augusto, *é um poder novo, relativamente ao "Jus Edicendi" normal*.[696]

Concordamos com o romanista. Renunciaremos a compreender o Principado, as suas instituições, e o poder normativo do Imperador, se não perdermos o vezo de o considerar um prolongamento da República, quando é ele uma realidade nova. Outrossim, um órgão novo, que é o "Princeps", possui também um poder novo, e unitário, de emitir normas. Ainda segundo Orestano, "Lex de Imperio", "Tribunicia Potestas", "Imperium Proconsulare" e "Jus Edicendi", são os limites dentro dos quais, tanto os antigos quanto os modernos têm se movimentado. Pode-se recorrer a qualquer uma dessas expressões, ou a todas em conjunto, *mas sempre há qualquer coisa que permanece de fora*. Nenhum destes poderes legitima, por completo, o poder imperial no campo legislativo.[697] Enfatizemos este dado: – "Lex de Imperio", "Tribunicia Potestas", "Imperium Proconsulare" e "Jus Edicendi", aos quais poderíamos acrescentar os aspectos místicos e religiosos do Principado, *não bastam, quer isoladamente, quer em conjunto, para legitimar completamente o poder imperial no campo legislativo*. Segundo Orestano, aí influem, sim, todos estes elementos, mas existe um outro, *constitucionalmente imponderável, dada a natureza especial do Principado*. Um exemplo de como é insuficiente que nos baseemos exclusivamente em princípios constitucionais na medida dos princípios republicanos, é fornecido pela teoria de Mommsen, que tudo busca na "Lex de Imperio" e na "Tribunicia Potestas". Para Orestano, o grande historiador, depois de haver considerado o problema do ponto de vista constitucional, foi forçado a reconhecer que o poder legislativo, na forma e na aplicação a ele dada pelos Príncipes, *constituiu qualquer coisa essencialmente nova, e própria do Principado*. Este "quid novi", não passível de classificação de acordo com os esquemas republicanos, *e para os quais não se formularam esquemas novos senão no período da monarquia absoluta é a supremacia e a autoridade de fato do Imperador*, que lhe permite impor, de forma cogente, a sua vontade a todos os subordinados. Ainda segundo Orestano, a melhor representação do estado de coisas que acabamos de descrever, pela sua rudeza e franqueza, e fazendo-se abstração da tentativa de legitimação constitucional que a acompanha, nos é fornecida por Ulpiano, com as palavras: –*"quod principi placuit legis habet vigorem"*.

---

[696] V. "Il Potere Normativo..." cit., páginas 26 e 27.
[697] V. "Il Potere Normativo..." cit., página 29.

Esta, aduz Orestano, é a realidade histórica: ela tem valor, independentemente de todas as justificações ou legitimações.[698]

A máxima "Quod principi placuit legis habet vigorem", de Ulpiano, e que se ubica no "Digesto", Livro I, Título IV, primeiro parágrafo, encontra correspondência, segundo Orestano, em afirmações do mesmo teor, conquanto *enunciadas com menor precisão*, de autores literários: – "ius arbitriumque omnium rerum illi permissum est", assevera Suetônio, em "Caio, 14 "; e Sêneca diz "Caesari...omnis licent", "in" "De consol. ad Polyb. 7. 2".[699] Cremos existir uma forte probabilidade de os autores literários terem retratado a realidade histórica. Afinal, estes homens, sobre serem indivíduos cultos (Suetônio foi um respeitado historiador, e Sêneca, um dos expoentes do Estoicismo em Roma, serviu de preceptor a Nero), viviam em Roma, ao tempo do Principado, tendo sensibilidade e capacidade para registrar os fatos que viam, ou de que tinham ouvido falar. E, como diz Orestano, *nesta matéria importam fundamentalmente os fatos, a realidade histórica*. É preciso, segundo Orestano, reconstituir, com a mente, a posição ditatorial do Imperador, desde o início, e ver como a sua vontade superava e excedia todas as outras; e é necessário pensar, também, como a autoridade do "Princeps" crescia gradativamente, alargando-se para todos os campos. E então fica fácil compreender que, mesmo se não legitimado perfeitamente com base nos princípios constitucionais, o Imperador, graças à sua autoridade de fato, *se fez juiz e legislador, intérprete e criador do Direito,* além da medida dos poderes que, a ele, pudessem ter sido conferidos com lastro no esquema dos princípios republicanos. É pela sua posição indiscutida *de supremo árbitro dos destinos do Império,* por esta autoridade de fato que para ele derivava, seja dos poderes conferidos, seja da sua preponderante influência política, que tudo aquilo que ele, "Princeps", diz, faz e determina, assume um valor tal que deita abaixo qualquer obstáculo constitucional, e se coloca acima de qualquer sistema, forma ou princípio existente, *como norma inderrogável e coativa.*[700] Façamos alguns comentários. Em primeiro lugar, e a propósito da vastidão dos poderes do "Princeps", recordemos que o sistema instaurado por Otaviano surgiu dos escombros da República, e em uma

---

[698] V. "Il Potere Normativo..." cit., páginas 29 e 30 – a citação de Ulpiano está em itálico, no original.
[699] V. "Il Potere Normativo..." cit., página 30.
[700] V. "Il Potere Normativo..." cit., páginas 30 e 31.

época em que tanto os cidadãos romanos, quanto os habitantes das províncias, estavam cansados das guerras civis, dos saques, das extorsões, e, em uma palavra, da insegurança. Cremos que aí tem aplicabilidade a lição de Galvão de Sousa, para quem após cada guerra, cada revolução, cada golpe ou tentativa de subversão da ordem, *o poder do Estado sai fortalecido e senhor de maiores atribuições*. Passam as situações excepcionais, mas os poderes extraordinários, que o Estado atribuíra a si mesmo, permanecem.[701] Sabemos que o termo "Estado" não pode ser aplicado, exceto com fins didáticos, à Antigüidade. Mas o detalhe não elide a aplicabilidade da lição do autor nacional ao fortalecimento do poder público, que ocorreu com a instauração do Principado. Voltemos a Orestano. Não concordamos com o autor, quanto ao Imperador ter uma "posição ditatorial", quer no sentido do "Dictator" do antigo Direito Público Republicano, quer no dos "Ditadores Atípicos" do final da República, quer, finalmente, no sentido moderno da palavra. Antes de mais nada, o Principado era uma instituição jurídica e política, e não um mero poder pessoal. Na nossa opinião, o "Princeps" *era um monarca, um Imperador,* mesmo se levarmos em conta que o Principado era uma monarquia "sui generis". Como um monarca, o Príncipe tinha poderes compatíveis com a sua posição política, jurídica e constitucional. Não podemos nos esquecer de que a Constituição Romana, se aplicarmos a ela, com cautela, a terminologia atual, era uma constituição não-escrita, consuetudinária e flexível, *e na qual as mudanças se operavam segundo as vicissitudes históricas*. Nesta ordem de idéias, Roma teve os seus princípios como uma monarquia, à testa da qual estava um "Rex"; passou a ser uma República, dirigida por dois Cônsules; voltou a ser uma monarquia com Augusto; e, finalmente, transformou-se em uma monarquia absoluta, com o Dominato. Ora, sob todos estes regimes políticos, e inclusive à época do Dominato, não nos parece correto falar de uma "posição ditatorial" do governante. Cremos que uma "posição ditatorial", só a tiveram aqueles que chamamos de "Ditadores Atípicos" do final da República, como Sila, Pompeu e César. Há um argumento convincente, contra esta "posição ditatorial" do "Princeps", defendida por Orestano. E também ele, mais do que jurídico, é político. O "Princeps" estava, por dever de ofício, jungido a um comportamento condizente com o seu "munus", e com as exigências da boa governança. Desde que ele se afastasse deste

---

[701] V. "Da Representação Política" cit., página 69.

comportamento, incorria no desagrado dos governados, que podia assumir a forma do regicídio.

Em posição contrária à de Orestano, a propósito da máxima "Quod principi placuit legis habet vigorem", coloca-se De Martino. Segundo ele, um indício de que os atos de outorga de poderes ao "Princeps" fossem distintos, e que o "Imperium" viesse dado com uma lei comicial, e a "Tribunicia Potestas" com um plebiscito, pode ser deduzido da cláusula final da "lex" (Refere-se à "Lex de Imperio Vespasiani"), com a qual são ratificados os atos cumpridos pelo Imperador, antes da investidura. Adverte De Martino que este texto *não pode ser entendido no sentido de que a vontade do Imperador era equiparada à dos órgãos comiciais*, isto é, no sentido de que "Quod Principi placuit legis habet vigorem", que foi a divisa da monarquia absoluta. Tal princípio, di-lo De Martino, *não existia no Principado*, e portanto, a ele não pode fazer menção uma Lei de 69 a. C., qual seja, a "Lex de Imperio Vespasiani".[702]

O problema é complexo, abrangendo, inclusive, aspectos semânticos. Longo e Scherillo afirmam que a atividade legislativa, nos estertores da República, sofrera uma interrupção, em virtude da centralização do poder legislativo nas mãos dos triúnviros. Sob Augusto, tal atividade legislativa dos comícios retomou o seu curso normal, sendo que o próprio Augusto, em função da sua "Tribunicia Potestas", *apresentou ao "Populus" uma série de leis*, fazendo com que os Cônsules apresentassem outras. Depois de Augusto, entretanto, declina a legislação comicial. Podem ser recordadas, ainda, algumas leis sob Tibério e Cláudio. A derradeira lei comicial de que se tem notícia, é uma lei agrária, do tempo de Nerva. Em seguida, não há mais vestígios de atividade dos comícios. O seu poder legislativo, se não foi formalmente abolido, de fato, cessou de funcionar. Isto explica, continuam Longo e Scherillo, como ainda os jurisconsultos posteriores *definam a lei como a vontade do Povo, a distingam tecnicamente do plebiscito, e a insiram nos seus catálogos de fontes do Direito*. Um dado tem que ficar absolutamente claro: – Quando os jurisconsultos clássicos falam de "lei", *pretendem sempre se referir à lei comicial*.[703] Partamos da premissa, realçada pelos dois autores, de que, sempre que os jurisconsultos clássicos se reportam à "lei", desejam se referir à lei comicial. Bem firmado este ponto, consignemos que Orestano,

---

[702] V. "Storia Della Costituzione Romana" cit., vol. IV, páginas 414 e 415.
[703] V. "Storia Del Diritto Romano..." cit., páginas 265 e 266.

ao tratar da criação jurídica imperial, aborda, por igual, a palavra "lex." E escreve que, a propósito do poder normativo imperial, não é preciso, realmente, fazer caso das palavras "lex" e "poder legislativo". Em grande medida, aduz, aqui atua *um nosso erro de perspectiva histórica*. Com efeito, somos levados a atribuir, à lei, *um valor de todo preeminente, relativamente às outras formas normativas*. Disto deriva que quando verificamos que os Imperadores não podiam, formalmente, fazer "leges", *somos induzidos a colocar, em um plano inferior, as normas de criação imperial*. Mas este "proceder por hierarquias", se é algo que corresponde às nossas exigências modernas, *transplantado para o Mundo Romano, produz falsos resultados*. Na verdade, a "lex" pode ter representado o máximo de autoridade durante o Período Republicano; sucede que a rapidíssima involução que esta fonte sofre durante o primeiro século do Principado, não permite que se mantenha, para ela, *aquele mesmo valor absoluto que possuía na época precedente*. Se, pois, ao lado da "lex", vemos o surgimento e o afirmar-se de novas fontes, na apreciação delas, *não podemos nos deter diante da falta dos requisitos formais que, aliás, não podiam existir*. E conclui Orestano: – O sentido absoluto da "lex" desaparece; sucedem-na os senatusconsultos e constituições imperiais, com valor análogo.[704]

    Observaríamos que o fenômeno apontado por Orestano, que redunda em uma insustentável sinonímia entre o "Direito" e a "lei", é decorrente, ao menos em boa medida, da Revolução Burguesa de 1789 na França, da codificação do Direito Civil por Napoleão I, e do surgimento da Escola da Exegese. Tal fenômeno, de exacerbação do que Surgik chama de "legalismo dogmático", recebeu um poderoso impulso com a "Teoria Pura do Direito", de Kelsen. E comentemos a lição de Orestano. O romanista demonstra que *a historicidade é imanente ao Direito*. Com efeito, o Direito, longe de se manter estático, passa por mudanças ao longo do tempo, sendo que tais mudanças se operam, inclusive, no que tange às suas fontes. Aduzimos que a nossa compreensão do poder normativo do Imperador Romano, que se manifestava, inclusive, por meio das "Constitutiones Principum", é bastante dificultada para nós, brasileiros, cujo Direito pertence à chamada "Família Romanística", *em que ele é codificado, e em que a lei é a sua fonte primordial*. Como se isto não bastasse, a larga e irrestrita divulgação das idéias de Kelsen, com a redução do "Jus" ao seu aspecto normativo, isto é, à lei, fez com que esta passasse a ter foros

---

[704] V. "Il Potere Normativo..." cit., página 18.

de intangibilidade, ao longo do século XX. A menção a Kelsen nos traz ao espírito o seguinte ensinamento de Karl Larenz:

> "A ciência do Direito, segundo KELSEN, não tem a ver com a conduta efectiva do homem, mas só com o prescrito juridicamente. Não é, pois, uma *ciência de factos*, como a sociologia, mas uma *ciência de normas*; o seu objecto não é o que é ou que acontece, mas sim um complexo de normas".[705]

Ora, se a Ciência do Direito não tem a ver com a conduta do homem, fica ela, cremos, inclusive privada de qualquer sentido... Antes de abordar os efeitos da palavra "lex" sobre os nossos espíritos, Orestano, ao tratar das "leges" e das "constitutiones", tornara claro que não se tratava, apenas, de uma equiparação terminológica entre "leges" e "constitutiones", na medida em que nenhum dos poderes conferidos ao Imperador no Período Clássico, era adaptável a realizar a criação de "leges", no sentido técnico da palavra. É apenas quando muda o conceito de "lex", com o ocaso dos antigos conceitos republicanos, que puderam ser chamadas com este nome – "lex" – *as normas imperiais*.[706] Argumenta Orestano: – Se nos limitássemos à aferição anterior, no sentido de que, no Período Clássico, o Imperador não podia criar "leges", no sentido técnico da palavra; e se apenas levássemos em conta os princípios constitucionais republicanos, *poderíamos concordar com aqueles que afirmam a inexistência de um poder legislativo no Período Clássico*. É certo que, neste período, o Imperador não pode fazer "leges", *porque ele não é o órgão destinado a isto*. Admiti-lo, no entanto, *não significa reconhecer e admitir, também, a inexistência de um poder normativo imperial*. A existência de um poder normativo imperial, é impossível negar, afirma o autor. O Imperador, no Período Clássico, *pode emitir normas gerais e perpétuas, cujo valor é igual ao das leis*. A questão, conclui, se reduz, em grande parte, a uma questão terminológica.[707] Seria um absurdo, pensamos, que em função de preconceitos de natureza puramente formal, e também em virtude

---

[705] V. "Metodologia da Ciência do Direito", tradução portuguesa de José Lamego, Lisboa, Fundação Calouste Gulbenkian, 3ª edição, 1997, página 93 – maiúsculas e itálico no original.
[706] V. "Il Potere Normativo Degli..." cit., página 17.
[707] V. "Il Potere Normativo Degli..." cit., páginas 17 e 18.

de simples questões semânticas, negássemos ao "Princeps" o poder normativo, exercitado ainda no Período Clássico. E o fato de este poder haver se firmado progressivamente, com um impulso considerável a partir de Adriano, não elide a circunstância de que ele remonta a Augusto. É esta a nossa opinião.

Também Orestano registra que o "Consilium Principis" teve uma grande importância, na história da atividade imperial. Tratava-se de uma "especial assembléia" que, no Período Clássico, era chamada de "Consilium", e que, *desde Augusto, assistia os Imperadores no seu labor de juízes, intérpretes e criadores do Direito*. Aduz que o "Consilium Principis" não era uma coisa nova, na organização pública romana: – Todos os principais magistrados dotados de "Jurisdictio", cercavam-se de um corpo consultivo. As fontes, jurídicas e literárias, mostram como os Cônsules, Pretores, Censores, Edis, e também os "Presides Provinciae", contavam com assessores. Também o "Paterfamilias", como juiz doméstico, fazia-se cercar de conselheiros. De maneira análoga, o comandante militar costumava ouvir os seus conselheiros. Às vezes, um "Consilium" era utilizado pelo "Judex", nas causas mais graves. Segundo Orestano, os testemunhos das fontes revelam que, em Roma, *o absolutismo do comando era, de um modo constante, moderado por meio de formas de assistência que protegiam as decisões do arbítrio.*[708] Verificamos que o "Consilium Principis" não apenas possuía antecedentes no Direito Público Republicano, no Direito de Família e na vida castrense, como também, servia como um temperamento para o absolutismo, *circunstância esta que nos leva a acolher com cautela a opinião daqueles que, sempre generalizando, afirmam que os juristas que integravam o "Consilium" eram dóceis até o servilismo, relativamente à vontade do Imperador.*

Ao tratar da máxima "Princeps legibus solutus est", em conexão com o poder normativo imperial, afirma Orestano que não apenas os juristas e os Imperadores clássicos, mas também os pós-clássicos, jamais basearam o poder normativo imperial nesta máxima. Pelo contrário, os Imperadores, *conscientes do seu próprio poder, ostentam uma subordinação voluntária às leis*. Mas, adverte o autor, justamente a afirmação deste princípio (de subordinação voluntária dos Imperadores às leis), freqüente nos "Rescripta" da época dos Severos, mostra com clareza que se está em presença, *mais de uma autolimitação moral*, do que de um limite jurídico; esta circunstância é evidente,

---

[708] V. "Il Potere Normativo Degli...", páginas 51, 52 e 53.

em particular, na conhecida passagem de Paulo, a respeito do testamento inoficioso: – "eum enim qui leges facit pari maiestate legibus obtemperare convenit". Prossegue o romanista: – Tem sido observado, justamente, como é errôneo querer demonstrar a existência do poder legislativo imperial, com base nesta máxima, "Princeps legibus solutus est", *que não foi jamais alegada fora do campo da sua aplicação originária, ou seja, de isenção de normas de Direito Privado.* Para Orestano, é igualmente errada a proposição inversa. Assim como a existência da máxima "Princeps legibus solutus est" nada prova a favor, o fato de ela não ser clássica, ou mesmo, nem antiga, *nada prova contra a existência de um poder normativo imperial.*[709] De plano, fazemos uma observação: – Parece-nos que as assertivas feitas aqui por Orestano, no sentido de que os Imperadores, conscientes do seu poder, mostravam uma subordinação voluntária às leis, colidem com o asseverado antes pelo mesmo autor, no sentido de que o Imperador possuía uma "posição ditatorial..." quanto ao mais, acreditamos na "autolimitação moral" dos Príncipes, de que fala o romanista.

Segundo Longo e Scherillo, a máxima "Princeps legibus solutus est" surgiu na época dos Severos.[710] E isto nos induz a observar que ela surgiu *em uma época tardia da história do Principado.* Lembramos que, sob os Severos, o Principado assumiu, mais nitidamente do que nunca antes, *o caráter, o espírito e as aparências de uma monarquia militar.* Aliás, o fundador da Dinastia dos Severos, Sétimo Severo, não era de origem romana, e nem mesmo européia: – Era ele de uma família púnica... de uma forma ou de outra, e como vimos da lição de Orestano, nos "Rescripta" da época dos Severos, exsurge a subordinação voluntária dos Imperadores à lei.

Sílvio Meira, ao se referir ao fenômeno de as "Constitutiones Principum" acabarem por remanescer a fonte última do Direito, faz menção a um dos princípios comentados no presente capítulo, ao escrever, "verbis":

> "Passou a vigorar o princípio *quod Principi placuit legis habet vigorem,* isto é, o que o Príncipe decide tem fôrça de lei (Ulpiano, D., 1, 4).

---

[709] V. "Il Potere Normativo Degli...", páginas 38 e 39.
[710] V. "Storia Del Diritto Romano..." cit., página 238.

As Constituições imperiais passaram a absorver a autoridade das leis comiciais e dos senatusconsultos, até eliminá-los totalmente".[711]

Ao cuidar dos poderes do Imperador, em conexão com a máxima "Princeps legibus solutus est", observa De Martino que o poder que deriva da "cláusula discricional" da "Lex de Imperio Vespasiani" *não é um poder absoluto*. Isto é demonstrado, outrossim, pela justa interpretação da máxima das fontes, "quod principi placuit legis habet vigorem", e do cunho privilegiado da isenção do Imperador da observância de determinadas leis. Prossegue De Martino: A primeira máxima, "Princeps legibus solutus", *é completamente contrária à construção histórica do ordenamento do Principado*. Augusto recusou a "cura legum", e a própria "Lex de Imperio Vespasiani" demonstra que *a dispensa do Imperador da observância das leis, é limitada*. As fontes da Jurisprudência Clássica são acordes no admitir que as constituições imperiais "legis vicem optinent, pro lege servantur", porém, *trata-se de um ponto de chegada de um vagaroso desenvolvimento histórico;* seja como for, a distinção com as leis verdadeiras e próprias, é rigorosamente mantida. Uma confirmação da tese aqui sustentada, decorre da escorreita interpretação da máxima "Princeps legibus solutus". Este aforismo, que se encontra nos textos tardios da Jurisprudência, e parece encontrar uma confirmação em Dion Cássio, *não implica, completamente, que o "Princeps" estivesse acima do ordenamento legal do Estado*. Este sentido *pertence à época na qual o Principado vai se transformar em monarquia absoluta*. Antes de então, e em especial na época de Augusto, *o Príncipe estava adstrito à observância das leis*, salvo dispensas particulares, que lhe tivessem sido concedidas. A tais dispensas se refere uma cláusula da "Lex de Imperio Vespasiani", que seria incompreensível, se o Imperador fosse "legibus solutus". Tal cláusula, realmente, estabelece que o Imperador fica isento de observar as leis e plebiscitos, dos quais haviam ficado isentos os seus predecessores. Conclui De Martino, afirmando que, *com toda a verossimilhança, as normas legais de cuja observância os Imperadores foram dispensados, eram as normas contidas nas leis matrimoniais de Augusto, que previam sanções, em matéria sucessória, para os transgressores*.[712] Expõe De Martino, entre outras, as opiniões de Messina Vitrano, para quem a máxima "Prin-

---

[711] V. "História e Fontes..." cit., página 133 – Itálico no original.
[712] V. "Storia Della Costituzione Romana" cit., vol. IV, páginas 444, 445 e 446.

ceps legibus solutus est" *seria de origem justinianéia;* de De Francisci, que reduz o alcance da máxima, e a considera de tardia origem clássica; e de Arangio-Ruiz, que acredita que a máxima fosse, sim, do tardio Período Clássico, *porém, tendo um valor mais político do que jurídico.*[713] Algumas ponderações se impõem. De plano, vemos corroborado o que afirmamos no Capítulo V, no sentido de que o Principado foi uma realidade em permanente evolução. De maneira análoga, De Martino confirma o que sustentamos, quanto à evolução do Principado haver preparado o advento do Dominato. Concordamos com De Martino, quanto ao dado de que o impor-se das "Constitutiones Principum", até que fossem observadas como leis ("pro lege servantur"), foi o fruto de um lento desenvolvimento histórico, circunstância com freqüência posta de lado pelos que querem solucionar os problemas suscitados pela História do Direito Romano, com alvitres simplistas. Quanto à dispensa, concedida aos Imperadores, da observância de certas leis, consideramos muito provável a hipótese aventada por De Martino, de que tais leis fossem as leis matrimoniais de Augusto, porque, na complexa sistemática jurídica e institucional do Principado, construída sobre a realidade empírica, e não mediante critérios abstratos, *o "Princeps" era um cidadão particular, e não um órgão da Constituição Republicana.* Assim, estaria ele sujeito à obediência das leis matrimoniais de Augusto, como cidadão particular, se não houvesse, a propósito, uma dispensa expressa. Aqui, não entramos em uma contradição, como pode parecer "prima facies": – O Príncipe era sim, ao menos à época de Augusto, um cidadão particular, à luz da Constituição Republicana. Isto não elide, entretanto, que, sob a ótica do Direito Público, *fosse ele um órgão novo, que se colocava ao lado e acima dos órgãos republicanos.* Por derradeiro, a opinião de Arangio-Ruiz, de que a máxima "Princeps legibus solutus est" tinha um valor mais político do que jurídico, parece-nos bastante engenhosa: – Os romanos muito prezavam a Oratória e a Retórica, um terreno propício para a utilização de máximas do teor da enfocada. Na exegese das máximas de que ora nos ocupamos, não podemos esquecer a evolução do Principado, no rumo da centralização e do fortalecimento do poder pessoal do Imperador. Ao tratar da teoria do Poder Imperial no século IV d. C., Paul Petit escreve que, nesta época, não tinha desaparecido a tradição do Principado, criada por Augusto e Trajano. O "Princeps", supremo magistrado, estava reves-

---

[713] V. "Storia Della...", cit., vol. IV, página 445.

tido da "Tribunicia Potestas" e do "Imperium Proconsulare", governando "segundo as leis e em seu quadro". Era chamado com freqüência, pelos retores e filósofos, de a "lei viva". Não havia se imposto universalmente a concepção da "solutio legum", pela qual seria, o Imperador, superior à lei, estando livre da obrigação de observar a sua própria. Mas, simultaneamente, o Imperador era o herdeiro do "Basileus" helenístico, dotado de uma autoridade "absoluta", "faraônica".[714] Insurgimo-nos, uma vez mais, contra a classificação do Imperador como um "magistrado". Ele era um monarca, e jamais um "magistrado". Petit reforça o que dissemos "supra", a respeito do uso de determinadas expressões, na Oratória e na Retórica, sem que tivessem, necessariamente, correspondência no campo jurídico. E lembramos que os professores de Filosofia, Oratória e Retórica em Roma, em sua maioria, *eram gregos, indivíduos oriundos da "Pars Orientalis" do Império, e pois, dotados da mundividência helenística, da qual fazia parte a tradição – que vinha de Alexandre – do absolutismo real.* Quanto à máxima "Princeps legibus solutus", perfilhamos o pensamento de De Martino, no sentido de que as normas legais de cuja observância os Imperadores se encontravam dispensados, eram as leis matrimoniais de Augusto. Assim, a concepção da "solutio legum", pela qual o Imperador estaria acima, até, das suas próprias leis, jamais existiu, no Principado. Quanto à autoridade "absoluta", "faraônica" do Imperador, dizemos que esta jamais existiu, enquanto durou o Principado ao menos.

Há uma passagem de Mommsen que contribui para a correta inteligência das máximas "Princeps legibus solutus est", e "Quod Principi placuit, legis habet vigorem". Observa o autor que o direito de retirar a cidadania a quem quer que seja, *não tem, fora do âmbito dos processos criminais,* a possibilidade de ser exercitado, seja pelos Comícios, *seja pelos Imperadores.*[715] Pensamos ser irrelevante que o autor se refira ao âmbito do Direito Penal. O que importa é que a lição de Mommsen confirma, além de qualquer dúvida, quanto ao primeiro aforismo, que o "Princeps" estava dispensado do cumprimento de algumas leis, as quais, pensamos ser as leis matrimoniais de Augusto. Tais dispensas se encontram, como vimos, em uma cláusula da "Lex de Imperio Vespasiani". De maneira análoga, se agradasse ao Imperador a idéia de retirar a cidadania a alguém, e no

---

[714] V. "História Antiga" cit., páginas 306 e 307.

[715] V. "Le Droit Public Romain" cit., tomo 5, páginas 168 "usque" 170.

entanto, o caso concreto não se enquadrasse nas disposições criminais regedoras da matéria, *seria defeso, ao Príncipe, cassar a cidadania em pauta. Por outras palavras, o que lhe agradava não tinha, automaticamente, o valor de lei.* Há dois aspectos da questão, um semântico e o outro histórico-jurídico, que não podem ser negligenciados. Ao aspecto semântico já nos referimos, e, sem embargo, a ele vamos voltar. Matos Peixoto traz à colação a opinião de Perozzi, no sentido de que o termo "lex", no célebre texto de Ulpiano (D. 1, 4, de constitutionibus), *não significa lei em geral (direito objetivo), mas lei comicial.* Gaio (I, 5) e Ulpiano (D. 1, 4, de const. 1 = I. 1, 2, de iur. nat. 6), filiam na "Lex Regia" o poder legislativo do Príncipe. Observa Matos Peixoto, no entanto, que a Lei Régia não conferia ao Imperador este poder, mas só a faculdade de fazer o que julgasse útil ao bem público, dentro das suas atribuições. No primeiro século, pelo menos, as constituições imperiais não substituíam a lei, como preceito geral, e tanto isto é verdade que, se o "Princeps" desejava converter um projeto em lei, o submetia à aprovação dos Comícios, e, mais tarde, do Senado. Nesta época, pois, as normas promulgadas pelo Imperador não possuíam, ainda, *a generalidade que lhes foi atribuída por Pompônio, Gaio e Ulpiano.* O seu alcance, continua Matos Peixoto, era mais limitado; formavam, somente, uma espécie de Direito Pretoriano. Foi apenas mais tarde, talvez a partir da decadência do Senado como poder legislativo, que as constituições imperiais se tornaram fonte do Direito, com extensão igual à da lei e dos senatusconsultos.[716] Comentemos a lição de Matos Peixoto. Em primeiro lugar, a opinião de Perozzi, a propósito do vocábulo "lex" significar apenas a lei comicial, já é nossa conhecida: – Como vimos com base em Longo e Scherillo, para os jurisconsultos do Período Clássico, *"lex" era apenas a lei comicial.* Em segundo lugar, a alusão à "Lex Regia", feita por Ulpiano e Gaio, e invocada por Matos Peixoto, parece não ter sido corretamente entendida pelo autor: – Ulpiano e Gaio se referem, com certeza, à vetusta "Lex Regia de Imperio". E Matos Peixoto entende que a menção dos dois juristas é feita à "Lex de Imperio Vespasiani..." pois que é esta última que confere, ao "Princeps", a faculdade de fazer o que considerasse útil ao bem público, *dentro das suas atribuições.* Por derradeiro, o autor se refere à hipótese de o Príncipe "desejar converter um projeto em lei". Esta expressão deve ser evitada, porquanto pode levar a confusões com o hodierno processo legisla-

---

[716] V. "Curso de Direito Romano" cit., tomo I, página 105.

tivo, desconhecido pelos romanos. Prossegue Matos Peixoto: É preciso reconhecer duas fases da existência das Constituições Imperiais durante o Principado. No primeiro século, pelo menos, as "Constitutiones Principum" ainda não substituíam a lei como preceito geral. Nesta época, as normas promulgadas pelo Príncipe ainda não ostentavam a generalidade que Pompônio, Gaio e Ulpiano, a elas atribuem. As "Constitutiones Principum" desta primeira fase, tinham um alcance limitado, formando uma espécie de Direito Pretoriano. Mais tarde, talvez a partir da decadência do Senado como poder legislativo, as constituições imperiais se tornaram fonte do Direito com extensão igual à da lei e dos senatusconsultos.[717] A rigor, pensamos, não houve uma "substituição" das "leges" pelas "Constitutiones Principum". O que houve foi o surgimento, a partir de Augusto, de uma nova fonte do Direito, as Constituições Imperiais, ligada a um novo órgão, que era o Príncipe. Esta nova fonte colocou-se ao lado das já existentes, foi se afirmando com o tempo, robusteceu-se a partir de Adriano, com as reformas deste, e, finalmente, remanesceu, no tardio Principado, como a fonte única do Direito.

Há pouco, fizemos referência à "Lex Regia de Imperio", que, em nossa opinião, não se confunde com a "Lex de Imperio Vespasiani". Pois bem, elucida De Martino que a "Lex Curiata de Imperio" era um ato puramente formal, que não podia ter o valor de uma verdadeira e própria autorização, mas apenas o de uma investidura.[718] O assunto reclama alguns esclarecimentos, ligados à exegese das máximas "Princeps legibus solutus est" e "Quod Principi placuit legis habet vigorem". Em primeiro lugar, esta posição de De Martino sobre a "Lex Curiata de Imperio", parece ser idêntica à adotada por De Francisci.[719] Perfilhamos a opinião adotada por De Francisci e por De Martino: – a "Lex Curiata de Imperio" era um ato unilateral de assunção do "Imperium", uma simples formalidade da investidura do magistrado republicano, que sobreviveu até o Principado. Sucede que, e a pergunta é importante, se o poder do "Princeps" radicava *no "Imperium Proconsulare", mas também em outros elementos – inclusive em um constitucionalmente imponderável segundo Orestano –* então o seu poder de emitir as "Constitutiones" deve ser buscado, não neste ou naquele poder extraordinário isolado (e nem mesmo

---

[717] V. "Curso de...", cit., páginas 105 e 106.
[718] V. "Storia Della Costituzione..." cit., vol. IV, página 113.
[719] V. "Síntesis Histórica Del Derecho Romano" cit., página 90.

no "Imperium Proconsulare"), nem na sua soma, *mas no seu poder total, não redutível a qualquer fórmula jurídica*. Neste ponto, devemos seguir a lição de De Martino: – Não existem "poderes em abstrato", e aquilo que importa para entender o caráter de uma Constituição, *é a atribuição correta do poder*.[720] Advertimos que, embora De Martino, nesta passagem, esteja a se referir ao período da crise final da República, as suas palavras podem, e devem, ser aplicadas, também, à Constituição do Principado. A reforçar o que foi dito, no sentido de que a máxima "Princeps legibus solutus est", *não significa que o Imperador paira acima das leis,* temos ainda a lição de De Martino, quando trata dos poderes imperiais, na Constituição de 23 a. C. Segundo ele, os acontecimentos posteriores a 27 a. C., por todo o período que se encerra em 23 a. C., evidenciam um trabalho de consolidação e adaptação do novo regime; obra que possui uma expressão na viagem feita por Augusto pelas províncias ocidentais. No decurso destes anos (de 27 a 23 a. C.), não há mudanças substanciais nos poderes conferidos, exceto a atribuição a Augusto da "legibus solutus", que ocorreu em 24 a. C. Adverte De Martino que este privilégio, por outro lado, *não pode ser entendido no sentido de que o "Princeps" estivesse livre da obrigação de observar todas as leis e normas jurídicas*. À parte disto Augusto, com absoluto desdém pelas proibições dos limites republicanos sobre a iteração, continuou a se fazer eleger, ano após ano, para o Consulado.[721] Como já verificamos, a atribuição da "legibus solutus", que Vespasiano, mais tarde, faria inserir em sua "Lex de Imperio Vespasiani", dizia respeito à dispensa, existente para o Imperador, de observar as leis matrimoniais de Augusto.

Em estreita ligação com a exegese das máximas de que nos ocupamos, encontra-se o dado de que, segundo De Martino, o Principado é concebido como um ordenamento submetido às leis, e assim devia ser, depois das duras experiências despóticas, a divisa do governo "iluminado" de Trajano e dos Antoninos em geral. Lembra o autor que, afinal, não se pode tirar o valor aos princípios jurídicos, às próprias categorias formais do poder, porquanto também isto forma uma parte importante da constituição de um Estado, *e não pode ser visto como uma reles hipocrisia exterior*. Sob este aspecto, as instituições imperiais eram, ainda, largamente influenciadas pela tradição republicana, que inspirava não apenas um grupo pequeno de intelec-

---

[720] V. "Storia Della Costituzione..." cit., vol. IV, páginas 117 e 118.
[721] V. "Storia Della Costituzione" cit., vol. IV, página 148.

tuais, ou somente a aristocracia senatorial, mas, de um modo geral, todo o povo, mesmo estando morta a antiga liberdade.[722] A posição de Augusto estaria fundamentada, não em um "imperium proconsulare", *mas em um "imperium" militar, consistente no comando supremo.* E tal se extrai também, sempre segundo De Martino, da palavra grega αυτχρατωρ, em caracteres latinos, "Autokrator", usada por Dion Cássio e por outras fontes. Este poder, o "imperium" militar supremo, não teria, segundo De Martino, nada de comum com a normal "Potestas Proconsularis".[723] O assunto merece um aprofundamento. Para o Pe. Isidro Pereira, S.J., Αυτο-χρατωρ, οροσ é um substantivo masculino que tem os significados de "independente", "que não tem obrigação de prestar contas", e "livre".[724] Nesta ordem de idéias, e segundo o que registra Dion Cássio, o "Imperium" seria de tal natureza, que ele "não teria a obrigação de prestar contas a ninguém". A palavra "Autócrata", na tradição jurídica do Ocidente, está ligada à idéia de "Governante Absoluto". Autócrata é um termo de origem grega, como o é "Autocracia". E ambos os étimos se relacionam com o nome aplicado por Dion Cássio à posição de Augusto. Ora, já salientamos que o "Princeps" *não era um soberano absoluto,* e que tampouco era, o Principado, uma "monarquia absoluta". Assim, e apesar de Augusto possuir o "Imperium Proconsulare, Maius", e de conseguinte, o supremo comando militar, não podemos concordar que ele seja denominado "Autocrator". Lembramos que Dion Cássio *era um grego,* logo, um homem que, provavelmente, possuía concepções do Poder Político, hauridas do exemplo das monarquias helenísticas. Como já verificamos, o poder do "Princeps" derivava do "Imperium Proconsulare", da "Tribunicia Potestas", da "Lex de Imperio", *e também de outros fatores, constitucionalmente imponderáveis.* Isto fica claro na crítica desenvolvida por De Martino a Mommsen: – O Principado não estaria fundado sobre o pilar do "Imperium Proconsulare". A doutrina de Mommsen *seria errônea,* e influenciada pela concepção, falsa, de que o "Imperium" de ordem geral, *seria desconhecido no Direito Público Romano,* o qual abrangeria apenas "imperia" relativos a um magistrado singular, e denominados relativamente a ele. Sucede, aduz De Martino, que a experiência demonstraria que os órgãos cons-

---

[722] V. "Storia Della Costituzione..." cit., vol. IV, página 268.
[723] V. "Storia Della Costituzione..." cit., vol. IV, página 166.
[724] V. "Dicionário Grego - Português e Português - Grego", Braga, Livraria Apostolado Da Imprensa, 7ª edição, 1990, página 93.

titucionais do Estado *podiam conferir a particulares um "imperium"*, um comando militar sem nenhuma designação, *e que, portanto, existia um "imperium" puro e simples, sem vínculo com uma particular magistratura*. Deste tipo, seria o poder de Augusto, que, por este motivo, não poderia ser definido como contrário à Constituição (e o autor se refere à Constituição Republicana).[725] Façamos algumas ponderações. Em primeiro lugar, o poder do "Princeps", para nós, derivava inclusive do "Imperium Proconsulare", *mas nele não se exauria, porquanto envolvia outros elementos*. Assiste razão a De Martino, quando afirma que a tradição do Direito Público Romano abrigava este "Imperium inominado". Os poderes outorgados aos membros do Segundo Triunvirato, atestam o asseverado. Acrescentamos que ainda que o "Princeps" fosse detentor deste "Imperium puro e simples", nem assim seria ele "legibus solutus", ostentando, apenas, a dispensa do cumprimento de determinadas leis, como o elucida a "Lex de Imperio Vespasiani". *E isto porque o Príncipe não era um monarca absoluto, nem um déspota. Ele estava jungido a determinados limites, consagrados pela tradição e pelos "mores majorum", incorporados na Constituição Romana.* Ao abordar a Constituição Romana, De Martino observa que ela não era escrita, fundando-se no costume, nos "exempla maiorum". Augusto estava consciente de que a sua Constituição era um "novus status Rei Publicae", e, aliás, *ele não pretendia ocultar isto,* mas tratava-se, para o próprio Augusto, de mostrar que, na sua Constituição, *nada havia contra os "mores maiorum"*. A "Res Publica" não havia perdido a "Libertas", e o "novus status" era "optimus", "felix", e melhor do que qualquer outro. Tudo isto era levado em conta, acrescenta De Martino. Mas, a posição do "Princeps" estava calcada *em um supremo poder de comando militar e na soma de poderes enquadráveis na "Tribunicia Potestas"*. Nesta visão do problema, o "Imperium Proconsulare" não mais seria concebido como fundamental para o novo regime, nem por Augusto, nem pelas fontes antigas. Segundo De Martino, existe uma afirmação de Tácito, que constitui uma prova, clara, contra a concepção do "imperium" de Augusto como "proconsulare": – Ao narrar que, em 15 d.C., as províncias da Acaia e da Macedônia deixaram de ser "Senatoriais", tornando-se "Imperiais", assim se exprime Tácito: – "levari proconsulari imperio tradique Caesari" ("Anais", I, 765).[726]

---

[725] V. "Storia Della Costituzione..." cit., vol. IV, páginas 166 e 167.
[726] V. "Storia Della Costituzione Romana" cit., vol. IV, página 167.

Cremos que em função das características da Constituição Romana (e aqui nos referimos a todo o seu evolver histórico) os nomes do "Imperium" de Augusto e dos seus sucessores não importam muito para a investigação histórico-jurídica, importando para ela, isto sim, *a posição de supremacia política, jurídica e fática ostentada pelo "Princeps"*. Mas, enfatizemos, por muito elevada que fosse tal posição, ela não colocava o Imperador na posição de "legibus solutus". Em abono ao que afirmamos, leciona De Martino que, em verdade, o "Imperium" assumido por Augusto em 23 a. C., era, do ponto de vista técnico, um "imperium proconsulare maius". De fato, Augusto era um ex–Cônsul e o "imperium", seja porque dizia respeito às províncias, seja porque era atribuído a um ex–Cônsul, podia ser definido apenas deste modo: – "Imperium Proconsulare". Ocorre que, pela sua extensão, amplitude, preeminência e duração no tempo, *tratava-se de um "imperium" novo, bem diferente dos normais da República, e com o respaldo de um supremo comando militar*. Este "imperium" era de caráter unitário, e não existe a necessidade de configurar dois poderes diversos, como o faz Mommsen, um de cunho geral, para o comando supremo do Exército, e outro relativo ao governo das províncias imperiais. Argumenta o romanista: – O comando do Exército dependia, de maneira estreita, do governo das províncias, e os poderes da administração imperial eram precisamente escolhidos para permitir, a Augusto, *que apenas ele tivesse o comando do Exército*.[727] Um dado importante, realçado por De Martino, é o de que ninguém pode se iludir sobre a efetiva natureza do fundamento legal do Principado. Indaga o romanista: – Que valor podiam ter as deliberações dos órgãos republicanos, o Senado e os Comícios, *estando o poder de comando nas mãos de Otaviano, depois de ele ter vencido os seus inimigos?*... Tais deliberações do Senado e dos Comícios, por certo, não tinham um valor maior do que tinham tido, para Sila ou para César, deliberações análogas... e continua o autor: – Instaurado o novel sistema, mais do que nunca, o fundamento real do poder não radicava na vontade dos órgãos tradicionais da "Res Publica", *porém estava nas novas forças que dominavam o Estado,* vale dizer, *o Exército, o Partido Pró Augusto, e a base social sobre a qual ele, Augusto, se apoiava*. Mas isto não quer dizer que se tratava de uma simulação, ou de uma grosseira mistificação, nem se pode chegar à afirmação de que o Império repousava, por inteiro, nesta disparidade entre a simulação e a realidade. A investi-

---

[727] V. "Storia Della Costituzione..." cit., vol. IV, página 169.

gação aprofundada revela *as causas reais,* que colocavam o Exército sob a vontade do Imperador, e o retiravam do controle do Senado. Na luta, histórica, entre a Aristocracia e o poder pessoal, este último vencera, porque havia conseguido conquistar o favor das massas. O problema não é portanto, conclui De Martino, *de ordem constitucional, mas é político e social,* e se existia uma contradição entre a Constituição e o efetivo funcionamento dos órgãos do governo, isto não dependia da simulação de uma monarquia oculta sob despojos republicanos, mas do fato de que as forças sociais que exprimiam a classe governante (da República), não dispunham de qualquer possibilidade, e, talvez, nem sequer de uma vontade determinada, no sentido de impor a supremacia dos antigos órgãos republicanos.[728]

Observamos que nós outros, homens do início do século XXI, educados nos cânones da Dogmática Jurídica, podemos vislumbrar, como o anota De Martino, uma "contradição" entre a Constituição do Principado, e o funcionamento dos órgãos do Estado. *Para os romanos da época, entretanto, tal contradição não existia.* E tanto não existia, que o sistema perdurou por três séculos. Há uma assertiva de De Martino que consideramos dotada de enorme importância para a boa inteligência da matéria ora versada: – *a definição do Principado não é constitucional, mas sim, política e social.* É compreensível, outrossim, que o poder pessoal tenha arrebatado o favor das massas, em detrimento da Aristocracia: – Como já vimos da lição de De Jouvenel, *a Plebe é a eterna aliada do poder absoluto.* E aqui utilizamos o étimo "absoluto" em seu sentido mais genérico, ficando claro que não afirmamos que o Principado tenha sido uma monarquia absoluta. A referência feita por De Martino à vitória do "poder pessoal" sobre a Aristocracia, não pode nos levar a conclusões apressadas. O fato de o poder pessoal (que encarnava as aspirações das camadas mais humildes da população italiana, e dos habitantes das províncias) ter vencido, *não implica em que este poder pessoal não tenha sido institucionalizado.* Discordamos de Humbert, que, nas suas conclusões finais sobre o poder imperial, afirma que, depois de três séculos de existência, ele não tinha sido absorvido, em sua totalidade, pelo Direito. Por outras palavras, ajunta Humbert, o poder imperial não se transformou em uma instituição. O poder imperial apresenta, certamente, e este é o legado republicano, uma faceta legal, que é a investidura senatorial, que nunca será contestada. Porém, de um outro lado, *ele*

---

[728] V. "Storia Della Costituzione..." cit., vol. IV, página 270.

se afirma como um poder pessoal, inerente ao "Princeps". Este poderio pessoal do Imperador, não se transmite ao herdeiro, *senão em termos pessoais*. E arremata o autor: – A ruptura entre "Imperador" e "Magistrado" está superada.[729] Algumas ponderações são necessárias. Discordamos de Humbert, a propósito de o Principado não ter sido uma instituição. *Cremos que a própria longevidade do sistema* – três séculos de duração – paradoxalmente, reconhecida e anotada por Humbert, aponta para a solução contrária: – O Principado foi, sim, uma instituição, e isto seria impossível, *sem que o próprio poder imperial tivesse foros de instituição*. Acrescentamos que se tratou de uma instituição sólida, a qual conseguiu resistir aos desmandos de Calígula, Nero e Cômodo, para ficarmos apenas com três exemplos, e aos períodos de anarquia militar. A experiência histórica demonstra que um simples "poder pessoal" não teria tal pujança e uma tal estabilidade. Cremos que Humbert, para negar ao Principado o atributo de "instituição", *parte de bases legalistas e formalistas em excesso,* incompatíveis com a índole do Direito Romano, e com a sua peculiar evolução. Pensamos que o fato de Augusto ter assumido o título de "Princeps" como um simples cidadão particular, deve ter contribuído para o equívoco do autor. Sucede que precisamos atentar, quanto a este ponto, para as peculiaridades da Constituição Romana, que era, como a atual Constituição Britânica, *costumeira, não-escrita e flexível,* e portanto, não passível de redução aos estreitos limites do Positivismo Jurídico, como hoje o concebemos. Acrescentemos que, para nós, jamais houve uma "ruptura" entre o Imperador e o Magistrado republicano: – O "Princeps" é uma realidade constitucional nova, que vem se colocar ao lado e acima das antigas instituições. Um outro dado que pode ter levado Humbert ao equívoco de asseverar que o Principado e o poder imperial não eram uma instituição, mas um simples poder pessoal, radica no fato de a Antigüidade não haver conhecido, com as suas organizações políticas monistas, uma nítida diferença entre o "público" e o "privado", familiar à Cultura do Ocidente, após o advento do Estado Liberal-Burguês de 1789. Ao tratar desta matéria, Reale, com base em Cícero ("De República", I, IV), fala da preeminência do Estado, no qual a liberdade "deve compor-se como um momento da vida do grupo", sem que haja uma esfera de ação insuscetível de interferência estatal: – A "coisa privada" era só o resto deixado pela "coisa pública".[730] Pensamos que tanto era

---

[729] V. "Institutions politiques et sociales de l'Antiquité" cit., página 314.
[730] V. "Horizontes do Direito e da História" cit., página 25.

uma "instituição" o Principado, e "institucionalizados" os poderes do Imperador que, na opinião de Salvatore Tondo, para os fins da ascenção ao Principado, era sempre formalmente indispensável *uma investidura por parte dos órgãos constitucionais (senatus e populus)*.[731] Há um derradeiro argumento contra a opinião de Humbert: – Se o poder do "Princeps" fosse meramente um poder pessoal, então as máximas "Princeps legibus solutus est" e "Quod placuit Principi legis habet vigorem", *poderiam ser entendidas na sua acepção literal*, e já vimos que isto contrariaria a realidade histórico–jurídica. Embora não se possa dar uma intepretação literal às máximas há pouco enunciadas, é óbvio que o Principado, depois de instaurado, evoluiu no rumo da centralização imperial, sendo que tal evolução refletir-se-ia, fatalmente, na concepção do poder imperial. A respeito, escrevem Bobbio "et alii" que o governo monocrático do Império Romano foi sempre se associando, de modo constante, a uma política de expansão externa que fez coincidir os limites do Império com os do mundo conhecido; concomitantemente, o progressivo declínio da sociedade itálica e quiritária, ia debilitando cada vez mais um dos eixos que sustentavam o compromisso de Augusto. A crise econômica, acompanhada pela gravíssima crise política do século III, favoreceram a passagem para o modelo do Império absoluto, herdado pela Idade Média.[732] Os autores se referem ao "Compromisso de Augusto", *que simplesmente não existiria, se o poder do "Princeps" não fosse institucionalizado*. Permitimo-nos fazer duas observações críticas à lição de Bobbio "et alii". Em primeiro lugar, o fortalecimento do governo monocrático não esteve, sempre e invariavelmente, ligado à expansão externa: – Lembramos que Adriano, cujas reformas conduziram a uma centralização nunca vista, chegou a abandonar algumas províncias conquistadas por Trajano. Em segundo lugar, *a fórmula do Império Absoluto não foi herdada pela Idade Média*. Ela foi herdada, isto sim, *pelo Império Romano do Oriente, e, "a posteriori", pela autocracia russa dos Czares*. Falar em "absolutismo" na Idade Média, no Ocidente da Europa, é um contra–senso, pelo motivo de que o sistema político implantado pelos "bárbaros" germânicos era o feudal. E o feudalismo, cuja premissa é a fragmentação da Soberania, é a antítese do absolutismo monárquico. A propósito, suficiente é que lembremos a escassíssima autoridade do Imperador, no "Sacro

---

[731] V. "Aspetti Del Principato e Dall'Ordinamento In Roma – Lezioni", Milano, Dott. A. Giuffrè Editore, 1991, página 90.
[732] V. "Dicionário de Política" cit., vol. 1, página 623.

Império Romano Germano", em confronto com o poderio, militar inclusive, dos senhores feudais. As monarquias absolutas só irão vicejar, na Europa, *na Idade Moderna,* e a sua justificação legal não foi buscada no Direito Público do Principado, *mas no Direito Justinianeu.*

Antes de encerrarmos este capítulo, é conveniente que tratemos do problema da vontade do "Princeps", antes e depois de Adriano. Segundo Palazzolo, para o jurista, o aspecto mais interessante do Principado, no período que se inicia com Adriano, *é o de que a vontade do Príncipe se impõe agora, pelo seu próprio vigor.* Antes de Adriano, é o Pretor quem confere valor legislativo aos editos e aos decretos imperiais, equiparando-os às leis, plebiscitos e senatusconsultos. Era raro que o "Princeps" exprimisse, deliberada e conscientemente, uma manifestação de vontade normativa, tendo o valor de lei. Mais freqüentemente, era o Pretor que, no desenvolvimento da sua função jurisdicional, mas especialmente por meio do edito, levava a cabo tal equiparação.[733] A lição de Palazzolo revela quão artificiais e perigosas são, em História, as divisões rígidas em períodos, que se prestam, quando muito, a intuitos didáticos. Como tem sido notado, chegaram a coexistir, no tempo, os sistemas processuais do Processo Formulário e da "Cognitio Extra Ordinem". Por outras palavras, chegaram a coexistir um sistema processual típico das instituições republicanas, o Processo Formulário, e um sistema processual típico do Principado, o Processo da "Cognitio Extra Ordinem". A pouco e pouco, e no bojo da Cognição Extraordinária, os Imperadores foram estendendo a sua influência sobre a dicção do Direito, e criando o "Jus Novum", que teve como instrumento, fundamental, as "Constitutiones Principum". Este foi um processo histórico lento, ao cabo do qual as "Constitutiones Principum" se tornaram a fonte única do Direito Romano. Neste processo histórico, Adriano, com a sua política de centralização, assinala um marco importante, a partir do qual a "voluntas" imperial, no que tange à criação do Direito, sai fortalecida.

Quanto à exegese das máximas "Princeps legibus solutus est" e "Quod placuit Principi legis habet vigorem", temos a dizer à guisa de conclusão, quanto à primeira, *que o Imperador jamais esteve acima das leis,* inserindo-se a sua atuação, sempre, dentro dos limites que lhe eram prescritos pela Ordem Jurídica. Estes limites, uma vez que a Constituição Romana era não–escrita, flexível e consuetudinária, não podem ser estabelecidos com um rigor matemático, podendo

---

[733] V. "Potere Imperiale Ed Organi Giurisdizionali..." cit., página 24.

ser dito, no entanto, que o "Pacto de Governo" contido na "Lex de Imperio Vespasiani", fornece as suas linhas mestras. A máxima "Princeps legibus solutus est", considerada em si mesma, *revela que Otaviano e os seus sucessores, estavam dispensados da observância de determinadas leis, sendo elas, provavelmente, as leis matrimoniais de Augusto.* Mais complexa é a interpretação da máxima "Quod placuit Principi legis habet vigorem". Ela está mais presa do que a anterior à evolução do Principado, e ao incremento do poder pessoal do Imperador. De Martino, como vimos, afirma que este princípio – "Quod Principi placuit legis habet vigorem" – jamais existiu no Principado. Em posição diametralmente oposta ubica-se Orestano, o qual afirma que os fatos não podem ser contrariados.

Da nossa parte, cremos que a máxima existiu, e foi se impondo, à medida em que crescia o poder do "Princeps", e em que aumentavam as suas intervenções, no campo do Direito. Pensamos que Ulpiano jamais teria criado cerebrinamente o aforismo em pauta, se não encontrasse, ele, correspondência na realidade. Tem que ficar claro, sem embargo, que a máxima "Quod Principi placuit legis habet vigorem", *não pode ser entendida no sentido, absolutista, de que tudo aquilo que apraz ao Príncipe, tem o valor de lei.* O Imperador, na sua atuação, estava adstrito aos limites, *constitucionais,* dos "mores maiorum" e do "pacto de governo" existente entre o monarca e os governados, e contido na "Lex de Imperio Vespasiani". E, dito isto, podemos passar para as Considerações Finais.

Considerações Finais

As "Constitutiones Principum" Resultavam, de Fato, do Poder Pessoal do "Princeps", Ainda que, Formalmente, Resultassem de Uma Delegação do "Populus"

Enunciaremos aqui, as diversas considerações que devem ser levadas em conta, findo o exame da matéria objeto do nosso estudo. Tal enunciação é propedêutica à Conclusão Final, propriamente dita. Após o estudo histórico-jurídico do Principado, com ênfase para as Constituições Imperiais, registramos as seguintes considerações finais:

1ª) O Principado surgiu da crise final da República Romana, e, de maneira, mais específica, da inadequação das instituições republicanas às necessidades da administração de um império de dimensões continentais, que reclamavam a concentração do poder político nas mãos de um só homem.

2ª) Rejeitada por nós a "Teoria da Diarquia", de Mommsen, e rejeitada, por igual, a doutrina que vislumbra, no Principado, uma restauração da República, a nossa opinião é a de que a "Nova Ordem" instaurada por Augusto, foi essencialmente monárquica, não elidindo tal índole a circunstância de o Principado ter sido uma monarquia "sui generis".

3ª) O "Princeps" foi um novo órgão, colocado acima e ao lado dos antigos órgãos da Constituição Republicana, sendo que ele não era um magistrado, quer ordinário, quer extraordinário, mas um órgão novo, não passível de enquadramento entre os velhos órgãos republicanos.

4ª) Ao instaurar a nova ordem, monárquica, Otaviano se utilizou das antigas magistraturas republicanas, que continuaram a existir, embora, progressivamente, fossem esvaziadas dos seus poderes. Tais poderes das antigas magistraturas foram passando, em um longo processo histórico, para o "Princeps" e para os seus delegados.

5ª) O Principado teve, inclusive, uma dimensão mística e religiosa, corporificada na divulgação da ascendência divina da "Gens Julia", no culto do "Genius Augusti", e na divinização "post mortem" do Imperador. Sobre a divinização "post mortem" do "Princeps", registra Humbert que ela se insere no Culto Imperial, o qual, por seu turno, é estudado pelo autor sob a rubrica dos "fundamentos carismáticos" do poder imperial. A cerimônia da deificação do Imperador defunto, a "Apoteose", é cuidadosamente programada. No momento da cremação do corpo, um Senador jura ter visto se elevar a sua figura, levada para o céu pela águia, libertada naquele instante. O falecido se torna "divus", sendo-lhe prestado um culto. A divinização do Imperador falecido, não é, apenas, um ato de reconhecimento pela conduta passada do "de cujus". Ela tem o efeito, político por excelência, de robustecer a legitimidade do seu sucessor, na medida em que este é filho, biológico ou adotivo, do finado "Princeps"[734].

6ª) Ainda sobre a "Apoteose" do Imperador morto, lembramos que, assim como ele era, segundo a crença e a tradição, arrebatado para o céu por uma águia, assim também Rômulo, de acordo com Eutrópio, foi arrebatado para o céu, "passou aos deuses", durante uma tempestade. Nesta dimensão mística e religiosa que o Princi-

---

[734] V. "Institutions politiques et sociales..." cit., página 312.

pado possui, os apelos à fundação da "Urbs" são freqüentes. E a fundação da Cidade tinha para os romanos um significado sacral.

7ª) Na ordem de idéias da dimensão mística e religiosa do Principado, deve ser vista a outorga do título de "Augustus" a Otávio: – Segundo Cancelli, o epíteto de "Augustus" foi sugerido por Munácio Planco. Este título, sobre não chocar as suscetibilidades republicanas dos cidadãos, conferia a Otaviano um lustro e um prestígio não inferiores aos de um monarca. Dion Cássio, citado por Cancelli, acentua que o título de "Augustus" é o distintivo do mais ínclito em dignidade (53, 18,2)[735].

8ª) Augusto deteve uma série de poderes extraordinários, merecendo destaque o "Imperium Proconsulare" e a "Tribunicia Potestas". Era o chefe da Religião, e acumulou magistraturas republicanas, revestindo várias vezes o Consulado. Sucede que os poderes de Augusto não correspondiam, isoladamente, nem ao "Imperium Proconsulare", nem à "Tribunicia Potestas", nem à sua investidura como "Pontifex Maximus", nem a cada uma das magistraturas republicanas. Por outro lado, os seus poderes não correspondiam à soma de todos os poderes há pouco declinados, porquanto havia, neles, um elemento que Orestano chama de "constitucionalmente imponderável". Estes poderes de Augusto foram calcados, ao menos em larga medida, naquilo que De Francisci chama de "Princípio da separabilidade do "imperium" da magistratura", graças ao qual, Otaviano ostentava os poderes de diversas magistraturas republicanas, sem ocupar os respectivos cargos. O "Imperium" como que se destacava da magistratura, para beneficiar o nele investido.[736]

9ª) Para a outorga dos poderes extraordinários a Augusto, e para o seu exercício, entrou em cena o que De Francisci denomina "princípio fundamental", consistente em um conceito absolutamente diverso do republicano, em torno do "Imperium" e da "Potestas Tribunicia". Este conceito está em íntima conexão com o princípio abordado no número anterior, a respeito de o "Imperium" poder

---

[735] V. o verbete "Principato", "in" Novissimo Digesto Italiano cit., volume XIII, página 876.
[736] V. "La Costituzione Augustea" cit., vol. I, página 33.

ser destacado da magistratura. Assinala De Francisci que, de acordo com a Constituição Republicana, não existe um "imperium" desvinculado de uma magistratura, ou de uma promagistratura. E, no que diz respeito à "Tribunicia Potestas", à luz da Constituição Republicana, uma "Potestas Tribunicia" concedida a quem não era tribuno, é "um absurdo". E, no entanto, Augusto, sem ser um tribuno, ostentava a "Tribunicia Potestas".[737]

10ª) Para tornar possível a sua obra, contou Augusto com uma grande habilidade política, e com uma sagacidade que lhe permitiu impor o Principado, sem ferir as suscetibilidades dos partidários da República. A "Nova Ordem" foi bem recebida, tanto pelos cidadãos romanos quanto pelos habitantes das províncias, porquanto ela representava o retorno à paz e à prosperidade, após as lutas civis dos estertores da República. Os habitantes das províncias foram beneficiados pelo Principado, que os livrou da rapacidade dos administradores desonestos: – As províncias passaram a ser governadas por funcionários imperiais, remunerados, e diretamente responsáveis perante o Imperador.

11ª) O "Princeps", apesar de deter uma vastíssima gama de poderes e de atribuições, *não era um monarca absoluto*. E isto é válido, inclusive, para o Principado posterior às reformas de Adriano. Estava o Imperador, desde o início, limitado pela tradição, pelos "mores maiorum" e, em síntese, por uma Constituição que, sem embargo de consuetudinária e flexível, nem por este motivo deixava de ser menos pujante. Pereceram assassinados os Imperadores que se afastaram destes princípios básicos.

12ª) Na ordem de idéias enunciada sob o número anterior, e na esteira de Galvão de Sousa, não é temerário dizer que o Principado teria, inclusive, um cunho de representatividade. Neste sentido, argumenta o autor que o novo sistema, "reunindo em si atribuições das antigas magistraturas, reveste-se de um inequívoco cunho de representatividade, como se depreende do famoso texto de Ulpiano referente ao poder que, pela lei régia, passou do povo para o Imperador [(13)]".[738] Devemos elucidar que este "inequívoco cunho de

---

[737] V. "La Costituzione Augustea" cit., vol. I, páginas 31 e 32.
[738] V. "Da Representação Política" cit., página 12.

representatividade", *tem que ser considerado no contexto histórico e social da época,* para que não sejamos induzidos à erronia de tentar levar, para a Antigüidade, os princípios e formas da atual "Representação Política". E isto mesmo porque, de acordo com De Francisci, cuja opinião perfilhamos, foi estranha, aos romanos, a idéia da "soberania do Povo".[739]

13ª) Rejeitada qualquer equiparação entre o Principado, as monarquias helenísticas e os despotismos orientais, diríamos, com a cautela que a distância cronológica e as peculiaridades do sistema de Augusto reclamam, que o Principado foi o que, na terminologia atual, recebe o nome de "Estado de Direito" (Rechtsstaat). E isto nós o afirmamos por um motivo, percebido por Galvão de Sousa, e que se imbrica intimamente com o objeto deste livro. De acordo com o autor, a teoria da autolimitação é uma das mais características manifestações do legalismo positivista, que teve o condão de *perverter* a noção de Estado de Direito. Este legalismo, na história das instituições ocidentais, *principiou com a influência dos legistas, a serviço da monarquia absoluta,* que fizeram prevalecer, sobre a concepção do Medievo da "descoberta do Direito", a idéia da "criação do Direito". Tratava-se, por um lado, *da redução do Direito à lei,* e de outro, do predomínio da máxima "Princeps legibus solutus" (entendida, aduzimos, em sua falsa acepção, desconhecida ao tempo do Principado, de que o Príncipe estaria acima das leis). Sucede, aduz Galvão de Sousa, que os jurisconsultos romanos tiveram uma compreensão, nítida, de que o Direito não é simplesmente a lei. No Período Clássico, nunca se verificou a confusão entre os dois conceitos. O "ius", objeto da Justiça, não apenas não era visto como a "lex", no sentido estrito (uma das fontes do Direito), como, também, não era confundido com qualquer espécie de "norma agendi", segundo a moderna significação dada ao direito objetivo.[740] Ora, é evidente que, dentro deste quadro do Período Clássico, em que o Direito não se reduzia à letra da lei, o atuar do "Princeps" se desenrolava dentro de parâmetros dados pelo Direito, *e pois, o Principado, na moderna terminologia, seria um "Estado de Direito".*

14ª) As intervenções do "Princeps" no campo legislativo, não podem ser encaradas como "usurpações", como as viu Mommsen,

---

[739] V. "Síntesis Histórica del Derecho Romano" cit., página 90.
[740] V. "Da Representação Política" cit., página 39.

pelo motivo de que os romanos tiveram do Direito, e da sua ciência, a "Jurisprudência", uma concepção mais ampla e mais universal do que a nossa, prejudicada pelo "legalismo dogmático" a que alude Surgik.

15ª) Baldado seria o esforço de compreender o Principado, o "Jus Novum" e as "Constitutiones Principum" em que ele, dominantemente, se manifestou, se não soubéssemos como os romanos concebiam, e sobretudo vivenciavam o Direito. Biondo Biondi ensina que, à noção do Direito como "tecné" se ajusta, precisamente, a Ciência do Direito, de um modo tal que entre Direito e Ciência a harmonia é tão perfeita, *que a própria Ciência teve condições de ser fonte do Direito*. Direito, Ciência do Direito e Justiça são, para os romanos, entidades inseparáveis. O Direito é concebido como a síntese da "utilitas" que engloba o conceito de Justiça, *e esta se configura, não como um ideal ou como algo objetivo, porém como "voluntas", e, mais explicitamente, como "constans et perpetua voluntas ius suum cuique tribuendi"*. Nos indivíduos, aduz Biondi, há a vontade de observar a Justiça (acatá-la); nos juristas, há a vontade de sugeri-la. E, nos órgãos do Estado, há a vontade de atuá-la. Sempre existe a vontade, já que o Estado tem poderes suficientes, e a Jurisprudência prepara os meios adequados para colocá-la em prática.[741] Esta concepção do Direito, ostentada pelos do Lácio, estava em harmonia com o homem romano, um "transformador da História", na expressão de Reale: – "Desse modo, longe de se conservarem no plano explicativo do homem e da natureza, ou na revelação do cosmos através de formas estéticas, – ou seja, no plano da Filosofia e da Arte como comunhão entre o homem e o *eidos* do universo e da existência, – os romanos sentem-se destinados a interferir criadoramente para fundar uma ordem nova, expressão de seus interesses, tradução de sua *voluntas*. A Política e o Direito de Roma revelam, por assim dizer, desde suas origens, uma força consciente das virtudes do homem como *homo faber*, iniciador ou transformador da história".[742] Devemos elucidar que estas referências ao papel da "voluntas", feitas por Reale, e por Biondi, não devem ser confundidas com o "voluntarismo" do legalismo positivista, referido por Galvão de Sousa.

16ª) Temos que ter em mente este dado lapidar, realçado por Reale: – O que caracterizou o mundo jurídico dos romanos, foi a

---

[741] V. "Arte y Ciencia Del Derecho" cit., páginas 50 e 51.

[742] V. "Horizontes do Direito e da História" cit., páginas 59 e 60 – itálico no original.

ausência de esquemas abstratos, de planos preconcebidos. A mesma coisa pode ser dita, ajunta Reale, da sua existência política.[743] Em outra das suas obras, Reale afirma que "a consciencia imperial é uma consciencia precipuamente jurídica".[744] Esta opinião é perfilhada por nós, coerentemente com a correta exegese das máximas "Princeps legibus solutus est" e "Quod placuit Principi legis habet vigorem", e com a nossa convicção de que o Principado, mesmo depois da centralização levada a cabo por Adriano, e acentuada sob os Severos, jamais foi uma monarquia absoluta, ou um regime despótico.

17ª) Para o estudo da criação do "Jus Novum" por parte dos Imperadores, nunca é demais enfatizar o papel desempenhado pelos jurisconsultos. Lima Lopes ocupou-se deste assunto, ensinando que, durante o Período Clássico, os juristas eram conhecedores, tanto da tradição romana, no que diz respeito às leis e fórmulas, *quanto de um mínimo de filosofia grega,* vulgarizada em termos de Retórica e Dialética. Isto resultou em *um procedimento típico da época clássica,* que incluía definições sobre o justo e o injusto, o razoável, classificações das fontes, a distinção entre o Direito comum, o Natural, e o Direito da Cidade.[745] Razão assiste a Lima Lopes, quanto à influência grega, mormente da Escola Estóica, no Direito Romano. Nestas considerações, sem embargo, queremos enfatizar um dado de capital importância: – O Direito Romano foi capaz de absorver influências externas, e, no entanto, manter o seu próprio espírito, a sua individualidade, e, em uma palavra, a sua essência. E este dado, por si, fala da sua pujança intrínseca.

18ª) Assinala Lima Lopes que, no Principado, houve uma harmonia entre os juristas e o Imperador.[746] Preferimos falar em uma "colaboração estreita" entre o Imperador e os jurisconsultos, para a produção do "Jus Novum". A palavra "harmonia" deve ser evitada, pois jurisconsultos houve que souberam se opor à vontade imperial, por motivos de consciência. Aqui, limitar-nos-emos a dar o exemplo de Papiniano, executado por ordem de Bassiano (Caracala), porque

---

[743] V. "Horizontes do..." cit., página 60.
[744] V. "Formação da Política Burgueza" cit., página 19.
[745] V. "O Direito na História..." cit., página 55.
[746] V. "O Direito na História...", loc. cit.

se recusou a justificar o assassinato de Geta.⁷⁴⁷ A intensa participação dos juristas integrantes do "Consilium Principis" na produção do "Jus Novum", apenas concorreu para a excelência deste Direito que emanava de uma nova fonte, na medida em que, com base na "Aquitas", o tornava mais humano, flexível e universal, do que o Direito preexistente. Leciona Orestano que a grande participação de juristas no "Consilium Principis" *mostra a íntima ligação existente entre a atividade imperial e a Ciência Jurídica*. É com o auxílio da Jurisprudência que os Imperadores puderam impulsionar a sua ação reformadora em todos os campos. Desta forma, *incorreria em grave erronia quem desejasse contrapor uma à outra, como antitéticas*. É tal o predomínio da Jurisprudência neste setor, que às vezes, em toda a obra normativa de um Imperador, *são reconhecíveis as peculiaridades de estilo de um determinado jurista.*⁷⁴⁸

19ª) A função normativa imperial, em conformidade, aliás, com a índole do Direito Romano e da sua evolução, foi se afirmando gradualmente. Tem razão Orestano, cuja opinião fazemos nossa, quando assevera que os testemunhos se acumulam, e todos são concordes e convergentes, rumo a uma única conclusão: – A função normativa imperial, que teve início, eficazmente, com Augusto, levada avante sob Cláudio, e afirmada vigorosamente por Adriano, opera com um ritmo cada vez mais acelerado. No fim do II século, ou início do III, Tertuliano, dirigindo-se aos Imperadores Severo e Caracala, pode dizer, numa frase que, seguramente, contém a verdade: – "Vos cottidie... totam illam veterem et squalentem silvam legum novis principalium rescriptorum et edictorum securibus truncatis et caeditis". Segundo Orestano, o valor normativo das constituições não poderia ser afirmado com mais clareza. É certo que esta assertiva de Tertuliano não teria sentido, se os rescritos de que fala tivessem exaurido a sua eficácia, de vez em vez, no caso singular.⁷⁴⁹

20ª) O surgimento do "Jus Novum", de elaboração imperial, ao lado do Direito promanado das fontes tradicionais, apenas seria possível se o Direito Romano configurasse, como de resto confi-

---

[747] V. de Ivar Lissner, "Os Césares" cit., página 283.
[748] V. "Il Potere Normativo Degli..." cit., páginas 55 e 56.
[749] V. "Il Potere Normativo Degli..." cit., páginas 81 e 82.

gurava, *um sistema jurídico "aberto"*. E esta circunstância não depõe contra a higidez científica da Jurisprudência Romana. Aqui, tem plena aplicabilidade a lição de Claus–Wilhelm Canaris:

> "7. A abertura do sistema jurídico não contradita a aplicabilidade do pensamento sistemático na Ciência do Direito. Ela partilha a abertura do "sistema científico" com todas as outras Ciências, pois enquanto no domínio respectivo ainda fôr possível um progresso no conhecimento, e, portanto, o trabalho científico fizer sentido, nenhum desses sistemas pode ser mais do que um projecto transitório. A abertura do "sistema objectivo" é, pelo contrário, possivelmente, uma especialidade da Ciência do Direito, pois ela resulta logo do seu objecto, designadamente, da essência do Direito como um fenómeno situado no processo da História e, por isso, mutável".[750]

21ª) As "Constitutiones Principum" são uma fonte do Direito distinta das demais fontes do Direito Romano, sendo que *jamais,* durante o Período Clássico, elas se confundiram com as outras fontes. Esta assertiva encontra respaldo, inclusive, nas lições de Orestano.[751] A favor da qualidade deste "Jus Novum", afirma Orestano que o "Consilium Principis" devia exercer *uma grande influência na atividade normativa e jurisdicional dos Imperadores.* Era nele que se formavam, *às vezes por meio de amplos e elevados debates,* os novos princípios que, depois, encontravam a sua formulação nas Constituições Imperiais.[752] Temos que a atividade jurídica dos Príncipes, que, no campo processual, se manifestava por meio da "Cognitio Extra Ordinem", foi, ao fim e ao cabo, altamente enriquecedora para o Direito Romano.

22ª) Na nossa opinião, os romanistas e historiadores do século XIX que se debruçaram sobre o Principado, as suas instituições, o poder do "Princeps" e o Direito Novo por este criado, pecaram pelos

---

[750] V. "Pensamento Sistemático e Conceito de Sistema na Ciência do Direito", tradução portuguesa de António Menezes Cordeiro, Lisboa, Fundação Calouste Gulbenkian, 2ª edição, 1996, página 281.
[751] V. "Il Potere Normativo Degli..." cit., página 61.
[752] V. "Il Potere Normativo Degli..." cit., página 55.

seus preconceitos formalistas, que os impediram de bem ver e compreender a realidade. Neste sentido, escreve De Martino que os problemas da configuração jurídica do Poder *são incompreensíveis,* uma vez *destacados da história dos fatos reais,* em períodos muito convulsionados, nos quais o antigo sistema de governo é atacado por uma crise moral. A história das instituições políticas, *transforma-se em um bloco com a história política,* porque o Direito ainda formalmente em vigor, *é no entanto destruído no campo dos fatos.* Em épocas assim, ainda mais do que em outras, *a Constituição de um Estado se identifica com o governo,* e o governo com os feitos dos governantes, os quais não se inspiram nos enraizados princípios tradicionais, *mas unicamente nas exigências de poder.*[753] Incorporamos a lição de De Martino às nossas considerações finais, lembrando, com Reale, que o estudioso do Direito (e o da História do Direito, acrescentamos), não pode se afastar da concreção dos fatos, sob pena de ter uma compreensão falseada do fenômeno jurídico.

23ª) Estudamos um tema, o das Constituições Imperiais, que se imbrica com o Principado. E este tema é eriçado de dificuldades, porquanto, como observa De Martino, após grandes e repentinas revoluções, é difícil contrapor, em um só lance, o regime novo ao antigo. E isto é ainda mais verdadeiro para um povo que, jamais, consentiu a nenhum legislador que ditasse uma Constituição, mas antes, fundou o seu "status rei publicae" *sobre a base dos costumes e dos fatos.*[754] Concordamos com De Martino, aduzindo que a Constituição Britânica, na sua evolução, lembra muito a Constituição Romana.

24ª) Para nós, o Principado *é uma instituição,* com tudo o que daí decorre. Destarte, concordamos apenas parcialmente com Burdese, quando este afirma que, sem embargo da atribuição de poderes ao "Princeps" acontecer mediante as deliberações dos antigos órgãos constitucionais, o Senado e as assembléias populares, *o fundamento real do poder de Augusto se assentava nas forças militares, políticas e sociais que o apoiavam.* Aduz Burdese que não é acertado, outrossim, pretender encontrar tal fundamento em uma espécie de investidura carismática, fundada no reconhecimento das qualidades sobrenaturais

---

[753] V. "Storia Della Costituzione Romana" cit., vol. IV, página 108.
[754] V. "Storia Della Costituzione..." cit., vol. IV, página 239.

de Augusto, nem no prestígio por ele obtido com a vitória, nem no halo religioso de que foi rodeado o vencedor de Actium, por sua posição político-constitucional.[755] O assunto é complexo, e repele soluções simplistas. E por este motivo, dizemos que concordamos com Burdese, apenas parcialmente. É verdade que a atribuição de poderes ao "Princeps", por parte do "Senatus" e do "Populus", era uma simples formalidade. Entretanto, *para um povo conservador e amante da tradição, esta formalidade possuía um grande valor intrínseco.* Há não esquecer que tanto o "Senatus" quanto os "Comitia", embora esvaziados das suas antigas atribuições, tinham por eles a tradição e o prestígio. Quanto aos fatores de ordem mística e religiosa, não podem nunca ser subestimados na Civilização Romana. Demonstrou-o Hannah Arendt, em "Entre o Passado e o Futuro", sendo que endossamos as conclusões da autora. Para resumir, os poderes do Imperador baseavam-se em uma constelação polifatorial de causas.

25ª) Há diferenças básicas entre o Principado de Augusto e o de Adriano, este, o responsável pelas grandes reformas centralizadoras. De acordo com Palazzolo, o Principado de Adriano não se parece com o de Augusto, *nem mesmo do ponto de vista estritamente constitucional.* E isto se aplica, também, ao Principado sob os sucessores de Adriano. Com efeito, o desaparecimento, enfim definitivo, das assembléias populares, e a redução do Senado a um simples órgão destinado a registrar a "voluntas" do Príncipe, revelam uma vontade centralizadora que vai muito além da concepção "republicana", característica do Principado de Augusto.[756] Sem dúvida, aduzimos, existem tais diferenças, marcantes, entre o Principado de Augusto e dos seus sucessores, e o de Adriano e dos seus sucessores, circunstância que se reflete no incremento da atividade normativa e jurisdicional do "Princeps" e dos seus funcionários, a partir do reinado do sucessor de Trajano, inclusive. *Isto sem embargo, é nossa opinião, básica para a resposta a ser dada à questão nuclear formulada neste livro, que, desde o tempo de Augusto, o Imperador exercitava um poder próprio, que não lhe era transmitido por nenhum outro órgão, ao produzir as "Constitutiones Principis".*

26ª) Salientemos que as reformas de Adriano tiveram um denominador comum. Como anota Palazzolo, todas as suas reformas

---

[755] V. "Manual de Derecho Publico Romano" cit., páginas 198 e 199.
[756] V. "Potere Imperiale Ed Organi..." cit., página 23.

respeitantes às fontes do Direito, têm o seguinte fundamento comum: – eliminar a atividade criadora do Direito dos Pretores e juristas, e substituí-la pela do Imperador, ou, pelo menos, basear toda a atividade criadora do Direito na "Auctoritas Principis".[757] Subjacente a estas reformas pertinentes às fontes do Direito, *estava o desígnio, eminentemente político, de fortalecer o poder imperial*. De resto, a História do Direito nos revela que este fenômeno não se restringiu ao Principado da época de Adriano: – No final da Idade Média, uma das mais árduas lutas travadas pelos monarcas do Ocidente Europeu, foi no sentido de monopolizar a legislação e a dicção do Direito, retirando-as das mãos dos senhores feudais.

27ª) A partir das reformas de Adriano, o "Princeps", ubicado no vértice da Administração, é simultaneamente o pináculo do poder legislativo. E é exatamente neste período, observa Palazzolo, que as intervenções do Imperador no terreno legislativo, até então apenas ocasionais, tornam-se mais regulares, e se institucionalizam, ao ponto de se imporem como a fonte normativa mais importante de todas.[758]

28ª) Houve pois, do Principado do primeiro século para o do segundo, uma substancial mudança: – Segundo Palazzolo, ao passo que no primeiro século são os Pretores e os Jurisconsultos que dão valor aos atos do "Princeps", agora, no segundo século, *é o Príncipe quem se substitui a eles*, ou confere diretamente, graças à sua "Auctoritas", *valor normativo às respostas dos Jurisconsultos, e ao próprio Edito do Pretor.*[759] O valor outorgado aos atos do "Princeps" pelos Pretores e pelos juristas, no primeiro século, não passava de uma formalidade, porquanto o Imperador, desde o início do novo sistema, dispôs de um poder próprio, independente do poder dos órgãos republicanos. E isto porquanto, desde a instauração do Principado, o Imperador foi um órgão novo, *situado fora e acima da Constituição Republicana*. Nesta ordem de idéias, estamos convencidos de que a outorga de validade aos atos imperiais, por parte dos Pretores e Jurisconsultos, traduzia um respeito formal, uma deferência do "Princeps" para com as antigas instituições. Cremos ser importantíssimo, do ponto

---

[757] V. "Potere Imperiale Ed Organi..." cit., página 36.
[758] V. "Potere Imperiale Ed Organi..." cit., página 23.
[759] V. "Potere Imperiale Ed Organi..." cit., página 36.

de vista histórico-jurídico, bem ubicar Adriano, na ambiência em que as suas reformas foram realizadas: – O Principado já se achava consolidado, e o Imperador podia doravante, sem o disfarce do respeito formal pelas instituições republicanas, impor a sua vontade. Consignamos aqui que, desde Augusto, os poderes dos Imperadores apenas cresceram, crescendo também a sua "Auctoritas". É inegável que as reformas de Adriano redundaram em uma preeminência política do "Princeps", maior do que a anteriormente existente. E este dado não é indiferente à atividade normativa e jurisdicional do Imperador, incrementada sob Adriano e os seus sucessores.

29ª) Afirmamos que o "Princeps" não era um magistrado, nem ordinário, nem extraordinário. E queda a pergunta: – Se ele não era um magistrado, o que era então?... De Francisci, que sustenta a opinião de que o Imperador *não é um magistrado,* assevera que ele se insere na Constituição *como um órgão novo e permanente,* para o qual não se acreditou ser necessário criar um título especial, mas que será depois designado, com regularidade, com o nome de "Imperator". Trata-se de um órgão novo que implica, como de resto, exsurge da seqüência dos acontecimentos, *em uma mudança da Constituição,* atacada e menoscabada pelas reformas de 23 a. C., *que marcam o início de um genuíno e peculiar regime monárquico,* enxertado sobre instituições republicanas, conservadas formalmente.[760] Concordamos com a opinião de De Francisci, e chamamos a atenção para o cunho militar do título de "Imperator", lembrando que, na tradição republicana, este título era dado pelos soldados ao general vitorioso. É significativo que, durante o Principado este antigo título, militar por excelência, tenha se transformado de temporário em permanente, sendo utilizado pelo "Princeps". E, quanto à pergunta acima formulada, respondemos que se o "Princeps" não era um magistrado, era ele um monarca, ainda que "sui generis".

30ª) Desde o início do Principado, *teve o "Princeps" um poder próprio, que não derivava para ele de ninguém, e de nenhum outro órgão,* de editar as Constituições Imperiais. E isto porquanto, também desde o princípio do novo sistema, os poderes básicos detidos pelo Imperador, eram por ele assumidos, independentemente do consenso ou

---

[760] V. "La Costituzione Augustea" cit., vol. I, página 34.

do dissenso do "Senatus" e do "Populus". Tratava-se da "Creatio" do "Princeps", que tudo indica ser semelhante à "Creatio" dos antigos magistrados republicanos. Tomados os auspícios, o novo "Princeps" já era *detentor do "Imperium", estando habilitado a praticar os atos inerentes à sua posição*. Não há dúvida de que esta situação se acentuou a partir de Adriano. Mas ela existiu desde o início, uma vez que Otaviano, político habilíssimo, e Estadista dotado de um amplo descortino, lançara as bases de uma obra sólida, que iria durar três séculos. A outorga de poderes ao novo "Princeps", por parte de outros órgãos, *jamais passou de uma simples formalidade,* ditada, em primeiro lugar, pelas cautelas de Augusto, no sentido de manter as exteriorizações da República, e, em segundo lugar, pelo entranhado amor dos romanos pela tradição – e, aqui, não podemos esquecer a "Tríade Romana" de Hannah Arendt, corporificada no conjunto inconsútil da Religião, da Autoridade e da Tradição.[761]

31ª) Sem embargo do seu poder não derivar de nenhum outro, *carecia o "Princeps" de uma investidura formal*. Já nos referimos à "Lex de Imperio". Deixamos claro que acreditamos na sua existência histórica, embora não fosse uma norma escrita, mas sim, integrante da tradição do Direito Público Romano; que foi a "Lex Regia de Imperio" do tempo da Realeza, que se transformou na "Lex Curiata de Imperio" do Período Republicano, e que chegou, sempre graças à tradição, à época do Principado, tendo sido depois, não importa que com interpolações, mencionada na compilação de Justiniano. Ficou claro que, para nós, a *"Lex Regia de Imperio" é muitíssimo anterior à "Lex de Imperio Vespasiani"*. Não sabemos até que ponto Vespasiano aproveitou, ou não, os elementos constantes da preexistente "Lex Regia de Imperio", para editar a sua "Lex de Imperio Vespasiani". Ousamos, entretanto, afirmar que Vespasiano utilizou, apenas, o nome "Lex de Imperio", fazendo-o por amor à tradição e ao prestígio da velha "Lex", sem que a sua "Lex de Imperio" tivesse coisa alguma do conteúdo da antiga, da verdadeira "Lex de Imperio", que remontava à Realeza. E a nossa suposição não é gratuita: – De acordo com o ensinamento de De Francisci, a "Lex Curiata de Imperio" do período da República, não passava do ato unilateral da assunção do "Imperium" pelo magistrado, sendo indiferente o querer do "Populus".[762] E a

---

[761] V. "Entre o Passado e o Futuro" cit., páginas 167 e "passim".
[762] V. "Síntesis Histórica..." cit., página 90.

"Lex de Imperio Vespasiani", *sobre procurar legitimar o reinado de Vespasiano, que não integrava a "Gens Julia"*, consubstanciava um "pacto de bem governar", celebrado entre o Imperador e os governados, para reerguer o prestígio do Principado. Bem elucidado este ponto, podemos reproduzir a definição da "Lex de Imperio" formulada por Burdese, que não colide com a nossa posição sobre a matéria. Escreve Burdese, "verbis":

> "*Lex de imperio* se denomina o procedimento do Senado, aprovado por aclamação do povo, pelo qual se acostumou conferir unitariamente aos sucessores de Augusto os vários poderes de que ele havia gozado".[763]

32ª) Os dois órgãos fundamentais da Constituição Republicana, o "Senatus" e o "Populus", participavam da investidura do novo "Princeps". E que esta investidura não passava *de uma simples formalidade*, resulta da lição do próprio Burdese:

> "Tal atribuição de poderes constituiu para todo o principado o fundamento legal da investidura do novo príncipe, ainda que na realidade a eleição efetiva deste estava já preparada pelo predecessor, que adotava e mostrava, associando-o no todo ou em parte ao poder, o sucessor designado, ou bem dependia das distintas forças sociais, políticas e sobretudo militares do império, as quais, em último extremo, aclamando como *imperator* o seu candidato, antecipavam e determinavam sua investidura por parte do senado".[764]

Para bem compreendermos esta investidura, da qual participavam o Senado e o Povo, precisamos ter em conta *o grande prestígio de que desfrutava o Senado, o tradicional depositário da "Auctoritas"*, e a velha concepção republicana, de que o "Populus" era o detentor da "Potestas". A isto deve ser aduzido o apego dos romanos à tradição.[765]

---

[763] V. "Manual de Derecho Publico Romano" cit., página 202 – itálico no original.
[764] V. "Manual de...", loc. cit., itálico no original.
[765] V. de Hannah Arendt, "Entre o Passado e o Futuro" cit., páginas 164, 166 e "passim".

33ª) Longo e Scherillo também fazem menção à "Lex de Imperio" para a investidura do Príncipe, anotando que, à outorga de poderes pelo Senado, segue-se a aclamação pelo "Populus", nisto consistindo a "Lex de Imperio". Entretanto, identificam a "Lex de Imperio" com a "Lex de Imperio Vespasiani", posição da qual discordamos.[766] Reiteramos que a antiga "Lex Regia de Imperio" e a "Lex de Imperio Vespasiani" eram realidades distintas. Admitimos, no entanto, que após a elaboração da "Lex de Imperio Vespasiani", tenha esta sido invocada, com este nome, para formalizar a ascenção de um novo Imperador ao trono. Entretanto, o espírito do ato permanecia sendo o da velha "Lex de Imperio", vale dizer: – *Tratava-se da assunção unilateral do "Imperium" pelo "Princeps"*.

34ª) Da lição de Burdese não discrepa De Martino, para quem a ascenção ao poder de um novo "Princeps", tinha lugar *mediante um ato de outorga formal*. Assim foi com Tibério, e assim, com os sucessivos Imperadores, que vieram depois do primeiro sucessor do "Divus Augustus". Aqui, De Martino faz uma assertiva importantíssima: – *Juridicamente, o poder de dar ao novo Príncipe os poderes inerentes ao seu cargo competia ao Senado e ao Povo*.[767] Dissemos que a assertiva é "importantíssima". E, com efeito, assim é. Em primeiro lugar, ela é reveladora da sagacidade política de Otaviano, que foi capaz de implantar uma monarquia sem ferir as suscetibilidades dos republicanos, que os havia em Roma, e aliás ilustres. Além do mais, demonstrando uma reverência, ainda que apenas formal, pelos órgãos da antiga Constituição, Augusto disfarçava a realidade, nua e crua, de que o novo governo era monocrático, e de que a "Auctoritas" e a "Potestas", outrora ostentadas, respectivamente, pelo Senado e pelo Povo, estavam concentradas, agora, nas mãos de um só homem, que possuía ainda a "Tribunicia Potestas", sendo "Sacrosanctus", e exercia a chefia suprema da Religião Oficial. Sucede que a assertiva de De Martino é "importantíssima", também por um outro motivo: – Embora a investidura do "Princeps" pelo "Senatus" e pelo "Populus" fosse um ato puramente formal, *integrava ele o que chamamos de "Liturgia do Poder"*, deitava raízes na tradição, e pois, tinha uma importância intrínseca, que não pode ser negligenciada pelo estudioso da História do Direito. Em outra passagem da sua obra,

---

[766] V. "Storia Del Diritto Romano..." cit., página 237.
[767] V. "Storia Della Costituzione..." cit., vol. IV, página 371.

De Martino ensina que a outorga oficial do "Imperium" acontecia *mediante um ato do Senado e talvez uma lei,* a qual compreendia os poderes imperiais. A outorga do "Imperium" coincidia com a atribuição do título de "Imperator", *e é pois claro que o "Imperium" constituía a parte fundamental do poder.* Nos "Atos dos Arvais", o início do reinado é indicado com as palavras "a senatu imperator appellatus est", e no Ferial Duranum, o começo do reinado é apontado com a frase "ob imperium divi...", depois da data. Esta data, prossegue De Martino, podia coincidir, ou não, com a da concessão da "Tribunicia Potestas", *e quase nunca coincidia com a assunção, de fato, do poder.* Adverte o autor que, fosse em função de o costume da investidura nos poderes ocorrer em vida do predecessor, fosse pela imposição do Exército ou da Guarda Pretoriana, *o novo "Princeps" assumia o poder ainda antes do reconhecimento oficial.* As fontes, aduz De Martino, na maior parte das vezes, fazem remontar o tempo do reinado, *à data efetiva da assunção do poder, mais do que à data do reconhecimento legal.* Acrescenta que o ato de outorga competia ao Senado. Mas, *não se pode excluir a intervenção dos Comícios,* ou do que deles sobrevivera, ainda que apenas para a "renuntiatio".[768] O que aqui nos importa é que o novo "Princeps" assumia o poder, antes do reconhecimento oficial. Esta informação robustece a nossa opinião, no sentido de que a outorga de poderes ao novo Imperador, com a participação do "Senatus" e do "Populus", *não passava de uma formalidade, embora importante, mantida pela tradição.* Por outras palavras, ao receber do Senado e do Povo a sua investidura, o Imperador já detinha os poderes que, nominalmente, lhe eram conferidos por aquele ato oficial.

35ª) Há um outro argumento que reforça a opinião por nós defendida: – Como o dizem os melhores doutrinadores, o "Princeps" *era um órgão completamente novo,* que surgira das vicissitudes históricas da crise final da República, e que *estava colocado fora e acima da Constituição Republicana e dos seus órgãos.* Segue-se que o Príncipe estava ubicado acima do Senado e do Povo. Ora, é uma contradição nos próprios termos, *que aquele que se encontra em um plano superior, receba poderes daquele que se encontra em um plano inferior.* Nesta ordem de idéias, insistimos em nosso ponto de vista, que consideramos corroborado pelas evidências históricas, no sentido de que a assunção

---

[768] V. "Storia Della Costituzione..." cit., vol. IV, páginas 410 e 411.

dos poderes pelo novo Príncipe, era um ato unilateral, sendo mera formalidade, ainda que, repitamos, importante, o ato da investidura.

36ª) Neste ato formal da investidura do "Princeps", *a Religião tinha um papel de destaque, porquanto os "Arvais" eram os sacerdotes de Ceres*. Isto é sintomático, quando lembramos que Ceres era, entre os romanos, *uma deusa agrária,* que muito se identificava com a Deméter dos gregos.[769] Ora, os valores tradicionais dos romanos eram eminentemente agrários, sendo que esta mundividência aristocrático-agrária da Gente do Lácio perdurou, pelo menos, até o triunfo final sobre Cartago, nas Guerras Púnicas.[770]

37ª) A menção feita por De Martino à "Lex de Imperio Vespasiani", fortalece a nossa opinião, de que ela *não é* a antiga "Lex Regia de Imperio". Escreve De Martino que um documento importante relativo a Vespasiano, a chamada "Lex de Imperio Vespasiani", nos atesta a existência de uma "lex rogata", embora o seu estilo seja mais parecido com o dos senatusconsultos, do que com o das leis comiciais. Entretanto, na parte que nos chegou deste documento, *não trata ele do "Imperium", mas de uma série de poderes determinados,* e isto suscitou, entre os estudiosos, uma prolongada controvérsia, relativa ao conteúdo presumível da parte, perdida, da "Lex de Imperio Vespasiani". Desde o momento em que Cola di Rienzo conhecia o texto, e antes se vangloriava de o haver salvo do esquecimento e o exposto, bem à vista de todos, *no meio da Igreja de São João Latrão,* tem-se desejado, das suas palavras, extrair argumentos para sustentar que, naquela ocasião, existiam duas tábuas, ao invés de uma, e para reconstituir o texto faltante. Sucede, aduz De Martino, que os esforços desenvolvidos neste sentido não foram bem sucedidos, porquanto, do discurso de Cola se pode extrair, apenas, que ele *gabava o poder soberano do Povo Romano, de conferir a autoridade aos Imperadores,* e que baseava nisto um conjunto de poderes que, por objetivos políticos do seu tempo, ele pretendia se arrogar.[771] Ora, segundo a nossa convicção, a antiqüíssima "Lex Regia de Imperio" integrava a tradição do Di-

---

[769] V. de Roberto G. Wolf, "Mitologia Greco - Romana" cit., página 38.

[770] V. de Alexandre Augusto de Castro Corrêa, "O Estoicismo no Direito Romano" cit., página 14.

[771] V. "Storia Della Costituzione..." cit., vol. IV, página 411.

reito Público Romano, desde a Realeza. Aduzimos que esta "Lex", por sua grande antigüidade, e por estar muito próxima do "Fas", do Direito Sagrado (havia a assunção do "Imperium", após a tomada dos auspícios), *não devia ser escrita, integrando mais provavelmente a tradição oral*. Além do mais, como ela se reduzia à assunção unilateral do "Imperium", devia se limitar a uma simples fórmula sacramental, pela qual o "Rex", e depois dele, os magistrados republicanos, comunicavam ao "Populus", reunido nos "Comitia", a assunção do "Imperium". Assim, e por definição, ela não devia ser casuística; não devia descer à fixação de "uma série de poderes determinados", como o faz o fragmento da "Lex de Imperio Vespasiani", que até nós chegou. Quanto a Rienzo, era um "Condottiere", que, em uma época conturbada da História da Itália, bem pode ter procedido a uma mistificação do texto da "Lex de Imperio Vespasiani", com objetivos políticos.

38ª) Quanto ao fundamento constitucional das Constituições Imperiais, diz De Martino que autores existem que afirmam que elas, na sua origem, não eram ligadas ao "Imperium". Anota o romanista que, deixando inicialmente de banda os "Decreta" e os "Rescripta", que pertencem a desenvolvimentos sucessivos do Principado, e limitando-nos aos "Edicta" e aos "Mandata", observamos o seguinte: – Relativamente aos "Edicta", as características formas "dico", "arbitror", "existimo", "cenceo", etc., *não são aquelas de quem atua em virtude do "Imperium"*. A isto, deve ser acrescentado que os Editos emanados do "Imperium", são o produto de um período posterior, e que o próprio uso do termo "Edictum" é raríssimo, feito ainda assim, na maior parte dos casos, em fontes não oficiais. Tratar-se-ia, continua De Martino, de simples "dicta principis", que tinham valor em função da grande "Auctoritas" do Imperador, e não já do seu "Imperium". Tais críticas não são, porém, convincentes. Com efeito: – *Já na época de Augusto, parece evidente que os "Edicta" eram produzidos em função do "Imperium", e não da "Tribunicia Potestas" ou da "Auctoritas"*. Eles dizem respeito às províncias, enquanto o "Edictum de aquaeductu Venafrano" enquadrava-se nos poderes da administração imperial, e por este motivo, também ele no "Imperium". A mesma coisa pode ser dita dos "Mandata", instruções aos funcionários subordinados ao "Princeps", dos quais nos resta uma notável coleção no "Gnomon do Idioslogos", sendo que muitos dos "Mandata" nele contidos, remontam a Augusto. Estas instruções não podem ter outra fonte que não seja o "Imperium", sendo que, *no caso especial do Egito, tratava-se de um "Imperium" exclusivo, e acentuadamente monárquico.*[772] Diríamos que, uma vez que o "Imperium" é o poder mais importante do "Princeps", em linhas gerais, todas as constituições imperiais, sem exceção, poderiam tê-lo, como seu fundamento constitucional. Mas, assim não é, como veremos a seguir. Segundo De Martino, as intervenções de Augusto no Direito Privado, e portanto, nos assuntos próprios dos cidadãos, *acontecem fora do "Imperium"*. Tais intervenções assumem a forma de conselhos e opiniões do Príncipe, expressos por força da sua "Auctoritas", *sem possuírem um caráter imperativo*. Não é por acaso que, para estas intervenções imperiais, as fontes empreguem a palavra "Auctoritas". Sucede que o parecer assim emitido pelo "Princeps", tinha uma força bem maior do que aquele produzido por outros personagens, que também participavam do governo. Os cidadãos e os magistrados eram induzidos a adequar-se ao parecer do Imperador, e os funcionários tinham que se acautelar, no sentido de lhe prestar a reverência devida. Pode-se pois compreender *como se desenvolveu uma intensa atividade jurisprudencial, a qual tinha a sua base na "Auctoritas" de Augusto,* sendo que este passou a ter o costume de conferir, a juristas da sua confiança, o "ius respondendi ex auctoritate sua". Tais respostas, até a época de Adriano, não tinham força obrigatória para o Juiz, possuindo, entretanto, *um enorme peso moral e político,* e serão costumeiramente seguidas no uso prático do Direito.[773] Uma questão interessante é esta: – O que levaria Augusto a tratar dos assuntos de Direito Privado, com os particulares, sem usar um tom imperativo?... vamos tentar responder a esta indagação. Em primeiro lugar, não pode ser desprezado o dado de que, de acordo com Fustel de Coulanges, o Direito Privado precedeu o Direito Público.[774] E, em segundo lugar, aos romanos sempre repugnou a "estatalização" do Direito, para fazermos uso de uma expressão altamente descritiva de Surgik.[775] E tanto isto é verdade, que o Direito se "publiciza" quanto às suas fontes e quanto aos órgãos jurisdicionais, apenas com o Principado. Ainda quanto ao fundamento constitucional das "Constitutiones Principum", De Martino admite que, bem examinadas as diversas soluções propostas, apenas uma resiste como possível: – O fundamento constitucional dos "Edicta" e dos

---

[772] V. "Storia Della Costituzione..." cit., vol. IV, página 433.
[773] V. "Storia Della Costituzione..." cit., vol. IV, página 434.
[774] V. "A Cidade Antiga" cit., página 100.
[775] V. "Gens Gothorum..." cit., páginas 18 e 19.

"Mandata" era o "Imperium", ao passo que o fundamento constitucional dos "Rescripta" e dos "Decreta", era a "Auctoritas". Sobre esta base originária, desenvolveu-se, com o tempo, *um verdadeiro e próprio poder legislativo dos Imperadores,* o qual, entretanto, não foi considerado como estando acima do Ordenamento Jurídico, e livre de vínculos. Aqui, elucida o autor que as máximas "Princeps legibus solutus" e "Quod principi placuit legis habet vigorem", *são as máximas do Absolutismo,* e assim estão formuladas nas fontes. Sucede *que estas máximas tinham os seus precedentes no Período Clássico,* e na inegável evolução monárquica do Principado. É portanto também razoável que as normas prescritas pelos Imperadores fossem consideradas válidas, também pelos seus sucessores, sem a necessidade de reconhecimento, ou de atos explícitos de confirmação. De resto, a eficácia das constituições imperiais vem se afirmando com o tempo, *e em particular nos assuntos penais,* tal eficácia surge, em sua plenitude, da época de Adriano para a frente, quando mais atuante se tornou a intervenção do Imperador neste campo. Por fim, chega-se a considerar como crime de falso o fato de se julgar contra as "Constitutiones Principum".[776] *Da nossa parte, perfilhamos a opinião de De Martino, quanto ao "Imperium" ser o fundamento constitucional dos "Edicta" e dos "Mandata", ao passo que a "Auctoritas" o é dos "Rescripta" e dos "Decreta".* Cremos, inclusive, que tal divisão corresponde bem à índole de cada tipo de constituição imperial.

39ª) O fato de o poder legislativo imperial não ter sido considerado como estando acima do Ordenamento Jurídico, e livre de vínculos, demonstra o que afirmamos, no sentido de que, por muito grandes que tenham sido os poderes do Imperador no Principado, não era ele um monarca absoluto, e muito menos um déspota.

40ª) De Francisci, ao comentar a opinião de Schultz, anota ser certo que, pelo menos até o fim da Dinastia dos Severos, *o órgão constitucional que podia conferir ao "Princeps" o "Imperium", bem como todas as faculdades ou direitos ao "Imperium" ligados, era o Senado,* sendo puramente formal a intervenção do "Populus". Segundo o autor, qualquer que fosse a forma pela qual o novo Príncipe chegasse ao poder – designação, co-regência, aclamação ou adoção – a legitimi-

---

[776] V. "Storia Della Costituzione...", vol. IV, páginas 439 e 440.

dade do "Imperium" era adquirida, de um ponto de vista rigorosamente constitucional, *do Senado*.[777] Destarte, quando os juristas (Gaio, I, 5; Ulpiano, D. 1, 4. 1) afirmam que o poder do "Princeps" lhe é conferido pelo "Populus", devemos entender que tal assertiva, pelo menos a partir de Tibério, é puramente teórica, porquanto as funções dos comícios são quase completamente usurpadas pelo Senado, e porque a intervenção dos "Comitia", nos poucos casos em que subsiste, *é puramente formal*.[778] Concordamos com De Francisci, a propósito do gradual desaparecimento dos "Comitia", os quais, inclusive por dificuldades decorrentes do crescimento demográfico, passaram a ter dificuldade para se reunir.

Após estas considerações, enunciamos a nossa conclusão final: – Ao produzir as Constituições Imperiais, os Príncipes exercitavam um poder seu, próprio, que não lhes vinha de ninguém, nem de qualquer outro órgão. Tal poder, entretanto, de um ponto de vista jurídico-formal, derivava para os Imperadores do ato da sua investidura, feita pelo Senado e também, ainda que apenas teoricamente, pelo Povo. Com isto, esperamos ter lançado alguma luz sobre o tema das "Constitutiones Principum", como fonte do Direito Romano durante o Principado.

---

[777] V. "La Costituzione Augustea" cit., vol. I, páginas 40 e 41.
[778] V. "La Costituzione Augustea", vol. e loc. cit..

Bibliografia

1) Almeida, Napoleão Mendes de – *Noções Fundamentais da Língua Latina*, São Paulo, Edição Saraiva, 9ª edição, 1959.

2) Alves, José Carlos Moreira – *Direito Romano*, Rio de Janeiro, Forense, 2ª edição revista e acrescentada, 1972 – 2 volumes – Observação: 1º volume 3ª edição, 1971; 2º volume, 2ª edição, 1972.

3) Alviz, Faustino Gutiérrez – *Diccionario de Derecho Romano*, Madrid, Instituto Editorial Reus, 1948.

4) Amarelli, Francesco, "et alii" – *Storia del Diritto Romano* – a cura di Aldo Schiavone, Torino, G. Giappichelli Editore, 2000.

5) Amirante, Luigi – *Una Storia Giuridica di Roma – Dai Re a Cesare*, Napoli, Jovene Editore Napoli, 1987.

6) Antokoletz, Daniel – *Tratado de Derecho Romano (Historia – Fuentes – Personas – Cosas – Acciones)*, Buenos Aires, El Ateneo – Librería Cientifica Y Literaria, 1930.

7) Arendt, Hannah – *Entre o Passado e o Futuro*, tradução brasileira de Mauro W. Barbosa de Almeida, São Paulo, Editora Perspectiva S.A., 3ª edição, 1992 – Original em inglês.

8) Augusto – Res Gestae Divi Augusti, tradução brasileira de João Pedro Mendes, "in" *Historiadores Latinos – Antologia Bilíngüe* – Organizadores: Maria da Gloria Novak "et alii", São Paulo, Martins Fontes, 1999.

9) Azevedo, Fernando de – *Pequeno Dicionário Latino – Português*, São Paulo, Companhia Editora Nacional, 2ª edição, 1949.

10) Azevedo, Luiz Carlos de – *Origem e introdução da apelação no Direito Lusitano*, São Paulo, F.I.E.O., 1976.

11) _____ *O direito de ser citado: Perfil histórico*, São Paulo, F.I.E.O. – Editora Resenha Universitária, 1980.

12) Bey, Mohammed Essad – Nicolau II – *O Prisioneiro da Púrpura*, tradução brasileira de Marques Rebello, Porto Alegre, Edição da Livraria do Globo, 2ª edição, 1940 – Original em alemão.

13) Biondi, Biondo – *Arte y Ciencia del Derecho*, tradução espanhola de Angel Latorre, Barcelona, Ediciones Ariel, 1953 – Original em italiano.

14) Bobbio, Norberto; Matteucci, Nicola, e Pasquino, Gianfranco – *Dicionário de Política*, tradução brasileira de Carmen C. Varriale, Gaetano Lo Mônaco, João Ferreira, Luís Guerreiro Pinto Cacais e Renzo Dini, Brasília, Editora Universidade de Brasília, 4ª edição, 1992, 2 volumes – Original em italiano.

15) Burdese, Alberto – *Manual De Derecho Publico Romano*, tradução espanhola de Ángel Martínez Sarrión, Barcelona, Bosch, Casa Editorial, 1972 – Original em italiano.

16) Camões, Luís de – *Os Lusíadas*, edição escolar comentada pelo Professor Otoniel Mota, São Paulo, Edições Melhoramentos, 10ª edição, 1956.

17) Canaris, Claus – Wilhelm – *Pensamento Sistemático e Conceito e Sistema na Ciência do Direito*, tradução portuguesa de António Menezes Cordeiro, Lisboa, Fundação Calouste Gulbenkian, 2ª edição, 1996 – Original em alemão.

18) Cancelli, Filippo – Verbete "Principato", "in" *Novissimo Digesto Italiano*, Diretto Da Antonio Azara e Ernesto Eula, Torino, Unione Tipografico – Editrice Torinese, terza edizione, 1957, volume XIII, páginas 870 a 883.

19) Cervantes Saavedra, Miguel De – *El Ingenioso Hidalgo Don Quijote De La Mancha*, Edición Y Notas De Francisco Rodríguez Marín, De La Real Academia Española, Madrid, Espasa – Calpe, S. A., 1956, 8 tomos.

20) César – Bellum Civile – *A Guerra Civil*, tradução, introdução e notas de Antonio da Silveira Mendonça, São Paulo, Editora Estação Liberdade Ltda., 1999 – edição bilíngüe.

21) Chamoun, Ebert – *Instituições De Direito Romano*, Rio de Janeiro, Forense, 5ª edição revista e aumentada, 1968.

22) Cicco, Claudio De – *Direito: Tradição e Modernidade*, São Paulo, Ícone Editora Ltda., 1993.

23) Cícero – *Da República*, tradução brasileira de Amador Cisneiros, Rio de Janeiro, Edições de Ouro – Editora Tecnoprint Ltda., s/d – Original em latim.

24) Cintra, Geraldo de Ulhoa – *De Actione Sacramento*, São Paulo, edição do autor, 1960.

25) Correa, Eduardo Alvarez – *Curso de Derecho Romano*, Bogotá, Editorial Pluma Ltda., segunda edición, 1980.

26) Corrêa, Alexandre Augusto de Castro – *O Estoicismo no Direito Romano*, São Paulo, edição do autor, 1950.

27) Correia, Alexandre, e Sciascia, Gaetano – *Manual De Direito Romano*, São Paulo, Edição Saraiva, 4ª edição revista e aumentada, 1961, 2 volumes.

28) Costa, Moacyr Lobo da – *Gaio (Estudo Biobibliográfico)*, São Paulo, Editora Saraiva, 1989.

29) Coulanges, Numa Denis Fustel de – *A Cidade Antiga*, tradução portuguesa de Fernando de Aguiar, Lisboa, Livraria Clássica Editora, 10ª edição, 1971 – Original em francês.
30) Cretella Júnior, José – *Curso de Direito Romano*, Rio de Janeiro, Forense, 4ª edição, 1970.
31) Cretella Júnior, José, e Cintra, Geraldo de Ulhôa – *Dicionário Latino – Português*, São Paulo, Companhia Editora Nacional, 7ª Edição (revista), 1956.
32) Crippa, Adolpho – *Mito e Cultura*, São Paulo, Editora Convívio, 1975.
33) Cuenca, Humberto – *Proceso Civil Romano*, Buenos Aires, Ediciones Juridicas Europa – America, 1957.
34) David, René – *Os Grandes Sistemas do Direito Contemporâneo*, tradução brasileira de Hermínio A. Carvalho, São Paulo, Martins Fontes, 3ª edição, 2ª tiragem, 1998 – Original em francês.
35) _____ – *O Direito Inglês*, tradução brasileira de Eduardo Brandão, São Paulo, Martins Fontes, 1997 – Original em francês.
36) Demangeat, Charles – *Cours Élémentaire de Droit Romain*, Paris, A. Marescq Ainé, Libraire – Éditeur, troisième édition, revue et augmentée, 1876, 2 tomos.
37) Djilas, Milovan – *A Nova Classe – Uma Análise do Sistema Comunista*, tradução brasileira de Waltensir Dutra, Rio de Janeiro, Livraria Agyr Editora, 4ª edição, 1963.
38) Donato, Hernâni – *Os Guerreiros*, São Paulo, Editora Cultrix, 1960.
39) Duverger, Maurice – *Os Regimes Políticos*, tradução brasileira de Geraldo Gerson de Souza, São Paulo, Difusão Européia do Livro, 1962 – Original em francês.
40) Ellul, Jacques – *Histoire des institutions – tome 1 – 2 L'Antiquité*, Paris, Presses Universitaires de France, 8 ᵉ édition, 1992.
41) Engel, Jean–Marie, e Palanque, Jean-Rémy – *O império romano*, tradução brasileira de Niko Zuzek, São Paulo, Editora Atlas S.A., 1978 – Original em francês.
42) Espasandín, José Otero – Roma – *La Republica Y El Imperio*, Buenos Aires, Editorial Atlantida, S.A., segunda edición, 1949.
43) Ferraz, Manoel Martins de Figueiredo – *Do Tribunado da Plebe*, São Paulo, Editora da Universidade de São Paulo, 1989.
44) Firmino, Nicolau – *Dicionário Latino – Português*, São Paulo, Edições Melhoramentos, 5ª Edição – Revista e ampliada, s/d.
45) Francisci, Pietro de – *Síntesis Histórica del Derecho Romano*, tradução espanhola, Madrid, Revista De Derecho Privado, 1954 – Original em italiano.
46) _____ – *La Costituzione Augustea*, "in" *Studi In Onore Di Pietro Bonfante Nel XL Anno D'Insegnamento*, Milano, Fratelli Treves Editore, 1930, 4 volumes.

47) Franco, Afonso Arinos de Melo – *Amor a Roma*, Rio de Janeiro, Editora Nova Fronteira S/A, 1982.
48) Galisset, C.M. – *Corpus Juris Civilis Academicum Parisiense*, Lutetia Parisiorum, Apud. A . Cotelle, Bibliopolam, Septima Editio, MDCCCLXII.
49) García, César Rascón – *Manual De Derecho Romano*, Madrid, Editorial Tecnos, S. A., 1992.
50) Gaudemet, Jean – *Institutions De L'Antiquité*, Paris, Sirey, 1967.
51) Gould, S. Baring – *The Tragedy Of The Caesars – A Study Of The Characters Of The Caesars Of The Julian And Claudian Houses*, London, Methuen & Co. Ltd., Eighth Edition, 1923.
52) Guarino, Antonio – *Storia Del Diritto Romano*, Napoli, Editore Jovene Napoli, quinta edizione, 1975.
53) Herman, Jacques – *Guia de História Universal*, tradução portuguesa de António Martinho Baptista, Lisboa, Edições 70, 1981 – Original em francês.
54) Holmes, Oliver Wendell – *O Direito Comum – As Origens do Direito Anglo-Americano*, tradução brasileira de J. L. Melo, Rio de Janeiro, Edições O Cruzeiro, 1967 – Original em inglês.
55) Homo, Léon – *El Imperio Romano*, tradução espanhola de Rafael Vásquez Zamora, Madrid, Espasa – Calpe S . A ., 2ª edição, 1961 – Original em francês.
56) Hubeňák, Florencio – *Roma – El Mito Politico*, Buenos Aires, Ediciones Ciudad Argentina, 1997.
57) Humbert, Michel – *Institutions Politiques Et Sociales De L'Antiquité*, Paris, Éditions Dalloz, 6ª edição, 1997.
58) Iglesias, Juan – *Derecho Romano – Historia e Instituciones*, Barcelona, Editorial Ariel, S. A., undécima edición, 1994.
59) Jaeger, Werner – *Paidéia – A Formação Do Homem Grego*, tradução portuguesa de Artur M. Parreira, adaptação para a edição brasileira de Mônica Stahel M. da Silva, São Paulo, Martins Fontes, 1986 – Original em alemão.
60) Jouvenel, Bertrand de – *Du Pouvoir – Histoire naturelle de sa croissance*, Paris, Librairie Hachette, 1972.
61) Kelsen, Hans – *Teoria Pura do Direito*, tradução portuguesa do Dr. João Baptista Machado, Coimbra, Arménio Amado – Editora, 6ª edição, 1984 – Original em alemão.
62) Koehler, S.J., Pe. Henrique – *Dicionário Escolar Latino – Português*, Porto Alegre, Editora Globo, 6ª edição, 1955.
63) Kunkel, Wolfgang – *Historia del Derecho Romano*, tradução para o espanhol da 4ª edição alemã por Juan Miquel, Barcelona, Ediciones Ariel, 2ª edição, 1970 – Original em alemão.
64) Larenz, Karl – *Metodologia da Ciência do Direito*, tradução portuguesa de José Lamego, Lisboa, Fundação Calouste Gulbenkian, 3ª edição, 1997 – Original em alemão.

65) Lima Filho, Acacio Vaz de – *O Poder Na Antigüidade – Aspectos Históricos e Jurídicos*, São Paulo, Ícone Editora, 1999.
66) _____ – *O Estoicismo e o "Jus Gentium"*, "in" *Revista de Direito Civil*, São Paulo, Editora Revista dos Tribunais, Ano 15, n° 58 – Outubro – Dezembro/1991, páginas 145 a 165.
67) _____ – *Por Que Estudar o Direito Romano?*, "in" *Revista de Direito Civil*, São Paulo, Editora Revista Dos Tribunais, Ano 13, n° 50, Outubro – Dezembro/1989, páginas 32 a 40.
68) Lissner, Ivar – *Os Césares*, tradução brasileira de Oscar Mendes, Belo Horizonte, Editora Itatiaia Limitada, 1959 – Original em alemão.
69) Longo, Carlo, e Scherillo, Gaetano - *Storia Del Diritto Romano; Costituzione e Fonti del Diritto*, Milano, Dott. A . Giuffrè, 1935.
70) Lopes, José Reinaldo de Lima – *O Direito na História – Lições Introdutórias*, São Paulo, Max Limonad, 2000.
71) Malet, Alberto – *Roma*, tradução argentina, Buenos Aires, Libreria Hachete S. A., 1942.
72) Malinverni, Alessandro – *Lineamenti Di Storia Del Processo Penale*, Torino, G. Giappichelli – Editore, 1972.
73) Martino, Francesco De – *Storia Della Costituzione Romana*, Napoli, Casa Editrice Dott. Eugenio Jovene, 5 volumes – 1° volume, 1958; 2° volume, 1966; 3° volume, 1966; 4° volume, 1966 (Parte Prima), e 1966 (Parte Seconda); 5° volume, 1967.
74) Mason, Jayme – *Dante e a Divina Comédia – Uma Crônica Didática*, Rio de Janeiro, Editora Nova Fronteira S.A., 1987.
75) Massie, Robert K. – *Nicolau e Alexandra*, tradução portuguesa de Maria Teresa Ramos, Venda Nova – Amadora, Editorial Ibis, 1ª edição, 1969 – Original em inglês.
76) May, Gaston – *Éléments De Droit Romain*, Paris, Librairie De La Societé Du Recueil Sirey, treizième édition revue et augmentée, 1920.
77) Meira, Silvio A. B. – *História e Fontes do Direito Romano*, São Paulo, Editora da Universidade de São Paulo – Edição Saraiva, 1966.
78) Mommsen, Théodore, e Marquandt, Joachin – *Manuel Des Antiquités Romaines*, tradução para o francês sob a direção de M. Gustave Humbert, Paris, Ernest Thorin, Éditeur, 1896 – tomo 5 – Le Droit Public Romain, tradução para o francês da 3ª edição alemã de Paul Frédéric Girard, Paris, Librairie Thorin Et Fils ª Fontemoing Successeur – Original em alemão.
79) _____ – *Disegno Del Diritto Pubblico Romano*, tradução italiana de Pietro Bonfante, Milano, Casa Editrice Dottor Francesco Vallardi, 1904 – original em alemão.
80) Monier, Raymond – *Vocabulaire De Droit Romain*, Paris, Éditions Domat Montchrestien, quatrième édition, 1948.

81) Montesquieu, Charles Louis de Secondat, *Barão de La Brède e de – Grandeza e Decacência dos Romanos*, tradução brasileira de João Mendes Neto, São Paulo, Saraiva S. A – Livreiros – Editores, 1968 – Original em francês.

82) Nóbrega, Vandick Londres Da - *História e Sistema do Direito Privado Romano*, Rio de Janeiro – São Paulo, Livraria Freitas Bastos S/A, 2ª edição, 1959.

83) Nogueira, José Carlos de Ataliba – *António Conselheiro e Canudos* – revisão histórica, São Paulo, Companhia Editora Nacional, 1974.

84) _____ – *Pena sem Prisão*, São Paulo, Edição Saraiva, 2ª edição, 1956.

85) Orestano, Riccardo – *Il Potere Normativo Degli Imperatori e Le Costituzioni Imperiali – Contributo Alla Teoria Delle Fonti Del Diritto Nel Periodo Romano Classico*, Torino, G. Giappichelli Editore, Ristampa stereotipa dell'edizione del 1937, 1962.

86) Pacchioni, Giovanni – *Breve Historia Del Imperio Romano* – Narrada Por Un Jurista, tradução espanhola, Madrid, Editorial Revista De Derecho Privado, 1944 – Original em italiano.

87) Padovani, Humberto, e Castagnola, Luís – *História da Filosofia*, São Paulo, Edições Melhoramentos, 6ª edição, Setembro de 1964, 4 volumes.

88) Palazzolo, Nicola – *Processo Civile e Politica Giudiziaria Nel Principato*, Torino, G. Giappichelli – Editore, 1980.

89) _____ – *Potere Imperiale Ed Organi Giurisdizionali Nel II Secolo D. C.*, Milano, Dott. A . Giuffrè, 1974

90) Peixoto, José Carlos de Matos – *Curso De Direito Romano* – Tomo I – Parte Introdutória e Geral, Rio de Janeiro, Livraria Editora Renovar Ltda., 4ª edição, 1997.

91) Pereira, Padre Isidro, S.J. – *Dicionário Grego - Português e Português - Grego*, Braga, Livraria Apostolado Da Imprensa, 7ª edição, 1990.

92) Petit, Eugène – *Tratado Elemental de Derecho Romano*, tradução espanhola de José Ferrández González, Buenos Aires, Editora Universidad S.R.L., reimpressão, 1999 (Com uma introdução de Rudolf Von Ihering) – Original em francês.

93) Petit, Paul – *História Antiga*, tradução brasileira de Pedro Moacyr Campos, São Paulo, Editora da Universidade de São Paulo – Difusão Européia do Livro, 1964 – Original em francês.

94) Pietro, Alfredo Di – *Derecho Privado Romano*, Buenos Aires, Ediciones Depalma, 1996.

95) Pinto, Agerson Tabosa – *Direito Romano*, Fortaleza, Imprensa Universitária, 1999.

96) Porchat, Reynaldo – *Curso Elementar de Direito Romano*, São Paulo, Companhia Melhoramentos de São Paulo, 2ª edição, 1937, 2 volumes.

97) Ráo, Vicente – *O Direito e a Vida dos Direitos*, São Paulo, Editora Resenha Universitária Ltda., 1977, 1º volume, tomo III.

98) Reale, Miguel – *Formação da Politica Burgueza (Introdução ao Estado Moderno)*, Rio de Janeiro, Livraria José Olympio – Editora, 1934.
99) _____ – *Lições Preliminares de Direito*, São Paulo, Editora Saraiva, 24ª edição, 1998.
100) _____ – *Horizontes do Direito e da História*, São Paulo, Saraiva S. A. – Livreiros Editores, 2ª edição revista e aumentada, 1977.
101) _____ – *O Direito Como Experiência*, São Paulo, Edição Saraiva, 1968.
102) Roberts, J. M. – *History Of The World*, New York, Oxford University Press, 1993.
103) Rostovtzeff, Michael I. – *História De Roma*, tradução brasileira de Waltensir Dutra, Rio de Janeiro, Zahar Editores, 3ª edição, 1973 – Original em inglês.
104) Scialoja, Vittorio – *Procedimiento Civil Romano*, tradução argentina de Santiago Santis Melendo e Marino Ayerra Redin, prólogo de Vincenzo Arangio-Ruiz, Buenos Aires, Ediciones Juridicas Europa – America, 1954 – Original em italiano.
105) Shotter, David Colin Arthur – *Augustus Caesar*, London and New York, Routledge, reimpressão de 1995, "in" *Lancaster Pamphlets*.
106) Silveira, V. César Da – *Dicionário de Direito Romano*, São Paulo, José Bushatsky, Editor, 1957 – 2 volumes.
107) Sohm, Rodolfo – *Instituciones de Derecho Privado Romano – Historia y Sistema*, tradução espanhola de W. Roces, Madrid, Biblioteca de la Revista de Derecho Privado, 17ª edição, corrigida por L. Mitteis e publicada por L. Wenger, 1928 – Original em alemão.
108) Sousa, José Pedro Galvão de - *Da Representação Política*, São Paulo, Edição Saraiva, 1971.
109) Sousa, José Pedro Galvão de "et alii" – *Dicionário De Política*, São Paulo, T. A . Queiroz, Editor, 1998.
110) Suetônio – *As Vidas dos Doze Césares*, **tradução brasileira de Sady – Garibaldi**, São Paulo, Atena Editôra, 1955.
111) Surgik, Aloísio – *Gens Gothorum – As raízes bárbaras do legalismo dogmático*, Curitiba, Edições Livro É Cultura, 2002.
112) *Tácito* – Anais, tradução brasileira e prólogo de Leopoldo Pereira, Rio de Janeiro, Tecnoprint Gráfica S. A., 1967 – Original em latim.
113) Telles Junior, Goffredo da Silva – *Filosofia do Direito*, São Paulo, Max Limonad, s/d, 2 volumes.
114) Tondo, Salvatore – *Aspetti Del Principato e Dall'Ordinamento In Roma – Lezioni*, Milano, Dott. A. Giuffrè Editore, 1991.
115) Torrinha, Francisco – *Dicionário Latino - Português*, Porto, Edições Marânus, 3ª edição, 1945.

116) Tucci, José Rogério Cruz e – *Jurisdição e Poder* (contribuição para a história dos recursos cíveis), São Paulo, Editora Saraiva, 1987.

117) Tucci, Rogério Lauria – *Lineamentos do Processo Penal Romano*, São Paulo, Editora da Universidade de São Paulo – José Bushatsky, Editor, 1976.

118) Vampré, Spencer – *Institutas do Imperador Justiniano Traduzidas e Comparadas com o Direito Civil Brasileiro*, São Paulo, Editora Livraria Magalhães, 1915.

119) *Vergílio – Eneida*, tradução brasileira de Tassilo Orpheu Spalding, São Paulo, Editora Cultrix Ltda., s/d – original em Latim.

120) Wolf, Roberto G. – *Mitologia Greco - Romana*, São Paulo, Editora Paumape S. A ., 1ª edição, 1995.

121) Zulueta, Francis De – *The Institutes Of Gaius*, Oxford, Clarendon Press, 1ª edição, 1946, 2 volumes.